江西财经大学信毅学术文库

新型城镇化背景下农民工
多维贫困动态性研究

彭继权　著

中国财经出版传媒集团
中国财政经济出版社

图书在版编目（CIP）数据

新型城镇化背景下农民工多维贫困动态性研究/彭继权著. -- 北京：中国财政经济出版社，2020.12
（江西财经大学信毅学术文库）
ISBN 978-7-5223-0082-5

Ⅰ.①新… Ⅱ.①彭… Ⅲ.①民工－贫困－研究－中国 Ⅳ.①D669.2

中国版本图书馆 CIP 数据核字（2020）第 186518 号

责任编辑：彭　波　　　　责任校对：徐艳丽
封面设计：王　颖　　　　责任印制：史大鹏

中国财政经济出版社 出版
URL：http：//www.cfeph.cn
E-mail：cfeph@cfeph.cn

社址：北京市海淀区阜成路甲 28 号　邮政编码：100142
营销中心电话：010-88191522
天猫网店：中国财政经济出版社旗舰店
网址：https：//zgczjjcbs.tmall.com
北京财经印刷厂印刷　各地新华书店经销
成品尺寸：170mm×230mm　16 开　20.5 印张　320 000 字
2020 年 12 月第 1 版　2020 年 12 月北京第 1 次印刷
定价：68.00 元
ISBN 978-7-5223-0082-5
（图书出现印装问题，本社负责调换，电话：010-88190548）
本社质量投诉电话：010-88190744
打击盗版举报热线：010-88191661　QQ：2242791300

总　序

书籍是人类进步的阶梯。通过书籍出版，由语言文字所承载的人类智慧得到较为完好的保存，作者思想得到快速传播，这大大地方便了知识传承与人类学习交流活动。当前，国家和社会对知识创新的高度重视和巨大需求促成了中国学术出版事业的新一轮繁荣。学术能力已成为高校综合服务水平的重要体现，是高校价值追求和价值创造的关键衡量指标。

科学合理的学科专业、引领学术前沿的师资队伍、作为知识载体和传播媒介的优秀作品，是高校作为学术创新主体必备的三大要素。江西财经大学较为合理的学科结构和相对优秀的师资队伍，为学校学术发展与繁荣奠定了坚实的基础。近年来，学校教师教材、学术专著编撰和出版活动相当活跃。

为加强我校学术专著出版管理，锤炼教师学术科研能力，提高学术科研质量和教师整体科研水平，将师资、学科、学术等优势转化为人才培养优势，我校决定分批次出版高质量专著系列；并选取学校“信敏廉毅”校训精神的前尾两字，将该专著系列命名为“信毅学术文库”。在此之前，我校已分批出版“江西财经大学学术文库”和“江西财经大学博士论文文库”。为打造学术品牌，突出江财特色，学校在上述两个文库出版经验的基础上，推出“信毅学术文库”。在复旦大学出版社的大力支持下，“信毅学术文库”已成功出版两期，获得了业界的广泛好评。

“信毅学术文库”每年选取10部学术专著予以资助出版。这些学术专著囊括经济、管理、法律、社会等方面内容，均为关注社会热点论题或有重要研究参考价值的选题。这些专著不仅对专业研究人员开展研究工作具有参考价值，也贴近人们的实际生活，有一定的学术价值和现实指导意义。专著的作者既有学术领域的资深学者，也有初出茅庐的优秀博士。资深学者因其学术涵养深厚，他们的学术观点代表着专业研究领域的理论前沿，对他们专著的出版能够带来较好的学术影响和社会效益。优秀博士作为青年学者，他们学术思维活跃，容易提出新的甚至是有突破性的学术观点，从而成为学术研究或学术争论的焦点，出版他们学术成果的社会效益也不言自明。一般而言，国家级科研基金资助项目具有较强的创新性，该类研究成果常常在国内甚至国际专业研究领域处于领先水平，基于以上考虑，我们在本次出版的专著中也吸纳了国家级科研课题项目研究成果。

“信毅学术文库”将分期分批出版问世，我们将严格质量管理，努力提升学术专著水平，力争将“信毅学术文库”打造成为业内有影响力的高端品牌。

王　乔

2016 年 11 月

前　言

本书为国家自然科学基金项目“农民工家庭相对负困的动态测度及扶贫长效机制构建：基于等值规模调整的研究”（72063012）、教育部人文社科青年项目（20YJC790103）“多维视角下农民工相对贫困动态测度及协同治理研究”、江西省社会科学基金项目“2020年后江西相对贫困的精准识别与协同治理研究”（20YJ33）的资助成果。全书以农民工多维贫困为研究对象，借助UNDP的多维贫困思想，更多考察人的可行能力和机会剥夺，并涵盖个人自由和福利主观感受等因素，从收入、教育、健康、生活、就业和融合6个维度构建一套农民工多维贫困指标体系来精准测度农民工贫困状况。基于2010—2016年中国家庭追踪调查数据（CFPS），运用Ravallion贫困动态方法测度农民工多维贫困动态性，构建模型分别探究影响农民工多维贫困动态过程和动态结果的决定因素，并针对农民工不同贫困动态过程和贫困动态结果提出政策建议。

本书研究内容分为八个部分，导论部分阐述研究意义、目的、内容、思路和框架，介绍研究方法和数据，指出创新点和不足。第一章介绍核心概念和理论基础，并梳理国内外多维贫困动态性研究进展。第二章构建农民工多维贫困测度体系框架，按个体特征和就业特征描述农民工多维贫困，并比较农民工和城镇居民多维贫困的差异。第三章从动态过程和动态结果测度农民工多维贫困变动情况，划分农民工多维贫困动态结果类型。第四章对农民工多维贫困动态性进行分解，比较不同贫困动态过程和动态结果类型多维贫困贡献率的差异。第五章探究农民工多维贫困动态过程的影响因素，比较不同农民工多维贫困动态过程决定因素的差异。第六章探究农民工多维贫困动态结果的影响因素，比较不同农民工多维贫困动态结果决定因素的差异。第七章为本书的结论及政策建议。

目　　录

导　论

第一节　研究背景和意义

一、研究背景

“十三五”时期是我国全面建成小康社会的决胜阶段，是打赢脱贫攻坚战的冲刺阶段，扶贫工作的重心是到2020年实现农村现有贫困人口全部如期脱贫。然而，贫困问题并不只发生于农村。从20世纪90年代中期以来，中国农村贫困发生率随着社会经济发展逐步下降，但城市贫困发生率却日益升高，“贫困的城市化”问题日益严重。中国城镇化和工业化吸引了大量农村剩余劳动力以农民工的身份进入城市就业，截至2019年年底，中国农民工的人数已经达到2.9亿[①]。农民工在社会劳动力就业中占据着举足轻重的地位，极大地推动了中国经济的快速发展，但由于农民工是一个跨越城乡的新兴群体，无法与城镇居民享受同等的市民待遇，社会经济发展改革的红利获得较少，农民工比城镇居民更易陷入贫困。另外，有关农民工贫困的社会救助和保障体系十分薄弱，农民工正处于农村扶贫体系和城市社会救助体系间的“真空地带”，进一步加剧农民工贫困问题，大量农民工贫困人口处在国家扶贫视线之外，这使得中国的贫困状况逐步由过去以城乡贫困二元割裂为主的形式转变为以城镇人口内部贫困差异为主

① 数据来源于《2019年全国农民工监测调查报告》。

的形式。而且，按照阿玛蒂亚·森的理论，人的贫困并不能仅仅采用收入进行衡量，需要从可行能力和自由等多维度进行考察（Sen，1999），诸如政治自由、经济工具、社会机会、透明性保障、安全防护等，而农民工在上述方面的贫困程度要远高于城镇居民。

随着2020年中国农村绝对贫困基本消除，中国扶贫方略将由集中扶贫向常规扶贫转变，贫困主要矛盾由解决绝对贫困向缓解相对贫困转变，扶贫对象由农村贫困向城乡贫困转变，也就意味着作为农村流动人口的农民工也需要纳入扶贫群体。然而，目前国内贫困研究的重点对象仍为农民，较少关注城镇就业中的农民工贫困。在城镇就业中的农民工虽然有较高的可支配收入，但缺乏与城镇居民同等的社会福利，农民工贫困表现出比原来农村贫困和城镇贫困更为复杂的形态，农民工不仅未能摆脱原居住地贫困的痕迹，且在城镇就业中更易产生出新的贫困问题。《国家新型城镇化规划（2014—2020年）》指出要走中国特色新型城镇化道路，全面提高城镇化质量，坚持推进以人为核心的新型城镇化，表明在新型城镇化过程中要关注城市中的重要群体，即农民工的发展。目前学界已经改变了过往采用单一收入或消费指标来衡量贫困的方法，更多考察人的可行能力和机会剥夺，并涵盖个人自由和对福利主观感受等多维因素。因此，本书采用多维视角来研究农民工贫困问题。再则，随着人们对贫困认识不断加深，仅用截面数据不能分析贫困全貌，需采用家庭面板数据考察贫困动态情况。然而，国内目前鲜有把多维视角和动态性方法同时结合作用于农民工贫困的研究，本书尝试从多维视角研究农民工贫困动态性。从多维动态贫困视角出发，测度不同维度下农民工多维贫困程度，从贫困进入经历年数、贫困进入持续年数、贫困退出经历年数和贫困退出持续年数考察农民工多维贫困的动态过程，从从不贫困、慢性贫困和长期贫困来考察农民工多维贫困的动态结果，并构建模型分别探究影响农民工多维贫困动态过程和动态结果的成因，建议针对农民工不同贫困过程和贫困结果制定相应扶贫政策，为更好解决农民工贫困提供政策依据。

二、研究意义

贫困一直是社会和学界关注的重要问题，但以往更多关注农村贫困问题，而且中国目前的精准扶贫战略也主要是解决农村贫困问题。实际上，在社会经济环境大变革之下，中国贫困人口逐渐形成了“三元”并存的格局，即农村贫困人口、城镇贫困人口和城乡流动贫困人口，城乡流动人口一般指农民工。在城镇就业的农民工虽比农村居民有更高的可支配收入，但作为城镇化后备军的农民工与城镇居民相比时，其收入水平又处于劣势。而且，农民工在城镇的就业市场主要为“次级”劳动市场，即大多集中在劳动强度大、环境污染重、职业病流行、危险性高行业（陆文聪，2009；罗竖元，2013）。农民工在城市的生活环境普遍较差，存在较大安全隐患，在政治、经济和文化方面往往受到一定的不平等待遇（魏峰，2013）。大多数农村劳动力进入城镇后，并没有改变其贫困状态，只是改变了贫困的存在空间（王朝明，2005）。但是，目前国内学者更多侧重研究农村贫困，而较少关注农民工贫困，农民工减贫的理论依据和政策支撑还有待补充，本书探究农民工贫困问题，具有一定的现实意义。

采用多维视角研究贫困问题已经成为学术界的共识，中国目前关于农民多维贫困测度主要是基于联合国开发计划署（UNDP）于2010年公布的多维贫困测度指标（MPI），这一指标体系主要包括教育、健康和生活水平三个维度，学者在测度农民多维贫困时大多也是基于以上三个维度。但目前还没有一套较为成熟和公认的农民工多维贫困指标体系，本书也基于MPI指标构建农民工多维贫困，但不能完全照搬现有多维贫困指标体系。现有指标体系主要是用来测度农民贫困，而本书研究对象为农民工贫困，研究对象变化也会带来贫困衡量标准的变化，在选取贫困指标时需要更多立足于农民工特征。因此，本书尝试根据农民工特点构建一套适合度量农民工多维贫困的指标体系。再则，贫困具有反复性和动态性，扶贫也并非一劳永逸，农民工贫困需要动态监测和相应措施。采用动态视角观察农民工贫困进入和贫困退出的动态过程，测度农民工在观察期内贫困动态结果，并从贫困动态过程和动态结果角度分解农民工多维贫困指数。最后，构建计量模型分析影响农民工多维贫困动态过程和动态结果的决定因素，并提出减贫建议，对于新形势下中国减贫工作及促进2020年全面实现小康社会具有重要作用。

第二节 研究目标和内容

一、研究目标

本书以农民工为研究对象，首先，利用中国家庭追踪调查数据（CFPS），采用文献研究、定性与定量结合的研究方法，围绕农民工多维贫困动态性这一主题进行分析，构建农民工多维贫困研究框架，描述2010—2016年农民工多维贫困状况，从个体特征（代际、性别和婚姻）层面和就业特征（职业类型和就业地点）层面分析农民工多维贫困差异；其次，进一步考察不同维度下不同个体特征和不同就业特征农民工的多维贫困动态过程和动态结果，并从动态过程和动态结果角度分解农民工多维贫困指数；最后，从理论和实证两个方面深入分析农民工多维贫困动态过程和动态结果的影响效应。本书研究目标可分为：

（1）梳理文献，构建农民工多维贫困分析框架，选取衡量农民工多维贫困的维度和指标，并科学设置各指标的临界值和权重。

（2）利用CFPS数据，在农民工多维贫困分析框架上测度农民工多维贫困，揭示农民工多维贫困现状，阐述不同指标的贫困发生率及其贡献率，并刻画城镇居民和农民工的差异。

（3）测度不同个体特征（代际、性别和婚姻）和不同就业特征（职业类型和就业地点）农民工多维贫困的动态过程（贫困经历、贫困持续、贫困进入和贫困退出）和动态结果（从不贫困、慢性贫困和暂时贫困），并刻画城镇居民和农民工的差异。

（4）从多维贫困动态过程（贫困经历、贫困持续、贫困进入和贫困退出）和动态结果（从不贫困、慢性贫困和暂时贫困）角度分解农民工多维贫困指数，并对比不同贫困动态过程和动态结果多维贫困贡献率的差异。

（5）在多维贫困及动态性测度基础上构建计量模型，分析影响农民工多维贫困动态过程（贫困经历、贫困持续、贫困进入和贫困退出）的决定因素。

（6）在多维贫困及动态性测度基础上构建计量模型，分析影响农民工多维贫困动态结果（从不贫困、慢性贫困和暂时贫困）的决定因素。

（7）在以上研究的基础上，提出缓解农民工多维贫困的政策建议。

二、研究内容

基于以上研究目标，本书研究内容主要包括以下几个方面（见图0－1）：

第一部分提出研究问题，指出本书研究意义，明确本书研究目的和研究内容，提出本书研究思路和框架，并说明本书所采用的研究方法和数据，最后指出本书中可能存在的创新点和不足。

第二部分对农民工、多维贫困、动态贫困等相关概念进行界定，阐述本书涉及的理论基础，如贫困理论、能力贫困理论、社会流动理论等，并梳理相关文献，了解国内外多维贫困动态性研究现状。

第三部分分析农民工多维贫困状况，首先构建农民工多维贫困测度的体系框架，介绍测量多维贫困的基本方法，选取多维贫困测度的维度和指标，并科学制定相应的临界值和权重，在此基础上对农民工多维贫困进行测度。进一步地，按个体特征（代际、性别和婚姻）层面和就业特征（职业类型和就业地点）层面描述农民工多维贫困特征，包括多维指标贫困发生率、多维贫困指数和多维指标贡献率。同时，将农民工和城镇居民多维贫困状态进行对比分析，考察城镇居民和农民工多维贫困状况差异。

第四部分对农民工多维贫困动态性进行测度，主要分为动态过程测度和动态结果测度。从贫困经历、贫困持续、贫困进入和贫困退出方面考察农民工多维贫困的变动情况。在多维贫困测度的基础上，根据农民工经历多维贫困的经历年数，将多维贫困动态性划分为从不贫困、暂时贫困和慢性贫困，进一步地，按个体特征（代际、性别和婚姻）层面和就业特征（职业类型和就业地点）层面描述农民工多维贫困，比较分析城镇居民与农民工多维贫困动态性的差异。同时，对比分析农民工和城镇居民多维贫困动态结果类型，考察城镇居民和农民工多维贫困动态结果类型的差异。

第五部分对农民工多维贫困动态性进行分解，主要从动态过程和动态结果两个角度对多维贫困指数进行分解。多维贫困动态过程包括贫困经历、贫困持续、贫困进入和贫困退出，动态结果包括从不贫困、慢性贫困和暂时贫困。同时，对比不同贫困动态过程和动态结果类型多维贫困贡献率的差异。

第六部分探究农民工多维贫困动态过程的影响因素，在多维贫困动态性测度基础上，构建计量模型分析影响贫困经历、贫困持续、贫困进入和贫困退出的决定因素，并比较分析不同农民工多维贫困动态过程决定因素的差异。

第七部分探究农民工多维贫困动态结果的影响因素，在多维贫困动态性测度基础上，构建计量模型分析影响农民工从不贫困、慢性贫困和暂时贫困的决定因素，并比较不同农民工多维贫困动态结果决定因素的差异。

第八部分为本书的结论及相关政策建议。

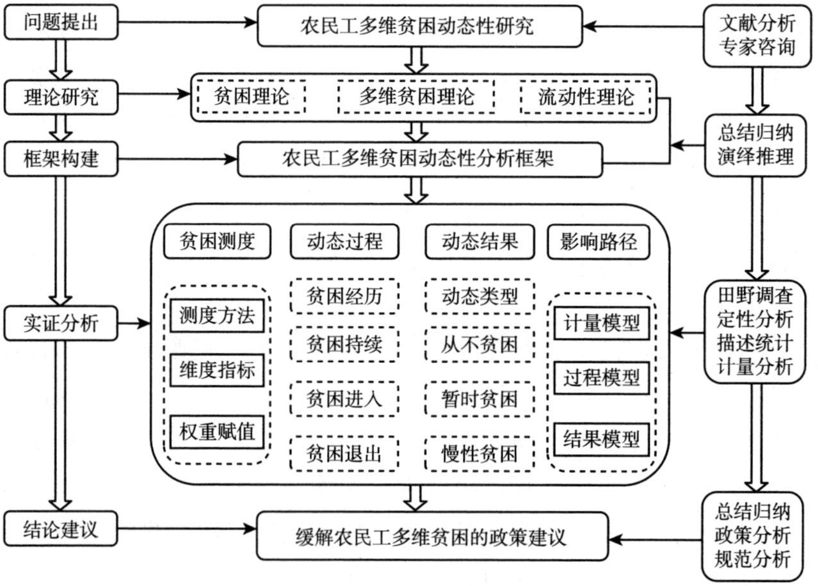

图 0-1　本书的研究框架

第三节　研究方法和数据

一、研究方法

（一）文献研究法

文献整理和回顾是大多数研究的开端，只有在总结和归纳前人研究的基础上才能把握研究的最新方向，为后续研究提供坚实基础。本书通过对国内外文献和相关资料的搜集和整理，厘清本书研究的核心概念，梳理目前国内外多维贫困的测度方法，归纳当前国内关于农民工贫困的研究动向，把握最新贫困动态理论，总结影响农民工贫困的因素，为本书构建农民工多维贫困指标体系，测度农民工多维贫困动态性和探究农民工多维贫困动态性的影响因素提供基础。

（二）比较研究法

比较研究法是一种常用的人文社科研究方法，比较研究法不仅具有操作简单的优点，还能比较清晰的反映不同特征或群体之间的差异，使研究更具说服力。比较研究法贯穿全书，本书根据个体特征和就业特征把农民工进行分类，分别测度不同特征农民工的多维贫困，并对比不同特征农民工多维贫困的差异。同时，本书也引用城镇居民多维贫困与农民工多维贫困进行对比，以期得出不同群体多维贫困之间的差异。

（三）演绎推理法

演绎推理就是人们从一般性的前提出发，通过推导即“演绎”，得出具体陈述或者个别结论的过程。一般而言，演绎推理要求前提条件和结论之间存在着某种必然联系，能够帮助人们根据一般事物的规律推导出某个特殊事物的发展结果。此研究方法主要运用在本书的实证分析部分，在构建实证分析模型时，需要运用此法找出与被解释变量存在因果关系的控制变量，在解释实证结果时，需要运用此法解释变量之间的因果关系。

（四）定量研究法

本书大部分篇幅采用了定量研究方法，在衡量农民工多维贫困时，采用 A－F 的贫困测度法度量农民工多维贫困指数，包括不同维度下各指标贫困发生人数、贫困发生率、贫困剥夺总份额、贫困平均剥夺份额和多维贫困值。另外，采用多维指数分解方法，测度不同贫困动态过程和动态结果的贡献率。最后，本书采用 OLS 模型、Tobit 模型、Logit 模型和 Probit 模型估计农民工多维贫困动态过程的影响因素，采用 Mlogit 模型估计农民工多维贫困动态结果的影响因素。

二、研究数据

本书所用数据主要为中国家庭追踪调查（Chinese Family Panel Studies，CFPS），CFPS 是北京大学中国社会科学调查中心（Institute of Social Science Survey，Peking University，ISSS）实施的一项旨在通过跟踪搜集个体、家庭、社区三个层面的数据，反映中国社会、经济、人口、教育和健康的变迁，为学术研究和政策决策提供数据支撑的重大社会科学项目。

中国家庭追踪调查数据主要观测个体、家庭和社区的经济与非经济福利以及诸多其他研究主题，如经济活动、教育成果、家庭关系与家庭动态、人口迁移、健康等。中国家庭追踪调查微观数据样本量较大，覆盖面积十分广泛，涵盖我国 31 个省（直辖市、自治区，不包括港澳台），调查对象为样本家庭内全部家庭成员信息。调查信息问卷主要由社区问卷、家庭问卷、成人问卷和少儿问卷四种主体问卷构成，并且在此基础上不断发展出针对不同性质家庭成员的长问卷、短问卷、代答问卷、电访问卷等多种问卷类型。

CFPS 项目于 2005 年进行筹备阶段，2006 年成立机构，2007—2009 年在北京、上海、广东三地展开工具性测试跟踪调查，不断完善基础调查问卷的科学性和可靠性。2010 年正式组织全国性调查，调研规模为 16000 户，把 2010 年调查出来的所有家庭及其子女作为 CFPS 的基期成员，以后基于此基期成员进行追踪调查。北京大学中国社会科学调查中心在此后的2012年、2014年和2016年都分别进行追踪调查①，调查规模分别为13315户、13946户和14033户。2010－2016年调查的成人规模分别为33600人、35719人、37147人、33296人，其中城镇居民的规模分别为9826人、9631人、9485人、8815人。本书根据农民工的定义，利用Stata15软件对2010年、2012年、2014年和2016年数据进行匹配，筛选出连续4年被调查的农民工为1402人，连续4年被调查的城镇居民为1550人。

第四节　研究创新点与研究局限

一、可能创新点

本书在前人研究的基础上，构建农民工多维贫困指标体系，测度农民工多维贫困动态状况，并对农民工扶贫工作提出政策建议。本书认为可能有以下三点创新之处。

第一，指标体系创新。目前关于农民多维贫困的测度方法主要基于联合国开发计划署（UNDP）于2010年公布的多维贫困测度指标（MPI），这一指标体系主要包括教育、健康和生活水平三个维度，学者在测度农民多维贫困时大多基于以上三个维度。目前还没有一套成熟和公认的农民工多维贫困指标体系，本书在选取贫困指标时会更多立足于农民工特征，基于MPI指标构建农民工多维贫困指标体系，在多维贫困维度和指标上进行创新，克服过往以单一收入指标衡量贫困的局限。

第二，研究视角创新。本书对农民工多维贫困的分析，不仅从静态角度考察不同年份农民工的多维贫困状况，也引用动态视角考察农民工多维贫困动态演化，主要包括贫困经年数、贫困进入和贫困退出的贫困动态过

① 北京大学中国社会科学调查中心也公布了2011年CFPS数据，考虑到数据的规律，本书未使用。

程和农民工从不贫困、慢性贫困和长期贫困的动态结果；另外，本书把城镇居民多维贫困与农民工多维贫困进行对比，同时考察不同个体特征和不同就业特征农民工多维贫困的差异，更有利于全面理解农民工多维贫困的构成机理，为政府制定农民工反贫困政策提供支撑。

第三，研究方法创新。以往国内学者更多研究农民贫困问题，主要采用省级或者区域层面的宏观数据进行分析，这类分析能够在一定程度上了解贫困的宏观状况，但对贫困的微观解析不够。目前学者开始转向采用微观家庭层面数据分析农户贫困问题，这一层面数据仍然会存在忽略个体异质性的问题。归根结底，贫困群体的产生是源于每一个独立的个体，从个体层面分析更能保障分析结果的精准性，本书运用 CFPS 数据中的农民工样本直接探究个体层面的贫困状况与发生机理，更有利于农民工贫困的精准瞄准和精准施策。

二、研究局限

本书研究农民工多维贫困动态性及其影响因素，可能存在以下不足之处：

第一，本书构建的农民工多维贫困指标体系仍需完善。目前研究多维贫困问题的学者大多基于 MPI 指数构建指标体系，但农民工多维贫困指标体系还没有形成统一标准，本书虽然立足于 MPI 指数和参考前人研究，并结合农民工实际情况，构建了一套比较完善的指标体系。但由于农民工贫困内涵较为丰富，在维度设置和指标选取上难免会有取舍，指标的权重赋值和贫困临界值设定都没有固定标准，所以本书构建的指标体系的科学性还需进一步论证。

第二，本书所使用的数据还需进一步挖掘。本书所采用的是北京大学中国社会科学调查中心执行的中国家庭追踪调查数据（CFPS），样本数据包括 2010 年、2012 年、2014 年和 2016 年四个年度数据，而该数据库并不是专门针对农民工的调查数据，存在部分农民工数据信息缺失的情况，给本研究造成了一定困扰；另外，本书运用动态视角分析农民工多维贫困，但 CFPS 数据是间隔 2 年的追踪面板数据，在分析时难以完整考察各年份贫困的变动情况。

第三，计量模型分析还需进一步深化。本书虽然采用 OLS 模型、Tobit 模型、Logit 模型和 Probit 模型估计农民工多维贫困动态过程的影响因素，采用 Mlogit 模型估计农民工多维贫困动态结果的影响因素，并检验模型稳健性。但受制于研究数据的问题，模型中控制变量主要从农民工个体特征、就业特征和能力特征三个方面选取控制变量，缺少社会层面和政策层面的控制变量。

第一章　理论基础与文献综述

第一节　关键概念界定

一、农民工

“农民工”一词最早见于1984年中国社会科学院《社会学通讯》，自此，“农民工”一度被广泛使用，学界也逐步开始关注和研究农民工问题。最早开始研究农民工问题的为社会学家，他们把农民工理解为农民在城镇从事非农就业的一种特殊社会劳动现象。自20世纪以来，社会经济发展促使非农劳动力需求增加，劳动力市场一度出现了从“民工潮”到“民工荒”转变，导致学者研究“农民工”方面的文献激增，研究内容也更加宽广。但是关于农民工的定义依然并没有一个统一说法，在很多实践和研究中语义不清，经常与“农村流动人口”“流动人口”“民工”等词汇混用。

为厘清农民工的核心概念，众多学者从不同视角定义农民工的内涵。李强（2004）从社会分层角度定义农民工概念，认为农民工是当前中国社会分层体系中的一部分，在城镇就业的农民工是一种被排斥的非正式城镇群体。徐经勇（2004）从社会经济转型特点定义农民工概念，认为农民工是社会发展转型的一个重要群体，其身份依然是拥有承包土地的农民，但收入来源主要为非农就业和工资收入。宋林飞（2005）认为农民工对中国改革开放时期社会经济结构调整起着至关重要的作用，农民工既是一种新兴就业阶层，也是城镇中的新成员，但农民工的社会经济地位要明显低于原城镇居民，难以与原城镇居民享受同等的市民待遇。沈立人（2005）从“农、工”两个角度定义农民工概念，认为农民工兼具“农”和“工”两种身份和角色，农民工首先是源于“农”，而后转变为以“工”为主，但又同时兼顾两者。何美金和郑英隆（2007）从经济和历史角度定义农民工概念，认为在国家社会工业化过程中，众多农民的工作形式由以务农为主转变为以工业劳动为主，农民工兼具一定的经济属性和历史属性。

刘传江（2004）从多元角度定义农民工概念，认为农民工从农民演化而来，兼具农业和非农两类生产经营活动，但与常规的城镇居民存在差异。因此，他认为从职业类型、社会阶层和户籍制度任一角度单一地定义农民工可能有失偏颇，农民工的内涵应包括三个层面，从职业类型来看，农民工主要从事非农工业的工作；从社会阶层来看，农民工是游离在农民和城镇居民之间的中间群体；从户籍制度来看，农民工仍然是农村户口。罗兆慈（2008）从劳动力角度阐释了农民工特征，就劳动力性质而言，农民工的工作类型为非农就业岗位，而且在城市中主要从事城镇居民不愿承担的工作，这类工作一般具有劳动力强度较大、工作环境较差、待遇较低的特点；从劳动力来源而言，能到城镇就业的农民工一般为农村中的“社会精英”，但其身份不会因为从事非农工作而改变；从劳动力利益动因而言，农民工是受城镇高收入影响才进城务工，在城镇就业的主要目的就是实现收入增加。2006 年，国务院发布的《国务院关于解决农民工问题的若干意见》中指出农民工“户籍仍在农村，主要从事非农产业，有的在农闲季节外出务工、亦工亦农，流动性强，有的长期在城市就业，已经成为产业公认的重要组成部分”，至此，国家从政策层面确定了农民工的内涵。

从以上可知，目前关于农民工的定义主要从以下几个方面展开：第一是职业类型，即农民工的主要职业为非农职业，且绝大部分劳动时间从事非农劳动，其收入应主要来源于非农劳动；第二是身份特征，农民工只是在城镇就业，其户籍依然是农村户籍；第三是劳动关系，农民工既包括被雇用者也包括以个体户为主的自雇用者。因此，本书将“农民工”定义为在城镇从事非农生产经营活动，但户籍身份依然是农民的劳动者，其年龄应在 15 ~55 岁。

二、多维贫困

多维贫困是由1998年诺贝尔经济学奖获得者Sen提出，他认为人们应该享受实质自由，实质自由需要人们拥有免受困苦的基本可行能力，例如免受饥饿、营养不良、疾病和死亡的能力（Sen，1999）。贫困并不只是意味着人们的收入低下，而是指免受困苦的基本可能能力被剥夺，收入只是影响人们基本可行能力的因素之一，还有更多贫困因素导致人们的基本可行能力被剥夺。实际上，Sen主要从能力角度阐述贫困内涵，进而提出从能力角度定义贫困的多维贫困理论。多维贫困的内涵为，收入是贫困的重要方面，但同时也应考察其他客观贫困指标和主观福利贫困指标。

多维贫困主要考察人的发展福利，主要包括客观福利和主观福利，客观福利是指能够通过具体指标进行量化评价的个人福利，如收入水平等；主观福利是个人对生活满意的主观评价，如对工作满意程度、子女教育满意程度、社会保障满意程度和医疗体系满意程度等。在经济发展水平较低情况下，社会绝对贫困人口较多，衡量贫困可能更多采用客观福利指标。当社会发展达到一定水平后，社会的贫困问题演变为相对贫困问题，主观福利评价的重要性开始凸显。随着贫困理论的发展，多维贫困的概念也在不断丰富和完善。目前学者把贫困类型归纳为三种，即绝对贫困、相对贫困和社会排斥，绝对贫困指个体缺乏相应生活物质满足自身的基本生活；相对贫困指个体相对社会平均水平而言，其客观福利或者主观福利要低于社会平均水平；社会排斥指个体与社会的融合出现问题，如失业、劳动技能低下、住房简陋和离婚等。

构建多维贫困指数主要基于以下原则：个人的生活是由自身的行为和状态构成，生活质量主要由获得有价值的功能性活动评价，个人成就可以用价值功能向量表示，可行能力由可选择功能性活动向量组成。衡量个体多维贫困，能从可行能力集中选用一个基本能力集作为参考标准（方迎风，2015）。Brandolini和D'Alessio（1998）基于Sen的“能力方法”理论运用多维视角对不平等和贫困剥夺进行分析。Alkire（2008）探究了如何运用能力集测度多维贫困，他指出在用能力方法构建多维贫困指标体系时需要区别可行能力和功能性活动，前者反映个体有可能实现的功能性组合，后者反映个体通过能力获得的结果。并基于此，Alkire 和 Foster（2008）提出了目前被广为使用的多维贫困“双临界值法”，其法不仅能测度个体多维贫困程度，还能按照不同特征进行分解。

纵观中国扶贫史，贫困衡量标准经过了以单一收入指标为主向多维指标并重的转变过程。中国扶贫由来已久，自 1986 年以来开始进行全国范围内的大规模开发式扶贫，重点解决落后地区的基础设施和生产条件，促进产业发展和农民增收，这一过程中的贫困识别主要采用单一收入指标，即划定贫困标准来确定贫困人口。通过这一阶段的扶贫，中国消除了绝大部分的绝对贫困人口，扶贫成效显著，社会的扶贫重点由绝对贫困向相对贫困转变。与此同时，居民更加关注除收入以外的其他方面，例如教育、医疗和住房等。自“精准扶贫”实施以来，贫困的精准识别和精准脱贫的标准都不是只采用以单一收入为标准，国家提出到 2020 年扶贫对象要实现“两不愁、三保障”，即扶贫对象要实现不愁吃、不愁穿，保障义务教育、基本医疗和住房。由此可知，多维治贫理念已经在实践中得到运用。

三、动态贫困

在谈及贫困时，更多会使用贫困人口和贫困发生率描述贫困状况，但这类指标都只是描述某个时点上贫困人口的规模和比重。然而，贫困是人们的一种状态，人的状态会因自身禀赋和外界条件而改变，状态会附着时间因素，因此，全面考察人的贫困状况就需要考虑时间变动因素。也就是说，贫困并非一成不变，而是一直处于不断发展和变化之中，具有鲜明的动态属性。有关贫困动态性研究可以最早追溯到 Rowentree（1901），但他并没有给出有关贫困动态性的明确定义。Hill（1981）是最早定义贫困动态性的学者，他认为贫困动态性指个体或者家庭在较长一段时期内，进入和退出贫困的运动过程。张清霞（2008）在此基础上指出，贫困动态性是在一段较长时间内，随着社会福利水平变化引起贫困标准的改变，个体或者家庭的福利状况改变引起贫困经历年数、贫困持续年数、贫困进入或者退出贫困的运动状态，并根据贫困运动的特点，可以将个体和家庭在这一段时间内的贫困运动归纳为三种类型，即从不贫困、暂时贫困和慢性贫困。本书采用张清霞对贫困动态性的定义。

就贫困动态过程而言，贫困经历年数是指个体或家庭在一段时间内贫困一共发生的年数，不涉及贫困发生的顺序和状态改变，例如在4年内，贫困经历年数可能是0年、1年、2年、3年或4年。贫困持续年数是指个体或家庭在一段时间内贫困持续的最长年数，例如在4年内，贫困持续的年份可能是2年、3年或4年。贫困进入年数是指个体或家庭在一段时间内进入贫困的次数，例如在4年内，进入贫困的次数可能为0次、1次或2次。贫困退出年数是指个体或家庭在一段时间内退出贫困的次数，例如在4年内，退出贫困的次数可能是0次、1次或2次。就贫困动态结果而言，从不贫困是指个体或者家庭在一段时间内从未发生贫困问题，说明在个体或者家庭在这段时间内的福利水平都高于贫困线，其收入、教育、健康和其他方面的可行能力都未被剥夺。暂时贫困是指个体或者家庭在一段时间内有部分年份的福利水平处于贫困状态，而另一部分年份的福利水平又不处于贫困状态，也就是说个体或者家庭的福利水平会在贫困线上下波动，贫困可能发生在这期间的前期、中期或者末期。总而言之，陷入暂时贫困的个体或者家庭贫困发生的年数大于1年且小于总观测年数。慢性贫困是指个体或者家庭在一段时间内的福利水平一直处于贫困状态，其收入、教育、健康和其他方面的可行能力一直被剥夺，而且慢性贫困的个体或者家庭一般都会存在贫困代际传递问题（见图1-1）。

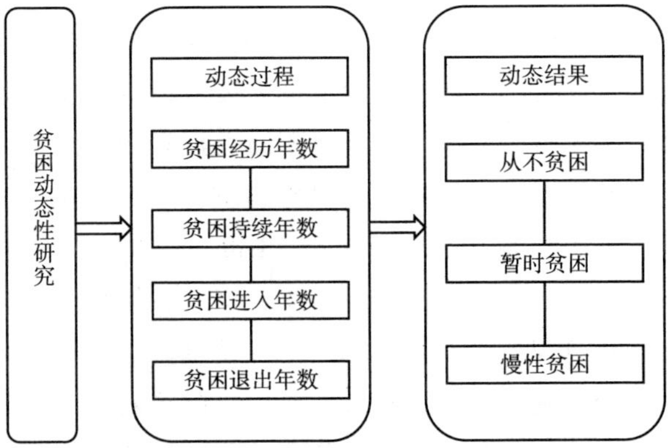

图1-1　贫困动态性内涵

第二节 理论基础

一、贫困理论

贫困一直是社会所关注的重要话题，关于贫困方面的理论研究较为丰富。自18世纪以来，随着资本主义社会生产力水平不断提高和剩余产品增多，导致社会收入差距越来越大，贫困问题也更加突出，众多学者开始试图从不同视角探寻贫困发生的根源及其解决办法。但贫困归根到底是一种社会问题，贫困与社会经济发展紧密相关，有关贫困的理论随着社会环境变化也在不断丰富和发展。从经典的贫困理论来看，贫困理论发展主要表现为由经济增长的贫困理论向社会发展的贫困理论和人力资本的贫困理论转变。尽管各贫困理论的研究对象都为贫困人口，但研究的内容和重心有所不同，厘清贫困理论的发展轨迹，有助于我们分析当前贫困问题。

（一）经济增长的贫困理论

经济增长的贫困理论主要是从经济增长视角探讨第二次世界大战以后发展中国家贫困的成因和根源而形成的理论体系。经济增长的贫困理论普遍认为国家经济发展水平落后会导致居民收入水平低下，进而导致物资资本形成缓慢，较低的物资资本拥有量难以满足社会资本投资的需求，投资低下进一步阻碍经济发展和居民收入增长，贫困也就越来越严重。经济增长的贫困理论主要包括贫困的恶性循环理论、低水平均衡陷阱理论、临界最小努力理论和循环积累因果关系理论。（1）贫困的恶性循环理论。纳克斯（1953）指出发展中国家经济发展水平迟滞，居民收入水平低下，物资积累难以满足社会发展需求，最后就形成了经济发展水平低下和物资资本形成不足的恶性循环。（2）低水平均衡陷阱理论。纳尔逊（1956）给出了贫困循环机制的新解释，他认为发展中国家较低的人均收入会降低社会储蓄水平，储蓄水平会影响社会投资水平，投资水平低下和资本形成不足，进而影响经济发展水平和居民收入增长，因此，居民收入水平长期处于基本满足生命需求的低水平状态。(3）临界最小努力理论。莱宾斯坦（1957）提出因为发展中国家居民收入较低，可用于投资的资本有限，资本投资不能满足社会发展所需的最小临界值，因此，经济就长期处于低水平的均衡状态。(4）循环积累因果关系理论。缪尔达尔（1957）认为发展中国家较低的劳动力素质会导致劳动生产效率较低，影响劳动者的收入水平，社会贫困增加会影响经济发展水平，国家就会陷入收入水平低下与贫困的积累性循环中。

（二）社会发展的贫困理论

社会发展的贫困理论从社会发展而非经济发展的角度来探究贫困成因的理论体系。社会发展的贫困理论普遍认为贫困产生的主要原因在于社会制度不合理、社会结构失衡和社会不平等。社会发展的贫困理论主要有卢梭的不平等理论、马克思主义的贫困理论、缪尔达尔的贫困理论和新制度学派的贫困理论。(1）卢梭的不平等理论。卢梭（1755）认为人类发展给予了不平等持续存在的力量，私有制和法律进一步保障了这一不平等的合法性。因此，他认为只要社会存在私有制度，不平等和贫富差距就会产生，国家是巩固这种不平等的最大力量。(2）马克思主义的贫困理论。马克思运用剩余价值理论，发现资本家为了获取更多的剩余利润，不断通过增加资本有机构成，进而降低购买劳动力的可变成本，减少社会就业机会。因此，马克思认为资本主义私有制是造成无产阶级失业和贫困的主要原因。(3）缪尔达尔的贫困理论。缪尔达尔（1971）试图从经济、政治和文化等多方面来探究发展中国家的贫困成因，经过10多年的研究发现发展中国家的贫困问题很大程度上是因为现有制度不合理、思想僵化和社会不平等，这一系列因素造成了国家政府权威丧失、经济效率低下和社会生产水平落后。(4）新制度经济学派的贫困理论。人们起初单一的认为贫困就是由经济落后造成，但经过20世纪50—60年代的经济增长，贫困问题依然没有得到很好解决。至此，一批学者开始探讨贫困更深层次的原因，有学者从市场机制角度对贫困成因给出了新解释，认为经济落后的根本原因在于制度缺陷而非收入不均等（张岩松，2004）。

（三）人力资本的贫困理论

人力资本起源于20世纪60年代，主要研究人力资本的特征、形成机理和投资收益等。人力资本的贫困理论主要从人力资本角度分析宏观和微观贫困成因的理论体系。人力资本的贫困理论与以往贫困理论有所不同，主要是从人的角度来探讨贫困的发生机理，充分体现了以人为本的思想理念。人力资本贫困理论的核心是指，较低的人力资本投资导致社会人力资本积累不足，进而导致社会劳动生产效率低下，经济和社会得不到发展，从而陷入贫困。人力资本贫困理论主要包括舒尔茨的人力资本理论、阿玛蒂亚·森的能力贫困理论和斯宾塞的功能贫困理论。（1）舒尔茨的人力资本贫困理论。舒尔茨的《论人力资本投资》和《教育的经济价值》分别于1961年和1964年出版，人力资本理论由此产生。舒尔茨在书中指出，对经济发展贡献最大的不是物资资本和劳动力数量，而是劳动力的知识水平、能力和健康。他对贫穷国家的研究表明，一个国家的经济发展之所以落后，并不主要是因为物质资本投资不足，更多是因为国家对社会人力资本投资不重视所致。因此，舒尔茨提出落后国家要想实现经济飞速发展，首要是提升人力资本。（2）阿马蒂亚·森的可行能力理论。他指出人之所以贫困是因为缺乏获取收入和正常生活的能力，一般而言，贫困人口获取收入的能力或者机会被剥夺，但收入又是能力获取的重要条件，贫困人口收入低下难以提升自身能力，从而导致“能力低下—贫困—能力低下”的恶性循环陷阱，解决贫困的关键则在于提高人获取收入和正常生活的可行能力。（3）斯宾塞的功能贫困理论。斯宾塞认为贫困人口之所以贫困是因为自身不愿付出相应代价所造成的，贫困是一种正常的社会现象，对社会也能起到正向作用，并维持社会正常运转。

二、能力贫困理论

能力贫困理论出自阿马蒂亚·森1999年出版的《以自由看待发展》，他指出贫困的真正原因是人的可行能力被剥夺。人实现全面发展的前提条件是拥有自由，而可行能力是保障自由的关键。因此，阿马蒂亚·森认为贫困不应只强调收入，还与个体或者家庭的可行能力有关。采用可行能力视角探究贫困问题是对认识贫困问题更深层次的推进，也有利于制定以人为本的反贫困措施。

（一）可行能力的内涵

阿马蒂亚·森认为可行能力是指人有可能自由地实现各种功能性活动的组合。也就是将一些功能性活动组成一个选择集，可行能力就是对选择集中任何功能性活动自由组合，并有能力实现这些组合。可行能力首先体现的是个人或者家庭实现事情的能力范围，再则就是个体或者家庭能选择自己功能性活动的自由权利，也就是个体或者家庭能够自由选择自己想要的生活和有能力实现自己的目标。个体或者家庭的可行能力越大，其选择活动空间也就越多，选择自由程度也就越大，这其中所提到的“自由”与马克思和恩格斯所提的“人的全面解放”有异曲同工之处，即社会人际关系是平等和谐，人有完成目标活动所必需的能力。

（二）可行能力与自由

“收入、财富与其他因素在一起时是重要的，但其作用必须被整合到更广阔、更全面的成功和剥夺的背景中”，这个背景就是自由。阿马蒂亚·森认为自由就是人能够实现自己理想生活的可行能力，而获取自由需要依赖政治、经济、社会和其他功能性保障等方面的条件，这些条件能够帮助人们达到自身目的，同时能够进一步巩固以上这些条件，即通过实现自身生活提高政治资本、经济水平、社会地位和其他保障水平，进而达到相互促进的效果。在阿马蒂亚·森看来，可行能力是实现自由的基础，同时也是工具性自由的函数，工具性自由就是保障自由的政治、经济和社会等条件。自由既是考察事物成败的手段，也是决定原创能力和社会有效性的关键，因此，人类要想实现发展离不开自由，而人发展的目的也是为了追求自由。

（三）可行能力与贫困

阿马蒂亚·森认为衡量贫困不仅应由收入高低来判断，还必须根据基本可行能力被剥夺的情况来判断。而关于收入与能力之间的内在逻辑，阿马蒂亚·森指出个人或者家庭可行能力如果得到相应提高，其生产力水平会提高，收入也会相应增加。但是，如果个体或者家庭的收入水平没有低于贫困线，我们不能说其可行能力没有被剥夺，这是因为收入可能并不是由可行能力取得。例如，个体甲失业后的收入来源主要为政府救济金，救济金处在贫困标准以上，个体乙为正常的工作者，其收入也在贫困标准以上。那么从收入角度来衡量贫困，个体甲和个体乙都为非贫困者，若以能力角度来衡量贫困，则个体甲为严重贫困者，个体乙为非贫困者，个体甲的可行能力被严重剥夺。而且，个体甲因失业所带来的其他负面更为严重，例如失业阴影、社会排斥和信心打击等。由此可知，采用可行能力更加能够准确衡量贫困。

（四）可行能力与收入

通常而言，可行能力较易通过一系列活动来提高自身收入，但自身收入却不能在短时间内提升其可行能力。例如，一个家庭虽然处于贫困状态，但对子女教育一直比较关注，此家庭会不断增加子女教育投入，子女因此获得了较高教育水平，并寻求到了较为理想且收入较高的工作，此家庭的贫困状况可能在子女就业后得到改善。但是反过来，可能某个体当前的收入水平虽然不足以致贫，但因为从事技术含量较低的工作，自身在劳动力市场的竞争力不大，导致工作较不稳定，通过当前收入提升自身可行能力的途径有限，则该个体在被解雇或者公司倒闭时随时会陷入贫困。因此，政府在减贫过程中不能采用收入的减贫模式，不能大搞“数字脱贫”，需要提升贫困者的可行能力，提高贫困者自身劳动和创造财富的能力。这也是当前社会和政府所认同的观点，即不能仅靠“输血”扶贫，要真正增加贫困者的“造血”能力，保障脱贫后的可持续发展。学界也提倡不能单一采用收入作为贫困的衡量指标，目前更多选用人类贫困指数和能力贫困指标来衡量贫困。

三、人口迁移与融入理论

（一）人口迁移理论

关于人口迁移成因的理论研究，Lee（1966）的“推力—拉力”理论有着举足轻重的地位，人口之所以会迁移是受众多因素的综合影响，总结起来可以概括为四个方面，即居住地环境、迁入地环境、中间障碍因素和个人因素。或者说，可以从两个地方的“推理—拉力”进行总结，只有当迁入地“拉力”与迁出地“推力”的总动力大于迁出地“拉力”与迁入地“推力”的总动力时，人口才会做出理性的迁移决策。而舒尔茨（1964）则从迁移的成本效益角度解析人口迁移动机，舒尔茨指出如果将人口迁移效益归纳为迁移后的经济收入增量，将人口迁移成本归纳为显性成本和机会成本，例如迁移费用、放弃熟悉的生活环境、对迁入地前景的担忧和新环境融入的心理压力等，只有当人口迁移收益高于人口迁移成本时，迁移才会出现。到20世纪80年代后，人口迁移理论有了新进展，Stark（1991）提出“新劳动力迁移经济学”，他认为以往的人口迁移理论更多是从个体角度分析是否会产生迁移行为，这一分析较为片面。因为个体是否迁移与家庭息息相关，个体的行为决策也是家庭决策的一部分，把两者割裂进行研究会存在偏误。他进一步提出，人口是否会迁移是家庭的一种集体行为决策，家庭会根据在尽可能风险最小化的前提下获取家庭收益最大化的原则，从而决策家庭人口是否迁移。该理论具体是从“经济约束”和“相对剥夺”两个方面影响人口迁移决策，例如，对于农村家庭甲因家庭有成员迁移出去外出务工，外出务工者会经常把外出务工所得的收入汇回农村家庭，那么村中没有成员外出就业的农村家庭就会羡慕，并促使这些家庭也同样采取人口迁移外出就业的行为。也就是说，家庭人口迁移决策会受到城乡收入绝对差距的影响。

就人口迁移预期收入测算方面的研究而言，Stark 和 Levhari（1982）认为家庭人口迁移决策主要受迁移后预期收入的影响，但同时也受到经济社会地位变化、人际关系和社会网络等关系的影响。就人口迁移与城市匹配而言，Borjas（1993）通过分析迁移人口自选择问题，提出了人口迁移自我选择理论。他认为觉得人口是否迁移的关键因素有三个，即迁移者的自身能力、迁入地和迁出地的平均工资差异以及迁入地收入的不均等程度。一般而言，素质较高的劳动者会选择前往更发达的城市就业，去追求大城市更好的就业平台和工资收入，尽可能取得与自身能力相应的资源，这就可以解释较不发达地区的高素质劳动力为什么会不断流向大城市，素质较低的劳动者则更愿意选择在相对较小的城市生活和就业。当然，由于劳动力市场互补性，大城市也需要一定规模低素质人口去从事一些技术含量较低的行业，以满足城市正常运转。就劳动力市场结构而言，Piore（1979）根据劳动力性质提出了二元劳动力市场分割理论，他认为劳动力可以分为两种，即资本密集部门劳动力和劳动密集部门劳动力。资本密集部门具备收入水平高、工作环境好、岗位保障强和晋升发展空间大等特点，这类部门的劳动力一般具备较高能力素质，劳动密集部门具备工资水平低、工作环境差、发展空间小和就业无保障等特点，且这类部门劳动力的能力素质一般不高。

（二）社会融入理论

人口迁移研究只是在力求得出人口迁移的原因、特点和影响，但其本身并不侧重解决人口迁移问题，人口迁移问题的解决最终还是要依靠人口社会融入。因此，人口社会融入理论研究在一定程度可能比人口迁移理论研究更为重要。Gordon（1964）从经济生活、社会交往、心理认知和政治活动等多维度界定了社会融入概念。融入程度的测量具体维度为以下 7 个方面：第一是文化同化，主要测度迁移人口对迁入地主流语言、风俗习惯和价值理念的接纳程度；第二是结构性融合，主要测度少数族群迁移人口进入主流社会后在制度上对迁入地社会经济发展的参与程度；第三是婚姻融合，主要测度迁移人口与迁入地人口的通婚程度；第四是认同性融合，主要测度迁移人口在迁入地的身份认同程度；第五是观念接受性融合，主要测度迁入地种族间偏见消除的情况；第六是行为接受性融合，主要测度迁入地各种歧视行为消除的情况；第七是公共事务接触，主要是测度迁入人口在迁入地参与公共事务管理的程度。另外还有一些学者从经济、政治和居住等方面对 Gordon 的理论进行丰富和发展。除了以同化为手段的社会融合理论外，Berry（1997）的非传统社会融合理论也具有较大影响力。主要有多元文化论（Virta，2005）、区隔融合论（Portes & Zhou，1993）和空间融合论（Massey，1990）。多元文化论认为迁移人口可以保留原有风俗习惯，迁入地人口应该对迁入人口的风俗习惯有更大的认同性和包容性，最终实现迁入地社会多元文化发展的生态格局。区隔融合论认为迁移人口和迁入地人口的融合方式并不单一，可以分为三种融合模式，即迁移人口融入主流社会模式、迁移人口融入迁入地贫困文化模式以及迁移人口对迁移地的选择融入模式。

与社会融合理论对立的理论为社会排斥理论，一般而言，迁入地人口为了维持自身利益，会阻碍迁移人口进入本地区或者阻碍其在本地区发展，首先会排斥迁移人口在本地就业和谋生，进而升级到政治、文化和社会地位等方面。但也有研究表明，排斥迁移人口不符合社会公平正义，阻碍了弱势群体发展，同时也不利于迁入地社会的全面发展。当前中国户籍制度是一种典型的社会排斥现象，它成为农村流动人口迁入城市首要障碍，即使农村流动人口进入城市，也会在医疗卫生、社会保障和教育就业上与城市居民难以享受同等待遇。社会排斥会使农村人口成为“候鸟式”劳动力，在城市中难以产生自我认同，不利于城市化发展。旧社会资本对迁移人口而言，Portes（1988）发现迁移人口的社会资本是社会融合的关键因素，因为社会资本对从劳动力迁移到城市安居的整个决策过程都会起到重要作用。Sanders 和 Nee（1996）发现社会资本对迁移人口取得社会认知影响重大。社会关系是个体一系列人际关系的组合，主要包括血缘、地缘、学缘和业缘等。若个体社会关系网络中的迁移人口较多，那么该个体迁移倾向会提高，而且社会资本能够帮助迁移人口在城市获得较为准确的就业和生活信息，降低迁移成本，具备较强社会资本的个体也能在迁入地能够更快融入当地。

第三节　文献综述

一、农民工贫困研究

学界于20世纪80年代初开始关注农民工问题，而农民工贫困问题到20世纪90年代才有学者开始研究。截至目前，政府和学界对农民工贫困予以高度重视，关于农民工问题的研究，大概可以总结为三个方面：

一是农民工贫困的类型。目前关于农民工贫困方面的研究主要集中在物质贫困、能力贫困、权利贫困和精神贫困。农民工物质贫困主要研究农民工的工资收入水平、消费水平和其他生活水平指标（杨洋和马晓，

2012；侯为民，2015；孙咏梅和傅成昱，2016；韩莹莹和蔡丽蓉，2018）；农民工能力贫困研究的主要内容为农民工工作情况、信息获取情况、资源禀赋、城市融合、社会交往和自身能力以及农民工参与社会公共事务的程度（林竹，2016；王琼和叶静怡，2016）；农民工权利贫困研究的主要内容为政治方面，即农民工的投票选举权和被选举权、担任行政公职的难易程度等。经济方面，即是否存在农民工就业歧视和同工不同酬现象。社会方面，即农民工在城市居住情况和社会保障情况。文化方面，即农民工自身教育培训机会和子女受教育情况（张志胜和樊成，2007；孟庆涛，2015；贺坤和周云波，2018）；农民工精神贫困主要研究农民工观念意识是否落后、自身角色转换是否适应、思维方式是否正常、有无明确理想信念和心理健康状况等（杨云峰，2007；孙咏梅，2016；李远行，2017；高帅和郭铖等，2018）。另外，农民工福利贫困也有学者开始关注（袁方和史清华等，2014；孙咏梅，2016，何宗樾和宋旭光，2018）。

二是农民工贫困的测量。目前测度农民工贫困主要有两种视角，一种是以收入或消费等经济指标的视角，另一种是以多维视角进行测度。从单维视角测度农民工贫困来看，国内学者虽有采用收入和消费来测度农民工贫困，但农民工贫困线仍未统一。金莲（2007）用食物费用与恩格尔系数的比值作为农民工的贫困线，计算出农民工贫困线标准为248.4元/月，测算出贵州城镇农民工贫困发生率为13.55%。王美艳（2014）以1.5倍和2倍当地城市低保标准分别作为农民工的低标准和高标准贫困线，测算出农民工贫困发生率分别为7.07%和12.76%。有部分学者认为农民工属于流动人口，就把研究对象放宽到流动人口，但对流动人口的贫困标准依然没有统一，导致目前所测算出的农民工贫困发生率差异较大。例如，ADB（2004）根据本机构的流动人口贫困线，测出中国流动人口的贫困发生率为15.2%；Du（2006）分别采用低标准和高标准流动人口贫困线测出的贫困发生率分别为10%和16%。从多维视角测度农民工贫困来看，目前采用这一视角研究的学者较少，大部分采用A－F方法测度农民工贫困发生率，但因多维贫困指标体系设置不一，各学者测出的农民工多维贫困情况也差异较大（王春超和叶琴，2014；孙咏梅，2016），程世勇和秦蒙（2017）从权利贫困、精神贫困、福利贫困、能力贫困与资产贫困测度农民工的多维贫困状况，贺坤和周云波（2018）选取了收入、教育、社会保障、住房、就业、健康和社会融入7个维度来测度农民工的多维贫困状况，高帅和郭铖等（2018）使用多维贫困指数（MPI）的健康、教育和生活水平测度农民工贫困状况。

三是农民工贫困的致因和扶贫策略。厘清贫困致因是贫困治理的必要条件，目前关于农民工贫困的致因主要从以下几个方面展开：第一，自身禀赋或条件论，大多学者发现农民工人力资本低下是造成贫困的重要因素，农民工素质低下导致农民工只能从事较低技术水平的工作，且收入和工作环境都不理想（叶普万，2013；王美艳，2014；郭君平和谭清香等，2018）。第二，制度论，正式制度的不完善是农民工贫困的主要因素，正式制度中的户籍制度是阻碍农民工进入城市和融入城市的重要因素，户籍制度背后引申出的其他问题进一步加剧农民工贫困问题（叶普万和周明，2008；王晓东，2013；何宗樾和宋旭光，2018）。第三，社会论，农民工受到城市居民的抵触，城市居民认为农民工进城不仅会抢夺就业机会，也会占用大量的社会资源，城市居民的不友好态度导致农民工难以真正融入城市社会，农民工难以在城市获得自我认同感，其社会地位不断被城市居民边缘化（黄平，2005；叶普万，2013；高帅和郭铖等，2018）。第四，代际论，贫困具有代际传递特征，这一特征在农民工身上表现尤为明显，老一代农民工因自身人力资本较低，只能在城市从事较低技术水平的工作，难以上升到城市的高层次的社会阶层，其子女要么在城市就读农民工子弟学校，要么在老家成为留守儿童，就会导致农民工子女的教育一般会落后城镇居民子女的教育，新生代农民工极有可能延续父辈的贫困状态（周旭霞，2011；李怀玉，2014；林竹，2016）。第五，多维论，就是改变以往从单个维度分析农民工贫困致因的思路，从生活成本、组织化程度、劳动力市场分割以及城市“孤岛效应”等角度分析农民工贫困问题（王春超和叶琴，2014；侯为民，2015）。针对以上农民工贫困的致因分析，众多学者已给出多种农民工减贫措施，例如不断提升农民工的人力资本、加强社会公平建设、完善农民工社会保障体系和降低城市化门槛等（苗苗，2006；叶普万和周明，2014；贺坤和刘林，2017；程世勇和秦蒙，2017；何水，2018；陈灿平，2018）。

总体来看，目前关于农民工贫困的研究主要表现为以下特征，农民工贫困的研究视角开始由单维向多维转变，贫困的致因分析开始由内部因素向外部因素转变。但目前的研究仍存在不足之处，一是中国本土的农民工贫困理论还有待完善，二是农民工贫困的标准还有待确定，三是目前关于农民工贫困研究的实证分析不多，且大多是静态分析，没有考虑农民工贫困的动态性。

二、多维贫困研究

精准扶贫的前提要精确识别贫困家庭，并在此基础上分析贫困家庭的致贫原因，从而制定精准的扶贫措施。鉴于贫困的多维性，采用收入或者消费等单一维度识别贫困的方法存在较大局限性。Sen（1992）提出了“能力贫困”概念，认为人们之所以贫困，是因为他们缺乏增强自身投资、应对不确定性风险、参与经济活动获利的“能力”，并把能力、社会排斥和参与性引入贫困的度量，从而创建多维贫困理论。自此，人们转变了仅用单一的收入或消费指标来测度贫困，开始把教育、就业、医疗卫生、社会保障、获取信息和技术机会等多个维度引入贫困测度。至此，多维度视角成为研究贫困问题的主流方向。多维贫困测度研究主要从两个方面展开：其一是基于传统单位的 FGT 测度方法，如公理化方法、信息理论方法和完全模糊方法；其二是脱离传统而构建新的测度方法，如基于投入产出理论的效率方法和统计分析方法，Chakravarty（2003）基于单调性公理和转移性公理，使用固定替代弹性加总函数构建多维贫困指数，但该指数不具备维度可分解性质。Lugo 和 Maasoumi（2009）基于弱焦点公理和强焦点公理，运用信息理论和完全模糊方法构建多维贫困指数，该指数反映的是个体被相对剥夺的程度。因此，个体的贫困和其他个体直接相关，致使这种测度方法不满足子群可分解性质。利用距离函数测度的效率方法和统计分析方法所构建的多维贫困指数，虽然在构造权重和测度可行能力这类潜在变量方面具有一定优势，但该指数缺乏有效解释力。Alkire 和 Foster（2008）提出的 A - F 多维贫困指数克服了以上问题，该指数不仅满足各种公理和假定，还可以按照子群、维度等不同类型进行分解，得到了国内外学者广泛的关注和运用。

目前，国内运用 A - F 方法研究贫困问题的文献较为丰富。杨龙和汪三贵（2015）采用 A - F 多维贫困方法测度中国农村贫困地区的贫困情况，发现收入越低的家庭，多维贫困程度越严重，而且家庭多维贫困程度受贫困衡量标准变动的影响较大。张全红（2015）运用中国健康与营养调查数据，基于MPI多维贫困指数构建了以教育、健康和生活水平的多维贫困指标体系，并采用A－F多维贫困方法对中国农村地区的多维贫困情况进行测度。马瑜（2016）运用中国健康与养老追踪调查数据，以MPI指数构建了健康、收入、生活水平和社会参与的多维贫困指标体系，并采用A－F多维贫困方法测度了城镇和农村老年人的多维贫困情况。郭熙保和周强（2016）运用中国健康与营养调查数据，采用A－F多维贫困方法测度了中国农村家庭的多维贫困状况。高帅和毕洁颖（2016）运用中国家庭追踪调查数据，采用A－F多维贫困方法从动态视角测度了中国农村家庭多维贫困情况。支俊立（2017）采用A－F多维贫困方法测度了中国农村居民的多维贫困状况，发现农村居民贫困人口中的教育和健康问题更加突出，但各省份多维贫困程度没有表现出明显的差异。谭燕芝和张子豪（2017）运用中国家庭追踪调查数据，采用A－F多维贫困方法测度了中国农村家庭多维贫困状况，并分析了社会网络和非正规金融对多维贫困程度的影响。彭继权和吴海涛（2017）采用A－F多维贫困方法测度了湖北农村家庭多维贫困状况。汪为和吴海涛（2018）运用湖北农调队数据，对湖北地区农户的多维贫困动态性进行测度。左孝凡和王翊嘉等（2018）运用中国家庭追踪调查数据测度了农村居民长期多维贫困。柳建平和刘咪咪（2018）测度了甘肃贫困地区女性的多维贫困状况。

也有部分学者采用A－F多维贫困方法测度城镇居民的多维贫困状况。高艳云（2012）测度了城乡居民多维贫困，发现随着扶贫工作的开展，城镇居民多维贫困呈现下降趋势。王素霞和王小林（2013）发现农村家庭多维贫困程度依然高于城镇居民多维贫困程度。张全红和周强（2015）采用CHNS数据测度了城镇居民多维贫困状况。高帅（2015）运用中国家庭追踪调查数据测度了城镇居民多维贫困的动态情况。周强和张全红（2017）认为教育水平是影响城镇居民多维贫困持续的关键因素。谢垩（2017）运用2012和2014年中国家庭追踪调查数据中的个体数据，构建以消费、健康、生活和住房、生活满意和信心程度5个维度的多维贫困指标体系，并测度了城镇老年人多维贫困。侯卉和王娜（2018）从收入贫困、能力贫困、社会排斥和社会参与4个维度构建城镇居民多维贫困指标体系，并测度了9个省份城镇居民多维贫困情况，测度发现健康保险和卫生设施对城镇居民多维贫困的影响最大。汪为和吴海涛（2018）测度了内蒙古地区城镇居民多维贫困。文琦和施琳娜等（2018）对黄土高原地区的多维贫困进行测度，并研究了村域多维贫困及其异质性。

除了测度城乡居民多维贫困程度以外，越来越多的学者开始从不同视角测度多维贫困。群体特征是目前采用最多的研究视角，王春超和叶琴（2014）测度了农民工多维贫困状况。廖娟（2015）测度了中国残疾人的多维贫困状况。谢垩（2015）测度了中国老年人的多维贫困状况。何水（2018）构建了9个维度的多维贫困指标体系测度了农民工多维贫困。高帅和郭铖等（2018）运用2010—2014年的中国追踪调查数据测度了农民工长期多维贫困状况。贺坤和周云波（2018）采用2014年国家卫生计划委员会流动人口动态监测数据测度了中国农民工收入贫困和多维贫困，并基于区域特征和维度进行分解。蒋南平和郑万军（2018）采用2010—2014年中国家庭追踪调查数据对中国农民工多维贫困返贫情况进行测度。郭君平和谭清香等（2018）从“收入—消费—多维”视角对进城农民工的多维贫困进行测度，测度结果发现当前农民工多维贫困主要以消费贫困和选择性贫困为主。也有部分学者从区域角度测度多维贫困，张庆红和阿迪力·努尔（2015）测度了新疆农村家庭的多维贫困状况。陈辉和张全红（2016）测度了粤北山区农村家庭的多维贫困。郑长德和单德朋（2016）对集中连片特困地区多维贫困。田宇等（2017）测度了武陵山区农村家庭多维贫困。周扬和郭远智等（2018）对中国县域多维贫困进行测度，并给出2020年后的减贫措施。

三、贫困动态性研究

贫困具有长期性和反复性的特点，也就是说贫困并非静态而是动态变化的，不论是从贫困识别还是贫困治理都需要具备动态视角，采用动态视角研究贫困问题已经被越来越多的学者所接受，目前关于贫困动态研究的文献主要包括以下几个方面：

一是关于贫困动态类型的研究。贫困动态研究最早关注的是贫困的持续时间，Duncan（1985）通过观察美国贫困家庭的10年变动情况，发现有 1/4~1/3 家庭的贫困年数都在 1 年以上，在 10 年内有在 8 年及以上贫困年数的家庭大约占到了 2.6%~5.1%。Gaiha（1993）运用 9 年的面板数据测算了印度家庭贫困的动态情况，测算结果显示有大概 1/10 的家庭在 9 年内不存在贫困现象。汪三贵（2003）运用 1997—2000 年 4 个省份的贫困县数据，测算的结果显示农村中长期贫困和短期贫困的比例相差不大。罗楚亮（2010）运用 2007—2008 年的短期农户追踪数据测度了中国农村家庭贫困的持续情况，测度结果显示 2 年都贫困的农户占全样本的 10% 以下，说明中国农村贫困的持续问题并不严重。于敏（2011）运用 1999—2004 年甘肃和内蒙古的农户面板数据测度了农村家庭的贫困动态情况，测度结果显示不存在 5 年内都不贫困的农户，甘肃和内蒙古农户 5 年都贫困的占比分别为 1.6% 和 1.3%，4 年都贫困的占比分别为 3.9% 和 3.4%。在研究贫困持续时间的基础上，有学者根据贫困时间把贫困类型划分为短期贫困和长期贫困。岳希明等（2007）运用 1997—2001 年中国贫困地区的农户调查数据，测算出中国农村的多维贫困动态类型主要以短期贫困为主。而 Gustafsson（2009）运用中国 2000—2002 年的面板数据对中国农村贫困进行动态测度，并把 3 年连续贫困界定为长期贫困，把 1 年或者 2 年贫困界定为短期贫困，最后测算结果显示中国农村贫困类型主要以长期贫困为主，两者测算结果差异的原因可能是因为选取样本不同所致。李翠锦和李万明（2015）运用 2008—2010 年新疆农户调查面板数据测度了新疆农村家庭多维贫困动态情况，将在 5 年内 2~3 年贫困定义为持久贫困类型，将在 5 年内有 1 年及以下的贫困定义为暂时贫困类型，最后测算结果表明新疆农村贫困主要以暂时贫困类型为主。杨慧敏和罗庆等（2016）运用 2000 年、2006 年和 2011 年中国健康与营养调查数据，研究了中国农村家庭贫困以及动态变化，测算结果表明中国农村家庭处于长期贫困的比例较少，但是贫困的进入和退出较为频繁。葛岩和吴海霞等（2018）运用 2000—2011 年中国健康与营养调查数据，采用多维贫困和持续时间分析方法，在构建儿童多维贫困指数的基础上，测度中国儿童多维贫困的动态情况，贫困持续 3 期的儿童占全国的 50% 左右，且农村长期多维贫困程度要远高于全国平均水平。汪为和吴海涛（2018）运用湖北农户调查数据，测算结果显示农村以暂时贫困为主。

二是关于贫困动态类型转换的研究。贫困转换与贫困持续有密切联系，贫困转换是指个体或者家庭在贫困中进入或者退出的过程，贫困状态越持久表明贫困转换频率越低。Bane（1986）和 Burke（2008）采用久期分析法测度了农村家庭贫困的持续状况。Bigsten 等（2008）在此方法的基础上进行改进，运用 1994—2004 年面板数据测度了城乡家庭贫困的持续时间，研究结果表明贫困持续时间越久，家庭在未来陷入贫困的概率会越大；反之，家庭贫困持续时间越短，未来陷入贫困的概率会越小。张立冬和李岳云（2009）发现原先处于贫困状态的家庭在退出贫困后较大概率会再次进入贫困，其他贫困类型状态变动的概率不大。You（2011）运用 1989—2006 年中国健康与营养调查数据测度了中国农村家庭贫困持续时间，测度出中国农村家庭在 8 年内的平均贫困时间为 2. 55 年，并发现贫困年数在 4 年及以上家庭的返贫率较高。王朝明（2010）运用 1990—2005 年农户追踪数据探究贫困状态的转换，发现农户贫困经历时间越长，农户脱贫可能性就越小，说明贫困具有较强的依赖性和连续性。叶初升和赵锐（2013）运用 10 年的中国健康与营养调查数据研究农户贫困状态的转换，发现农户在 10 年内退出贫困的比例可以达到八成以上，而陷入贫困的比例不到一成。罗曼和李兴绪等（2012）运用 2006—2009 年农村家庭追踪面板数据，从市场参与角度研究了中国农村贫困动态转变及脱贫因素，研究发现有六成以上的农村家庭在观察期内属于暂时性贫困。张立冬（2013）运用 2000—2009 年中国健康与营养调查数据研究中国农村贫困的动态性，发现各类特征人群中的贫困类型以暂时性贫困为主，且还发现如果农户的家庭收入水平靠近贫困线，此类家庭在次年进入贫困的可能性明显偏高。周振和兰春玉（2014）从贫困动态角度考察了中国农村家庭贫困状态转变及其发展演变，研究发现家庭资本较少的家庭在观察期内会经常陷入贫困，并且与农户所处的区域有较大关系。张志国（2015）从动态视角研究了中国农户贫困的动态构成以及动态构成与家庭特征之间的关系。杨慧敏和罗庆等（2016）运用 2000 年、2006 年和 2011 年中国健康与营养调查数据分析中国农户贫困状态及其变动情况，发现在观察期内只有少部分农户一直处于持续贫困类型，大部分农户在进入贫困和退出贫困之间来回变动。高帅和毕洁颖（2016）运用 2010 年和 2012 年中国家庭追踪调查数据从个人可行能力和主观福利感受分析农村人口多维贫困状态持续与转变。褚衍章（2017）运用陕西、云南和贵州 3 个省的农户调查数据，分析了农户贫困状况及其变动情况。张全红和李博等（2018）运用中国家庭追踪调查数据（CFPS）测度了中国家庭的收入贫困和多维贫困，并借助联合概率分布矩阵和转移矩阵考察以上两种贫困的状态转化和动态情况。

四、贫困致因研究

一是关于进入和退出贫困的影响因素研究。Addabbo 和 Baldini（2000）采用 1991 年意大利家庭调查数据，测算出非贫困家庭在未来进入贫困的概率为 7%，贫困状态变化的主要原因是下一代子女的出生、新家庭建立、家庭中主要劳动力失业和政府转移补贴减少。Valletta（2006）运用美国、加拿大、德国和英国的家庭数据分析进入和退出贫困的影响因素，发现政府税收和转移支付会分别降低家庭进入贫困和增加退出贫困的可能性，这一特征趋势在美国和加拿大更加明显。Krishna（2006）运用秘鲁农户调研数据分析贫困状况及其影响因素，牲畜质量、生计多样性和非农就业对农户退出贫困有非常显著的正向影响。罗楚亮（2010）从收入结构视角分析了农户贫困的影响因素，发现非农就业的工资性收入和其他经营性收入对农户退出贫困有显著正向影响，农户之所以会陷入贫困的重要因素之一就是经营性收入的变动，即农业经营性收入或者非农经营性收入因遭受风险冲击造成收入降低，而非农就业的减贫效应与贫困线标准息息相关，其减贫效应与贫困线标准呈现出负向关系。另外，也发现家庭人力资本对贫困变动有显著正向影响。姚毅（2012）通过分析城乡家庭贫困变动及其影响因素，发现经济增长、人力资本、居住地位置和家庭人口特征都对城镇和农村家庭的贫困变动有重要影响。罗曼和李兴绪等（2012）从劳动力角度分析了贫困的影响因素，发现影响农户贫困的因素主要可以概括为家庭外出务工人数、家庭劳动力受教育水平和家庭劳动力融入市场能力。Jemal 和 Haji（2014）通过分析埃塞俄比亚农户的贫困状况，发现家庭成员结构对农户贫困进入和退出有显著影响，即家庭贫困程度与家庭子女数量有显著正向影响。Milla 和 Zemedu（2014）发现家庭种植规模和信贷支持水平对农户进入和退出贫困也存在显著影响。Solange 和 Goncalves（2015）运用 2002—2011 年农户面板数据分析贫困的影响因素，发现家庭负担系数、户主性别、家庭成员受教育水平和劳动力参与市场程度对进入和退出贫困有显著影响。褚衍章（2017）发现由于调查地区社会经济发展水平有限，无法提供更多非农就业岗位容纳农村剩余劳动力，就会导致家庭劳动力无法通过融入市场来减轻家庭贫困程度。黎蔺娴（2017）从负向所得税角度分析了影响农户进入和退出贫困的因素。

二是关于慢性贫困和暂时贫困影响因素研究。Jalan 和 Ravahon（1998）对农户慢性贫困和暂时贫困的影响因素做了较为深入的研究，发现家庭平均资产存量对农户是否存在暂时贫困和长期贫困起关键性作用；另外，家庭结构、平均受教育程度和家庭劳动力健康状况对家庭慢性贫困有显著影响，但对暂时性贫困没有显著影响；一般而言，家庭人口数较少的家庭和平均受教育程度较高的家庭，其慢性贫困发生率就越低；家庭住所环境和教育资源能够起到长期效用，进而减少慢性贫困，但对缓解暂时贫困作用较小。Addabbo 和 Baldini（2000）研究发现教育程度低下和户主失业是家庭陷入慢性贫困的重要因素；从事低技能职业、个体经营户和务农为主的家庭较容易陷入暂时贫困。Hulme（2003）通过分析农户慢性贫困的影响因素可知，一般居住位置偏远、家庭抗风险能力较低、社会关系薄弱和家庭社会地位不高的家庭更易陷入慢性贫困。何晓琦（2004）通过归纳国外学者关于慢性贫困影响因素的研究发现，人力资本积累较少和地域环境较差的农村家庭更易陷入贫困。另外，他还发现固定资产也是影响农村家庭陷入慢性贫困的重要因素。Herrera 和 Roubaud（2005）运用秘鲁和马达加斯加两个国家的家庭数据研究了慢性贫困的影响因素，发现家庭人口结构、家庭负担系数、户主年龄以及家庭平均教育程度对慢性贫困有显著影响。岳希明和李实等（2007）从个体特征和家庭特征分析暂时贫困和慢性贫困的影响因素，研究结果发现户主教育水平、户主年龄以及家庭人口数量都是影响暂时贫困和慢性贫困的因素，暂时贫困是由一些随机短期因素所致，慢性贫困是由一些固定长期因素所致。张立冬（2013）从个体特征和家庭特征来分析暂时贫困和慢性贫困的影响因素，发现户主年龄和家庭人口数量与暂时贫困呈现倒“U”形关系，说明户主年龄和家庭人口数量增加到一定值后，家庭可能会过渡到慢性贫困；户主教育水平和地区经济水平与家庭暂时贫困呈现出正向关系，与慢性贫困呈现出负向关系，说明户主教育程度和地区经济水平越高的家庭，陷入暂时贫困的可能性要比陷入慢性贫困的可能性更大。李昭楠和刘七军（2015）发现家庭结构、风险意识、家庭负债、社保参与和消费水平等都是影响民族生态脆弱区农户慢性贫困的主要因素。谢冬梅（2016）发现完善农村社保体系能减少农户的暂时贫困和长期贫困。王卓（2017）发现自然灾害和经济社会冲击会使农户的暂时贫困转变为长期贫困。刘成奎和任飞容等（2018）研究了公共物品供给的减贫作用，发现通信服务较低和医疗支出减少都会降低农户的瞬时贫困和慢性贫困。汪为和吴海涛等（2018）通过分析2006—2010年农户调查数据，发现家庭劳动力占比、家庭经营类型和家庭所处区域都是影响农户暂时贫困和慢性贫困的重要因素。

五、文献述评

综上所述，目前关于贫困方面的研究非常丰富，随着人们对贫困研究的不断深入，对贫困的认识也越来越深刻。在贫困研究视角上，贫困不单只是指个体或者家庭的收入水平处于贫困线以下，而是一系列可行能力被剥夺。因此，采用多维指标测量贫困已经成为学界的共识。在贫困研究方法上，目前学者大多采用家户数据来测度每户的贫困状况，贫困研究已经从以理论为主转向以实证为主，国内外学者大多采用 A－F 的多维贫困测度方法来测算家庭贫困状况，此方法的优点在于能够运用贫困多维指标体系便捷地测算贫困发生率、贫困深度和贫困广度，而这一方法的缺点在于维度、指标和权重选取会都带有主观性。不同学者选用不同多维贫困指标体系所测度的结果会存在差异，学者们也在不断丰富贫困的维度、指标和权重，但目前还没有形成一套适用测算所有群体的多维贫困指标体系。总而言之，尽管多维贫困指标体系没有形成共识，但是采用多维视角和 A－F 方法已经成为研究贫困问题的共识。

贫困既有绝对贫困也有相对贫困，贫困也并非一直处于一成不变的状态，家庭是否贫困会到受家庭禀赋和社会环境的影响，贫困的复杂性和反复性导致贫困治理并非一劳永逸，动态性视角由此引入贫困研究领域。贫困动态性研究主要考察贫困的动态过程和动态结果，贫困动态过程为贫困经历年数、贫困持续年数、贫困进入和贫困退出等；贫困动态结果为不同贫困类型，即从不贫困、慢性贫困和长期贫困。贫困经历年数和贫困持续年数主要从时间角度考察农户进入贫困的状况；进入贫困和退出贫困主要从贫困临界状态切换的角度分析贫困状态转换，涉及贫困进入年数、贫困退出年数、贫困是否进入和贫困是否退出等；不同贫困类型就是考察家庭在观察期内的贫困类别。贫困动态类型可以按照贫困年限和组分分解法来划分，这两种划分方法都是基于较长时期（通常在5年以上）的研究数据进行，是对个体或者家庭贫困的动态考察。组分分解法是运用持久性收入理论把收入分为持久性收入和暂时性收入，贫困也就可以划分为持久贫困和暂时贫困，但这一划分方法并没有考虑个体或者家庭陷入贫困的具体年数，而是重点考察收入的结构，本书所界定的贫困是多维贫困，该法并不适合本书贫困动态类型的划分。按照贫困年限来划分贫困动态类型能同时考察个体或者家庭的贫困时间，更符合本书的研究目的，因此，本书按贫困年限划分贫困动态类型。基于此，本书利用2010—2016年CFPS数据，采用A-F多维贫困测度方法，测量中国农民工多维贫困状况，并在此基础上划分中国农民工多维贫困的动态类型，分析不同特征群体农民工的多维贫困状态及各指标的贡献率，并运用回归模型估计中国农民工多维贫困动态过程和动态结果的影响因素，为缓解和消除中国农民工多维贫困提供理论基础和政策依据。

第四节　本章小结

本章首先界定了本书研究问题的相关概念，主要包括农民工、多维贫困和动态贫困。其次对本书研究的基础理论进行介绍，主要包括贫困理论、能力贫困理论和人口迁移与融入理论。最后归纳梳理目前国内外有关农民工贫困、多维贫困、贫困动态性和贫困影响因素方面的文献。

随着贫困研究的不断深入，贫困内涵越来越丰富，从最先以解决绝对贫困为主转变为现在以解决相对贫困为主。贫困内涵的丰富必然带来贫困测度内容的增多，采用多维贫困方法来衡量贫困程度目前已经广为流行，大多学者是基于Sen的可行能力理论和A-F的多维贫困测度法。贫困是长期变化的过程，贫困治理是一个长期过程，因此，动态贫困的引入成为目前观测个体或者家庭贫困程度以及解决贫困问题的重要视角。

本书的理论基础主要为贫困理论、能力贫困理论和人口迁移与融入理论。贫困理论主要从经济增长、社会发展和人力资本三个方面介绍，这三者呈现出递进关系，表现出贫困研究视角是逐步从宏观层面向微观层面转变，最后落脚到贫困解决的根本之道在于提升人力资本。能力贫困理论主要介绍了可行能力与自由、贫困和收入的关系，清楚地阐释了个体或者家庭为什么贫困，以往所认为的低收入仅是贫困的表征，并没与从贫困发生机理层面揭示贫困内涵，可行能力较好地解释了贫困的产生机理。人口迁移和融入理论主要对应本书研究对象，农民工是城镇化和社会流动的产物，农民工贫困是相对城镇居民而言，其根本解决之道在于社会的融合发展。

第二章　农民工多维贫困分析

本章主要考察农民工多维贫困的现实状况，首先，基于MPI指数构建农民工多维贫困测度的体系框架，重点阐述多维贫困的测度方法、贫困维度和指标选取以及指标权重设置；其次，运用2010—2016年CFPS数据测度农民工多维贫困指标贫困发生率、多维贫困指数和多维贫困指标贡献率；再次，为了更加深入分析不同特征农民工群体之间的多维贫困差异，本章也考察不同个体特征和就业特征农民工群体的多维贫困差异，个体特征主要包括代际特征（即新/老农民工）、性别特征以及婚姻特征，就业特征主要包括农民工就业地和农民工职业类型；最后，本章也分析了农民工和城镇居民多维贫困的差异。

第一节　农民工多维贫困测度的体系框架

一、农民工的类型划分

自1984年中央颁布文件允许农民自备口粮进城务工以来，中国农民进城的趋势势不可挡。截至2019年年底，中国农民工已达到2.9亿人，城镇化率也由1978年的17.9%上升到2017年的58.5%。农民工这一群体已经产生了34年，约占全国总人口的1/5，占全国劳动总人口的1/3，年龄构成主要在15～55岁，从事行业种类繁多。由此可知，农民工已经成为一个构成复杂、规模庞大的群体，不加分类的把农民工作为一个整体、同质的群体进行研究会掩盖农民工内部个体异质性，分析结果可能不尽人意。上述问题引出本书所关注的重点，在研究农民工贫困时应该如何划分农民工的类型，从而能够更加准确把握农民工的内部差异，厘清不同类型农民工群体的贫困特征和趋势。

（一）不同特征农民工研究

1. 农民工的就业特征。关于农民工的研究近年来呈现出井喷状态，主要是从不同视角研究农民工生产生活行为。农民工与农民的主要区别在于职业类型和就业地点的差异，大多数文献也主要从这两个方面来分析农民工问题。

第一，有关农民工职业类型的研究。在城市就业获取工资收入是农民工进城最直接的目的，因此，最初对农民工的研究大多集中在就业对农民工收入的影响，黄乾（2009）分析了稳定就业农民工和非稳定就业农民工工资收入的差距及其影响因素，发现工资差异主要可以归结为禀赋差异。姚俊（2010）分析了长三角地区农民工不同流动就业类型对其工资收入的影响，发现流动性能够增加农民工的工资收入，有助于农民工摆脱“合法化”的低工资制度安排。吕晓兰和姚先国（2013）运用2008年的CHIP数据分析了农民工职业类型流动与收入效应的性别差异，发现不同职业类型流动会影响农民工收入效应，相同职业类型流动会存在收入效应的性别差异。随后，有学者开始分析就业对农民工其他方面的影响，赵维姗和黄广忠（2017）运用13个省份的农户调查数据分析了农民工职业类型对其就业稳定的影响。李强（2018）分析了农民工非正规就业存在的问题以及解决措施。王润泉和赵彤（2018）运用国家卫计委2014年全国流动人口动态监测调查数据从不同就业类型的视角，分析了农民工参加职业养老保险对城市消费行为的影响。

第二，有关农民工就业地点的研究。杨肖丽和景再方（2010）运用沈阳农民工的调查数据，分析了农民工迁移距离与职业类型选择之间的关系，发现能够从事更加专业、更高收入职业的农民工，其迁移距离一般较长。赵浩兴（2012）运用沿海6省（市）900个农民工样本，分析了农民工创业地点选择的影响因素。朱欣乐和丁志国（2013）运用2009年东北三省518份农民工数据，分析了农民工是否外出打工和外出打工地点的影响因素。秦立建和王震（2014）从迁移地点角度研究了迁移对农民工自评健康状况的影响。赵巧峰和申鹏（2015）分析了信息有偏条件下新生代农民工就业地点的选择决策，发现省外就业是新生代农民工务工地点的最优选择。郭俊芳和李军等（2015）运用6省市3176份农民工问卷分析其务工地点的选择问题，发现农民工更倾向于选择在外省市务工。罗涛（2016）运用动态博弈模型分析了两地政府支持政策对农民工创业区位选择的影响。

2. 农民工的个体特征。

（1）农民工的代际特征。随着新一代农民工进入城市，人们发现新一代农民工和老一代农民工在教育程度、思维模式和目标需求方面存在明显差异，不能继续简单地把农民工作为一个整体来分析问题（朱启臻和马腾宇，2011），代际逐步成为研究农民工问题的重要视角。李中建和金慧娟（2015）基于农民工调查数据，运用修正的Mincer收入方程，从人力资本投资类型和年龄视角分析了农民工人力资本回报率差异的影响因素。王弘钰和王辉（2016）基于雇用不平等的视角，分析了农民工和城镇居民偏差行为的代际差异，发现面对雇用不平等时，新生代农民工与城镇居民反应一致，老一代农民工更倾向于逆来顺受。章程（2018）运用2016年中国城乡移民调查数据从代际视角分析了农民工与城镇职工之间的工资差异及其影响因素，发现人力资本差异缩小是造成新生代农民工与城镇居民工资差异减少的主要原因。刘玉侠和陈瑞伞（2018）从代际视角分析了农民工回流的行为。甚至，有一部分学者直接研究新生代农民工问题，李烨和黄碟君（2012）研究了新生代农民工“跨企业离职”和“跨城市离职”的影响因素。张蕾和王燕（2013）运用杭州市新生代农民工数据分析了农民工城市融入水平及融入类型。罗丞（2014）研究了新生代农民工社会行为失范的类型及成因。卜庆国（2017）分析了新型城镇化背景下新生代农民工城市定居意愿的影响因素。罗丞（2017）运用2012年国家流动人口动态监测数据分析了新生代农民工的市民化意愿。赵建国和周德水（2018）运用2013年国家卫计委的流动人口动态监测数据分析了养老保险和定居期望期对新生代农民工城市融入的影响。张宏如和王北等（2018）分析了社会资本对新生代农民工就业转型的影响。

（2）农民工的婚姻特征。农民工进城就业后的另一重大问题就是打破了农村原本的传统婚姻模式，在婚姻构成、婚姻稳定和婚姻观念等方面都在潜移默化的改变，一些学者开始分析农民工婚姻问题以及婚姻对农民工的影响。尹子文（2010）分析了第二代农民工婚姻家庭问题，发现其家庭生活更加窘迫。李国珍（2012）分析了已婚农民工婚姻生活的满意度问题。许传新和高红莉（2014）研究了新生代农民工的婚姻家庭观念，发现在传统和转型的共同作用下，促进了新生代农民工从传统到现代的“过渡型”婚姻家庭观念的形成。李铁（2016）分析了户籍制度改革对农民工婚姻的影响，发现户籍制度改革消除了农民工婚姻问题的制度因素，但是由户籍制度带来的其他附加因素依然影响着农民工婚姻状况。刘成斌和童芬燕（2016）运用2014年全国农民工动态监测数据测得中国农民工早婚的规模在5000万人左右，青年农民工早婚不利于家庭稳定性。魏巍和杨哲（2017）运用2010年CGSS数据分析了农民工城市居住质量对婚姻的影响。聂洪辉（2017）从新生代农民工婚姻的角度分析中国农村家庭形态变迁的趋势。杨婷和靳小怡（2018）分析了家庭压力和婚姻满意度对农民工实施婚姻暴力的影响，发现家庭压力过大且婚姻不满意会增加婚姻暴力的可能性。

由此可见，婚姻已经成为研究农民工问题的重要视角，再则，也有一些研究表明，生命周期阶段的转变会影响家庭的贫困状态，特别是在新家庭成立阶段，此阶段的家庭禀赋和原始积累都相对较少，家庭往往容易陷入贫困状态（彭继权和吴海涛，2017）。因此，从婚姻角度划分农民工群体，能够识别已婚农民工和未婚农民工群体之间的贫困差异。

（3）农民工的性别特征。农民工在劳动力市场处于相对弱势的地位，女性农民工更是在各方面都会遭受歧视，但随着女性在劳动力市场中的占比越来越多，女性农民工受到越来越多的关注，更多学者开始从性别视角分析农民工问题。靳小怡和任锋（2009）采用2005年深圳农民工专项调查数据，从性别视角系统分析社会网络对农民工初婚观念和行为的影响，发现婚姻讨论网络成员的数量可以降低男性农民工早婚的风险。周蕾和李放（2012）从代际和婚姻角度分析了农民工城镇化意愿，发现已婚农民工城镇化决策更符合经济理性。陈技伟和江金启（2016）对农民工就业稳定性的收入效应及其性别差异进行分析，发现就业稳定性对提升女性农民工工资的效果更大。蒯鹏州和张丽丽（2016）运用2013年农民工数据分析了农民工性别工资差异及其成因，发现女性的工作时间和培训参与率的回报率显著高于男性。李卫东（2017）运用2016年广州农民工调查数据，从代际、性别和迁移视角分析了农民工婚姻的稳定性及其影响因素。靳小怡和段朱清（2017）从城镇化路径和性别差异的角度，分析了农民工跨户籍婚姻缔结的现状和成因。罗俊峰（2017）分析农民工行业分布对性别工资差异的影响，发现男女农民工存在一定程度的行业隔离，主要是由行业内男女不同酬和行业间进入时性别歧视引起。曾鹏和向丽（2017）从代际和性别角度分析了中西部地区农民工就近城镇化的意愿。李旻和王秋兵（2017）从职业流动频率、流动方向、流动动因三个方面分析了已婚女性农民工的职业流动特征及其收入效应，发现已婚女性农民工的职业流动频率不高，职业流动多处于平行流动。汪璇（2018）分析了已婚新生代女性农民工的发展困境。许加明和魏然（2018）分析了男性新生代农民工的择偶困境及结婚策略。郝彩虹（2018）研究了城市外来女工在城市的生活状况和城市融入情况。

（二）不同特征农民工的划分标准

由以上可知，个体特征和就业特征已成为目前研究农民工问题的重要视角，本书也将从以上两个层面对农民工进行划分，从而分别讨论不同个体特征（代际、性别和婚姻）和不同就业特征（职业类型和就业地点）农民工的多维贫困状况。以下是不同特征农民工的划分标准：

1. 就业特征划分标准。农民工的职业类型。目前对农民工职业类型还没有形成统一的划分标准，姚先国和俞玲（2006）将农民工分为技术管理人员、公司职员、批发零售人员、服务人员（家政、勤杂等）、生产工人（工业、建筑工人）。杨肖丽和景再方（2010）将农民工划分为力工和零工、服务销售人员、技术工人、公司管理人员、私营业主和其他类。陈明（2013）将农民工的职业类型划分为个体私营户、临时工、长期合同工和固定职工。吕晓兰和姚先国（2013）将农民工划分为体力工人、低技能和一般工作人员、专业技术管理人员和个体经营户。罗俊峰（2014）将农民工划分为管理类、专业技术类、生产操作类、商业服务业和其他职业。夏怡然（2015）把农民工划分为管理人员、专业技术人员、私营企业主、个体户、办事人员、商业服务业人员和生产人员。欧阳博强和张广胜（2018）把农民工划分为家庭/企业帮工、无固定雇主、有固定雇主和自我雇用。以上农民工的划分结果既有重合又有差异，但基本相差不大，大多是基于行业大类进行划分。考虑到划分类型过多可能会存在数据支撑不够的问题，即导致部分类型农民工的占比过低，较低的样本并不利于问题分析。本书在前人总结的基础上，根据中国当前农民工的实际情况，把农民工划分为 5 种类型，即制造业（工厂工人）、建筑业（建筑工人）、服务业（家政、保洁、销售人员等）、技术业（党政机关工作人员、专业技术管理人员、办事员等）和其他类职业（个体经营人员、私营企业主等）。

农民工的就业地点。有部分学者研究了农民工的务工地点，杨肖丽和景再方（2010）发现农民工为了寻找更好的就业机会，可能会迁移更远的地方就业。朱欣乐和丁志国（2013）把农民工务工地点根据与家庭距离的远近划分为 6 类，即小于 50 千米、50 ~ 250 千米、250 ~ 450 千米、450 ~ 650 千米、650 ~ 850 千米和大于 850 千米。罗俊峰（2014）把农民工的流动地点归类为跨省流动、省内跨市、市内跨县。郭俊芳和李军（2015）把农民工的务工地点分为本乡镇、本县其他乡镇、本省其他县市和其他省市，发现教育水平越高、年龄越小、家庭资产越少和负担系数越小的农民工，更倾向于在外省市打工，户籍在东北、华北和西北地区的农民工更多选择在外省市务工，而户籍在华南、华东和西南地区的农民工更多倾向于在本省市务工。赵巧峰和申鹏（2015）把农民工的务工地点分为家庭所在乡镇、家庭所在县城、县外省内和省外，运用多目标决策理论发现农民工最优决策的地点依次应该是省外、县外省内、县城、乡镇。由以上可知，目前都是以距离远近作为农民工务工地点的划分标准，本书依然采用前人的研究思路，根据距离远近把农民工务工地点划分为本镇、本县（镇外县内）、省内（县外省内）和省外（其他省市）。

2. 个体特征划分标准。农民工的代际划分。新生代农民工是一个较为新颖的研究对象，王春光（2001）最早提出“新生代流动人口”的概念，并将其定义为年龄在 25 岁以下且 20 世纪 90 年初外出务工的人员，2007 年中国青少年研究中心将新生代农民工定义为年龄在 16 ~ 25 岁的农民工，2010 年中央一号文件首次提出“新生代农民工”一词，全国总工会进而明确划定标准，将其规定为出生于 80 年代且年龄大于 16 岁在外地从事非农就业的农业户籍人口。随后，学者对新生代农民工的研究接踵而至。卜庆国（2017）将 1980 年后出生的户籍为农村户口的农民工定义为新生代农民工。罗丞（2017）认为新生代农民工指的是出生在80年代后，90年代后期进入城市的农村劳动力人口。刘玉侠和陈瑞伞（2018）以1980年出生为界，将1980年出生后的农民工定义为新生代农民工。赵建国和周德水（2018）把1980年以后出生的农民工定义为新生代农民工。由此可知，目前学者对新生代农民工的定义和划分较为统一，都是以1980年为节点进行划分。本书也把1980年以后出生的农民工定义为新生代农民工。农民工的性别划分，则主要是把农民工划分为男性农民工和女性农民工两类群体。农民工的婚姻划分，则主要是把农民工划分为未婚农民工和已婚农民工两类群体。

二、农民工多维贫困测度方法

本书采用的多维贫困指数 M_0 借鉴了联合国发展计划署和牛津大学于2010年合作开发推出的多维贫困指数MPI①。MPI包括教育、健康和生活水平3个维度。假设样本的数量为n，令样本观测矩阵 $M=(\lambda_{ij})_{n\times m}$，其中，$\lambda_{ij}$表示个体i在j（j=1，2，…，s）的取值。$\lambda_i=(\lambda_{i1}, \lambda_{i2}, \cdots, \lambda_{is})$表示个体i在s个维度上数值的集合。$F=(f_1, f_2, \cdots, f_k)^R$为相应维度上被剥夺临界值（Cut - off Value）组成的向量，如果$\lambda_{ij}\leqslant f_j$，表示个体i在j维度上属于贫困人口，即：

$$g_{ij}=\begin{cases}1 & \lambda_{ij}\leqslant z_{ij}\\ 0 & \text{其他}\end{cases} \tag{2-1}$$

一般的贫困人口发生率指数（H），表示贫困人口（q）占样本总人数（n）的比重，即$H=\frac{q}{n}$。为了便于获得最终的MPI指数，现将H表示为贫困人口发生率$H_{(k)}$，下标k表示维度的临界值，如果个体在k或者以上维度被剥夺，则属于多维贫困者。平均被剥夺程度指数（A），也称贫困强度指数，等于所有贫困个体平均被剥夺的维度数与总维度数（m）之比，也表示为多维平均剥夺程度$A_{(k)}$的形式，则有：

① 多维贫困可以测度贫困发生率、贫困广度和贫困深度，本书只考虑贫困发生率。

$$H_{(k)} = \frac{\sum_{i=1}^{n} q_{ij}(k)}{n} \tag{2-2}$$

$$A_{(k)} = \frac{\sum_{i=1}^{n} c_i(k)}{\sum_{i=1}^{n} q_{ij}(k) \cdot m} \tag{2-3}$$

在式（2-3）中，$c_i(k) = \sum_{j=1}^{m} w_j g_{ij}$；否则，$c_i(k) = 0$。由式（2-3）可以推出，$\sum_{i=1}^{n} c_i(k)/q = A \times m$ 表示在该调查样本中，全部个体平均有 $A \times m$ 个维度是处于贫困状态。式（2-2）中的 $q_{ij}(k)$ 表示个体是属于多维贫困，可表示为：

$$q_{ij}(k) = \begin{cases} 1 & c_{ij}(k) \neq 0 \\ 0 & \text{其他} \end{cases} \tag{2-4}$$

结合式（2-2）至式(2-4)，最终可以推导出 MPI 多维贫困指数，记为 $M_{(k)}$，即：

$$M_{(k)} = \frac{\sum_{i=1}^{n} c_{ij}(k)}{nm} = \frac{\sum_{i=1}^{n} q_{ij}(k)}{n} \times \frac{\sum_{i=1}^{n} c_i(k)}{\sum_{i=1}^{n} q_{ij}(k) \cdot m} = H_{(k)} \times A_{(k)} \tag{2-5}$$

然后对 MPI 按指标进行分解有；

$$M_{(k)} = H_{(k)} \times A_{(k)} = \frac{\sum_{i=1}^{n} c_i(k)}{nm} = \frac{\sum_{i=1}^{n}\sum_{j=1}^{m} w_j g_{ij}}{nm} = \sum_{j=1}^{m} \frac{\sum_{i=1}^{m} w_j g_{ij}}{nm} \tag{2-6}$$

式（2-6）中，$\frac{\sum_{i=1}^{n} w_j g_{ij}}{nm}$ 为维度 j 的贫困指数。从而得出第 j 维度在多维贫困中的贡献率（β_j），表示为：

$$\beta_j = \frac{\sum_{i=1}^{n} w_j g_{ij}}{nm} \Big/ M_{(k)} = \frac{\sum_{i=1}^{n} w_j g_{ij}}{nm} \Big/ \frac{\sum_{i=1}^{n} c_{ij}(k)}{nm} \tag{2-7}$$

三、多维贫困测度的维度与指标

本书所选取的维度和被剥夺的临界值以多维贫困指数（MPI）为基础，同时结合 Alkire 和 Foster（2009）的“双界线”法来确定。多维贫困指数（MPI）是对人类贫困指数（HDI）和人类发展指数（HPI）的进一步发展和完善，能够更加真实准确的反映贫困状况，这一指数已经被世界各国广泛采用。多维贫困指数（MPI）重点从三个维度测度贫困状况，即健康、教育和生活水平，其中健康维度包括营养和儿童死亡率，教育维度包括受教育年限和儿童辍学率，生活水平维度包括做饭燃料、卫生设施、饮用水、通电、地板材质和资产，共 10 个指标。

但是，多维贫困指数（MPI）最早是运用于测度农村家庭的贫困状况，直接拿来测度农民工多维贫困可能有失偏颇，农民工贫困与农户贫困既有联系也有区别。区别之一在于多维贫困指数（MPI）是衡量家庭层面的贫困状况，而农民工贫困是个体层面贫困，农民工多维贫困状况应该选择个体指标来测度；区别之二在于农户贫困的比较对象是群体内部的其他农户，而作为城镇化后备军的农民工，其贫困比较对象并非群体内部的其他农民工，也绝非农村居民，选用城镇居民作为比较对象可能更为合理，因此，在维度和指标应结合城镇居民的特征选取。再则，多维贫困指数（MPI）只是从能力和福利角度测度贫困状况，没有考虑传统贫困测量中的经济维度。其实，国内学者针对以上问题已经给出相应解决办法，就贫困维度选取而言，王春超和叶琴（2014）选用收入、健康、教育和医保维度来测度中国农民工多维贫困状况，蒋南平和郑万军（2017）选用收入、健康、医疗服务、生活质量和融入城市维度来测度中国农民工多维贫困状况，贺坤和周云波（2018）选取收入、教育、社会保障、住房、就业、健康和社会融入 7 个维度来测度中国农民工的多维贫困状况，高帅和郭铖等（2018）使用健康、教育和生活水平来测度中国农民工贫困状况，何宗樾和宋旭光（2018）选用教育、健康、医保、就业和收入来测度中国农民工多维贫困状况。

综上所述，本书在基于 MPI 指数和前人研究的基础上，结合 CFPS 数据的可获得性和中国农民工的实际情况，构建测度农民工多维贫困的指标体系。本书选取6个贫困维度对多维贫困进行测度，即收入、教育、健康、生活、就业和融合。各维度的含义和指标解释如下：

1. 收入维度。经济水平是衡量贫困的经典指标，可以用收入、消费和福利等指标来衡量经济水平（Wagle，2008）。中国政府确定了农村贫困的人均纯收入标准[①]，但没有规定农民工的收入贫困标准。一般而言，农民工水平应该远远高于农村居民人均收入水平，农民工在城市生活的成本也远大于在农村生活的成本，采用农村居民收入贫困标准来衡量农民工的收入贫困可能并不合适。王美艳（2014）采用1.5倍城市低保标准度量农民工收入贫困。因此，本书将农民工人均纯收入作为测量多维贫困的一个维度，当农民工人均纯收入低于1.5倍当地城市低保标准时，赋值为1，反之赋值为0。

2. 教育维度。教育能够反映农民工的人力资本，对农民工的发展有着重要的作用。MPI指数中的教育维度主要包括受教育年限和儿童辍学率，考虑到本书研究对象为个体层面而非家户层面，儿童辍学率指标不在本书考察范围。MPI指数中的受教育年限主要是指学历教育，农民工工作后所受的非学历教育对其发展有重要影响。因此，本书教育维度的衡量指标主要包括学历教育和非学历教育，当农民工的受教育水平小于义务教育年限时，赋值为1，反之，赋值为0；当农民工没有接受非学历教育时，赋值为1，反之，赋值为0。

3. 健康维度。健康状况会直接影响农民工的工作和生活，MPI指数中的健康维度主要使用营养和儿童死亡率来衡量，儿童死亡率指标不是农民工贫困的考察范围，本书使用的CFPS数据中也没有涉及农民工营养方面的数据，有部分学者选用相关指标进行替代，王春超和叶琴（2014）选用身高体重和自评健康来衡量农民工的健康贫困，蒋南平和郑万军（2017）选用身高体重和自评健康，医疗服务维度选用及时就业和医疗保险来衡量农民工的健康贫困，高帅和郭铖等（2018）选用健康维度BMI指数、患有慢性病和是否有医疗保险指标来衡量农民工的健康贫困。由此可知，目前学者更多从客观健康程度和主观自评健康程度衡量健康贫困，本书也从客观和主观两个方面选取衡量健康贫困的指标，

① 国定贫困线：2010年不变价人均纯收入2300元。

客观健康指标为身体质量指数（BMI）是否正常、是否有慢性病，当BMI大于18.5且小于24时，赋值为1，反之赋值为0；当有慢性病时，赋值为1，反之为0。主观健康指标为受访者自评健康，当自评健康为差时，赋值为1，反之赋值为0。

4. 生活维度。MPI指数的生活维度主要包括做饭燃料、卫生设施、饮用水、通电、地板材质和资产等指标，这些指标用来衡量农户贫困较为合适，但衡量农民工贫困可能不太适用。农民工在城市生活遇到的问题可能更多是住房问题，贺坤和周云波（2018）选用住房情况和住房公积金等指标来衡量农民工的生活贫困，高帅和郭铖等（2018）维度选用居住拥挤程度、对生活满意程度来衡量农民工的生活贫困，说明学者目前更多是采用住房情况和生活满意自评来测度生活贫困。另外，随着移动互联网使用的普及，移动互联网在城市居民日常生活中逐步占据越来越重要的位置，身处城市的农民工是否使用移动互联网是其生活质量的重要标志。因此，本书生活维度选取农民工居住拥挤程度、移动互联网使用和生活满意自评程度来衡量，当农民工存在居住拥挤情况时，赋值为1，反之赋值为0；当农民工不使用移动互联网时，赋值为1，反之赋值为0；当生活满意自评为差时，赋值为1，反之赋值为0。

5. 就业维度。农民工区别于农民的关键之处在于就业属性不一样，自主经营模式的农户只存在生产经营收益问题，而处在城市就业的农民工会存在就业歧视问题，就业歧视体现在“同工不同酬”等方面，贺坤和周云波（2018）采用有无就业合同来衡量就业贫困，何宗樾和宋旭光（2018）选用有无工作来衡量就业贫困。另外，农民工就业歧视不仅体现在合同方面，工作时间和五险一金是农民工就业可能被歧视的地方。本书就业维度选取的指标包括为工作时间、工作合同、有无五险、有无公积金，工作时间以农民工每天工作时间为判断标准，如果每天工作时间超过8小时，则赋值为1；工作合同主要以有无正式的工作合同作为判断标准，如果农民工与雇主没有签订正式的就业合同，则赋值为1；有无五险以五种保险作为判断标准，如果雇主未给农民工购买任一五险，则赋值为1；有无公积金以雇主给农民工缴纳公积金作为判断标准，如果雇主没有给农民工缴纳公积金，则赋值为1。

6. 融合维度。农民工作为城镇化的后备军，其融入城市的程度直接会影响农民工落户城市的意愿和行为。蒋南平和郑万军（2017）选用贫富歧视和户籍歧视来衡量融入贫困。贺坤和周云波（2018）选用参与社会组织、参与社会活动和群体融入等指标来衡量融入贫困。本书融入贫困维度的指标主要包括贫富歧视、户籍歧视和组织参与，贫富歧视以农民工是否因户籍而受到歧视作为判断标准，如果农民工有因户籍而受到歧视的经历，则赋值为1；户籍歧视以农民工是否因贫富差距而受到不公正待遇作为判断标准，如果农民工有因贫富差距而受到不公正待遇，则赋值为1；组织参与以农民工是否参加工会或者个体劳动者协会作为判断标准，如果农民工既没有参加工会也没有参加个体劳动者协会，则赋值为1。

农民工多维贫困测量的维度及临界值如表2－1所示。

表2－1　　农民工多维贫困测量的维度及临界值

维度	指标	临界值
收入	年收入	年收入小于城市低保标准1.5倍，赋值为1
教育	学历教育	没有完成9年义务教育，赋值为1
	非学历教育	没有参与非学历教育，赋值为1
健康	自评健康	自评健康为差，赋值为1
	慢性病	有慢性病，赋值为1
	身体质量指数	BMI＜18.5或BMI≥24，赋值为1
生活	居住拥挤	居住存在拥挤情况，赋值为1
	互联网使用	不使用互联网，赋值为1
	生活满意自评	生活满意自评为不满意，赋值为1
就业	工作时间	每天工作时间大于8小时，赋值为1
	工作合同	工作无正式合同，赋值为1
	工作五险	工作无五险，赋值为1
	公积金	工作无公积金，赋值为1
融合	贫富歧视	因贫富差距受到过不公待遇，赋值为1
	户籍歧视	因户籍而受到过歧视，赋值为1
	组织参与	没有参加工会或者个体劳动者协会，赋值为1

四、多维贫困维度与指标权重

（一）权重设定方法

采用多维视角研究贫困问题已经成为目前学术界较为认可的方法，贫困维度的设置基本都是基于 MPI 指数体系，但各指标的权重设置却没有一个公认的标准，目前指标权重的设定方法主要有等权重法（王小林和 Sabinaalkire，2009；邹薇和方迎风，2011 等；王春超和叶琴，2014）、主成分分析法（张全红等，2012，张全红等，2014；张全红和周强，2015）以及熵值法（吴炯丽和宋建华等，2015），以上三种方法各有优劣。

第一，等权重法。就是将各维度或者各指标赋予一致的权重大小，等权重法又可以分为等维度权重法和等指标权重法，等维度权重法就是把各维度赋予相同的权重值，然后再把每个维度的权重值平分给相应维度的各个指标；等指标权重法就是把所有指标的权重都设置为相同值。等权重方法的优势在于权重的设置操作简单，但其问题在于等权重默认各维度或者各指标对贫困的影响效果相同。

第二，主成分分析法。主成分分析法也叫主分量分析法，主要是利用数据降维的思想把多个维度或者多个指标转化成少数几个综合维度或者指标（即主成分），且每个主成分都能独立反映原始变量的绝大部分信息，该方法得到的权重更具科学性和合理性。这一方法的前提条件是原始维度或者指标之间的相关性较大，但是这种方法使得在维度或者指标在降维过程中会出现内部抵消的问题，造成信息大量损失。

第三，熵值法。熵值法是一种基于信息论的数学统计方法，主要用来判断维度或者指标的离散程度。维度或者指标的不确定性越小，其离散程度越大，熵值也就越小，对应的权重则越大。该方法的优点是计算结果能增强多维度或多指标综合评价的客观性、实用性和真实性。

（二）权重划分结果

综上所述，多维贫困权重的设置有等权重法、主成分分析法和熵值法，等权重法操作较为简便，主成分分析法能够降低数据的维度，解决过多维度或者指标信息重复的问题，熵值法主要运用数据之间的离散程度。通过检验本书各指标之间的相关系数可知，各指标之间的共线性较小，绝大部分相关系数都小于0.1，说明数据之间的相关性较低，不适合做主成分分析；再则，本书指标最后都处理为虚拟变量，即取值为0和1，故也不适合采用熵值法来计算权重（见表2－2和表2－3）。

表2－2　2016年农民工多维贫困指标相关系数检验（1）

指标	年收入	学历教育	非学历教育	自评健康	慢性病	身体质量指数	居住拥挤	互联网使用
学历教育	0.0711							
非学历教育	0.0252	0.0547						
自评健康	0.0206	0.1379	0.0418					
慢性病	－0.0184	0.0554	0.0235	0.1345				
身体质量指数	－0.0300	－0.0623	0.0055	－0.0077	0.0028			
居住拥挤	0.0414	0.0070	－0.0417	－0.0513	－0.0121	0.0074		
互联网使用	0.0252	0.2317	0.0509	0.1340	0.0681	0.0281	－0.0244	
生活满意自评	0.0573	－0.0304	－0.0116	0.0393	0.0423	－0.0556	0.0779	－0.0430
工作时间	－0.1040	0.0068	0.0230	0.0245	0.0053	0.0051	0.0666	0.0154
工作合同	0.0481	0.1050	0.0624	0.0864	0.0015	－0.0164	0.0309	0.1186
工作五险	0.1526	0.0841	0.0060	0.0342	－0.0041	－0.0616	0.0827	0.0300
公积金	0.0999	0.1397	0.0575	0.0659	0.0230	－0.0934	0.0498	0.1293
贫富歧视	0.0206	0.0729	－0.0028	0.0665	0.0505	－0.0378	0.0965	－0.0064
户籍歧视	－0.0502	－0.0775	0.0003	－0.0374	0.0577	0.0914	0.0401	－0.0476
组织参与	0.0614	0.0689	－0.0228	0.0369	－0.0366	－0.0646	－0.0106	0.0776

表2－3　2016年农民工多维贫困指标相关系数检验（2）

指标	生活满意自评	工作时间	工作合同	工作五险	公积金	贫富歧视	户籍歧视
工作时间	0.0476						
工作合同	0.0268	0.0156					
工作五险	0.0291	0.1231	0.2116				
公积金	0.0359	0.0787	0.1538	0.2068			
贫富歧视	0.0726	0.0720	0.0211	0.0300	0.0659		
户籍歧视	0.0702	0.0056	－0.0053	－0.0086	－0.0106	0.0565	
组织参与	－0.0153	0.0352	0.0412	0.1078	0.1667	0.0102	－0.0329

因此，本书借鉴大多数学者在研究多维贫困时采用的等权重法，而等权重法又包括等维度权重法和等指标权重法，等指标权重法赋予每个指标一样的权重，这种赋值方法会导致原本的维度设置形同虚设，每个指标变成了一个独立维度，所以，等指标权重法一般只会在各维度数只有一个指标的情况下采用。鉴于此，本书使用等维度权重数，赋予每个维度一样的维度，然后各维度内的指标均分该维度的权重值。具体的操作是，将维度权重总值设置为1，各维度的权重值就是维度数的倒数，各维度下各指标的权重值则为该维度权重值除以指标数。指标权重的设置如表2－4所示，其中收入、教育、健康、生活、就业和融合维度的权重都为1/6。收入维度的年收入指标权重为1/6；教育维度的学历教育指标权重为1/12，非学历教育指标权重为1/12；健康维度的自评健康指标权重为1/18，慢性病指标权重为1/18，身体质量指数指标权重为1/18；生活维度的居住拥挤指标权重为1/18，互联网使用指标权重为1/18，生活满意自评指标权重为1/18；就业维度的工作时间指标权重为1/24，工作合同指标权重为1/24，工作五险指标权重为1/24，公积金指标权重为1/24；融合维度的贫富歧视指标权重为1/18，户籍歧视指标权重为1/18，组织参与指标权重为1/18。

表2－4　农民工多维贫困指标权重赋值

维度	指标	权重
收入	年收入	1/6
教育	学历教育	1/12
	非学历教育	1/12
健康	自评健康	1/18
	慢性病	1/18
	身体质量指数	1/18
生活	居住拥挤	1/18
	互联网使用	1/18
	生活满意自评	1/18
就业	工作时间	1/24
	工作合同	1/24
	工作五险	1/24
	公积金	1/24
融合	贫富歧视	1/18
	户籍歧视	1/18
	组织参与	1/18

第二节 农民工多维贫困测度结果

一、农民工各指标贫困发生率

表 2-5 为全国农民工多维贫困各指标贫困发生率。总体来看，全国农民工各指标贫困发生率较高的有非学历教育、互联网使用、工作时间、工作五险、公积金组织参与，这几个指标的贫困发生率基本都超过了50%，其中组织参与的贫困发生率最高，平均贫困发生率达到了92.24%，表明样本中只有较少农民工参与了工会或者个体劳动者协会。公积金的平均贫困发生率也达到了90%，说明农民工在公积金方面处于较高的贫困状态。非学历教育的平均发生率为80.46%，说明接受非学历教育的农民工不多。互联网使用和工作五险的平均发生率分别为57.69%和56.65%，且两者在4年间呈现出逐步下降的趋势，说明农民工的互联网使用程度在逐步提高，劳动力市场对农民工的就业保障更加规范，但是工作时间的贫困发生率在4年间呈现逐渐递增的趋势，说明农民工的工作强度在逐年提高。与之相应的身体健康指数的贫困发生率在4年间有明显上升趋势，其贫困发生率从2010年的37.59%上升到2014年的49.22%，2016年又回落到44.78%，但是这一比例说明农民工的身体健康仍存在较大问题。自评健康和慢性病贫困发生率都在30%以下，相比身体质量指数的贫困发生率要低。工作合同、学历教育、居住拥挤等指标也处于较高的贫困发生率，年收入、贫富歧视和户籍歧视的贫困发生率最低。从全国农民工各指标贫困发生率来看，2010—2014年农民工的贫困发生率基本上呈现出逐年递减的趋势，其中非学历教育、互联网使用、工作合同和工作五险的贫困发生率的下降幅度最大，但也有部分指标呈现出递增趋势，如自评健康、慢性病、身体质量指数、居住拥挤和工作时间。

表 2-5 农民工各指标贫困发生率

维度	指标	2010 年	2012 年	2014 年	2016 年	均值
收入	年收入	17.40%	13.12%	11.27%	8.70%	12.62%
教育	学历教育	27.89%	27.89%	27.89%	27.89%	27.89%
	非学历教育	98.00%	86.45%	70.54%	66.83%	80.46%
健康	自评健康	13.62%	26.11%	20.68%	25.39%	21.45%
	慢性病	8.06%	13.55%	20.83%	26.32%	17.19%
	身体质量指数	37.59%	45.15%	47.15%	49.22%	44.78%
生活	居住拥挤	17.48%	21.90%	21.75%	20.47%	20.40%
	互联网使用	72.97%	57.99%	53.85%	45.93%	57.69%
	生活满意自评	49.50%	42.15%	35.66%	25.75%	38.27%
工作	工作时间	36.31%	41.23%	59.56%	66.12%	50.80%
	工作合同	50.78%	35.16%	34.31%	29.89%	37.54%
	工作五险	72.82%	55.92%	52.92%	44.94%	56.65%
	公积金	94.72%	90.94%	87.80%	86.59%	90.01%
融合	户籍歧视	20.40%	10.49%	11.34%	13.62%	13.96%
	贫富歧视	10.77%	5.92%	6.49%	6.70%	7.47%
	组织参与	97.50%	95.15%	93.22%	83.10%	92.24%

（一）不同个体特征农民工各指标贫困发生率

表 2-6 为不同代际农民工多维贫困指标贫困发生率，不同代际农民工各指标贫困发生率的差异较大。从总体来看，非学历教育、工作五险、公积金和组织参与的贫困发生率最高，新老农民工的贫困发生率都在 20% 以上，但新农民工各指标贫困发生率要远低于老农民工各指标贫困发生率。从其他指标贫困发生率来看，新农民工各指标贫困发生率也要明显低于老农民工各指标贫困发生率。从收入维度来看，新老农民工收入贫困发生率都在 3%~10%，但老农民工的收入贫困发生率要略高于新农民工的收入贫困发生率。从教育维度来看，非学历教育贫困发生率要远高于学历教育贫困发生率，且新老农民工在学历教育和非学历教育贫困发生率上的差异也较大，新农民工两种教育的贫困发生率要明显更低，说明新农民工受教育程度更高。从健康维度来看，自评健康和慢性病比身体质量指数的贫困发生率要更低，新农民工身体质量指数的贫困发生率都在 10% 以上，老农民

工都在30%左右。从生活维度来看，居住拥挤相较于互联网使用和生活满意自评的贫困发生率要更小一点，新老农民工互联网使用和生活满意自评贫困发生率的差异较大。从工作维度来看，新老农民工的工作五险和公积金贫困发生率更高，基本都在20%以上，且新老农民工之间的差异较大，工作时间和工作合同两个指标贫困发生率在新老农民工之间的差异相对较小。从融合维度来看，新老农民工组织参与的贫困发生率较高，且代际的差异较大。从各指标的时间变化趋势来看，2010—2014年新老农民工的大部分指标的贫困发生率呈现出逐年下降的趋势，但不同代际农民工下降的幅度有所差异，新农民工的年收入、互联网使用、生活满意自评和工作合同指标的贫困发生率的下降幅度要远高于老农民工的下降幅度，新老农民工的工作五险、公积金、户籍歧视、贫富歧视、组织参与指标的贫困发生率下降幅度整体不大。

表2-6　　不同代际农民工各指标贫困发生率

维度	指标	2010年		2012年		2014年		2016年	
		新	老	新	老	新	老	新	老
收入	年收入	7.20%	10.20%	3.99%	9.13%	3.35%	7.92%	3.00%	5.71%
教育	学历教育	4.28%	23.61%	4.28%	23.61%	4.28%	23.61%	4.28%	23.61%
	非学历教育	28.53%	69.47%	22.97%	63.48%	17.40%	53.14%	16.48%	50.36%
健康	自评健康	2.43%	11.20%	4.78%	21.33%	3.50%	17.19%	5.28%	20.11%
	慢性病	1.28%	6.78%	2.00%	11.55%	3.14%	17.69%	4.49%	21.83%
	身体质量指数	9.34%	28.25%	14.12%	31.03%	14.34%	32.81%	14.19%	35.02%
生活	居住拥挤	5.71%	11.77%	5.85%	16.05%	6.13%	15.62%	5.92%	14.55%
	互联网使用	11.77%	61.20%	8.84%	49.14%	5.14%	48.72%	4.14%	41.80%
	生活满意自评	15.69%	33.81%	12.05%	30.10%	9.56%	26.11%	6.99%	18.76%
工作	工作时间	10.49%	25.82%	12.91%	28.32%	19.40%	40.16%	22.40%	43.72%
	工作合同	14.19%	36.59%	8.13%	27.03%	9.99%	24.32%	7.42%	22.47%
	工作五险	21.90%	50.93%	15.26%	40.66%	16.98%	35.95%	14.55%	30.39%
	公积金	27.67%	67.05%	26.53%	64.41%	23.68%	64.12%	23.04%	63.55%
融合	户籍歧视	5.99%	14.41%	2.57%	7.92%	3.14%	8.20%	4.35%	9.27%
	贫富歧视	3.07%	7.70%	1.43%	4.49%	1.71%	4.78%	2.28%	4.42%
	组织参与	28.60%	68.90%	28.25%	66.90%	27.53%	65.69%	25.32%	57.77%

表 2－7 为不同性别农民工各指标贫困发生率。从各指标贫困生率来看，非学历教育、互联网使用、工作五险、公积金和组织参与是男性和女性农民工贫困发生率最高的指标，男性农民工这几个指标的贫困发生率基本都在 50% 以上，女性农民工这几个指标的贫困发生率只为男性农民工的一半。男性农民工学历教育、身体质量指数、生活满意自评、工作时间和工作合同这几个指标的贫困发生率基本都在 20%～35%，女性农民工这几个指标的贫困发生率都在 10%～20%。男性农民工自评健康、慢性病、居住拥挤、贫富歧视和户籍歧视指标的贫困发生率都在 5%～15%，而女性农民工这几个指标的贫困发生率都在 2%～10%。男性农民工和女性农民工年收入指标的贫困发生率相差不大。由以上可知，男性农民工各指标的贫困发生率都要明显高于女性农民工各指标的贫困发生率，且基本都是 2 倍。从各指标贫困发生率变动的年度趋势来看，男性农民工年收入、非学历教育、工作合同、公积金、户籍歧视这几个指标贫困发生率的下降幅度要明显小于女性下降幅度。男性农民工和女性农民工生活满意自评、互联网使用和贫富歧视这几个指标的贫困发生率基本都下降了 50% 左右。男性农民工和女性农民工自评健康、慢性病和工作时间这几个指标的贫困发生率都有明显提高，2014 年的贫困发生率基本上都是 2010 年的 2 倍，身体质量指数和居住拥挤这两个指标的贫困发生率在 4 年间有一定增加。

表 2－7　　不同性别农民工各指标贫困发生率

维度	指标	2010 年		2012 年		2014 年		2016 年	
		男	女	男	女	男	女	男	女
收入	年收入	8.13%	9.27%	6.70%	6.42%	6.78%	4.49%	6.49%	2.21%
教育	学历教育	17.33%	10.56%	17.33%	10.56%	17.33%	10.56%	17.33%	10.56%
	非学历教育	63.84%	34.17%	55.63%	30.81%	44.44%	26.11%	42.08%	24.75%
健康	自评健康	8.20%	5.42%	15.34%	10.77%	12.13%	8.56%	14.69%	10.70%
	慢性病	5.42%	2.64%	8.49%	5.06%	12.77%	8.06%	16.12%	10.20%
	身体质量指数	25.32%	12.27%	30.67%	14.48%	32.67%	14.48%	33.74%	15.48%
生活	居住拥挤	11.41%	6.06%	14.27%	7.63%	14.27%	7.49%	13.48%	6.99%
	互联网使用	47.22%	25.75%	36.66%	21.33%	34.09%	19.76%	31.31%	14.62%
	生活满意自评	32.24%	17.26%	27.32%	14.84%	21.68%	13.98%	16.26%	9.49%

续表

维度	指标	2010 年		2012 年		2014 年		2016 年	
		男	女	男	女	男	女	男	女
工作	工作时间	24.61%	11.70%	28.25%	12.98%	40.73%	18.83%	44.51%	21.61%
	工作合同	33.31%	17.48%	23.54%	11.63%	21.26%	13.05%	20.47%	9.42%
	工作五险	47.93%	24.89%	36.95%	18.97%	34.88%	18.05%	29.46%	15.48%
	公积金	61.91%	32.81%	60.27%	30.67%	57.42%	30.39%	56.63%	29.96%
融合	户籍歧视	13.98%	6.42%	7.42%	3.07%	7.42%	3.92%	10.34%	3.28%
	贫富歧视	7.56%	3.21%	4.28%	1.64%	4.35%	2.14%	4.92%	1.78%
	组织参与	63.41%	34.09%	61.77%	33.38%	60.56%	32.67%	53.78%	29.32%

表2－8为不同婚姻状况农民工各指标贫困发生率。从整体来看，已婚农民工各指标贫困发生率要明显高于未婚农民工，未婚农民工各指标贫困发生率基本都在1%～15%，而已婚农民工各指标贫困发生率大部分都在30%以上，说明已婚农民工的贫困状况更为严重。贫困程度较高的指标有非学历教育、互联网使用、公积金和组织参与，已婚农民工这些指标的贫困发生率分别为83.95%、67.83%、62.62%、81.17%和83.31%，而未婚农民工这些指标的贫困发生率分别为14.05%、5.14%、10.20%、13.55%和14.19%。年收入、自评健康、慢性病、居住拥挤、贫富歧视这些指标的贫困发生率整体不高，已婚农民工这些指标的贫困发生率基本都在10%左右，未婚农民工这些指标的贫困发生率基本都在5%以下。就贫困发生率的年度变化趋势而言，已婚农民工和未婚农民工年收入、非学历教育、互联网使用、生活满意自评、工作合同、工作五险、公积金、户籍歧视、贫富歧视和组织参与指标的贫困发生率在4年间都呈现出逐年递减趋势，且未婚农民工以上各个指标贫困发生率的下降幅度要远高于已婚农民工的下降幅度。已婚农民工和未婚农民工自评健康、慢性病和工作时间指标的贫困发生率都呈现出逐年递增趋势，其中已婚农民工的上升幅度较大，未婚农民工的上升幅度较小，已婚农民工慢性病贫困发生率的上升幅度最大，从2010年的7.49%上升到2016年的24.82%。身体质量指数和居住拥挤这两个指标在已婚农民工和未婚农民工之间表现出不同的变化趋势，已婚农民工这两类指标的贫困发生率呈现上升趋势，而未婚农民工则呈现下降趋势。

表 2-8　　　　不同婚姻状况农民工各指标贫困发生率

维度	指标	2010 年		2012 年		2014 年		2016 年	
		已婚	未婚	已婚	未婚	已婚	未婚	已婚	未婚
收入	年收入	12.62%	4.78%	11.48%	1.64%	9.70%	1.57%	7.49%	1.21%
教育	学历教育	24.89%	3.00%	25.46%	2.43%	25.25%	2.64%	25.46%	2.43%
	非学历教育	83.95%	14.05%	78.25%	8.20%	64.55%	5.99%	61.91%	4.92%
健康	自评健康	11.98%	1.64%	24.25%	1.85%	19.26%	1.43%	23.47%	1.93%
	慢性病	7.49%	0.57%	12.77%	0.78%	19.69%	1.14%	24.82%	1.50%
	身体质量指数	33.45%	4.14%	39.59%	5.56%	42.23%	4.92%	45.36%	3.85%
生活	居住拥挤	14.27%	3.21%	19.83%	2.07%	19.61%	2.14%	18.26%	2.21%
	互联网使用	67.83%	5.14%	54.78%	3.21%	50.64%	3.21%	43.08%	2.85%
	生活满意自评	41.37%	8.13%	37.80%	4.35%	31.31%	4.35%	23.75%	2.00%
工作	工作时间	31.17%	5.14%	36.45%	4.78%	52.78%	6.78%	60.27%	5.85%
	工作合同	43.22%	7.56%	32.17%	3.00%	30.46%	3.85%	27.67%	2.21%
	工作五险	62.62%	10.20%	49.93%	5.99%	47.22%	5.71%	41.16%	3.78%
	公积金	81.17%	13.55%	80.96%	9.99%	80.10%	7.70%	79.89%	6.70%
融合	户籍歧视	17.83%	2.57%	9.56%	0.93%	10.34%	1.00%	12.27%	1.36%
	贫富歧视	9.42%	1.36%	5.49%	0.43%	5.78%	0.71%	6.42%	0.29%
	组织参与	83.31%	14.19%	84.59%	10.56%	83.81%	9.42%	76.25%	6.85%

（二）不同就业特征农民工各指标贫困发生率

表 2-9 为不同就业地点农民工各指标贫困发生率 4 年的均值，各年度各指标贫困发生率的结果请见附表 2-1 和附表 2-2。从 4 年贫困发生率的均值来看，非农务工地点选择在本镇的农民工，各指标贫困发生率最高。就业地点选择在本县和外省的农民工，各指标贫困发生率相差不大，但外省各指标贫困发生率普遍要高于本县各指标贫困发生率。选择在本省务工的农民工，各指标贫困发生率最低。不同就业地点农民工的非学历教育、公积金和组织参与这几个指标的贫困发生率普遍较高，本镇就业农民工这几个指标的贫困发生率都在 45% 以上。从各指标贫困发生率的年度变动趋势来看，各指标贫困发生率由 2010 年的本镇就业最高、本县和外省次之、本省最低转变为 2016 年的本镇最高、本县和本省

次之、外省最低，说明选择距离家乡更远地方就业的农民工，其各指标的贫困程度会更低。本镇和本县就业农民工年收入、互联网使用、生活满意自评、工作合同、贫困歧视和贫富歧视这几个指标的贫困发生率经过4年发展都下降了一半左右。不同就业地点农民工自评健康、慢性病、身体质量指数和工作时间这几个指标的贫困发生率经过4年发展都有所上升，其中上升最快的为慢性病，不同就业地点农民工慢性病的贫困发生率基本都提高了2倍。

表2-9　不同就业地点农民工多维指标贫困发生率均值

维度	指标	本镇	本县	本省	外省
收入	年收入	7.49%	2.30%	1.23%	3.71%
教育	学历教育	16.98%	5.40%	1.93%	9.70%
	非学历教育	45.01%	18.40%	8.26%	19.12%
健康	自评健康	12.11%	5.67%	1.98%	4.49%
	慢性病	9.15%	4.51%	1.89%	5.71%
	身体质量指数	24.93%	10.29%	4.48%	14.05%
生活	居住拥挤	10.97%	5.10%	2.19%	6.42%
	互联网使用	34.34%	11.88%	5.15%	12.98%
	生活满意自评	21.26%	8.99%	3.82%	9.06%
工作	工作时间	26.23%	12.61%	5.74%	17.62%
	工作合同	20.44%	7.60%	3.98%	13.55%
	工作五险	31.63%	11.50%	5.80%	20.19%
	公积金	50.43%	20.19%	8.99%	25.89%
融合	贫富歧视	7.52%	3.17%	1.55%	3.71%
	户籍歧视	3.71%	1.87%	1.21%	1.85%
	组织参与	51.03%	20.58%	9.74%	27.67%

表2-10为不同职业类型农民工各指标贫困发生率4年的均值，各年度各指标贫困发生率的结果请见附表2-3和附表2-4。从4年贫困发生率的均值来看，从事制造业的农民工的大部分指标贫困发生率要比其他职业更高，其次是从事服务业，然后是从事建筑业和管理业，从事其他类职业最低。不同职业类型农民工的非学历教育、互联网使用、公积金和组织参与这几类指标相较于其他指标的贫困发生率更高，本镇就业农民工的这

几个指标的贫困发生率分别为 31.19%、22.04%、33.29% 和 33.93%，而其他类职业农民工这几个指标的贫困发生率分别是 2.21%、6.06%、9.11% 和 10.06%。不同职业类型农民工年收入、自评健康、贫富歧视和户籍歧视这几个指标的贫困程度不高，且贫困发生率相差不大。从贫困发生率的年度变动趋势而言，经过 4 年的发展，不同职业类型农民工各指标贫困发生率的高低顺序依然是制造业、服务业、建筑业、技术业和其他类职业。除建筑业之外，其他职业类农民工年收入、非学历教育、互联网使用、工作合同和工作五险的贫困发生率都呈现下降趋势，而建筑业这几个指标的贫困发生率呈现上升趋势。不同职业类型农民工的自评健康、慢性病、身体质量指数、工作时间和公积金指标的贫困发生率也呈现出逐年上升趋势，且自评健康和工作时间的上升幅度更大。

表 2－10　不同职业类型农民工多维指标贫困发生率均值

维度	指标	制造	建筑	服务	技术	其他
收入	年收入	3.73%	1.68%	2.91%	1.68%	2.64%
教育	学历教育	10.57%	5.49%	5.53%	2.18%	4.12%
	非学历教育	32.19%	11.86%	18.37%	10.97%	7.08%
健康	自评健康	8.27%	2.73%	4.78%	3.46%	2.21%
	慢性病	6.72%	2.69%	4.03%	2.66%	1.09%
	身体质量指数	15.60%	6.12%	10.54%	7.29%	5.22%
生活	居住拥挤	7.74%	2.98%	4.69%	2.80%	2.19%
	互联网使用	22.04%	9.86%	11.38%	8.35%	6.06%
	生活满意自评	15.07%	5.12%	9.40%	5.12%	3.57%
工作	工作时间	19.99%	9.29%	12.98%	4.69%	3.85%
	工作合同	13.36%	7.13%	6.79%	3.99%	6.26%
	工作五险	18.12%	10.16%	14.09%	6.65%	7.63%
	公积金	33.29%	14.23%	20.72%	12.66%	9.11%
融合	贫富歧视	4.85%	2.23%	3.67%	1.82%	1.39%
	户籍歧视	2.43%	1.05%	2.41%	1.02%	0.57%
	组织参与	33.93%	13.86%	21.15%	13.25%	10.06%

二、农民工多维贫困指数分析

表2－11为全国农民工多维贫困指数测度结果，由于k＝6不存在贫困状态的农民工，所以本书只列出了k＝1～5的多维贫困指数结果。表中是采用累加的统计方法，如k＝3指农民工所处的贫困维度数是大于或者等于3。从总体来看，k取不同维度时，全国农民工多维贫困指数测度结果差异较大。当k＝1时，农民工多维贫困指数介于0.17～0.43，此时全国农民工多维贫困发生率较高，4年的贫困发生率均超过90%，2010年的多维贫困发生率为98.93%，表明全国大多数农民工在这4年间至少有1个维度处于贫困状态，在收入、教育、健康、生活、就业和融合6个维度都不贫困的农民工较少；当k＝2时，农民工多维贫困指数介于0.12～0.18，各年度多维贫困发生率急剧下降，从k＝1时的90%以上下降到k＝2时的80%以下，2016年全国农民工多维贫困发生率下降到57.63%；当k＝3时，全国农民工多维贫困发生率下降到25%以下；当k＝4时，全国农民工多维贫困发生率下降到5%以下；当k＝5时，全国农民工多维贫困发生率下降到0.14%。从不同年份来看，不论k为何值，全国农民工多维贫困均呈现下降趋势，说明农民工多维贫困在逐年缓解。

表2－11　　全国农民工多维贫困指数测度结果

k值	年份	多维贫困个数	多维贫困发生率	贫困剥夺总额	平均剥夺份额	多维贫困指数
k＝1	2010年	1387	98.93%	589.889	0.4253	0.4207
	2012年	1369	97.65%	538.389	0.3933	0.3840
	2014年	1330	94.86%	511.764	0.3848	0.3650
	2016年	1301	92.80%	482.833	0.3711	0.3444
k＝2	2010年	1069	76.25%	504.028	0.2357	0.1798
	2012年	922	65.76%	422.764	0.2293	0.1508
	2014年	864	61.63%	392.236	0.2270	0.1399
	2016年	808	57.63%	356.083	0.2203	0.1270

续表

k 值	年份	多维贫困个数	多维贫困发生率	贫困剥夺总额	平均剥夺份额	多维贫困指数
k = 3	2010 年	345	24.61%	203.639	0.1968	0.0484
	2012 年	231	16.48%	137.181	0.1980	0.0326
	2014 年	228	16.26%	133.042	0.1945	0.0316
	2016 年	160	11.41%	91.6389	0.1909	0.0218
k = 4	2010 年	54	3.85%	39.0000	0.1806	0.0070
	2012 年	43	3.07%	30.7083	0.1785	0.0055
	2014 年	33	2.35%	23.3194	0.1767	0.0042
	2016 年	17	1.21%	11.6944	0.1720	0.0021
k = 5	2010 年	2	0.14%	1.79167	0.1792	0.0003
	2012 年	2	0.14%	1.72222	0.1722	0.0002
	2014 年	0	0	0	0	0
	2016 年	0	0	0	0	0

（一）不同个体特征农民工多维贫困测度结果

表 2 - 12 为不同代际农民工多维贫困指数测度结果。从总体来看，k 取不同维度时，新老农民工多维贫困指数测度结果差异较大，且新农民工和老农民工之间的差异也较大。当 k = 1 时，新农民工多维贫困指数介于 0.08 ~ 0.12，老农民工介于 0.27 ~ 0.31，老农民工贫困发生率均超过 66%，新农民工贫困发生率均在 30% 以下，2010 年的老农民工多维贫困发生率为 70.26%，表明大多数老农民工在 4 年间至少有 1 个维度处于贫困状态；当 k = 2 时，新农民工多维贫困指数介于 0.02 ~ 0.05，老农民工多维贫困指数介于 0.1 ~ 0.14，各年度新老农民工多维贫困发生率急剧下降，新农民工从 k = 1 时的 26% 以上下降到 k = 2 时的 20% 以下，老农民工从 k = 1 时的 70.26% 以上下降到 k = 2 时的 55.71% 以下；当 k = 3 时，新农民工多维贫困发生率下降到 6% 以下，老农民工多维贫困发生率下降到 19% 以下；当 k = 4 时，新农民工多维贫困发生率下降到 1% 以下，老农民工多维贫困发生率下降到 4% 以下；当 k = 5 时，新老农民工多维贫困发生率几乎为 0。从不同年份来看，不论 k 为何值，新老农民工多维贫困均呈

现下降趋势，说明新老农民工多维贫困在逐年缓解，但老农民工的贫困程度整体上要比新农民工的贫困程度更加严重。

表 2－12　　不同代际农民工多维贫困指数测度结果

k 值	年份	多维贫困个数		多维贫困发生率		贫困剥夺总额		平均剥夺份额		多维贫困指数	
		新	老	新	老	新	老	新	老	新	老
k＝1	2010 年	402	985	28.67%	70.26%	162.64	427.25	0.4046	0.4338	0.116	0.3047
	2012 年	397	972	28.32%	69.33%	138.39	400	0.3486	0.4115	0.0987	0.2853
	2014 年	377	953	26.89%	67.97%	127.6	384.17	0.3385	0.4031	0.091	0.274
	2016 年	366	935	26.11%	66.69%	122.04	360.79	0.3334	0.3859	0.087	0.2573
k＝2	2010 年	288	781	20.54%	55.71%	132.44	371.58	0.2299	0.2379	0.0472	0.1325
	2012 年	211	711	15.05%	50.71%	91.278	331.49	0.2163	0.2331	0.0326	0.1182
	2014 年	184	680	13.12%	48.50%	78.847	313.39	0.2143	0.2304	0.0281	0.1118
	2016 年	166	642	11.84%	45.79%	69.611	286.47	0.2097	0.2231	0.0248	0.1022
k＝3	2010 年	84	261	5.99%	18.62%	48.625	155.01	0.193	0.198	0.0116	0.0369
	2012 年	36	195	2.57%	13.91%	20.694	116.49	0.1916	0.1991	0.0049	0.0277
	2014 年	30	198	2.14%	14.12%	16.778	116.26	0.1864	0.1957	0.004	0.0276
	2016 年	20	140	1.43%	9.99%	11.389	80.25	0.1898	0.1911	0.0027	0.0191
k＝4	2010 年	8	46	0.57%	3.28%	5.5833	33.417	0.1745	0.1816	0.001	0.006
	2012 年	4	39	0.29%	2.78%	2.7222	27.986	0.1701	0.1794	0.0005	0.005
	2014 年	1	32	0.07%	2.28%	0.6806	22.639	0.1701	0.1769	0.0001	0.004
	2016 年	4	13	0.29%	0.93%	2.7222	8.9722	0.1701	0.1725	0.0005	0.0016
k＝5	2010 年	0	2	0	0.14%	0	1.7917	/	0.1792	/	0.0003
	2012 年	0	2	0	0.14%	0	1.7222	/	0.1722	/	0.0002
	2014 年	0	0	0	0	0	0	/	/	/	/
	2016 年	0	0	0	0	0	0	/	/	/	/

注：“/” 表示为空值。

表 2－13 为不同性别农民工多维贫困指数测度结果。从总体来看，k 取不同维度时，男性农民工和女性农民工多维贫困指数测度结果差异较大，男性农民工贫困程度总体上要高于女性农民工贫困程度。当 k＝1 时，男性农民工多维贫困指数的结果在 0.22～0.27，女性农民工多维贫困指数结果在 0.11～0.16，男性农民工贫困发生率都在 60% 以上，女性农民工贫

困发生率都在35%以下，2010年男性农民工多维贫困发生率为64.76%，表明超过一半的男性农民工在4年间至少有1个维度处于贫困状态；当k=2时，男性农民工多维贫困指数结果在0.08~0.12，女性农民工多维贫困指数结果在0.04~0.07，各年度男性农民工和女性农民工多维贫困发生率急剧下降，男性农民工从k=1时60%以上下降到k=2时43%以下，女性农民工从k=1时30%以上下降到k=2时26%以下，男性农民工贫困的下降幅度更大；当k=3时，男性农民工多维贫困发生率下降到14%以下，女性农民工多维贫困发生率下降到12%以下，男性和女性贫困基本处于相同状态；当k=4时，男性农民工多维贫困发生率下降到2%以下，女性农民工多维贫困发生率下降到3%以下，可以得知，维度较高下女性农民工的贫困程度超过了男性农民工的贫困程度；当k=5时，男性和女性农民工多维贫困发生率几乎都为0。从不同年份来看，不论k为何值，男性和女性农民工多维贫困均呈现下降趋势，说明新老农民工多维贫困逐年得到缓解，但当k值到达一定维度时，女性农民工的贫困程度反而超过了男性农民工的贫困程度。

表2-13　不同性别农民工多维贫困指数测度结果

k值	年份	多维贫困个数		多维贫困发生率		贫困剥夺总额		平均剥夺份额		多维贫困指数	
		男	女	男	女	男	女	男	女	男	女
k=1	2010年	908	479	64.76%	34.17%	378.2778	211.6111	0.4166	0.4418	0.2698	0.1509
	2012年	894	475	63.77%	33.88%	345.9306	192.4583	0.3869	0.4052	0.2467	0.1373
	2014年	874	456	62.34%	32.52%	328.7500	183.0139	0.3761	0.4013	0.2345	0.1305
	2016年	860	441	61.34%	31.46%	318.0139	164.8194	0.3698	0.3737	0.2268	0.1176
k=2	2010年	707	362	50.43%	25.82%	323.7778	180.2500	0.2290	0.2490	0.1155	0.0643
	2012年	593	329	42.30%	23.47%	267.2500	155.5139	0.2253	0.2363	0.0953	0.0555
	2014年	557	307	39.73%	21.90%	247.3611	144.8750	0.2220	0.2360	0.0882	0.0517
	2016年	540	268	38.52%	19.12%	235.7083	120.3750	0.2182	0.2246	0.0841	0.0429
k=3	2010年	189	156	13.48%	11.13%	109.0139	94.6250	0.1923	0.2022	0.0259	0.0225
	2012年	132	99	9.42%	7.06%	76.7222	60.4583	0.1937	0.2036	0.0182	0.0144
	2014年	127	101	9.06%	7.20%	73.5278	59.5139	0.1930	0.1964	0.0175	0.0141
	2016年	98	62	6.99%	4.42%	56.0972	35.5417	0.1908	0.1911	0.0133	0.0085

续表

k值	年份	多维贫困个数		多维贫困发生率		贫困剥夺总额		平均剥夺份额		多维贫困指数	
		男	女	男	女	男	女	男	女	男	女
k=4	2010年	16	38	1.14%	2.71%	11.5417	27.4583	0.1803	0.1806	0.0021	0.0049
	2012年	19	24	1.36%	1.71%	13.3750	17.3333	0.1760	0.1806	0.0024	0.0031
	2014年	16	17	1.14%	1.21%	11.1389	12.1806	0.1740	0.1791	0.0020	0.0022
	2016年	10	7	0.71%	0.50%	6.7917	4.9028	0.1698	0.1751	0.0012	0.0009
k=5	2010年	0	2	0	0.14%	0	1.7917	/	0.1792	/	0.0003
	2012年	1	1	0.07%	0.07%	0.8333	0.8889	0.1667	0.1778	0.0001	0.0001
	2014年	0	0	0	0	0	0	/	/	/	/
	2016年	0	0	0	0	0	0	/	/	/	/

注："/" 表示为空值。

表2-14为不同婚姻状况农民工多维贫困指数测度结果。从总体来看，k取不同维度时，已婚农民工和未婚农民工多维贫困指数测度结果差异较大，已婚农民工贫困程度总体上要远高于未婚农民工贫困程度。当k=1时，已婚农民工多维贫困指数结果介于0.31~0.37，未婚农民工多维贫困指数结果在0.02~0.06，已婚农民工贫困发生率都在85%以上，未婚农民工贫困发生率都在15%以下，表明绝大多数已婚农民工在这4年间至少有1个维度处于贫困状态；当k=2时，已婚农民工多维贫困指数结果在0.11~0.16，未婚农民工多维贫困指数结果在0.01~0.03，各年度未婚农民工和已婚农民工多维贫困发生率呈现下降趋势，已婚农民工从k=1时的85%以上下降到k=2时的66%以下，女性农民工从k=1时的15%以下下降到k=2时的11%以下，由此可知，已婚农民工贫困的下降幅度更大；当k=3时，已婚农民工多维贫困发生率下降到21%以下，未婚农民工多维贫困发生率下降到5%以下，未婚和已婚贫困的差异依旧较大；当k=4时，已婚农民工多维贫困发生率下降到4%以下，未婚农民工多维贫困发生率下降到1%以下；当k=5时，已婚和未婚农民工多维贫困发生率几乎都为0。从不同年份来看，不论k为何值，已婚和未婚农民工多维贫困均呈现下降趋势，说明已婚和未婚农民工多维贫困逐年得到缓解。

表 2-14　不同婚姻状况农民工多维贫困指数测度结果

k 值	年份	多维贫困个数		多维贫困发生率		贫困剥夺总额		平均剥夺份额		多维贫困指数	
		已婚	未婚	已婚	未婚	已婚	未婚	已婚	未婚	已婚	未婚
k=1	2010 年	1188	199	84.74%	14.19%	506.0417	83.8472	0.4260	0.4213	0.3609	0.0598
	2012 年	1221	148	87.09%	10.56%	485.4583	52.9306	0.3976	0.3576	0.3463	0.0378
	2014 年	1200	130	85.59%	9.27%	462.8056	48.9583	0.3857	0.3766	0.3301	0.0349
	2016 年	1198	103	85.45%	7.35%	443.9583	38.8750	0.3706	0.3774	0.3167	0.0277
k=2	2010 年	922	147	65.76%	10.49%	433.4861	70.5417	0.2351	0.2399	0.1546	0.0252
	2012 年	842	80	60.06%	5.71%	386.4861	36.2778	0.2295	0.2267	0.1378	0.0129
	2014 年	789	75	56.28%	5.35%	357.4445	34.7917	0.2265	0.2319	0.1275	0.0124
	2016 年	745	63	53.14%	4.49%	327.2500	28.8333	0.2196	0.2288	0.1167	0.0103
k=3	2010 年	286	59	20.40%	4.21%	169.5694	34.0695	0.1976	0.1925	0.0403	0.0081
	2012 年	210	21	14.98%	1.50%	124.4861	12.6944	0.1976	0.2015	0.0296	0.0030
	2014 年	204	24	14.55%	1.71%	118.9028	14.1389	0.1943	0.1964	0.0283	0.0034
	2016 年	145	15	10.34%	1.07%	82.4167	9.2222	0.1895	0.2049	0.0196	0.0022
k=4	2010 年	49	5	3.50%	0.36%	35.5139	3.4861	0.1812	0.1743	0.0063	0.0006
	2012 年	38	5	2.71%	0.36%	27.0139	3.6944	0.1777	0.1847	0.0048	0.0007
	2014 年	29	4	2.07%	0.29%	20.4861	2.8333	0.1766	0.1771	0.0037	0.0005
	2016 年	12	5	0.86%	0.36%	8.1806	3.5139	0.1704	0.1757	0.0015	0.0006
k=5	2010 年	2	0	0.14%	0	1.7917	0	0.1792	/	0.0003	/
	2012 年	2	0	0.14%	0	1.7222	0	0.1722	/	0.0002	/
	2014 年	0	0	0	0	0	0	/	/	/	/
	2016 年	0	0	0	0	0	0	/	/	/	/

注："/"表示为空值。

（二）不同就业特征农民工多维贫困测度结果

表 2-15 为不同就业地点农民工多维贫困指数测度结果。从总体来看，k 取不同维度时，不同就业地点农民工多维贫困指数测度结果差异较大，不同就业地点农民工贫困程度依次由高到低是本镇、本县、本省和外省，说明越是远离家乡就业的农民工，其贫困可能性就越小。当 k=1 时，不同就业地点农民工多维贫困指数结果依次介于 0.19～0.24、0.09～0.11、0.03～0.05 和 0.02～0.04，不同就业地点农民工贫困发生率依次介于 52%～56%、

24%~27%、9%~11%和6%~8%，表明有一半本镇就业农民工在4年间至少有1个维度处于贫困状态；当k=2时，不同就业地点农民工多维贫困指数结果依次介于0.06~0.11、0.03~0.1、0.1~0.2和0.01~0.02，不同就业地点农民工贫困发生率依次介于52%~56%、24%~27%、9%~11%和6%~8%，各年度不同就业地点农民工多维贫困发生率呈现出下降趋势，本镇就业农民工从k=1时的50%以上下降到k=2时的38%以下，本县就业农民工从k=1时的24%以上下降到k=2时的21%以下，本省就业农民工从k=1时的9%以上下降到k=2时的8%以下，外省就业农民工从k=1时的6%以上下降到k=2时的6%以下，由此可知，本镇就业农民工贫困的下降幅度更大；当k=3时，不同就业地点农民工多维贫困发生率分别下降到15%、7%、3%和2%以下，本镇就业农民工贫困程度仍然高于非本镇就业农民工贫困程度；当k=4时，本镇就业农民工多维贫困发生率下降到3%以下，非本镇就业农民工多维贫困发生率都下降到1%以下；当k=5时，不同就业地点农民工多维贫困发生率几乎都为0。从不同年份来看，不论k为何值，不同就业地点农民工多维贫困均呈现下降趋势，说明不同就业地点农民工多维贫困逐年得到缓解，且本镇就业农民工贫困的下降幅度更大。

表2-15　　不同就业地点农民工多维贫困指标测度结果

k值	年份	多维贫困发生率				平均剥夺份额				多维贫困指数			
		本镇	本县	本省	外省	本镇	本县	本省	外省	本镇	本县	本省	外省
k=1	2010年	55.35%	26.11%	10.20%	7.28%	0.4305	0.4178	0.4105	0.4334	0.2383	0.1091	0.0419	0.0315
	2012年	54.64%	26.03%	9.84%	7.13%	0.3970	0.3908	0.3869	0.3824	0.2169	0.1017	0.0381	0.0273
	2014年	52.57%	25.46%	10.06%	6.78%	0.3865	0.3924	0.3720	0.3617	0.2032	0.0999	0.0374	0.0245
	2016年	52.00%	24.54%	9.42%	6.85%	0.3669	0.3781	0.3755	0.3724	0.1908	0.0928	0.0354	0.0255
k=2	2010年	42.51%	20.40%	7.35%	5.99%	0.2389	0.2307	0.2329	0.2337	0.1016	0.0471	0.0171	0.0140
	2012年	37.45%	17.19%	6.70%	4.42%	0.2301	0.2301	0.2230	0.2282	0.0862	0.0396	0.0149	0.0101
	2014年	34.24%	17.19%	6.21%	3.99%	0.2272	0.2302	0.2210	0.2210	0.0778	0.0396	0.0137	0.0088
	2016年	31.88%	15.98%	5.63%	4.14%	0.2187	0.2213	0.2254	0.2228	0.0697	0.0354	0.0127	0.0092
k=3	2010年	14.41%	6.06%	2.28%	1.85%	0.1980	0.1948	0.1931	0.1984	0.0285	0.0118	0.0044	0.0037
	2012年	9.49%	4.56%	1.43%	1.00%	0.1982	0.1994	0.1944	0.1941	0.0188	0.0091	0.0028	0.0019
	2014年	8.84%	5.14%	1.36%	0.93%	0.1934	0.1973	0.1947	0.1891	0.0171	0.0101	0.0026	0.0018
	2016年	5.49%	3.57%	1.43%	0.93%	0.1917	0.1885	0.1914	0.1944	0.0105	0.0067	0.0027	0.0018

续表

k值	年份	多维贫困发生率				平均剥夺份额				多维贫困指数			
		本镇	本县	本省	外省	本镇	本县	本省	外省	本镇	本县	本省	外省
k=4	2010年	2.64%	0.64%	0.21%	0.36%	0.1807	0.1802	0.1748	0.1833	0.0048	0.0012	0.0004	0.0007
	2012年	1.85%	0.78%	0.21%	0.21%	0.1767	0.1862	0.1725	0.1725	0.0033	0.0015	0.0004	0.0004
	2014年	1.00%	0.93%	0.29%	0.14%	0.1806	0.1747	0.1736	0.1684	0.0018	0.0016	0.0005	0.0002
	2016年	0.71%	0.21%	0.21%	0.07%	0.1740	0.1690	0.1701	0.1667	0.0012	0.0004	0.0004	0.0001
k=5	2010年	0.07%	0.07%	0	0	0.1778	0.1806	/	/	0.0001	0.0001	/	/
	2012年	0.07%	0.07%	0	0	0.1778	0.1667	/	/	0.0001	0.0001	/	/
	2014年	0	0	0	0	/	/	/	/	/	/	/	/
	2016年	0	0	0	0	/	/	/	/	/	/	/	/

注："/"表示为空值。

表2-16为不同职业类型农民工多维贫困指数测度结果。从总体来看，k取不同维度时，不同职业类型农民工多维贫困指数测度结果存在差异，2010年不同职业类型农民工贫困程度由高到低依次是建筑、其他类、服务、技术和制造，2012—2016年不同职业类型农民工贫困程度依次由高到低是建筑服务、技术、制造和其他类，说明从事建筑业和服务业的农民工，其陷入贫困的可能性会更高。当k=1时，不同职业类型农民工多维贫困指数结果依次介于0.12~0.14、0.04~0.07、0.091~0.098、0.044~0.046和0.01~0.12，不同职业类型农民工贫困发生率依次介于32%~35%、10%~16%、21%~27%、11%~14%和2%~23%；当k=2时，不同职业类型农民工多维贫困指数结果依次介于0.04~0.06、0.019~0.03、0.036~0.039、0.013~0.017和0.001~0.05，不同职业类型农民工贫困发生率依次介于21%~24%、8%~11%、12%~17%、6%~10%和2%~21%，各年度不同职业类型农民工多维贫困发生率呈现螺旋形下降趋势，从事建筑业农民工的贫困下降幅度更大，贫困发生率从k=1的30%以上下降到k=2的28%以下；当k=3时，不同职业类型农民工多维贫困发生率分别下降到7%、4%、5%、2%和10%以下，2012年—2016年从事建筑农民工贫困程度仍然高于其他职业农民工贫困程度；当k=4时，从事建筑农民工多维贫困发生率下降到2%以下，从事非建筑农民工多维贫困发生率基本上都下降到1%以下；当k=5时，不同职业类型农民工多维贫困

发生率几乎都为0。不论k为何值，不同职业类型农民工多维贫困在4年间呈现波浪式变动趋势，但总体呈现下降趋势，说明不同职业类型农民工多维贫困逐年得到缓解。

表2-16　　不同职业类型农民工多维贫困指数测度结果

k值	年份	多维贫困发生率					多维贫困指数				
		建筑	制造	服务	技术	其他	建筑	制造	服务	技术	其他
k=1	2010年	32.67%	10.34%	21.47%	11.84%	22.61%	0.1314	0.0441	0.0906	0.0443	0.1104
	2012年	39.94%	15.91%	17.12%	15.26%	9.42%	0.1610	0.0680	0.0689	0.0567	0.0293
	2014年	36.38%	15.83%	23.04%	14.12%	5.49%	0.1417	0.0645	0.0894	0.0496	0.0199
	2016年	34.59%	15.12%	26.68%	13.91%	2.50%	0.1282	0.0617	0.0977	0.0457	0.0111
k=2	2010年	23.11%	8.42%	16.55%	7.70%	20.47%	0.0532	0.0194	0.0384	0.0167	0.0520
	2012年	28.10%	12.34%	12.41%	9.27%	3.64%	0.0648	0.0292	0.0282	0.0208	0.0078
	2014年	24.39%	11.84%	14.98%	7.42%	3.00%	0.0556	0.0270	0.0342	0.0163	0.0068
	2016年	21.61%	10.98%	16.76%	6.06%	2.21%	0.0473	0.0253	0.0360	0.0132	0.0052
k=3	2010年	6.21%	2.57%	4.56%	1.14%	10.13%	0.0122	0.0049	0.0089	0.0023	0.0201
	2012年	7.49%	3.50%	3.07%	2.00%	0.43%	0.0149	0.0070	0.0060	0.0039	0.0009
	2014年	6.42%	3.28%	3.78%	1.71%	1.07%	0.0126	0.0065	0.0073	0.0033	0.0020
	2016年	4.21%	3.21%	2.43%	0.93%	0.64%	0.0079	0.0062	0.0046	0.0018	0.0013
k=4	2010年	1.00%	0.29%	0.57%	0.29%	1.71%	0.0019	0.0005	0.0010	0.0005	0.0031
	2012年	1.36%	0.86%	0.50%	0.29%	0.07%	0.0025	0.0015	0.0009	0.0005	0.0001
	2014年	1.21%	0.50%	0.43%	0.14%	0.07%	0.0022	0.0009	0.0008	0.0003	0.0001
	2016年	0.29%	0.43%	0.29%	0.07%	0.14%	0.0005	0.0007	0.0005	0.0001	0.0002
k=5	2010年	0.07%	0	0	0	0.07%	0.0001	/	/	/	0.0001
	2012年	0.07%	0.07%	0	0	0	0.0001	0.0001	/	/	/
	2014年	0	0	0	0	0	/	/	/	/	/
	2016年	0	0	0	0	0	/	/	/	/	/

注："/"表示为空值。

三、农民工多维贫困指标贡献率

运用农民工多维贫困测量结果，通过分解多维贫困指数来探究各指标对农民工多维贫困指数的贡献情况。表2-17为k=1~5时全国农民工多维贫困指标贡献率结果的均值，各年度分解结果请见附表2-8至附表2-10，可以看出，各多维贫困指标对多维贫困指数的贡献存在较大差异，不同k值下多维贫困指标对多维贫困指数的贡献率也存在较大差异。从整体来看，非学历教育、互联网使用、公积金和组织参与指标对多维贫困指数的贡献率最高，其贡献率都介于6%~18%，自评健康、慢性病、居住拥挤、贫富歧视和贫富差距指标对多维贫困指数的贡献率较低，其贡献率都介于1%~5%。从k值的变动来看，年收入、学历教育、自评健康、居住拥挤、生活满意自评、工作合同、贫富歧视、户籍歧视指标随着k值提高，其贫困贡献率也相应提高；非学历教育、互联网使用、工作时间、工作五险、公积金和组织参与指标对农民工多维贫困指标贡献率随着k值提高而降低。从年份变动来看，当k=2和k=3时，年收入、非学历教育、互联网使用、生活满意自评、工作合同、工作五险、贫富歧视、户籍歧视和组织参与指标对农民工多维贫困指数的贡献率随着年份的增加而下降，学历教育、自评健康、慢性病、身体质量指数、居住拥挤、工作时间和公积金指标对农民工多维贫困指数的贡献率随着年份的增加而提高。

表2-17　　　　农民工多维贫困指标贡献率均值

指标	k=1	k=2	k=3	k=4	k=5
年收入	5.49%	6.85%	12.56%	8.30%	18.98%
学历教育	6.17%	7.25%	9.14%	7.52%	9.49%
非学历教育	17.45%	16.49%	13.51%	15.82%	9.49%
自评健康	3.19%	3.47%	4.38%	3.68%	4.78%
慢性病	2.56%	2.76%	3.28%	2.87%	4.71%
身体质量指数	6.47%	5.97%	5.20%	5.88%	6.33%
居住拥挤	2.98%	3.03%	3.17%	3.06%	4.71%
互联网使用	8.34%	8.60%	7.99%	8.31%	6.33%
生活满意自评	5.51%	5.78%	5.84%	5.71%	6.20%
工作时间	5.58%	5.23%	4.23%	5.01%	2.33%
工作合同	4.07%	4.29%	4.30%	4.22%	4.65%

续表

指标	k = 1	k = 2	k = 3	k = 4	k = 5
工作五险	6.17%	6.24%	5.72%	6.04%	4.65%
公积金	9.71%	8.83%	7.06%	8.53%	4.65%
贫富歧视	2.02%	2.29%	2.81%	2.37%	3.10%
户籍歧视	1.08%	1.19%	1.48%	1.25%	3.10%
组织参与	13.19%	11.73%	9.33%	11.42%	6.20%

表2－18为k＝1～5时新老农民工多维贫困指标贡献率结果的均值，各年度的分解结果请见附表2－11至附表2－15。从整体而言，各多维贫困指标对新老农民工多维贫困指数的贡献均存在较大差异，但不同k值下各指标对新老农民工多维贫困指数的贡献地位相差不大。非学历教育、公积金和组织参与对新老农民工多维贫困指数的贡献较高，基本都在5%～18%。慢性病、居住拥挤、贫富歧视和户籍歧视对新老农民工多维贫困指标的贡献较低，基本都在1%～5%。从k值变动来看，各指标多维贫困指数贡献率呈现出不同趋势的变动情况，年收入、学历教育、自评健康、慢性病、互联网使用、贫富歧视和户籍歧视对新老农民工多维贫困指数的贡献率随着k值增加而提高，非学历教育、身体质量指数、工作时间、公积金和组织参与对新老农民工多维贫困指数的贡献率随着k值增加而减少，居住拥挤、生活满意自评和工作合同对新老农民工多维贫困指数贡献率随着k值增加而呈现出波浪形变动。从贡献率的年度变动趋势而言，除了学历教育、自评健康、慢性病、身体质量指数和工作时间对新老农民工多维贫困指数的贡献率随着年份增加而提高外，其他指标贡献率都随着年份增加而降低，且新农民工的下降幅度更大。

表2－18　不同代际农民工多维贫困指标贡献率4年均值

维度	指标	k = 1		k = 2		k = 3		k = 4		k = 5	
		新	老	新	老	新	老	新	老	新	老
收入	年收入	7.24%	4.86%	10.44%	5.81%	20.28%	11.11%	18.22%	17.81%	/	18.98%
教育	学历教育	3.68%	7.04%	4.49%	8.03%	5.43%	9.87%	9.15%	10.19%	/	9.49%
	非学历教育	17.64%	17.38%	16.05%	16.58%	12.49%	13.64%	11.03%	11.66%	/	9.49%

续表

维度	指标	k = 1		k = 2		k = 3		k = 4		k = 5	
		新	老	新	老	新	老	新	老	新	老
健康	自评健康	2.32%	3.49%	2.49%	3.75%	2.71%	4.70%	3.82%	4.72%	/	4.78%
	慢性病	1.59%	2.90%	1.83%	3.01%	1.76%	3.55%	0.51%	3.42%	/	4.71%
	身体质量指数	7.25%	6.22%	6.55%	5.83%	6.20%	5.04%	6.33%	4.08%	/	6.33%
生活	居住拥挤	3.30%	2.87%	3.49%	2.91%	3.68%	3.07%	5.08%	3.16%	/	4.71%
	互联网使用	4.07%	9.83%	4.71%	9.68%	4.87%	8.54%	4.55%	7.55%	/	6.33%
	生活满意自评	6.03%	5.32%	6.45%	5.58%	5.67%	5.85%	4.82%	6.24%	/	6.33%
工作	工作时间	6.93%	5.13%	6.15%	4.99%	5.00%	4.12%	5.52%	3.64%	/	3.58%
	工作合同	4.12%	4.06%	4.38%	4.26%	4.53%	4.26%	2.84%	3.91%	/	4.74%
	工作五险	7.19%	5.82%	7.23%	5.97%	6.42%	5.61%	5.32%	5.10%	/	4.74%
	公积金	10.35%	9.49%	9.17%	8.74%	7.15%	7.04%	6.08%	5.87%	/	4.74%
融合	贫富歧视	2.22%	1.95%	2.76%	2.16%	3.07%	2.80%	5.57%	3.65%	/	3.16%
	户籍歧视	1.17%	1.05%	1.38%	1.14%	1.33%	1.51%	3.56%	1.34%	/	1.55%
	组织参与	14.90%	12.61%	12.42%	11.55%	9.43%	9.31%	7.60%	7.67%	/	6.33%

注："/" 表示为空值。

表 2 - 19 为 k = 1 ~ 5 时男性农民工和女性农民工多维贫困指标贡献率结果的均值，各年度的分解结果请见附表 2 - 16 至附表 2 - 20。从整体而言，各贫困指标对男性农民工和女性农民工多维贫困指数贡献的差异不大，但不同 k 值下各指标对男性农民工和女性农民工多维贫困指数的贡献地位差异较大。当 k = 1 时，非学历教育、互联网使用、公积金和组织参与对男性农民工和女性农民工多维贫困指数的贡献率较高，基本都在 8% ~ 18%，当 k = 5 时，年收入、学历教育和非学历教育对男性农民工和女性农民工多维贫困指数的贡献率较高，基本都在 9% ~ 21%，而互联网使用、公积金和组织参与的贡献率基本都在 5% ~ 7%。从 k 值变动来看，年收入、学历教育、非学历教育和贫富歧视对男性农民工和女性农民工多维贫困指数的贡献率随着 k 值增加提升的幅度较大，特别是年收入指标在 k = 5 时对男性农民工和女性农民工的贡献率分别达到了 20% 和 18.6%。公积金和组织参与对男性农民工和女性农民工多维贫困指数的贡献率随着 k 值增加而降低的幅度较大，说明这两个指标在高维度下的贫困地位并不重要。从贡

献率的年度变动趋势而言，学历教育、自评健康、身体质量指数、居住拥挤和工作时间对男性农民工和女性农民工多维贫困指数的贡献率随着年份的增加而提高，非学历教育、互联网使用、生活满意自评、工作合同、工作五险、贫富歧视、户籍歧视和组织参与对男性农民工和女性农民工多维贫困指数的贡献率随着年份增加而呈现下降趋势，但下降幅度整体都大。

表 2-19　　不同性别农民工多维贫困指标贡献率 4 年均值

维度	指标	k=1		k=2		k=3		k=4		k=5	
		男性	女性	男性	女性	男性	女性	男性	女性	男性	女性
收入	年收入	4.78%	6.73%	6.02%	8.27%	12.20%	12.78%	19.48%	17.24%	20.00%	18.60%
教育	学历教育	5.93%	6.61%	6.96%	7.78%	9.09%	9.21%	10.25%	9.81%	10.00%	9.30%
	非学历教育	17.32%	17.71%	16.56%	16.39%	13.56%	13.50%	11.42%	11.53%	10.00%	9.30%
健康	自评健康	2.89%	3.73%	3.19%	3.99%	4.35%	4.42%	4.08%	4.88%	6.67%	3.10%
	慢性病	2.47%	2.74%	2.67%	2.94%	2.99%	3.69%	2.00%	4.19%	0	6.20%
	身体质量指数	6.84%	5.80%	6.24%	5.51%	5.30%	5.09%	4.20%	4.28%	6.67%	6.20%
生活	居住拥挤	3.03%	2.89%	3.10%	2.93%	3.12%	3.28%	3.05%	3.79%	0	6.20%
	互联网使用	8.38%	8.28%	8.54%	8.70%	7.87%	8.19%	7.37%	7.18%	6.67%	6.20%
	生活满意自评	5.44%	5.62%	5.78%	5.76%	5.86%	5.82%	5.52%	6.22%	6.67%	6.20%
工作	工作时间	5.86%	5.08%	5.42%	4.90%	4.27%	4.18%	3.65%	4.06%	5.00%	2.33%
	工作合同	4.15%	3.93%	4.42%	4.06%	4.27%	4.34%	4.40%	3.61%	5.00%	4.65%
	工作五险	6.29%	5.95%	6.39%	5.96%	5.84%	5.56%	5.46%	4.73%	5.00%	4.65%
	公积金	9.89%	9.40%	8.98%	8.57%	7.17%	6.93%	5.95%	5.82%	5.00%	4.65%
融合	贫富歧视	2.20%	1.70%	2.48%	1.94%	3.00%	2.58%	3.97%	3.68%	6.67%	3.10%
	户籍歧视	1.19%	0.88%	1.32%	0.94%	1.74%	1.15%	1.68%	1.22%	0	3.10%
	组织参与	13.33%	12.95%	11.93%	11.38%	9.38%	9.28%	7.53%	7.77%	6.67%	6.20%

表 2-20 为 k=1~5 时已婚农民工和未婚农民工多维贫困指标贡献率结果的均值，各年度的分解结果请见附表 2-21 至附表 2-25。从整体而言，各多维贫困指标对已婚农民工和未婚农民工多维贫困指数贡献的差异较大，但不同 k 值下大部分指标对已婚农民工和未婚农民工多维贫困指数的贡献地位差异不大。当 k=1 时，非学历教育、互联网使用、公积金和组织参与对已婚农民工和未婚农民工多维贫困指数的贡献率较高，基本都在 5%~18%，当 k=5 时，由于未婚农民工不存在多维贫困问题，所以贡献

值皆为空值，年收入、学历教育、非学历教育和组织参与对已婚农民工多维贫困指数的贡献率较高，基本都在 8%~18%，而互联网使用和公积金的贡献率基本都在 5%~7%。从 k 值变动来看，年收入和学历教育对已婚农民工和未婚农民工多维贫困指数的贡献率随着 k 值增加，其提升幅度较大，特别是年收入指标在 k=5 时对已婚农民工的贡献率分别达到 17.48%。公积金和组织参与对男性农民工和女性农民工多维贫困指数的贡献率随着 k 值增加而下降。从贡献率的年度变动趋势而言，学历教育、自评健康、慢性病、身体质量指数、居住拥挤和工作时间对已婚农民工和未婚农民工多维贫困指数的贡献率随着年份增加而提高，且健康维度指标和工作时间指标的贡献率上升较快。非学历教育、生活满意自评、工作合同、工作五险、贫富歧视、户籍歧视和组织参与对已婚农民工和未婚农民工多维贫困指数的贡献率随着年份增加而呈现下降趋势，但整体下降幅度不大。

表 2-20　不同婚姻状况农民工多维贫困指标贡献率 4 年均值

维度	指标	k=1		k=2		k=3		k=4		k=5	
		已婚	未婚	已婚	未婚	已婚	未婚	已婚	未婚	已婚	未婚
收入	年收入	5.05%	8.83%	6.27%	11.57%	11.94%	16.94%	18.51%	16.98%	17.48%	/
教育	学历教育	6.24%	5.78%	7.32%	6.77%	9.25%	8.62%	10.18%	9.96%	9.59%	/
	非学历教育	17.53%	16.60%	16.60%	15.40%	13.56%	13.01%	11.48%	11.12%	11.87%	/
健康	自评健康	3.26%	2.56%	3.51%	3.17%	4.44%	4.04%	4.32%	4.46%	4.27%	/
	慢性病	2.67%	1.63%	2.87%	1.69%	3.40%	2.26%	3.31%	2.06%	2.54%	/
	身体质量指数	6.47%	6.67%	5.98%	6.06%	5.21%	5.12%	3.98%	6.13%	5.08%	/
生活	居住拥挤	2.93%	3.44%	2.98%	3.48%	3.18%	3.05%	3.50%	2.95%	3.17%	/
	互联网使用	8.76%	5.08%	8.93%	5.87%	8.21%	6.51%	7.52%	6.13%	6.72%	/
	生活满意自评	5.42%	6.17%	5.68%	6.65%	5.77%	6.48%	5.63%	6.52%	6.21%	/
工作	工作时间	5.52%	6.19%	5.22%	5.33%	4.22%	4.24%	3.98%	3.82%	4.01%	/
	工作合同	4.07%	4.05%	4.30%	4.12%	4.37%	3.66%	4.21%	2.99%	3.62%	/
	工作五险	6.14%	6.48%	6.22%	6.39%	5.70%	5.83%	5.09%	5.19%	5.37%	/
	公积金	9.72%	9.59%	8.87%	8.45%	7.08%	6.88%	5.91%	5.86%	6.21%	/
融合	贫富歧视	2.03%	2.01%	2.29%	2.35%	2.85%	2.73%	3.51%	5.49%	3.91%	/
	户籍歧视	1.10%	0.90%	1.21%	0.99%	1.48%	1.47%	1.17%	2.94%	1.86%	/
	组织参与	13.10%	14.02%	11.74%	11.70%	9.34%	9.17%	7.70%	7.41%	8.10%	/

注：“/”表示为空值。

表2－21为k＝2～3时不同就业地点农民工多维贫困指标贡献率结果的均值，各年度的分解结果请见附表2－26至附表2－35。从整体而言，各多维贫困指标对不同就业地点农民工多维贫困指数贡献的差异较大，k＝2和k＝3时各指标对不同就业地点农民工多维贫困指数贡献率的差异不大。当k＝2时，年收入、学历教育、非学历教育、互联网使用、公积金和组织参与对不同就业地点农民工多维贫困指数的贡献率较高，大部分都在8%～17%，除了年收入、学历教育、非学历教育和组织参与指标外，其他指标对不同就业地点农民工多维贫困指数的贡献率差异不大，说明影响不同就业地点农民工多维贫困指数差异的主要因素为以上几个指标。当k＝2和k＝3时，慢性病、居住拥挤、贫富歧视和贫困歧视对不同就业地点农民工多维贫困指数贡献率都较低，基本都在1%～4%。从贡献率的年度变动趋势而言，年收入、自评健康、工作合同、贫富歧视和户籍歧视对不同就业地点农民工多维贫困指数的贡献率随着年份增加而减少，而学历教育、慢性病和工作时间对不同就业地点农民工多维贫困指数的贡献率随着年份增加而降低。居住拥挤、公积金和组织参与对不同就业地点农民工多维贫困指数的贡献率随着年份增加变动不大。

表2－21　不同就业地点农民工多维贫困指标贡献率4年均值

维度	指标	k＝2				k＝3			
		本镇	本县	本省	外省	本镇	本县	本省	外省
收入	年收入	7.22%	12.85%	5.97%	10.93%	7.02%	13.44%	6.90%	14.61%
教育	学历教育	7.72%	9.18%	6.56%	9.38%	5.25%	7.42%	8.98%	10.42%
	非学历教育	16.52%	13.43%	16.95%	14.03%	16.55%	13.07%	14.36%	12.66%
健康	自评健康	3.48%	4.24%	3.79%	4.92%	3.18%	4.29%	2.59%	3.40%
	慢性病	2.67%	3.44%	2.78%	3.52%	2.83%	1.97%	3.30%	3.42%
	身体质量指数	5.90%	4.92%	6.05%	5.54%	5.80%	5.55%	6.50%	5.55%
生活	居住拥挤	2.91%	3.28%	3.17%	2.92%	3.16%	3.49%	3.35%	2.89%
	互联网使用	8.92%	8.31%	8.61%	7.77%	7.94%	8.04%	7.00%	6.81%
	生活满意自评	5.71%	5.93%	6.10%	5.81%	6.12%	5.79%	4.82%	5.58%

续表

维度	指标	k=2				k=3			
		本镇	本县	本省	外省	本镇	本县	本省	外省
工作	工作时间	4.88%	4.07%	5.60%	4.54%	5.66%	4.48%	5.58%	3.75%
	工作合同	4.16%	4.24%	4.20%	4.25%	4.91%	4.06%	5.29%	5.04%
	工作五险	6.24%	5.62%	5.98%	5.75%	6.86%	5.70%	7.09%	6.33%
	公积金	8.80%	7.03%	8.92%	7.13%	8.78%	7.09%	8.77%	7.02%
融合	贫富歧视	2.17%	2.89%	2.38%	2.66%	3.06%	3.49%	2.29%	1.81%
	户籍歧视	1.03%	1.31%	1.25%	1.51%	2.06%	2.55%	1.10%	1.35%
	组织参与	11.67%	9.27%	11.69%	9.35%	11.88%	9.57%	12.08%	9.36%

表2-22为k=2~3时不同职业类型农民工多维贫困指标贡献率结果的均值，各年度的分解结果请见附表2-36至附表2-48。从整体而言，各多维贫困指标对不同职业类型农民工多维贫困指数贡献的差异较大，k=2和k=3时，除了极少数几个指标外，大部分指标对不同职业类型农民工多维贫困指数贡献率的差异不大。当k=2时，学历教育、非学历教育、互联网使用、公积金和组织参与对不同职业类型农民工多维贫困指数的贡献率较高，大部分都在7%~18%；当k=3时，年收入、学历教育、非学历教育、公积金和组织参与对不同职业类型农民工多维贫困指数的贡献率较高，基本都在8%~15%，说明年收入在较高维度下对农民工多维贫困有着更为重要的地位。另外，除了年收入、非学历教育和组织参与外，其他指标对不同职业类型农民工多维贫困指数的贡献率差异不大。当k=2和k=3时，慢性病、居住拥挤、贫富歧视和贫困歧视指标对不同职业类型农民工多维贫困指数贡献率都较低，基本都在1%~4%。从贡献率的年度变动趋势而言，当k=1和k=2时，各指标对不同职业类型农民工多维贫困指数的贡献率随着年份增加变动幅度不大，年收入、学历教育、自评健康、身体质量指数、工作时间和工作合同对不同就业地点农民工多维贫困指数的贡献率呈现逐年增加趋势，非学历教育、互联网使用、工作五险、贫富歧视和户籍歧视对不同职业类型农民工多维贫困指数的贡献率呈现出逐年递减趋势。当k=3~5时，有部分指标对不同就业地点农民工多维贫困指数的贡献率呈现出剧烈变动的现象，以年收入指标的变动尤为突出。

表 2-22　不同职业类型农民工多维贫困指标贡献率 4 年均值

维度	指标	k = 2					k = 3				
		制造	建筑	服务	技术	其他	制造	建筑	服务	技术	其他
收入	年收入	5.52%	10.54%	5.47%	11.55%	7.02%	13.32%	9.34%	10.31%	10.00%	10.74%
教育	学历教育	7.44%	9.89%	8.47%	10.17%	6.10%	7.71%	8.11%	8.02%	7.49%	7.83%
	非学历教育	17.16%	13.69%	16.06%	13.41%	16.82%	13.63%	14.98%	14.71%	15.04%	14.59%
健康	自评健康	3.64%	4.51%	2.68%	4.02%	3.35%	4.11%	3.54%	3.76%	3.69%	3.77%
	慢性病	2.93%	3.61%	2.57%	3.06%	2.68%	3.07%	2.85%	2.91%	2.88%	2.93%
	身体质量指数	5.67%	5.25%	5.35%	4.58%	6.38%	5.25%	5.39%	5.40%	5.61%	5.41%
生活	居住拥挤	3.17%	3.34%	2.73%	3.07%	3.04%	3.18%	3.01%	3.07%	3.07%	3.08%
	互联网使用	8.79%	8.19%	9.16%	8.21%	7.63%	7.14%	8.04%	7.75%	7.64%	7.64%
	生活满意自评	6.13%	5.99%	5.19%	5.67%	6.24%	6.17%	5.82%	5.97%	6.05%	6.00%
工作	工作时间	5.67%	4.78%	6.01%	4.65%	5.54%	4.72%	5.23%	5.04%	5.13%	5.03%
	工作合同	4.30%	4.29%	5.24%	4.94%	3.34%	3.59%	4.28%	4.04%	3.81%	3.93%
	工作五险	5.64%	5.39%	7.04%	6.05%	6.69%	5.91%	6.42%	6.27%	6.32%	6.23%
	公积金	8.84%	7.05%	8.94%	7.10%	9.00%	7.14%	8.05%	7.82%	8.00%	7.75%
融合	贫富歧视	2.22%	2.78%	2.29%	2.68%	2.65%	3.50%	2.78%	2.90%	2.96%	3.04%
	户籍歧视	1.08%	1.41%	1.11%	1.64%	1.65%	1.97%	1.59%	1.71%	1.73%	1.75%
	组织参与	11.81%	9.29%	11.70%	9.22%	11.88%	9.59%	10.60%	10.32%	10.60%	10.28%

第三节　农民工与城镇居民的多维贫困对比

一、农民工与城镇居民的多维贫困发生率对比

表 2-23 为全国、不同代际和不同性别农民工与城镇居民的多维贫困各指标贫困发生率 4 年的均值，为节约本书篇幅，并没有报告各年度全国、不同代际和不同性别城镇居民的多维贫困指数贫困发生率，详情请见附表 2-49 至附表 2-51。从全国层面来看，城镇居民各指标贫困发生率基本都低于农民工各指标贫困发生率，城镇居民年收入、学历教育、生活满意自

评工作合同、工作五险和公积金的贫困发生率要远高于农民工这几个指标的贫困发生率。农民工非学历教育、互联网使用、工作时间、工作五险、公积金和组织参与比其他指标的贫困发生率更高，基本都在 50% 以上；城镇居民非学历教育、公积金和组织参比其他指标的贫困发生率更高，基本都在 49% 以上，由此可知，农民工和城镇居民有共同贫困的指标。从全国各指标贫困发生率的年度变动趋势而言，农民工和城镇居民非学历教育、互联网使用、生活满意自评、公积金、户籍歧视和组织参与的贫困发生率在 4 年间都呈现不同程度的下降趋势，农民工和城镇居民自评健康、慢性病、身体质量指数、居住拥挤和工作时间的贫困发生率在 4 年间都呈现出不同程度的上升趋势，而城镇居民年收入和工作合同指标的贫困发生率在 4 年间呈现出上升趋势，农民工这两个指标的贫困发生率在 4 年间则呈现下降趋势。

从不同代际农民工和城镇居民来看，新城镇居民和新农民工各指标贫困发生率要分别低于老城镇居民和老农民工各指标贫困发生率，且农民工大部分指标贫困发生率要高于城镇居民各指标贫困发生率。新农民工的学历教育、非学历教育、生活满意自评、工作时间、工作合同、工作五险和公积金指标贫困发生率要远高于新城镇居民这几个指标的贫困发生率。老农民工的学历教育、互联网使用、工作时间、工作合同、工作五险和公积金指标的贫困发生率要远高于老城镇居民这几个指标的贫困发生率。从不同代际农民工各指标贫困发生率的年度变动趋势来看，新老农民工和新老城镇居民非学历教育、互联网使用、生活满意自评、工作五险、公积金、贫富歧视和组织参与的贫困发生率都随着年份增加而减少，其中非学历教育、互联网使用和生活满意自评这几个指标下降的幅度最大，基本上都下降了 50% 以上，且新农民工和新城镇居民下降的趋势更为明显。新老农民工和新老城镇居民自评健康、慢性病、身体质量指数、居住拥挤和工作时间指标的贫困发生率随着年份增加而提高，其中自评健康、慢性病和工作时间这几个指标上升的幅度最大，基本都提高了 50% 以上，新老农民工年收入指标的贫困发生率在 4 年间呈现下降趋势，且下降幅度达到 50%，而新老城镇居民收入指标的贫困发生率在 4 年间呈现上升趋势，但上升幅度不大。

表 2－23　农民工与城镇居民的多维贫困发生率 4 年均值对比（1）

维度	指标	全国		新		老		男性		女性	
		农民工	城镇	农民工	城镇	农民工	城镇	农民工	城镇	农民工	城镇
收入	年收入	12.62%	4.84%	4.39%	1.61%	8.24%	3.23%	7.03%	2.55%	5.60%	2.29%
教育	学历教育	27.89%	7.16%	4.28%	0.77%	23.61%	6.39%	17.33%	4.52%	10.56%	2.65%
	非学历教育	80.46%	74.40%	21.35%	14.76%	59.11%	59.65%	51.50%	44.02%	28.96%	30.39%
健康	自评健康	21.45%	19.60%	4.00%	2.44%	17.46%	17.16%	12.59%	10.71%	8.86%	8.89%
	慢性病	17.19%	23.81%	2.73%	3.40%	14.46%	20.41%	10.70%	13.58%	6.49%	10.23%
	身体质量指数	44.78%	45.37%	13.00%	9.29%	31.78%	36.08%	30.60%	30.78%	14.18%	14.60%
生活	居住拥挤	20.40%	21.52%	5.90%	5.25%	14.50%	16.28%	13.36%	13.02%	7.04%	8.50%
	互联网使用	57.69%	37.16%	7.47%	2.74%	50.22%	34.42%	37.32%	23.03%	20.37%	14.13%
	生活满意自评	38.27%	9.48%	11.07%	1.89%	27.20%	7.60%	24.38%	5.92%	13.89%	3.57%
工作	工作时间	50.80%	29.79%	16.30%	7.15%	34.51%	22.65%	34.53%	19.05%	16.28%	10.74%
	工作合同	37.54%	10.97%	9.93%	2.52%	27.60%	8.45%	24.65%	6.24%	12.90%	4.73%
	工作五险	56.65%	9.92%	17.17%	3.44%	39.48%	6.49%	37.31%	5.97%	19.35%	3.95%
	公积金	90.01%	49.05%	25.23%	11.52%	64.78%	37.53%	59.06%	26.37%	30.96%	22.68%
融合	贫富歧视	13.96%	12.47%	4.01%	2.98%	9.95%	9.48%	9.79%	7.90%	4.17%	4.57%
	户籍歧视	7.47%	0	2.12%	0	5.35%	0	5.28%	0	2.19%	0
	组织参与	92.24%	71.18%	27.43%	18.08%	64.82%	53.10%	59.88%	40.39%	32.37%	30.79%

从不同性别农民工和城镇居民来看，男性城镇居民和男性农民工各指标贫困发生率总体上要分别低于女性城镇居民和女性农民工各指标贫困发生率，且男性农民工和女性农民工大部分指标贫困发生率要分别高于男性城镇居民和女性城镇居民各指标贫困发生率。非学历教育、身体质量指数、互联网使用、工作五险、公积金和组织参与是城镇居民和农民工的主要贫困因素，其贫困发生率基本都在 20%～60%。男性农民工的年收入、学历教育、生活满意自评、工作合同和公积金的贫困发生率基本上是男性城镇居民这几个指标的贫困发生率的 2 倍以上，特别是生活满意自评将近 5 倍左右。女性农民工年收入、学历教育、生活满意自评、工作合同和工作五险的贫困发生率基本上是女性城镇居民这几个指标贫困发生率的 3 倍以上，特别是工作五险几乎达到 6 倍。男性城镇居民和女性城镇居民慢性病和身体质量指数的贫困发生率要分别比男性农民工和女性农民工这几个

指标的贫困发生率更高，说明城镇居民的健康问题日益凸显。从不同性别农民工各指标贫困发生率的年度变动趋势来看，男性农民工和女性农民工年收入、非学历教育、互联网使用、生活满意自评、工作合同、工作五险、公积金、贫富歧视和组织参与的贫困发生率随着年份增加而减少，其中生活满意自评指标贫困发生率下降将近一半以上，且女性农民工大多数指标贫困发生率下降的幅度要比男性农民工更大。男性农民工和女性农民工自评健康、慢性病、身体质量指数、居住拥挤和工作时间的贫困发生率随着年份增加而提高，其中 2016 年工作时间指标贫困发生率将近是 2010 年的 2 倍以上。男性城镇居民和女性城镇居民非学历教育、互联网使用、生活满意自评、工作五险、公积金、贫富歧视和组织参与的贫困发生率随着年份增加而减少。男性城镇居民和女性城镇居民自评健康、慢性病、身体质量指数、居住拥挤、工作时间和工作合同的贫困发生率随着年份增加而提高。

表 2－24 为不同婚姻状况和不同就业地点农民工与城镇居民的多维贫困各指标贫困发生率 4 年的均值，为节约本书篇幅，并没有报告各年度不同婚姻状况和不同就业地点城镇居民的多维贫困指数贫困发生率，详情请见附表 2－51 至附表 2－54。从全国层面来看，已婚城镇居民和未婚城镇居民各指标贫困发生率基本要低于农民工各指标贫困。非学历教育、互联网使用、公积金和组织参与是已婚农民工和已婚城镇居民最主要的贫困因素，其贫困发生率介于 50%～80%，非学历教育、公积金和组织参与是未婚农民工和未婚城镇居民最主要的贫困因素，其贫困发生率介于 8%～11%。已婚农民工年收入、学历教育、生活满意自评、工作时间、工作合同、工作五险和组织参与的贫困发生率基本是已婚城镇居民这几个指标贫困发生率的 2 倍以上，已婚农民工工作五险的贫困发生率几乎是已婚城镇居民的 6 倍。未婚农民工年收入、学历教育、非学历教育、生活满意自评和工作五险的贫困发生率基本是未婚城镇居民这几个指标的 4 倍以上。未婚城镇居民和已婚城镇居民慢性病、身体质量指数和居住拥挤的贫困发生率分别要高于未婚农民工和已婚农民工这个几个指标的贫困发生率。从不同婚姻状况农民工各指标贫困发生率的年度变动趋势来看，已婚和未婚农民工年收入、非学历教育、居住拥挤、互联网使用、生活满意自评、工作合同、工作五险、公积金、贫富歧视和组织参与的贫困发生率呈现逐年下降趋势，且未婚农民工各指标贫困发生率的下降幅度更大。已婚和未婚农

民工自评健康、慢性病和工作时间的贫困发生率呈现出逐年递增趋势，且已婚农民工增幅更大，增幅基本在 2 倍以上。已婚城镇居民和未婚城镇居民非学历教育、互联网使用、工作五险、公积金和组织参与的贫困发生率随着年份增加而大幅下降。

表 2－24　　农民工与城镇居民的多维贫困发生率 4 年均值对比（2）

维度	指标	已婚		未婚		本镇		本县		本省		外省	
		农村	城镇	农村	城镇	农村	城镇	农村	城镇	农村	城镇	农村	城镇
收入	年收入	10.32	4.05	2.30	0.79	0.07	2.21	2.98	1.74	1.23	0.76	0.93	0.13
教育	学历教育	25.27	6.62	2.63	0.55	0.17	3.81	6.56	2.39	1.93	0.77	2.43	0.19
	非学历教育	72.17	66.18	8.29	8.23	0.45	33.61	22.41	27.87	8.26	10.82	4.78	2.1
健康	自评健康	19.74	18.00	1.71	1.6	0.12	8.92	6.24	7.74	1.98	2.45	1.12	0.49
	慢性病	16.19	21.18	1.00	2.63	9.15	10.52	4.73	9.31	1.89	3.58	1.43	0.4
	身体质量指数	40.16	40.68	4.62	4.69	24.93	19.58	11.86	17.81	4.48	6.98	3.51	1
生活	居住拥挤	17.99	18.42	2.41	3.1	10.97	8.6	5.63	8.91	2.19	3.44	1.6	0.58
	互联网使用	54.08	34.44	3.60	2.73	34.34	18.15	14.94	14.21	5.15	3.7	3.25	1.11
	生活满意自评	33.56	7.84	4.71	1.65	21.26	4.15	10.93	3.53	3.82	1.57	2.26	0.24
工作	工作时间	45.17	26.40	5.64	3.39	26.23	13.58	14.43	11.05	5.74	4.02	4.4	1.15
	工作合同	33.38	9.65	4.16	1.32	20.44	4.92	9.74	4.26	3.98	1.29	3.39	0.5
	工作五险	50.23	8.26	6.42	1.66	31.63	4.84	14.18	3.47	5.8	1.02	5.05	0.6
	公积金	80.53	42.53	9.49	6.52	50.43	23.77	24.13	17.13	8.99	6.43	6.47	1.71
融合	贫富歧视	12.50	10.60	1.47	1.87	7.52	5.23	3.96	5.21	1.55	1.79	0.93	0.24
	户籍歧视	6.78	0.00	0.70	0	3.71	0	2.09	0	1.21	0	0.46	0
	组织参与	81.99	62.55	10.26	8.63	51.03	31.95	24.55	26.73	9.74	10.47	6.92	2.03

通过对比不同就业地点农民工和城镇居民各指标的贫困发生率可知，各指标在不同就业地点农民工和城镇居民之间的贫困重要程度表现出明显差异。本县就业农民工和城镇居民年收入、学历教育、非学历教育和自评健康的贫困发生率要高于其他地点就业农民工和城镇居民这几个指标的贫困发生率。慢性病、身体质量指数和居住拥挤在不同就业地点农民工和城镇居民的贫困重要地位依次为本镇、本县、本省和外省。不同就业地点农民工互联网使用、生活满意自评、工作时间、工作合同、工作五险和公积金的贫困发生率要比相应不同就业地点城镇居民这几个指标贫困发生率更

高，而其他指标在不同就业地点农民工和城镇居民上的贫困发生率没有一致规律。本镇就业农民工主要的贫困指标有互联网使用、公积金和组织参与，其贫困发生率介于34%~52%，本镇就业城镇居民主要的贫困指标有非学历教育、公积金和组织参与，其贫困发生率介于23%~34%；本县就业农民工的主要贫困指标有非学历教育、公积金和组织参与，其贫困发生率介于22%~25%，本县就业城镇居民的主要贫困指标有非学历教育、身体质量指数和组织参与，其贫困发生率介于17%~27%；本省就业农民工的主要贫困指标有非学历教育、公积金和组织参与，其贫困发生率介于8%~10%，本省就业城镇居民的主要贫困指标有非学历教育、身体质量指数和组织参与，其贫困发生率介于6%~11%；外省就业农民工的主要贫困指标有工作五险、公积金和组织参与，其贫困发生率介于4%~7%，外省就业城镇居民的主要贫困指标有非学历教育、工作时间和组织参与，其贫困发生率介于1%~3%。

表2-25为不同职业类型农民工与城镇居民各指标贫困发生率4年的均值，为节约本书篇幅，并没有报告各年度不同职业类型城镇居民各指数贫困发生率，详情请见附表2-55至附表2-56。从全国层面来看，各指标的贫困发生率在不同职业类型农民工和城镇居民之间表现出明显差异。各职业类型农民工年收入、学历教育、生活满意自评和工作合同的贫困发生率都显著高于对应职业类型城镇居民这几个指标的贫困发生率。非学历教育、互联网使用、公积金和组织参与皆是不同职业类型农民工和城镇居民的主要贫困因素，在制造业中最为突出，其贫困发生率介于10%~34%，建筑业这几个主要贫困指标的贫困发生率介于5%~14%，服务业这几个主要贫困指标的贫困发生率介于11%~23%，技术业这几个主要贫困指标的贫困发生率介于8%~25%，其他类职业这几个主要贫困指标的贫困发生率介于1%~11%。自评健康、慢性病、身体质量指数和居住拥挤指标的贫困发生率在制造业、服务业和技术业较为严重，制造业里农民工这几个指标的贫困发生率要高于城镇居民这几个指标的贫困发生率，而在服务业和技术业里农民工这几个指标的贫困发生率要明显高于城镇居民这几个指标的贫困发生率。互联网使用、工作时间、公积金和组织参与的贫困发生率在制造业和服务业里较高，且农民工这几个指标的贫困发生率要明显高于城镇居民这几个指标的贫困发生率。从不同职业类型农民工和城镇居民各指

标贫困发生率的年度变动趋势来看，从事制造业和服务业的农民工和城镇居民各指标的贫困发生率普遍较高，从事其他类职业的农民工和城镇居民各指标贫困发生率普遍较低，但总体来看，不同职业类型农民工和城镇居民的大部分指标的贫困发生率随着年份增加而呈现出下降趋势，说明农民工的总体多维贫困得到缓解。

表 2-25　　农民工与城镇居民的多维贫困发生率 4 年均值对比（3）

维度	指标	制造		建筑		服务		技术		其他	
		农村	城镇	农村	城镇	农村	城镇	农村	城镇	农村	城镇
收入	年收入	3.73%	1.24%	1.68%	0.37%	2.91%	1.87%	1.68%	1.21%	2.64%	0.15%
教育	学历教育	10.57%	2.32%	5.49%	0.73%	5.53%	2.74%	2.18%	1.08%	4.12%	0.29%
	非学历教育	32.19%	22.00%	11.86%	5.85%	18.37%	23.15%	10.97%	21.95%	7.08%	1.45%
健康	自评健康	8.27%	5.37%	2.73%	1.63%	4.78%	5.95%	3.46%	6.23%	2.21%	0.42%
	慢性病	6.72%	5.50%	2.69%	2.06%	4.03%	6.60%	2.66%	9.29%	1.09%	0.35%
	身体质量指数	15.60%	11.76%	6.12%	3.98%	10.54%	12.92%	7.29%	15.48%	5.22%	1.23%
生活	居住拥挤	7.74%	5.40%	2.98%	1.92%	4.69%	6.48%	2.80%	7.34%	2.19%	0.37%
	互联网使用	22.04%	11.15%	9.86%	3.47%	11.38%	11.16%	8.35%	10.32%	6.06%	1.06%
	生活满意自评	15.07%	2.66%	5.12%	0.90%	9.40%	3.45%	5.12%	2.23%	3.57%	0.24%
工作	工作时间	19.99%	8.69%	9.29%	2.79%	12.98%	10.97%	4.69%	6.60%	3.85%	0.74%
	工作合同	13.36%	2.85%	7.13%	0.82%	6.79%	4.94%	3.99%	1.97%	6.26%	0.39%
	工作五险	18.12%	2.23%	10.16%	0.69%	14.09%	4.84%	6.65%	1.79%	7.63%	0.37%
	公积金	33.29%	12.71%	14.23%	3.42%	20.72%	18.24%	12.66%	13.24%	9.11%	1.44%
融合	贫富歧视	4.85%	3.23%	2.23%	0.97%	3.67%	4.18%	1.82%	3.85%	1.39%	0.24%
	户籍歧视	2.43%	0	1.05%	0	2.41%	0	1.02%	0	0.57%	0
	组织参与	33.93%	17.71%	13.86%	5.21%	21.15%	22.27%	13.25%	24.32%	10.06%	1.66%

二、农民工与城镇居民的多维贫困指数对比

表 2-26 为全国、不同代际和不同性别农民工与城镇居民的多维贫困指数 4 年的均值，为节约本书篇幅，并没有列出农民工和城镇居民各维度的多维贫困个数、多维贫困发生率、贫困剥夺总额和平均剥夺份额，只列出了各维度下多维贫困指数的平均值。全国、不同代际和不同性别城镇居

民各年度多维贫困指数的详细情况请见附表 2－57 至附表 2－59。从整体来看，各维度农民工的多维贫困指数要明显高于对应维度城镇居民的多维贫困指数，说明农民工与城镇居民的贫困状况存在较大差异。农民工多维贫困主要集中在 k＝1～3，而城镇居民多维贫困主要集中在 k＝1～2，说明农民工整体贫困的维度数也要高于城镇居民的贫困维度数。就全国而言，k＝1 下农民工和城镇居民多维贫困指数值分别为 0.3785 和 0.2279，两类群体的多维贫困指数差距在 50% 左右；当 k＝2 下农民工和城镇居民多维贫困指数值分别为 0.1494 和 0.0514，农民工多维贫困指数值几乎是城镇居民的 3 倍；当 k＝3 这一差距进一步扩大到 6 倍以上，说明农民工的贫困问题更加严重。从不同代际来看，老农民工和老城镇居民多维贫困指数值明显高于新农民工和新城镇居民的多维贫困指数，且在不同代际内部也呈现较大差异，新农民工的多维贫困指数值明显高于新城镇居民多维贫困指数值，老农民工多维贫困指数值也明显高于老城镇居民多维贫困指数值。新农民工和新城镇居民多维贫困指数值之间差异也大于老农民工和老城镇居民多维贫困指数值之间的差异，如 k＝1 时，新农民工多维贫困指数值是新城镇居民多维贫困指数值的 2.2 倍，而老农民工多维贫困指数值是老城镇居民多维贫困值的 1.5 倍；当 k＝2 时，这一比值分别变为 4 和 2.7，两者之间的差异越来越大。

表 2－26　农民工与城镇居民的多维贫困指数 4 年均值对比（1）

k 值	全国		新		老		男性		女性	
	农村	城市	农村	城市	农村	城市	农村	城市	农村	城市
k＝1	0.3785	0.2279	0.0982	0.0446	0.2804	0.1833	0.2445	0.1361	0.1341	0.0918
k＝2	0.1494	0.0514	0.0332	0.0084	0.1162	0.0430	0.0958	0.0309	0.0536	0.0205
k＝3	0.0336	0.0051	0.0058	0.0008	0.0278	0.0044	0.0187	0.0029	0.0149	0.0023
k＝4	0.0047	0.0004	0.0005	0.0001	0.0041	0.0003	0.0019	0.0001	0.0028	0.0003
k＝5	0.0001	0.0000	0.0000	0.0000	0.0001	0.0000	0.0001	0.0000	0.0002	0.0000

从不同性别来看，男性农民工和男性城镇居民的多维贫困指数值分别高于女性农民工和女性城镇居民的多维贫困指数值，所以多维贫困指数值最低的为女性城镇居民，最高的为男性农民工。随着维度数的增加，不同性别农民工和城镇居民的多维贫困指数值都呈现出不同程度的下降趋势，

k =3 下城镇居民的多维贫困指数值几乎为 0，说明城镇居民多维贫困状况要好于农民工状况。k =1 下男性农民工多维贫困指数值是男性城镇居民多维贫困指数值的 1.8 倍，女性农民工多维贫困指数是女性城镇居民多维贫困指数的 1.5 倍；k =2 下男性农民工多维贫困指数值是男性城镇居民多维贫困指数值的 3.1 倍，女性农民工多维贫困指数是女性城镇居民多维贫困指数的 2.6 倍，说明随着维度数增加，农民工和城镇居民之间的贫困差距逐步被拉大。从各维度多维贫困指数值的年度变动趋势来看，不同维度下全国农民工和城镇居民的多维贫困指数值随着年份增加而降低，表明从总体上来说农民工和城镇居民的贫困状况逐年得到缓解。不同年度下新农民工多维贫困指数值也明显高于新城镇居民多维贫困指数值，不同年度下老农民工多维贫困指数值也明显高于老城镇居民多维贫困指数值。

表 2 -27 为不同婚姻状况和不同就业地点农民工与城镇居民的多维贫困指数 4 年的均值，为了节约篇幅，同样没有列出农民工和城镇居民各维度的多维贫困个数、多维贫困发生率、贫困剥夺总额和平均剥夺份额，只列出了各维度下多维贫困指数的平均值。不同婚姻状况和不同就业地点城镇居民各年度多维贫困指数的详细情况请见附表 2 -60 至附表 2 -62。从不同婚姻状况来看，已婚农民工和已婚城镇居民的多维贫困指数值远高于未婚农民工和未婚城镇居民的多维贫困指数值，且不论是已婚群体还是未婚群体，农民工的多维贫困指数值都要明显高于城镇居民的多维贫困指数值。当 k =1 时，已婚农民工多维贫困指数值是已婚城镇居民多维贫困指数值的 1.7 倍，未婚农民工多维贫困指数值是未婚城镇居民多维贫困指数值的 1.5 倍；当 k =1 时，已婚农民工多维贫困指数值是已婚城镇居民多维贫困指数值的 3 倍，未婚农民工多维贫困指数值是未婚城镇居民多维贫困指数值的 2.4 倍；当 k =3 时，其值分别为 6.3 倍和 6 倍。由此可知，已婚群体中农民工和城镇居民的贫困差异较高，而未婚群体内部之间的差异较小。从各维度多维贫困指数值的年度变动趋势来看，不同维度下全国农民工和城镇居民的多维贫困指数值随着年份的增加而降低，表明从总体上来说农民工和城镇居民的贫困状况逐年得到缓解。不同年度下已婚农民工多维贫困指数值也明显高于已婚城镇居民多维贫困指数值，不同年度下未婚农民工多维贫困指数值也明显高于未婚城镇居民多维贫困指数值，各维度多维贫困指数值随着年份递增而呈现下降趋势。

表 2－27　　农民工与城镇居民的多维贫困指数 4 年均值对比（2）

k 值	已婚		未婚		本镇		本县		本省		外省	
	农村	城镇	农村	城镇	农村	城镇	农村	城镇	农村	城镇	农村	城镇
k = 1	0.3385	0.2018	0.0401	0.0261	0.2123	0.1050	0.1009	0.0854	0.0382	0.0310	0.0272	0.0066
k = 2	0.1342	0.0450	0.0152	0.0064	0.0838	0.0246	0.0404	0.0194	0.0146	0.0057	0.0105	0.0016
k = 3	0.0294	0.0045	0.0042	0.0007	0.0187	0.0025	0.0094	0.0019	0.0031	0.0006	0.0023	0.0002
k = 4	0.0041	0.0004	0.0006	0.0000	0.0028	0.0003	0.0011	0.0001	0.0004	0.0001	0.0003	0.0000
k = 5	0.0001	0.0000	0.0000	0.0000	0.0001	0.0000	0.0001	0.0000	0.0000	0.0000	0.0000	0.0000

从不同就业地点来看，不同就业地点农民工和城镇居民的多维贫困指数值存在明显差异，其贫困严重程度从高到低依次是本镇、本县、本省和外省，说明就业地点离家较远的农民工的贫困程度可能更小，反之则越大。不同就业地点农民工的多维贫困指数值也明显高于对应就业地点城镇居民的多维贫困指数值。本镇就业农民工与城镇居民的贫困主要集中在 k = 1 ~ 3 维度上，其多维贫困指数值介于 0.0025 ~ 0.22；本县就业农民工与城镇居民的贫困主要集中在 k = 1 ~ 3 维度上，其多维贫困指数值介于 0.0019 ~ 0.11；本省就业农民工与城镇居民的贫困主要集中在 k = 1 ~ 2 维度上，其多维贫困指数值介于 0.0057 ~ 0.04；外省就业农民工与城镇居民的贫困主要集中在 k = 1 维度上，其多维贫困指数值介于 0.006 ~ 0.03。总之，不同就业地点的农民工和城镇居民的多维贫困指数值都在随着 k 值增加而减少，大部分的贫困主要集中在 k = 2 ~ 3。从各维度多维贫困指数值的年度变动趋势来看，各维度不同就业地点农民工和城镇居民的多维贫困指数值随着年份增加而下降。

表 2－28 为不同职业类型农民工与城镇居民的多维贫困指数 4 年的均值，表中没有列出农民工和城镇居民各维度的多维贫困个数、多维贫困发生率、贫困剥夺总额和平均剥夺份额，只列出了各维度下多维贫困指数的平均值。不同职业类型城镇居民各年度多维贫困指数的详细情况请见附表 2－63 至附表 2－65。从整体来看，各维度不同职业类型农民工和城镇居民的多维贫困指数值存在较大差异，各职业类型农民工和城镇居民的多维贫困主要集中在 k = 1 ~ 3 维度上，制造业和服务业农民工和城镇居民的多维贫困指数值比其他三种职业类型农民工和城镇居民的多维贫困指数值更高，当 k = 1 时，制造业农民工多维贫困指数值是制造业城镇居民

多维贫困指数值的2.3倍，建筑业农民工多维贫困指数值是建筑业城镇居民多维贫困指数值的3.2倍，服务业农民工多维贫困指数值是服务业城镇居民多维贫困指数值的1.1倍，技术业农民工多维贫困指数值是技术业城镇居民多维贫困指数值的0.76倍，其他职业类农民工多维贫困指数值是其他职业类城镇居民多维贫困指数值的7.6倍，可以看出不同职业类型农民工的多维贫困指数值明显要高于城镇居民；当k=2时，制造业、建筑业、服务业、技术业和其他职业农民工多维贫困指数值是其相应城镇居民多维贫困指数值的3.9、5.8、1.1、1.6和12倍。可以得出，农民工和城镇居民的多维贫困指数值的差异随着维度数的增加而逐渐增大。从各维度多维贫困指数值的年度变动趋势来看，各维度不同职业类型农民工和城镇居民的多维贫困指数值随着年份增加而下降。当k=1时，制造业城镇居民的多维贫困指数从2010年的0.0714下降到2016年的0.0476，下降近33%；建筑业城镇居民的多维贫困指数从2010年的0.0192下降到2016年的0.0171，下降近11%；服务业城镇居民的多维贫困指数从2010年的0.0857下降到2016年的0.0755，下降近12%；技术业城镇居民的多维贫困指数从2010年的0.0787下降到2016年的0.0486，下降近38%；其他职业类城镇居民的多维贫困指数从2010年的0.0094下降到2016年的0.0038，下降近60%，可以得出建筑业和服务业城镇居民在4年间下降幅度较小。

表2-28　农民工与城镇居民的多维贫困指数4年均值对比（3）

k值	制造		建筑		服务		技术		其他	
	农村	城镇	农村	城镇	农村	城镇	农村	城镇	农村	城镇
k=1	0.1406	0.0623	0.0596	0.0183	0.0866	0.0772	0.0491	0.0645	0.0427	0.0056
k=2	0.0552	0.0142	0.0252	0.0043	0.0342	0.0211	0.0167	0.0104	0.0180	0.0015
k=3	0.0119	0.0012	0.0061	0.0003	0.0067	0.0025	0.0028	0.0009	0.0061	0.0003
k=4	0.0018	0.0001	0.0009	0.0000	0.0008	0.0002	0.0003	0.0001	0.0009	0.0001
k=5	0.0001	0.0000	0.0000	0.0000	0.0000	0.0000	0.0000	0.0000	0.0000	0.0000

三、农民工与城镇居民的多维贫困指标贡献率对比

表2-29为全国、不同代际和不同性别农民工与城镇居民的多维贫困

指标贡献率4年的均值，为节约本书篇幅，并没有列出农民工和城镇居民各维度各年度的指标贡献率，只列出了k=1维度下4年多维贫困指标贡献率的平均值。全国、不同代际和不同性别城镇居民各年度多维贫困指数的详细情况请见附表2-66至附表2-75。从全国样本来看，非学历教育、互联网使用、公积金和组织参与既是农民工也是城镇居民的主要贫困因素，自评健康、身体质量指数、居住拥挤、贫富歧视和户籍歧视对农民工多维贫困的影响较小，生活满意自评、工作合同、工作五险和贫富歧视对城镇居民多维贫困的影响较小，说明城镇劳动力市场确实存在“同工不同酬”的现象。农民工和城镇居民非学历教育、互联网使用、生活满意自评、户籍歧视和组织参与指标的多维贫困贡献率呈现出逐年递减的趋势，而学历教育、自评健康、慢性病、身体质量指数、居住拥挤和工作时间的多维贫困贡献率呈现出逐年递增的趋势，城镇居民年收入指标贡献率呈现出逐年递增趋势，且上升趋势较为明显，而农民工的年收入指标呈现逐年递减趋势，说明年收入在农民工贫困中的位置在逐年下降。另外，城镇居民自评健康、慢性病和身体质量指数指标的多维贫困贡献率呈现出逐年递增的趋势，且增幅较大，最为明显的是自评健康指标贡献率由2010年的1.98%上升到了2016年的6.35%，说明健康问题在城镇居民贫困问题中越来越重。

表2-29　农民工与城镇居民的多维贫困贡献率对比4年均值（1）

维度	指标	全国		新		老		男性		女性	
		农村	城镇	农村	城镇	农村	城镇	农村	城镇	农村	城镇
收入	年收入	5.49%	3.65%	7.24%	6.20%	4.86%	3.03%	4.78%	3.25%	6.73%	4.24%
教育	学历教育	6.17%	2.65%	3.68%	1.49%	7.04%	2.94%	5.93%	2.79%	6.61%	2.45%
	非学历教育	17.45%	24.12%	17.64%	23.80%	17.38%	24.19%	17.32%	23.95%	17.71%	24.38%
健康	自评健康	3.19%	4.60%	2.32%	2.77%	3.49%	5.04%	2.89%	4.26%	3.73%	5.11%
	慢性病	2.56%	5.30%	1.59%	3.65%	2.90%	5.69%	2.47%	5.21%	2.74%	5.42%
	身体质量指数	6.47%	9.75%	7.25%	9.56%	6.22%	9.80%	6.84%	10.90%	5.80%	8.05%
生活	居住拥挤	2.98%	4.72%	3.30%	5.60%	2.87%	4.50%	3.03%	4.84%	2.89%	4.54%
	互联网使用	8.34%	8.46%	4.07%	3.14%	9.83%	9.75%	8.38%	8.80%	8.28%	7.95%
	生活满意自评	5.51%	2.17%	6.03%	2.11%	5.32%	2.19%	5.44%	2.29%	5.62%	2.00%

续表

维度	指标	全国		新		老		男性		女性	
		农村	城镇	农村	城镇	农村	城镇	农村	城镇	农村	城镇
工作	工作时间	5.58%	4.94%	6.93%	5.76%	5.13%	4.75%	5.86%	5.28%	5.08%	4.44%
	工作合同	4.07%	1.98%	4.12%	2.36%	4.06%	1.89%	4.15%	1.90%	3.93%	2.12%
	工作五险	6.17%	1.73%	7.19%	3.07%	5.82%	1.40%	6.29%	1.76%	5.95%	1.69%
	公积金	9.71%	8.30%	10.35%	9.59%	9.49%	7.98%	9.89%	7.56%	9.40%	9.39%
融合	贫富歧视	2.02%	2.78%	2.22%	3.17%	1.95%	2.69%	2.20%	3.02%	1.70%	2.43%
	户籍歧视	1.08%	0	1.17%	0	1.05%	0	1.19%	0	0.88%	0
	组织参与	13.19%	14.84%	14.90%	17.74%	12.61%	14.15%	13.33%	14.21%	12.95%	15.79%

表2－29列出了k=1维度下4年不同代际农民工多维贫困指标贡献率的平均值，各年度的城镇居民多维贫困指标贡献率请见附表2－68至附表2－71。从不同代际农民工和城镇居民来看，各指标多维贫困贡献率在不同代际农民工和城镇居民中表现出明显差异，非学历教育、身体质量指数、公积金和组织参与依然是新老农民工和新老城镇居民贫困的主要因素，新农民工的年收入、学历教育、互联网使用、生活满意自评、工作时间、工作合同、工作五险和公积金的贫困贡献率明显高于新城镇居民这几个指标的贫困贡献率，老农民工年收入、学历教育、互联网使用、生活满意自评、工作时间、工作合同、工作五险和公积金指标的贫困贡献率明显高于老城镇居民这几个指标的多维贫困贡献率，说明农民工在收入、教育、健康和生活维度贫困程度明显高于城镇居民这些维度的贫困程度。新农民工和老农民工非学历教育、自评健康、慢性病、身体质量指数、居住拥挤、贫富歧视和组织参与的多维贫困贡献率明显低于新城镇居民和老城镇居民这几个指标的多维贫困贡献率，说明城镇居民的身体健康问题日益凸显。新农民工学历教育、生活满意自评、工作合同和工作五险指标的贡献率分别是新城镇居民这几个指标贡献率的2.5、2.9、1.7和2.3倍，说明这些指标对新农民工和新城镇居民贫困的影响程度差异较大；老农民工学历教育、生活满意自评、工作合同和工作五险指标的贫困贡献率是老城镇居民这几个指标贡献率的2.4、2.4、2.1和4.2倍，说明工作合同和工作五险指标贡献率在老农民工和老城镇居民之间的差异更大。

表2－29列出了k=1维度下4年不同性别农民工多维贫困指标贡献率

的平均值，各年度不同性别城镇居民多维贫困指标贡献率请见附表 2－72 至附表 2－75。从不同性别农民工和城镇居民来看，各指标多维贫困贡献率在不同性别农民工和城镇居民中表现出明显差异，非学历教育、互联网使用、公积金和组织参与是农民工与城镇居民的贫困的主要因素，男性农民工的年收入、学历教育、生活满意自评、工作时间、工作合同、工作五险、公积金和贫富歧视的贫困贡献率明显高于男性城镇居民这几个指标的贫困贡献率，女性农民工年收入、学历教育、互联网使用、生活满意自评、工作时间、工作合同、工作五险和公积金指标的贫困贡献率明显高于女性城镇居民这几个指标的贫困贡献率，这说明农民工在收入、教育、健康和生活维度贫困程度都要明显高于城镇居民这些维度的贫困程度。男性农民工和女性农民工非学历教育、自评健康、慢性病、身体质量指数、居住拥挤、贫富歧视和组织参与的贫困贡献率明显低于男性城镇居民和女性城镇居民这几个指标的贫困贡献率，说明从性别角度也可以得出城镇居民的身体健康问题更加严重。学历教育、生活满意自评、工作合同和工作五险指标的贫困贡献率在男性农民工和男性城镇居民之间差距较大，其比值分别为 2.1、2.4、2.2 和 3.6，且这几个指标的贫困贡献率在女性农民工和男性农民工之间的差距较大，其比值分别为 2.7、2.8、1.9 和 3.5，说明从性别角度也可以得出这几个指标在农民工和城镇居民之间差距较大。

表 2－30 列出了 k＝1 维度下 4 年不同婚姻状况农民工多维贫困指标贡献率的平均值，各年度不同婚姻状况城镇居民多维贫困指标贡献率请见附表 2－76 至附表 2－80。从不同婚姻状况农民工和城镇居民来看，各指标贫困贡献率在不同婚姻状况农民工和城镇居民之间的差距不大，非学历教育、公积金和组织参与仍然是不同婚姻状况农民工与城镇居民的贫困的主要因素，已婚农民工和已婚城镇居民慢性病、居住拥挤、贫富歧视和户籍歧视的贫困贡献率较低，基本都介于 1%～3%，未婚农民工和未婚城镇居民的贫困贡献率也较低。从不同婚姻状况农民工和城镇居民各指标的贫困贡献率变化来看，已婚城镇居民年收入指标贡献率从 2010 年的 1.89% 上升到 2016 年的 5.12%，而未婚城镇居民从 2010 年的 6.16% 下降到了 2016 年的 3.7%，已婚农民工和未婚农民工年收入指标贡献率在 4 年间一直保持下降趋势，说明已婚城镇居民的贫困问题在不断升级。不同婚姻状态农民工和城镇居民非学历教育、自评健康、慢性病、身体质量指数、居住拥

挤和工作时间的贫困贡献率呈现出逐年增长趋势，特别是城镇居民自评健康和慢性病的贫困贡献率上升幅度比农民工这几个指标贡献率上升的幅度更大。

表 2-30　　农民工与城镇居民的多维贫困贡献率对比 4 年均值（2）

维度	指标	已婚		未婚		本镇		本县		本省		外省	
		农村	城镇	农村	城镇	农村	城镇	农村	城镇	农村	城镇	农村	城镇
收入	年收入	5.05	5.46	8.83	4.96	6.05	3.65	4.87	3.5	5.36	4.01	5.57	3.35
教育	学历教育	6.24	8.91	5.78	4.12	5.71	3.06	5.44	2.35	4.22	2.14	7.5	2.46
	非学历教育	17.53	16.03	16.6	20.12	19.12	24.26	18.2	23.55	17.89	25.52	14.3	23.02
健康	自评健康	3.26	4.4	2.56	5.05	2.93	4.58	3.47	4.83	2.9	4.22	2.36	3.86
	慢性病	2.67	4.26	1.63	6.95	1.44	5.24	2.61	5.33	2.76	5.94	3	2.86
	身体质量指数	6.47	6.79	6.67	9.24	5.65	9.27	6.44	10.22	6.45	10.55	7.14	7.71
生活	居住拥挤	2.93	3.1	3.44	4.56	2.71	4.06	3.1	5.26	3.2	5.46	3.26	4.78
	互联网使用	8.76	8.07	5.08	6.93	9.13	9.05	8.14	8.57	7.44	6.02	6.47	8.89
	生活满意自评	5.42	4.12	6.17	2.86	6.46	2.08	5.89	2.13	5.48	2.69	4.54	1.84
工作	工作时间	5.52	6.5	6.19	6.27	3.99	4.85	5.91	4.92	6.25	4.85	6.72	7.02
	工作合同	4.07	3.6	4.05	2.6	4.37	1.95	3.98	2.07	4.33	1.66	5.09	3.03
	工作五险	6.14	5.37	6.48	2.11	6.53	1.85	5.8	1.6	6.28	1.28	7.64	3.61
	公积金	9.72	8.97	9.59	8.78	9.52	8.87	9.75	7.75	9.65	7.47	9.68	10.07
融合	贫富歧视	2.03	2.19	2.01	2.75	2.2	2.53	2.15	3.13	2.26	2.83	1.92	2.07
	户籍歧视	1.1	0	0.9	0	1.09	0	1.14	0	1.73	0	0.93	0
	组织参与	13.1	11.45	14.02	12.5	13.11	14.71	13.11	14.79	13.81	15.35	13.88	15.44

注：表中数值均略去了百分比。

表 2-30 列出了 k=1 维度下 4 年不同就业地点农民工多维贫困指标贡献率的平均值，各年度不同就业地点城镇居民多维贫困指标贡献率请见附表 2-81 至附表 2-88。各指标贫困贡献率在不同就业地点农民工和城镇居民之间的差异较大，非学历教育、互联网使用、公积金和组织参与是农民工和城镇居民多维贫困指数的贡献率较高的几个指标，其贡献率基本介于 7%~24%，自评健康、慢性病和工作合同为各就业地点农民工和城镇居

民各指标贫困贡献率较低的几个指标，其贡献率基本都介于2%～5%。各就业地点农民工年收入、学历教育、生活满意自评、工作合同和工作五险的贫困贡献率高于各就业地点城镇居民这几个指标的贫困贡献率，说明从就业地点的角度也可以证实农民工在收入、教育、生活和工作等维度的贫困问题上要比城镇居民更为突出。而各就业地点农民工自评健康、慢性病、身体质量指数和居住拥挤指标的贫困贡献率明显低于各就业地点城镇居民这几个指标的多维贫困贡献率，说明城镇居民的健康问题比农民工更加严峻。

表2－31列出了k＝1维度下4年不同职业类型农民工多维贫困指标贡献率的平均值，各年度不同职业类型城镇居民多维贫困指标贡献率请见附表2－89至附表2－98。大部分指标的贫困贡献率在不同职业类型农民工和城镇居民之间的差异较大，各职业类型农民工年收入、学历教育、生活满意自评、工作时间、工作合同、工作五险和公积金指标的贫困贡献率高于各职业类型城镇居民这几个指标的贫困贡献率，说明从职业类型角度来看，农民工的教育、生活和工作维度的贫困程度要高于城镇居民这几个维度的贫困程度。其他类职业农民工年收入指标贡献率尤为突出，将近是其他类职业城镇居民指标贡献率的2倍。各职业类型农民工非学历教育指标的贡献率要明显低于各职业类型农民工非学历教育指标的贡献率，说明城镇居民的非学历教育问题较为突出。自评健康、居住拥挤、贫富歧视和组织参与的贫困贡献率在农民工和城镇居民之间的差距不大。

表2－31　　农民工与城镇居民的多维贫困贡献率4年均值对比（3）

维度	指标	制造		建筑		服务		技术		其他	
		农村	城镇	农村	城镇	农村	城镇	农村	城镇	农村	城镇
收入	年收入	4.40%	3.51%	4.68%	3.50%	5.62%	4.06%	5.54%	3.41%	8.03%	4.43%
教育	学历教育	6.27%	3.17%	7.58%	3.25%	5.27%	2.96%	3.66%	1.44%	9.54%	4.25%
	非学历教育	18.83%	25.69%	16.62%	22.45%	17.74%	23.48%	18.14%	23.94%	11.54%	19.60%
健康	自评健康	3.25%	4.55%	2.46%	4.51%	3.10%	4.26%	3.80%	5.15%	3.83%	4.36%
	慢性病	2.66%	4.67%	2.40%	5.72%	2.51%	4.46%	2.84%	7.01%	2.21%	4.01%
	身体质量指数	6.08%	9.54%	5.48%	10.36%	6.56%	8.47%	7.82%	11.29%	8.66%	11.03%

续表

维度	指标	制造		建筑		服务		技术		其他	
		农村	城镇	农村	城镇	农村	城镇	农村	城镇	农村	城镇
生活	居住拥挤	3.02%	4.45%	2.70%	5.12%	2.95%	4.44%	3.05%	5.47%	3.57%	3.45%
	互联网使用	8.64%	9.30%	9.21%	10.11%	7.30%	7.77%	9.36%	7.85%	6.36%	9.76%
	生活满意自评	5.86%	2.24%	4.84%	2.64%	6.07%	2.41%	5.68%	1.73%	3.42%	2.40%
工作	工作时间	5.90%	5.33%	6.30%	5.77%	5.99%	5.57%	3.83%	3.52%	5.87%	5.05%
	工作合同	3.93%	1.92%	4.96%	1.82%	3.25%	2.64%	3.38%	1.24%	5.19%	2.54%
	工作五险	5.36%	1.40%	7.10%	1.53%	6.77%	2.58%	5.63%	1.03%	6.79%	2.51%
	公积金	9.72%	7.82%	9.77%	7.18%	9.74%	9.36%	10.15%	7.55%	8.74%	9.73%
融合	贫富歧视	1.95%	2.64%	2.12%	2.77%	2.31%	2.79%	2.09%	3.01%	1.49%	2.02%
	户籍歧视	0.96%	0	1.05%	0	1.56%	0	1.17%	0	0.65%	0
	组织参与	13.17%	13.76%	12.72%	13.26%	13.26%	14.74%	13.87%	16.36%	14.10%	14.86%

第四节 本章小结

本章构建了农民工多维贫困测度的体系框架，包括测度方法、维度设置、指标选取和权重赋值等。采用目前最为流行的多维贫困测度方法，即 Alikre 和 Foster（2009）提出的“双临界法”，并基于联合国提出的多维贫困指数（MPI），选取收入、教育、健康、生活、工作和融合 6 个维度 16 个指标，采用等权重赋值方法对中国农民工多维贫困进行测度，同时对比不同个体特征和不同就业特征下农民工多维贫困和城镇居民多维贫困之间的差异。不论是多维贫困发生率还是多维贫困指数，从不同个体特征农民工来看，都表现出以下特征：老农民工的多维贫困程度要高于新农民工的多维贫困程度，男性农民工的多维贫困程度要高于女性多维贫困程度，已婚农民工的多维贫困程度要高于未婚农民工的多维贫困程度；从不同就业特征农民工来看，就业地点离家越远，则农民工的贫困程度会越低，农民工多维贫困程度由高到低的就业地点依次是本镇、本县、本省和外省。不同职业类型农民工的多维贫困程度存在差异，农民工多维贫困程度由高到低的职业类型依次是建筑业、服务业、制造业、技术业和其他类。不管是不同个人特征农民工还是不同就业特征农民工，多维贫困指标对农民工多维贫困指数的贡献率均存在较大差异，但非学历教育、互联网使用、公积金和组织参与的贫困贡献率一直呈现出较高态势。从农民工和城镇居民多维贫困测度结果来看，农民工多维贫困总体上要比城镇居民更加严重，农民工多维贫困发生率要高于城镇居民多维贫困发生率，农民工多维贫困指数也高于城镇居民多维贫困指数，不同个体特征和不同就业特征的农民工和城镇居民多维贫困测量结果也呈现相同趋势。

第三章　农民工多维贫困动态性测度

本章主要测度农民工多维贫困的动态过程和动态结果。从贫困经历、贫困持续、贫困进入和贫困退出来考察农民工多维贫困的变动情况。在多维贫困测度的基础上，根据农民工经历多维贫困的年数，将多维贫困动态性划分为从不贫困、暂时贫困和慢性贫困，进一步按个体特征（代际、性别和婚姻）层面和就业特征（职业类型和就业地点）层面描述农民工多维贫困，比较分析城镇居民与农民工多维贫困动态性的差异。同时，将农民工和城镇居民多维贫困动态结果类型对比分析，考察城镇居民和农民工多维贫困动态结果类型的差异。

第一节　多维贫困动态性测度方法

一、经典的贫困的动态性测度方法

（一）Rodgers 的分解方法

Rodgers（1993）提出一种基于永久性收入来度量持久贫困的方法。假设有 n 个个体，经历了 T 时期，y_t 为各期的实际收入，y_t^* 为各期的永久性收入，z 为贫困标准。定义 T 年的总贫困 AP(T) 为 T 年内的加权平均贫困值：

$$A_{P(T)} = \sum_{t=1}^{T} w_t p_t \tag{3-1}$$

其中，$\sum_{t=1}^{T} w_t = 1$，如果每年人数不变，则 $w_t = 1/T$（$t = 1, 2\cdots, T$），P 是可分解加总的贫困指数（additively - decomposable poverty index）。

在 T 时期内，永久性收入 y_t^* 等于最大可持续的年消费水平，它可以通过 T 年内的真实收入来获得。假设储蓄利率和贷款利率相同，大于零，且在 T 时期内不变。那么 T 年内的持久贫困 CP（T）可以定义为：

$$C_{P(T)} = P(y_{t1}^*, y_{t2}^*, \cdots, y_{tn}^*) \tag{3-2}$$

与 AP(T) 不同，CP(T) 假设收入在各年之间可以转移的，以平衡收入消费比率。

那么，暂时贫困就等于总贫困减去持久贫困的剩余部分：

$$TP(T) = AP(T) - CP(T) \tag{3-3}$$

在具体计算中，可以采用 FGT 指数（Foster, Greer and Thorbecke, 1984）来衡量贫困，n 个体中有 m 人为处于贫困状态。

$$FGT = (1/n) \sum_{i=1}^{m} (1 - y_i/z)^2 \tag{3-4}$$

将 FGT 指数代入公式，可以求出 AFGT(T) 和 CFGT(T)：

$$A_{FGT}(T) = (1/nT) \sum_{t=1}^{T} \sum_{i=1}^{m_t} (1 - y_{it}/z)^2 \tag{3-5}$$

$$C_{FGT}(T) = (1/n) \sum_{i=1}^{m_y} (1 - y_{Ti}^*/z)^2 \tag{3-6}$$

其中 m_t，m_y 分别表示 $y_{it} < z$ 的人数，$y_{Ti}^* < z$ 的人数；并且，$y_{i-1} \leqslant y_i$（$i = 1, 2\cdots, n$），$y_{T,i-1}^* \leqslant y_{T,i}^*$（$i = 1, 2\cdots, n$）

（二）Rodgers 的相对贫困分解方法

Rodgers（2009）采用相对贫困标准，以是否贫困或是否处于持久贫困为指标进行分解，将收入中位数的一定比例（比如 50%）作为贫困标准，将永久性收入的一定比例（比如 50%）作为持久贫困标准。

假设有 n 个个体，经历了 T 时期，y_t 为各期的实际收入，y_t^* 为各期的永久性收入。如果第 i 个个体在 t 期内收入低于贫困标准，则 $p_{it} = 1$，否则，$p_{it} = 0$。那么，在 t 时期内 n 个个体的贫困率 H_t：

$$H_t = \frac{1}{n}\sum_{i=1}^{n} P_{it} \quad (3-7)$$

第 i 个个体的年平均贫困 ai：

$$a_i = \frac{1}{T}\sum_{t=1}^{T} P_{it} \quad (3-8)$$

在 n 个样本 T 期的平衡面板数据里，年均贫困指数 A：

$$A = \frac{1}{T}\sum_{t=1}^{T} H_t = \frac{1}{n}\sum_{i=1}^{n} a_i = \frac{1}{Tn}\sum_{t=1}^{T}\sum_{t=1}^{n} P_{it} \quad (3-9)$$

年均贫困指数 A 是可以分解为持久贫困和暂时贫困的。

如果 i 个人是持久贫困的，则 $c_i = 1$，否则，$c_i = 0$。所有人的持久贫困 C 则为持久贫困人口的比例，即：

$$C = \frac{1}{n}\sum_{i=1}^{n} c_i \quad (3-10)$$

第 i 个人的年均贫困 a_i 与持久贫困 c_i 的差为 d_i，如果 T 期内 $d_i > 0$，则是持久贫困；$d_i < 0$，则是在部分期间内暂时退出贫困。如果 $d_i = 0$，则第 i 个人总是贫困或总是不贫困。

对于所有的人而言，

$$D = \frac{1}{n}\sum_{i=1}^{n} d_i = \frac{1}{n}\sum_{i=1}^{n} a_i = \frac{1}{n}\sum_{i=1}^{n} c_i = A - C \quad (3-11)$$

如果 $D > 0$，表示在总人口暂时贫困的比例；$D < 0$，表示总人口中持久贫困的比例。

（三）Jalan 和 Ravallion 的分解方法

Jalan 和 Ravallion（1998）基于永久性收入假设，把收入和消费分为固定的和变动的组分。将暂时贫困 TP_{it} 定义为消费的跨期变动导致的贫困，持久贫困 CP_{it} 定义为平均消费持续低迷所导致的贫困。总贫困 P_{it} 等于暂时贫困 CP_{it} 和持久贫困 TP_{it} 之和，其中总贫困和持久贫困可以直接计算。那么，暂时贫困（TP_{it}）则可以用下公式表达：

$$TP_i = P(y_{i1}, y_{i2}, \cdots, y_{iD}) - P(\bar{y}_i, \bar{y}_i, \cdots, \bar{y}_i) = P_{it} - CP_{it} \quad (3-12)$$

其中，总贫困和持久贫困采用 FGT 中的 SPG（$\alpha = 2$）指标来度量。分解的思路是对同一个样本在不同时期的贫困进行纵向加总。假设一个家庭或者个人在 T 时期内的收入流或者消费流为 Y_{i1}，Y_{i2}，…，Y_{it}，则在 T 时期内的总表示为：

$$P(y_{it}) = \begin{cases} 1/T\sum_{t=1}^{T}\left(1-\frac{y_{it}}{z}\right)^2 & ,y_{it} < z \\ 0 & ,y_{it} \geqslant z \end{cases} \quad (3-13)$$

T时期内的收入或消费 Y_{it}可以分为永久性$\overline{y}_{it}$和随机$\hat{y}_{it}$两部分，代入式（3－12），并展开公式得到：

$$P_{it} = 1/T\sum_{t=1}^{T}\left(1-\frac{\overline{y}_{it}}{z}\right)^2 - 2\left(1-\frac{\overline{y}_{it}}{z}\right)\frac{\hat{y}_{it}}{z} + \left(\frac{\hat{y}_{it}}{z}\right)^2 \quad (3-14)$$

由于 $\sum_{t=1}^{T}\frac{\hat{y}_{it}}{z} = 0$，则公式简化为：

$$P_{it} = \left(1-\frac{\overline{y}_{it}}{z}\right)^2 + 1/T\sum_{t=1}^{T}\left(\frac{\hat{y}_{it}}{z}\right)^2 = CP_{it} + TP_{it} \quad (3-15)$$

但是，他们的分解方法仍有两个不足：第一，它违法 Sen（1976）提出的贫困加总核心公理。即在度量某个群体的总贫困时，非贫困个体的福利水平应该不会对总贫困产生影响。该方法在加总持久贫困时，考虑了非贫困时期的消费水平（章元，2013）。第二，对一个家庭或个人所经历贫困的时间长度并不敏感（Foster，2007）。

（四）章元等的分解方法

第二章介绍了 Jalan 和 Ravallion（1998）方法及缺点。章元等（2012）对贫困分解方法进行改进，提出对不同个人在某年的贫困进行横向加总。新的贫困分解公式为：

$$P = 1/T\sum_{T=1}^{T=t}\left(1-\frac{Y_t}{Z}\right)^{\alpha} \quad (3-16)$$

式（3－16）进一步可分解为：

$$P = \begin{cases} 0 + 1/T\sum_{T=1}^{T-t}\left(\frac{\hat{Y}_t}{Z}\right), & n = 1 \\ n/T\left(1-\frac{\overline{Y}}{Z}\right)^2 + 1/T\sum_{T=1}^{T-t}\left(\frac{\hat{Y}_t}{Z}\right) & n > 1 \end{cases} \quad (3-17)$$

在公式（3－17）式中，n为在观察的T年中，收入低于贫困标准的年数，即农村家庭经历的贫困年数，$1 < n \leqslant T$。在公式（3－17）中等式右边

的第一部分是为持久贫困，它表示生活在贫困标准以下的那些年份里永久性收入低于贫困标准的程度。等式右边第二部分为暂时贫困，它是根据处于贫困标准以下年份里收入水平的波动性导致的贫困。

公式（3－17）表示为，如果贫困年数 n 等于 1 年时，持久贫困等于 0，只有暂时贫困，即将只经历 1 年贫困的情况视为暂时贫困。此时，总贫困等于暂时贫困。章元（2012）指出修改后的方法，有以下几个优点：（1）满足 Sen（1976）提出“核心公理”（focus axiom）。要求对于某个群体总贫困的度量结果只与那些贫困人口的福利水平有关。（2）满足 Sen（1976）提出的“单调性公理”（monotonicity axiom）。要求保持其他因素不变的情况下，处于贫困标准以下的收入水平的下降必须使得总贫困上升。（3）满足 Sen（1976）提出的“弱传递性公理”（weak transfer axiom），它要求总贫困的度量结果要对贫困家庭之间的收入分配具有敏感性。（4）满足 Foster and Shorrocks（1991）提出的“子样本一致性”（subgroup consistent）公理。如果样本中某家庭或某个人的贫困加重，在其他条件不变的情况下，加总后的贫困也必须提高。（5）修正后的方法，加总贫困表示一个家庭或个人过去一段时间内实际经历的贫困。但是，吴海涛（2013）指出该分解方法测度的持久贫困对时间长度也不具有很强的敏感性。

二、多维贫困动态测度方法

本书所指的多维贫困动态性主要包括两个方面，即多维贫困动态过程和多维贫困动态结果，具体测度方法如下：

（一）多维贫困动态过程测度方法

多维贫困动态过程主要包括贫困经历年数、贫困持续年数、贫困是否进入、贫困是否退出、贫困进入年数和贫困退出年数。贫困经历年数是指在观察期内农民工贫困存在的年数，其取值介于 0～4。贫困持续年数是指在观察期内农民工持续贫困的总年数，由于本书的观察年份为 2010 年、2012 年、2014 年和 2016 年，因此，农民工持续贫困总年数最多 4 年；农民工持续贫困总年数最少为 2 年，贫困持续的年份组合可能是 2010 年和 2012 年，2012 年和 2014 年，2014 年和 2016 年；农民工持续贫困 3 年的组合可能是2010年、2012年和2014年，2012年、2014年和2016年。贫困是否进入是指农民工在观察期内有无从非贫困转变为贫困的状况。贫困是否退出是指农民工在观察期有无从贫困转变为非贫困状况。贫困进入年数是指农民工在观察期内由非贫困状态进入贫困状态的总次数，其取值可能是0、1和2，贫困进入年数为0的组合可能是2010—2016年贫困状态一直不变；贫困进入年数为1的组合可能是2010年、2014年、2016年非贫困和2012年贫困，2010年、2012年、2016年非贫困和2014年贫困，2010年、2012年、2014年非贫困和2016年贫困；贫困进入年数为2的组合可能是2010年、2014年非贫困和2012和2016年贫困。贫困退出年数是指农民工在观察期内由贫困状态进入非贫困状况的总次数，其取值可能为0、1和2，贫困退出年数0年的组合可能是2010－2016年贫困状态一直不变；贫困退出年数为1年的组合可能是2010年、2014年、2016年贫困和2012年非贫困，2010年、2012年、2016年贫困和2014年非贫困，2010年、2012年、2014贫困和2016非贫困；贫困退出年数2年的组合可能是2010年、2014年贫困和2012年和2016年非贫困。

（二）多维贫困动态结果测度方法

本书采用Ravallion and Morduch（1994）关于贫困动态性的划分方法，首先测算出农民工每年的贫困状态，然后根据贫困的总年数来划定贫困动态类型，最后划分类型为从不贫困、暂时贫困和慢性贫困。具体测算方法如下：

$$P_k^i = \begin{cases} 0, & \text{if } Y_k^i = 0 \\ 1, & \text{if } 0 < Y_k^i \leqslant T' \\ 2, & \text{if } T' < Y_k^i \leqslant T \end{cases} \tag{3-18}$$

P_k^i为第i个农民工在T时期内的多维贫困类型，Y_k^i为第i个农民工在T时期内的贫困经历年数，T'为判断农民工多维贫困动态类型的临界值。当第i个农民工在T时期内的贫困经历年数为0时，该农民工在T时期的贫困动态类型为从不贫困；当第i个农民工在T时期内的贫困经历年数在0～T'年时，该农民工在T时期的贫困动态类型为暂时贫困；当第i个农民工在T时期内的贫困经历年数大于T'年时，该农民工在T时期的贫困动态类型为慢性贫困。本书的T为4个年度，T'设置为3年。

第二节　多维视角下农民工贫困的动态过程

一、农民工多维贫困的经历与持续

（一）不同维度下农民工的贫困年数

表3－1为不同个体特征和不同就业特征农民工多维贫困经历年数。m＝1表示农民工在4年内只有1年是贫困；m＝2表示农民工在4年内只有2年是贫困；m＝3表示农民工在4年内只有3年是贫困；m＝4表示农民工在4年内有4年是贫困。由于篇幅限制，再则农民工更多处于k＝2～3维度的贫困，因此本书主要选取了k＝2和k＝3下不同特征农民工多维贫困的经历年数，其他k值下不同特征农民工贫困经历年数情况请见附表3－1至3－6。从全国层面来看，当k＝2时，全国农民工在4年内只有1年是贫困的占15.76%，只有2年是贫困的占16.9%，只有3年是贫困的占17.4%，有4年是贫困的占39.87%，说明全国农民工在2维贫困标准下更多是4年贫困的类型；当k＝3时，全国农民工在4年内只有1年贫困的占21.26%，随着贫困经历年数提高，贫困农民工的比例也在下降，有4年贫困的占2.92%。从代际特征来看，当k＝2时，新农民工贫困经历年数比例最高的为2年，老农民工贫困经历年数比例最高的为4年，说明老农民工贫困更严重。当k＝3时，新农民工贫困经历1年的比例为6.21%，而老农民工贫困经历1年的比例为15.05%，进一步证实老农民工贫困更加严重。

从性别特征来看，k＝2时，男性农民工各m值（贫困经历年数标准，下同）的比例要远高于女性农民工对应m值的比例，当k＝3时，这一趋势依然存在，说明男性农民工的贫困更加严重；从婚姻特征来看，当k＝2时，已婚农民工各m值的比例远高于未婚农民工各m值比例，两者各m值之间的比值介于6%～11%，当k＝3时，已婚农民工各m值的比例与未婚农民工各m值比例的比值介于5%～10%，说明已婚农民工的贫困更加严重。从地区特征来看，当k＝2时，本镇就业农民工各m值比例主要介于8%~23%，本县就业农民工各m值比例主要介于3%~11%，本省就业农民工各m值比例主要介于1%~4%，外省就业农民工各m值比例主要介于1%~3%。当k=3时，各m值比例由高到低在各就业地点顺序依次是本镇、本县、本省和外省，说明就业地点离家越远，农民工的贫困则越少。从职业类型来看，当k=2和k=3时，制造业和服务业农民工各m值比例都要明显高于其他三种职业农民工各m值比例，说明这两种职业类型农民工的贫困问题更加严重。

表3-1　　不同特征农民工多维贫困经历年数

类别	特征	k=2				k=3			
		m=1	m=2	m=3	m=4	m=1	m=2	m=3	m=4
全国	无	15.76%	16.90%	17.40%	39.87%	21.26%	10.20%	5.14%	2.92%
代际	新	6.70%	6.99%	5.21%	6.06%	6.21%	1.64%	0.50%	0.29%
	老	9.06%	9.91%	12.20%	33.81%	15.05%	8.56%	4.64%	2.64%
性别	男性	10.49%	11.27%	11.84%	25.61%	13.34%	5.21%	3.07%	1.50%
	女性	5.28%	5.63%	5.56%	14.27%	7.92%	4.99%	2.07%	1.43%
婚姻	已婚	12.84%	13.34%	14.62%	36.52%	17.90%	8.84%	4.71%	2.43%
	未婚	2.92%	3.57%	2.78%	3.35%	3.35%	1.36%	0.43%	0.50%
地区	本镇	8.92%	9.63%	9.34%	22.47%	3.28%	0.93%	0.36%	0
	本县	3.85%	4.35%	4.85%	10.91%	1.28%	0.64%	0	0
	本省	1.57%	1.71%	1.64%	3.99%	0.64%	0.14%	0	0
	外省	1.43%	1.21%	1.57%	2.50%	0.50%	0.14%	0	0
职业	制造	5.56%	5.21%	6.42%	12.13%	5.63%	3.00%	1.28%	1.00%
	建筑	1.64%	1.36%	1.43%	4.99%	2.21%	1.07%	0.50%	0.43%
	服务	3.28%	4.35%	3.21%	8.92%	5.35%	2.21%	0.71%	0.36%
	技术	3.07%	2.21%	1.78%	2.43%	1.93%	0.29%	0.29%	0
	其他	2.21%	3.78%	4.56%	11.41%	6.13%	3.64%	2.35%	1.14%

（二）不同维度下农民工的贫困持续年数

表3-2为不同个体特征和不同就业特征农民工多维贫困持续年数。s=2表示农民工在4年内有2年连续贫困；s=3表示农民工在4年内有3年连续贫困；s=4表示农民工在4年内有4年连续贫困。由于篇幅限制，

表 3-2 主要报告了 k=2 和 k=3 下不同特征农民工多维贫困持续年数情况，其他 k 值下不同特征农民工贫困持续年数情况请见附表 3-7 至附表 3-12。从全国来看，当 k=2 时，农民工贫困持续 2 年的比例为 67.48%，贫困持续 3 年的为 48.29%，贫困持续 4 年的为 39.87%，可以看出随着 s 值（贫困持续年数标准，下同）提高，农民工贫困的比例在下降，这是一种正常现象。当 k=3 时，农民工贫困比例由 s 为 2 时的 13.48% 下降为 s 为 4 时的 2.92%，说明农民工贫困比例随着 s 值的提高而降低。从代际特征来看，当 k=2 时，各 s 值新农民工贫困比例主要介于 6%~16%，各 s 值老农民工贫困比例主要介于 33%~53%，当 k=3 时，各 s 值下新农民工贫困比例主要介于 0~2%，各 s 值下老农民工贫困比例主要介于 2%~12%，说明老农民工持续贫困问题更加严重。

表 3-2　不同特征农民工多维贫困持续年数

类别	特征	k=2			k=3		
		s=2	s=3	s=4	s=2	s=3	s=4
全国	无	67.48%	48.29%	39.87%	13.48%	5.78%	2.92%
代际	新	15.41%	8.27%	6.06%	1.50%	0.50%	0.29%
	老	52.07%	40.01%	33.81%	11.98%	5.28%	2.64%
性别	男性	43.79%	30.74%	25.61%	23.68%	17.55%	14.27%
	女性	7.42%	3.14%	1.50%	6.06%	2.64%	1.43%
婚姻	已婚	59.77%	43.79%	36.52%	11.91%	4.92%	2.43%
	未婚	7.70%	4.49%	3.35%	1.57%	0.86%	0.50%
地区	本镇	37.73%	27.25%	22.47%	7.20%	2.85%	1.36%
	本县	18.33%	13.27%	10.91%	4.28%	2.00%	1.00%
	本省	6.70%	4.85%	3.99%	1.21%	0.43%	0.36%
	外省	4.71%	2.92%	2.50%	0.78%	0.50%	0.21%
职业	制造	21.83%	15.62%	12.13%	3.99%	1.57%	1.00%
	建筑	7.06%	5.42%	4.99%	1.21%	0.78%	0.43%
	服务	14.98%	10.20%	8.92%	2.21%	0.57%	0.36%
	技术	5.56%	3.64%	2.43%	0.50%	0.21%	0
	其他	18.05%	13.41%	11.41%	5.56%	2.64%	1.14%

从性别特征来看，当 k=2 时，各 s 值男性农民工贫困比例介于 35%~

44%，各 s 值女性农民工贫困比例介于 1%～8%；当 k=3 时，各 s 值男性农民工贫困比例也要明显高于各 s 值女性农民工贫困比例，说明男性农民工持续贫困问题更加严重。从婚姻特征来看，当 k=2 时，各 s 值已婚农民工贫困比例介于 36%～60%，各 s 值未婚农民工贫困比例介于 3%～8%；当 k=3 时，各 s 值已婚农民工贫困比例远高于各 s 值未婚农民工贫困比例，说明已婚农民工持续贫困的问题更加严重。从地区特征来看，当 k=2 时，各 s 值本镇就业农民工贫困比例介于 27%～38%，各 s 值本县农民工贫困比例介于 10%～19%，各 s 值本省农民工贫困比例介于 3%～7%，各 s 值外省农民工贫困比例介于 2%～5%。可以看出，各 s 值比例由高到低在各就业地点顺序依次是本镇、本县、本省和外省。当 k=3 时，各 s 值比例下的农民工比例依然符合上述趋势，说明就业地点离家越远，农民工持续贫困问题就越少。从职业类型特征来看，当 k=2 和 k=3 时，制造业、服务业和其他类职业农民工各 s 值比例都明显高于其他两类职业农民工各 s 值比例，说明以上三种职业类型农民工的持续贫困问题相对严重。

二、农民工多维贫困的进入与退出

（一）不同维度下农民工贫困进入状况

表 3-3 为不同阶段下不同特征农民工贫困进入状况。限于本书篇幅，表 3-3 只报告了 k=2 和 k=3 不同阶段下不同特征农民工贫困进入情况，其他 k 值下不同阶段下不同特征农民工贫困进入情况请见附表 3-13 至附表 3-18。从整体来看，k=2 下不同特征农民工各阶段进入贫困比例要高于 k=3 下不同特征农民工各阶段进入贫困比例，说明随着贫困维度数的提高，不同特征农民工的多维贫困已经得到缓解；从全国层面来看，当 k=2 时，农民工在 2010—2012 年进入贫困的比例为 8.35%，2012—2014 年进入贫困的比例为 11.91%，2014—2016 年进入贫困的比例为 9.13%，可以看出，各年份进入贫困的农民工比例相差不多。当 k=3 时，各阶段农民工贫困进入的比例分别为 7.06%、9.34% 和 5.56%。从代际特征来看，当 k=2 时，新农民工各阶段进入贫困比例主要介于 2%～5%，老农民工各阶段进入贫困比例主要介于 5%～8%；当 k=3，老农民工各阶段进入贫困比例远高于新农民工各阶段进入贫困比例，说明老农民工更容易陷入贫困。

表 3-3　　不同阶段下不同特征农民工贫困进入状况

类别	特征	k=2			k=3		
		2010—2012 年	2012—2014 年	2014—2016 年	2010—2012 年	2012—2014 年	2014—2016 年
全国	无	8.35%	11.91%	9.13%	7.06%	9.34%	5.56%
代际	新	2.50%	4.35%	3.42%	1.43%	1.57%	0.86%
	老	5.85%	7.56%	5.71%	5.63%	7.77%	4.71%
性别	男性	5.14%	8.27%	6.99%	4.49%	5.35%	3.57%
	女性	3.21%	3.64%	2.14%	2.57%	3.99%	2.00%
婚姻	已婚	6.92%	9.91%	6.78%	6.35%	8.35%	5.06%
	未婚	1.43%	2.00%	2.35%	0.71%	1.00%	0.50%
地区	本镇	4.71%	6.28%	5.14%	4.28%	5.28%	2.85%
	本县	2.07%	3.50%	2.28%	1.85%	2.78%	1.36%
	本省	1.07%	1.14%	0.78%	0.43%	0.93%	0.86%
	外省	0.50%	1.00%	0.93%	0.50%	0.36%	0.50%
职业	制造	3.35%	5.14%	2.57%	2.00%	2.85%	1.85%
	建筑	0.43%	1.14%	1.14%	0.93%	0.93%	0.71%
	服务	2.21%	2.64%	1.78%	2.07%	2.71%	0.86%
	技术	1.14%	0.86%	1.21%	0.57%	0.57%	0.36%
	其他	1.21%	2.14%	2.43%	1.50%	2.28%	1.78%

从性别特征来看，当 k=2 时，男性农民工各阶段进入贫困比例主要介于5%~9%，女性农民工各阶段进入贫困比例主要介于2%~4%；当 k=3，男性农民工各阶段进入贫困比例要高于女性农民工各阶段进入贫困比例，说明男性农民工更容易陷入贫困。从婚姻特征来看，当 k=2 时，已婚农民工各阶段进入贫困比例主要介于6%~10%，未婚农民工各阶段进入贫困比例主要介于1%~3%；当 k=3，已婚农民工各阶段进入贫困比例要远高于女性农民工各阶段进入贫困比例，说明已婚农民工更容易陷入贫困。从婚姻特征来看，当 k=2 时，已婚农民工各阶段进入贫困比例主要介于6%~10%，未婚农民工各阶段进入贫困比例主要介于1%~3%；当 k=3，已婚农民工各阶段进入贫困比例要远高于女性农民工各阶段进入贫困比例，说明已婚农民工更容易陷入贫困。从婚姻特征来看，当 k=2 时，本镇农民工各阶段进入贫困比例主要介于4%~7%，本县农民工各阶段进入贫

困比例主要介于2%～4%，本省农民工各阶段进入贫困比例主要介于0～2%，外省农民工各阶段进入贫困比例主要介于0～1%，可以看出，各阶段进入贫困比例由高到低在各就业地点顺序依次是本镇、本县、本省和外省，当k=3时，各阶段进入贫困农民工比例依然符合上述趋势，说明就业地点离家越远，农民工贫困进入的可能性越小。从职业类型特征来看，当k=2和k=3时，制造业和服务业农民工各阶段比例都明显高于其他3类职业农民工各阶段比例，说明以上2种职业类型农民工更易进入贫困。

表3－4为不同特征农民工贫困进入次数。限于本书篇幅，表3－3报告的是各阶段下农民工贫困进入的发生率，而表3－4报告k=2和k=3不同特征农民工是在4年内进入贫困次数情况，其他k值下不同特征农民工贫困进入次数情况请见附表3－19至附表3－24。从整体来看，k=2和k=3下农民工贫困进入比例随着次数增加而降低，且以进入贫困1次为主；从全国层面来看，当k=2时，农民工4年间从不进入贫困的比例为71.4%，4年间进入贫困1次的比例为27.82%，4年间进入贫困2次的比例为0.78%，可以看出，农民工主要以进入1次居多。当k=3时，农民工贫困进入各次数的比例分别为78.39%、21.26%和0.36%，也主要以1次居多；从代际特征来看，当k=2时，新农民工贫困进入1次和2次比例分别为9.84%和0.21%，老农民工贫困进入1次和2次比例分别为17.97%和0.57%，当k=3，老农民工贫困进入1次和2次的比例远高于新农民工贫困进入1次和2次的比例，说明老农民工更容易陷入贫困。

表3－4　不同特征农民工贫困进入次数

类别	特征	k=2			k=3		
		0次	1次	2次	0次	1次	2次
无	全样本	71.40%	27.82%	0.78%	78.39%	21.26%	0.36%
代际	新	19.26%	9.84%	0.21%	25.46%	3.85%	0
	老	52.14%	17.97%	0.57%	52.92%	17.40%	0.36%
性别	男性	45.29%	19.40%	0.50%	52.14%	12.70%	0.36%
	女性	26.11%	8.42%	0.29%	26.25%	8.56%	0
婚姻	已婚	62.48%	22.61%	0.50%	66.19%	19.04%	0.36%
	未婚	8.92%	5.21%	0.29%	12.20%	2.21%	0

续表

类别	特征	k = 2			k = 3		
		0 次	1 次	2 次	0 次	1 次	2 次
地区	本镇	40.37%	14.84%	0.64%	43.51%	12.27%	0.07%
	本县	18.97%	7.56%	0.14%	20.76%	5.85%	0.07%
	本省	7.20%	3.00%	0	8.06%	2.07%	0.07%
	外省	4.85%	2.43%	0	6.06%	1.07%	0.14%
职业	制造	22.40%	10.20%	0.43%	26.60%	6.13%	0.29%
	建筑	7.70%	2.71%	0	7.85%	2.57%	0
	服务	15.19%	6.21%	0.21%	15.98%	5.63%	0
	技术	9.20%	3.07%	0.07%	10.84%	1.50%	0
	其他	16.90%	5.63%	0.07%	17.12%	5.42%	0.07%

从性别特征来看，当 k =2 时，男性农民工贫困进入 1 次和 2 次比例分别为 19.4% 和 0.5%，女性农民工贫困进入 1 次和 2 次比例分别为 8.42% 和 0.29%。当 k =3 时，男性农民工贫困进入 1 次和 2 次的比例远高于女性农民工贫困进入 1 次和 2 次的比例，说明男性农民工更容易陷入贫困；从婚姻特征来看，当 k =2 时，已婚农民工贫困进入 1 次和 2 次比例分别为 22.61% 和 0.5%，未婚农民工贫困进入 1 次和 2 次比例分别为 5.21% 和 0.29%。当 k =3 时，已婚农民工贫困进入 1 次和 2 次的比例远高于未婚农民工贫困进入 1 次和 2 次的比例，说明已婚农民工更容易陷入贫困；从就业地点来看，农民工贫困进入主要是以 1 次为主，本镇就业农民工贫困进入 1 次的比例为 14.84%，本县就业农民工贫困进入 1 次的比例为 7.56%，本省就业农民工贫困进入 1 次的比例为 3%，外省就业农民工贫困进入 1 次的比例为 2.43%，农民工贫困进入次数比例由高到低在各就业地点顺序依次是本镇、本县、本省和外省。当 k =3 时，各阶段进入贫困农民工比例依然符合上述趋势，说明就业地点离家越远，农民工贫困进入的可能性越小；从职业类型特征来看，当 k =2 和 k =3 时，制造业和服务业农民工贫困进入 1 次和 2 次比例都要明显高于其他 3 类职业农民工贫困进入 1 次和 2 次比例，说明以上 2 种职业类型农民工更易进入贫困。

（二）不同维度下农民工贫困退出状况

表 3 –5 为不同阶段下不同特征农民工贫困退出状况。限于本书篇幅，

表 3 - 5 报告了 k = 2 和 k = 3 各阶段下农民工退出贫困的发生率，其他 k 值不同阶段下不同特征农民工退出贫困的发生率请见附表 3 - 25 至附表 3 - 30。从整体来看，k = 3 下各阶段不同特征农民工贫困退出的比例要整体高于 k = 2 下各阶段不同特征农民工贫困退出的比例，这说明农民工较高维度贫困的持续时间不长。从全国层面来看，当 k = 2 时，全国农民工在各阶段的贫困退出比例分别为 24.7%、24.4% 和 21.3%，三个阶段的贫困退出比例相差不大。当 k = 3 时，全国农民工在各阶段的贫困退出比例分别为 61.74%、58.01% 和 64.04%，说明农民工的高维度贫困状态持续时间不长；从代际特征来看，当 k = 2 时，各阶段下新农民工贫困退出的比例分别为 38.89%、41.71% 和 35.87%，各阶段下老农民工贫困退出的比例分别为 19.46%、19.27% 和 17.35%，说明在相同贫困维度下，新农民工比老农民更容易退出贫困。当 k = 3 时，各阶段下新农民工贫困退出的比例分别为 80.95%、77.78% 和 73.33%，各阶段下老农民工贫困退出的比例分别为 55.56%、54.36% 和 62.63%，进一步说明新农民工退出贫困的概率更大；从性别特征来看，当 k = 2 时，各阶段下男性农民工贫困退出的比例在 38.43% ~ 50.19%，各阶段下女性农民工贫困退出的比例在 37.59% ~ 44.81%。当 k = 3 时，各阶段下男性农民工贫困退出的比例在 60.87% ~ 72.41%，各阶段下女性农民工贫困退出的比例在 60% ~ 87.5%，总体来说，男性农民工退出贫困的概率更大。

表 3 - 5　　不同阶段下不同特征农民工贫困退出状况

类别	特征	k = 2			k = 3		
		2010—2012 年	2012—2014 年	2014—2016 年	2010—2012 年	2012—2014 年	2014—2016 年
全国	无	24.70%	24.40%	21.30%	61.74%	58.01%	64.04%
代际	新	38.89%	41.71%	35.87%	80.95%	77.78%	73.33%
	老	19.46%	19.27%	17.35%	55.56%	54.36%	62.63%
性别	男性	38.43%	50.19%	39.60%	66.67%	72.41%	60.87%
	女性	40.23%	44.81%	37.59%	72.00%	60.00%	87.50%
婚姻	已婚	22.23%	22.73%	19.53%	60.49%	57.92%	64.36%
	未婚	40.14%	37.04%	35.42%	67.80%	58.62%	61.54%

续表

类别	特征	k = 2			k = 3		
		2010—2012 年	2012—2014 年	2014—2016 年	2010—2012 年	2012—2014 年	2014—2016 年
地区	本镇	22.99%	25.33%	21.88%	63.86%	62.41%	70.16%
	本县	25.87%	20.33%	20.33%	55.29%	48.44%	56.94%
	本省	23.30%	24.47%	21.84%	56.25%	70.00%	57.89%
	外省	34.52%	32.26%	21.88%	73.08%	42.86%	53.85%
职业	制造	24.69%	21.65%	25.67%	57.47%	55.38%	62.32%
	建筑	23.73%	19.79%	16.13%	66.67%	52.00%	60.00%
	服务	25.00%	27.32%	16.67%	73.44%	76.09%	67.35%
	技术	33.33%	39.77%	41.54%	75.00%	66.67%	83.33%
	其他	21.60%	21.49%	15.45%	56.34%	50.60%	61.64%

从婚姻特征来看，当 k = 2 时，已婚农民工贫困退出的比例在 19.53% ~ 22.73%，未婚农民工贫困退出的比例在 35.42% ~ 40.14%。当 k = 3 时，已婚农民工贫困退出的比例在 57.92% ~ 64.36%，未婚农民工贫困退出的比例在 58.62% ~ 67.80%，说明未婚农民工退出贫困的概率更大；从就业地点特征来看，当 k = 2 时，本镇就业农民工贫困退出的比例在 21.88% ~ 25.33%，本县就业农民工贫困退出的比例在 20.33% ~ 25.87%，本省就业农民工贫困退出的比例在 21.84% ~ 24.47%，外省就业农民工贫困退出的比例在 21.88% ~ 34.52%，可以看出外省就业农民工贫困退出的概率更大。k = 3 时各阶段下不同就业地点的农民工也进一步证实了上述观点；从职业类型来看，当 k = 2 时，制造业农民工贫困退出比例在 21.65% ~ 25.67%，建筑业农民工贫困退出比例在 16.13% ~ 23.73%，服务业农民工贫困退出比例在 16.67% ~ 27.32%，技术业农民工贫困退出比例在 33.33% ~ 41.54%，其他职业类农民工贫困退出比例在 15.45% ~ 21.60%，可以看出技术业农民工贫困退出的概率会更高，k = 3 各阶段下不同职业类型农民工贫困退出比例也符合这一趋势。

表 3 - 6 为不同特征农民工贫困退出次数状况，限于本书篇幅，表 3 - 6 只是报告了 k = 2 和 k = 3 不同特征农民工退出贫困的次数，其他 k 值不同特征农民工退出贫困的次数请见附表 3 - 31 至附表 3 - 37。从整体来看，k = 3 下不同特征农民工 1 次和 2 次贫困退出的比例大部分要高于 k = 2 下不同

特征农民工 1 次和 2 次贫困退出的比例，说明农民工的高维度贫困不可持续。另外，随着次数的增加，不同特征农民工贫困退出的比例在急剧减少，说明农民工返贫比例较小，大部分在脱贫后没有再陷入贫困；从全国来看，当 k = 2 时，农民工 1 次和 2 次贫困退出的比例分别为 47.09% 和 3.63%。当 k = 3 时，农民工 1 次和 2 次贫困退出的比例分别为 80.57% 和 6.67%；从代际特征来看，当 k = 2 时，农民工 1 次和 2 次贫困退出的比例分别为 57.43% 和 66.47%，老农民工 1 次和 2 次贫困退出的比例分别为 5.54% 和 2.91%，说明新农民工贫困退出的可能性更大。k = 3 时新农民工的贫困退出比例依然远高于老农民工的贫困退出比例；从性别特征来看，k = 2 时，男性农民工 1 次和 2 次贫困退出的比例分别为 47.66% 和 4.06%，女性农民工 1 次和 2 次贫困退出的比例分别为 46.01% 和 2.82%，发现男性农民工略高于女性贫困的退出比例，k = 3 继续保持这一趋势。

表 3－6　　不同特征农民工贫困退出次数

类别	特征	k = 2			k = 3		
		0 次	1 次	2 次	0 次	1 次	2 次
全国	无	49.27%	47.09%	3.63%	12.76%	80.57%	6.67%
代际	新	27.99%	57.43%	66.47%	5.22%	14.88%	86.96%
	老	39.66%	5.54%	2.91%	78.78%	7.83%	6.34%
性别	男性	48.28%	47.66%	4.06%	12.29%	82.72%	4.98%
	女性	51.17%	46.01%	2.82%	13.39%	77.68%	8.93%
婚姻	已婚	52.44%	44.47%	3.10%	12.89%	80.89%	6.22%
	未婚	29.65%	63.37%	6.98%	12.00%	78.67%	9.33%
地区	本镇	49.06%	47.61%	3.33%	9.48%	83.33%	7.19%
	本县	51.67%	44.38%	3.95%	19.42%	75.54%	5.04%
	本省	50.81%	45.16%	4.03%	13.33%	77.78%	8.89%
	外省	40.43%	55.32%	4.26%	14.29%	80.00%	5.71%
职业	制造	49.00%	47.00%	4.00%	14.58%	81.25%	4.17%
	建筑	55.38%	41.54%	3.08%	16.07%	75.00%	8.93%
	服务	50.37%	45.96%	3.68%	10.43%	79.13%	10.43%
	技术	28.13%	67.19%	4.69%	6.25%	93.75%	0
	其他	54.87%	42.21%	2.92%	12.92%	80.34%	6.74%

从婚姻特征来看，当 k =2 时，已婚农民工 1 次和 2 次贫困退出的比例分别是 52.44% 和 44.47%，未婚农民工 1 次和 2 次贫困退出的比例分别是 63.37% 和 6.98%，说明未婚农民工的贫困概率会更高。当 k =3 时，已婚农民工 1 次和 2 次贫困退出的比例分别是 80.89% 和 6.22%，未婚农民工 1 次和 2 次贫困退出的比例分别是 78.67% 和 9.33%；从就业地点特征来看，本镇就业农民工 1 次和 2 次贫困退出的比例分别是 47.61% 和 3.33%，本县就业农民工 1 次和 2 次贫困退出的比例分别是 44.38% 和 3.95%，本省就业农民工 1 次和 2 次贫困退出的比例分别是 45.16% 和 4.03%，外省农民工 1 次和 2 次贫困退出的比例分别是 55.32% 和 4.26%，可以看出，随着就业地点离家越远，农民工贫困退出的概率就越大，k =3 下各就业地点农民工的贫困退出比例也符合这一趋势；从职业类型来看，当 k =2 时，制造业农民工 1 次和 2 次贫困退出的比例分别是 47% 和 4%，建筑业农民工 1 次和 2 次贫困退出的比例分别是 41.54% 和 3.08%，服务业农民工 1 次和 2 次贫困退出的比例分别是 45.96% 和 3.68%，技术业农民工 1 次和 2 次贫困退出的比例分别是 67.19% 和 4.69%，其他职业类农民工 1 次和 2 次贫困退出的比例分别是 42.21% 和 2.92%，可以得出，技术业农民工贫困退出的概率更高，k =3 下各职业类型农民工贫困退出比例继续保持这一趋势。

第三节　农民工多维贫困的动态结果

表 3 –7 为不同维度下农民工多维贫困动态测度结果。本书把动态结果分为三种：从不贫困、暂时贫困和慢性贫困。从不贫困是指农民工在 4 年内都不贫困；暂时贫困是指农民工在 4 年内的贫困次数小于或等于 2 年；慢性贫困是指农民工在 4 年内的贫困次数大于 2 年。从整体来看，随着贫困维度数的提高，逐步由以慢性贫困为主向从不贫困为主转变。当 k =1 时，从不贫困的发生率为 0.14%，暂时贫困的发生率为 3.92%，慢性贫困的发生率为 95.93%，说明在低维度标准下农民工的贫困年份更持久；当 k =2 时，从不贫困的发生率为 10.06%，暂时贫困的发生率为 32.67%，慢性贫困的发生率为 57.28%，此时农民工的多维贫困结果的分布均匀；

当 k =3 时，从不贫困的发生率为 60.49%，暂时贫困发生率为 31.46%，慢性贫困发生率为 8.06%，此时农民工的多维贫困动态结果更多的处于从不贫困状态；当 k =4 是，从不贫困的发生率为 92.08%，暂时贫困发生率为 7.56%，慢性贫困发生率为 0.36%，此时农民工的多维贫困动态结果分布较为极端，处于贫困状态农民工的比例不到 8%；当 k =5 时，从不贫困的发生率为 99.79%，暂时贫困发生率为 0.21%，慢性贫困发生率为 0，此时农民工几乎都不贫困。

表 3 -7　　不同维度下农民工多维贫困动态结果

类别	k =1		k =2		k =3		k =4		k =5	
	人数	发生率	人数	发生率	人数	发生率	人数	发生率	人数	发生率
从不贫困	2	0.14%	141	10.06%	848	60.49%	1291	92.08%	1399	99.79%
暂时贫困	55	3.92%	458	32.67%	441	31.46%	106	7.56%	3	0.21%
慢性贫困	1345	95.93%	803	57.28%	113	8.06%	5	0.36%	0	0

一、不同个体特征农民工多维贫困动态结果

表 3 -8 为不同维度下新老农民工多维贫困动态结果。从整体来看，新农民工多维贫困程度要小于老农民工多维贫困程度。当 k =1 时，新农民工从不贫困的发生率为 0.07%，新农民工暂时贫困发生率为 1.93%，新农民工慢性贫困发生率为 27.32%，新老农民工从不贫困的发生率为 0.07%，老农民工暂时贫困发生率为 2%，老农民工慢性贫困发生率为 68.62%，新农民工慢性贫困和暂时贫困的比例更低，说明新民工相比老农民工的贫困程度更低；当 k =2 时，新农民工暂时贫困和慢性贫困的发生率分别为 13.69% 和 11.27%，老农民工暂时贫困和慢性贫困的发生率分别为 18.97% 和 46.01%，依然表现为老农民工的贫困程度更深；当 k =3 时，新农民工暂时贫困和慢性贫困的发生率分别为 7.85% 和 0.78%，老农民工暂时贫困和慢性贫困的发生率分别为 23.61% 和 7.28%，此时老农民工的贫困程度远高于新农民工的贫困程度；当 k =4 时，新农民工暂时贫困和慢性贫困的发生率分别为 1% 和 0，老农民工暂时贫困和慢性贫困的发生率分别为

6.56%和0.36%，可以看出农民工在高维度下的贫困发生率整体不高，但依然表现出老农民工的贫困程度更高；当k=5时，新农民工的暂时贫困和慢性贫困的发生率皆为0，老农民慢性贫困的发生率也为0，但暂时贫困的发生率为0.21%。

表3-8　不同维度下不同代际农民工多维贫困动态结果

特征	类别	k=1		k=2		k=3		k=4		k=5	
		人数	发生率	人数	发生率	人数	发生率	人数	发生率	人数	发生率
新农民工	从不贫困	1	0.07%	61	4.35%	290	20.68%	397	28.32%	411	29.32%
	暂时贫困	27	1.93%	192	13.69%	110	7.85%	14	1.00%	0	0
	慢性贫困	383	27.32%	158	11.27%	11	0.78%	0	0	0	0
老农民工	从不贫困	1	0.07%	80	5.71%	558	39.80%	894	63.77%	988	70.47%
	暂时贫困	28	2.00%	266	18.97%	331	23.61%	92	6.56%	3	0.21%
	慢性贫困	962	68.62%	645	46.01%	102	7.28%	5	0.36%	0	0

表3-9为不同维度下不同性别农民工多维贫困动态结果。整体来看，女性农民工多维贫困程度要小于男性农民工多维贫困程度。当k=1时，女性农民工从不贫困的发生率为0.07%，女性农民工暂时贫困发生率为1.85%，女性农民工慢性贫困发生率为32.88%，男性农民工从不贫困的发生率为0.07%，男性农民工暂时贫困发生率为2.07%，男性农民工慢性贫困发生率为63.05%，女性农民工慢性贫困和暂时贫困的比例更低，说明女性民工比男性农民工的贫困程度更低；当k=2时，女性农民工暂时贫困和慢性贫困的发生率分别为10.91%和19.83%，男性农民工暂时贫困和慢性贫困的发生率分别为21.75%和37.45%，依然表现为男性农民工的贫困程度更深；当k=3时，女性农民工暂时贫困和慢性贫困的发生率分别为12.91%和3.5%，男性农民工暂时贫困和慢性贫困的发生率分别为18.54%和4.56%，此时男性农民工的贫困程度略高于女性农民工的贫困程度；当k=4时，女性农民工暂时贫困和慢性贫困的发生率分别为3.71%和0.36%，男性农民工暂时贫困和慢性贫困的发生率分别为3.85%和0，可以看出男性和女性农民工在高维度下的贫困发生率整体不高，但是依然表现出男性农民工的贫困程度更高；当k=5时，女性农民工的暂时贫困和慢

性贫困的发生率分别为 0.14% 和 0，男性农民工暂时贫困和慢性贫困的发生率分别为 0.07% 和 0，两者的贫困发生率几乎都为 0。

表 3－9　　不同维度下不同性别农民工多维贫困动态结果

特征	类别	k＝1		k＝2		k＝3		k＝4		k＝5	
		人数	发生率	人数	发生率	人数	发生率	人数	发生率	人数	发生率
男性	从不贫困	1	0.07%	84	5.99%	590	42.08%	860	61.34%	913	65.12%
	暂时贫困	29	2.07%	305	21.75%	260	18.54%	54	3.85%	1	0.07%
	慢性贫困	884	63.05%	525	37.45%	64	4.56%	0	0	0	0
女性	从不贫困	1	0.07%	57	4.07%	258	18.40%	431	30.74%	486	34.66%
	暂时贫困	26	1.85%	153	10.91%	181	12.91%	52	3.71%	2	0.14%
	慢性贫困	461	32.88%	278	19.83%	49	3.50%	5	0.36%	0	0

表 3－10 为不同维度下不同婚姻状况农民工多维贫困动态结果。从整体来看，已婚农民工暂时贫困和慢性贫困的发生率整体上要高于未婚农民工暂时贫困和慢性贫困的发生率。当 k＝1 时，已婚农民工暂时贫困和慢性贫困的发生率分别为 3.14% 和 82.31%，未婚农民工暂时贫困和慢性贫困的发生率分别为 0.78% 和 13.62%，可以看出未婚农民工暂时贫困和慢性贫困的贫困发生率都较小，已婚农民工大部分表现为慢性贫困状态；当 k＝2 时，已婚农民工暂时贫困和慢性贫困的发生率分别为 26.18% 和 51.14%，未婚农民工暂时贫困和慢性贫困的发生率分别为 6.49% 和 6.13%，可以看出，未婚农民工暂时贫困和慢性贫困的发生率要明显低于已婚农民工暂时贫困和慢性贫困的发生率；当 k＝3 时，已婚农民工暂时贫困和慢性贫困的发生率分别为 26.75% 和 7.13%，未婚农民工暂时贫困和慢性贫困的发生率分别为 4.71% 和 0.93%，已婚农民工的贫困程度依然相对较高；k＝4 时，已婚农民工暂时贫困和慢性贫困的发生率分别为 6.56% 和 0.29%，未婚农民工暂时贫困和慢性贫困的发生率分别为 1% 和 0.07%，可以看出，此时已婚农民工和未婚农民工的贫困程度都不高，但已婚农民工的贫困程度更严重；当 k＝5 时，已婚农民工暂时贫困和慢性贫困的发生率分别为 0.21% 和 0，未婚农民工暂时贫困和慢性贫困的发生率都为 0，进一步说明已婚农民工的贫困程度更深。

表 3-10　不同维度下不同婚姻状况农民工多维贫困动态结果

特征	类别	k=1		k=2		k=3		k=4		k=5	
		人数	发生率	人数	发生率	人数	发生率	人数	发生率	人数	发生率
已婚	从不贫困	2	0.14%	116	8.27%	725	51.71%	1104	78.74%	1197	85.38%
	暂时贫困	44	3.14%	367	26.18%	375	26.75%	92	6.56%	3	0.21%
	慢性贫困	1154	82.31%	717	51.14%	100	7.13%	4	0.29%	0	0
未婚	从不贫困	0	0	25	1.78%	123	8.77%	187	13.34%	202	14.41%
	暂时贫困	11	0.78%	91	6.49%	66	4.71%	14	1.00%	0	0
	慢性贫困	191	13.62%	86	6.13%	13	0.93%	1	0.07%	0	0

二、不同就业特征农民工多维贫困动态结果

表 3-11 为不同维度下不同就业地点农民工多维贫困动态结果。从整体来看，随着维度数提高，不同就业地点农民工从不贫困的发生率在逐步增加，不同就业地点农民工暂时贫困和慢性贫困总体上呈现出逐步下降趋势。当 k=1 时，本镇就业农民工暂时贫困和慢性贫困的发生率分别为 2.21% 和 53.57%，本县就业农民工暂时贫困和慢性贫困的发生率分别为 1.21% 和 25.39%，本省就业农民工暂时贫困和慢性贫困的发生率分别为 0.21% 和 9.99%，外省就业农民工暂时贫困和慢性贫困的发生率分别为 0.29% 和 6.99%，可以看出，就业地点离家越远的农民工，其暂时贫困和慢性贫困的发生率越低；当 k=2 时，本镇、本县、本省和外省就业农民工暂时贫困和慢性贫困的发生率分别为 18.54%、31.81%、8.20%、15.76%、3.28%、5.63%、2.64% 和 4.07%，可以看出农民工的贫困发生率从本镇到本省一直呈现下降趋势；当 k=3 时，各就业地点农民工从不贫困的发生率比 k=1 和 k=2 时的要高，说明农民工的贫困程度随着维度数增加在下降，农民工暂时贫困的发生率由本镇就业的 18.54% 下降到外省就业的 2.07%，农民工慢性贫困的发生率由本镇就业的 4.21% 下降到外省就业的 0.57%；当 k=4 时，各就业地点农民工从不贫困的发生率继续增加，各就业地点农民工的慢性贫困的发生率较小，基本都处于 1% 以下，农民工暂

时贫困的发生率由本镇就业的4.21%下降到外省就业的0.64%；当k=5时，各就业地点农民工的慢性贫困的发生率皆为0，只有本镇就业农民工暂时贫困的发生率为0.07%，其他就业地点农民工都为0。

表3-11　不同维度下不同就业地点农民工多维贫困动态结果

特征	类别	k=1		k=2		k=3		k=4		k=5	
		人数	发生率	人数	发生率	人数	发生率	人数	发生率	人数	发生率
本镇	从不贫困	1	0.07%	77	5.49%	464	33.10%	719	51.28%	782	55.78%
	暂时贫困	31	2.21%	260	18.54%	260	18.54%	59	4.21%	1	0.07%
	慢性贫困	751	53.57%	446	31.81%	59	4.21%	5	0.36%	0	0
本县	从不贫困	1	0.07%	38	2.71%	227	16.19%	347	24.75%	372	26.53%
	暂时贫困	17	1.21%	115	8.20%	112	7.99%	27	1.93%	2	0.14%
	慢性贫困	356	25.39%	221	15.76%	35	2.50%	0	0	0	0
本省	从不贫困	0	0	18	1.28%	92	6.56%	132	9.42%	143	10.20%
	暂时贫困	3	0.21%	46	3.28%	40	2.85%	11	0.78%	0	0
	慢性贫困	140	9.99%	79	5.63%	11	0.78%	0	0	0	0
外省	从不贫困	0	0	8	0.57%	65	4.64%	93	6.63%	102	7.28%
	暂时贫困	4	0.29%	37	2.64%	29	2.07%	9	0.64%	0	0
	慢性贫困	98	6.99%	57	4.07%	8	0.57%	0	0	0	0

表3-11为不同维度下不同就业职业类型农民工多维贫困动态结果。从整体来看，随着维度数提高，不同就业地点农民工从不贫困的发生率在逐步增加，不同职业类型农民工暂时贫困和慢性贫困总体上呈现逐步下降趋势。当k=1时，制造业农民工暂时贫困和慢性贫困的发生率分别为1.36%和31.67%，建筑业农民工暂时贫困和慢性贫困的发生率分别为0.36%和9.99%，服务业农民工暂时贫困和慢性贫困的发生率分别为0.64%和20.97%，技术业农民工暂时贫困和慢性贫困的发生率分别为1.43%和10.84%，其他职业类农民工暂时贫困和慢性贫困的发生率分别为0.14%和22.47%，可以看出，各职业类型农民工的多维贫困动态结果主要集中在慢性贫困，以制造业、服务业和其他职业类为主要贫困群体；

当k=2时，各职业类型农民工暂时贫困的发生率明显提升，慢性贫困发生率明显下降，暂时贫困和慢性贫困主要集中在制造业、服务业和其他职业类农民工；当k=3时，各职业类型农民工从不贫困的发生率提升较大，说明农民工的贫困程度随着维度数的提高而减少，而暂时贫困和慢性贫困的发生率呈现出普遍下降趋势，暂时贫困和慢性贫困依然主要集中在制造业、服务业和其他职业类农民工；当k=4时，各职业类型农民工从不贫困的发生率进一步得到提升，暂时贫困和慢性贫困的发生率继续下降，暂时贫困和慢性贫困主要集中在制造业、服务业和其他职业类农民工；当k=5时，各职业农民工暂时贫困和慢性贫困的发生率都为0。

表3-12　不同维度下不同职业类型农民工多维贫困动态结果

特征	类别	k=1		k=2		k=3		k=4		k=5	
		人数	发生率	人数	发生率	人数	发生率	人数	发生率	人数	发生率
制造	从不贫困	0	0	52	3.71%	310	22.11%	437	31.17%	462	32.95%
	暂时贫困	19	1.36%	151	10.77%	121	8.63%	23	1.64%	1	0.07%
	慢性贫困	444	31.67%	260	18.54%	32	2.28%	3	0.21%	0	0
建筑	从不贫困	1	0.07%	14	1.00%	87	6.21%	135	9.63%	146	10.41%
	暂时贫困	5	0.36%	42	3.00%	46	3.28%	11	0.78%	0	0
	慢性贫困	140	9.99%	90	6.42%	13	0.93%	0	0	0	0
服务	从不贫困	0	0	26	1.85%	182	12.98%	285	20.33%	303	21.61%
	暂时贫困	9	0.64%	107	7.63%	106	7.56%	16	1.14%	0	0
	慢性贫困	294	20.97%	170	12.13%	15	1.07%	2	0.14%	0	0
技术	从不贫困	1	0.07%	40	2.85%	138	9.84%	166	11.84%	173	12.34%
	暂时贫困	20	1.43%	74	5.28%	31	2.21%	7	0.50%	0	0
	慢性贫困	152	10.84%	59	4.21%	4	0.29%	0	0	0	0
其他	从不贫困	0	0	9	0.64%	131	9.34%	268	19.12%	315	22.47%
	暂时贫困	2	0.14%	84	5.99%	137	9.77%	49	3.50%	2	0.14%
	慢性贫困	315	22.47%	224	15.98%	4	3.50%	0	0	0	0

第四节　农民工与城镇居民的多维贫困动态性比较

一、农民工与城镇居民的贫困经历年数对比

（一）不同个体特征农民工与城镇居民的贫困经历年数对比

表 3－13 为不同个体特征农民工与城镇居民的贫困经历年数对比，由于篇幅限制，表 3－13 只列出了 k＝3 时的对比结果。从全国来看，农民工各 m 值比例分别为 21.26%、10.20%、5.14% 和 2.92%，城镇居民各 m 值比例分别为 4.71%、1.81%、0.58% 和 0.19%，城镇居民各 m 值的比例普遍要小于农民工各 m 值的比例，说明城镇居民在 4 年内陷入贫困的比例要小于农民工的比例；从代际特征来看，新农民工各 m 值的比例在 0.29%～6.21%，新城镇居民各 m 值的比例在 0.06%～0.97%，说明新农民工比新城镇居民在 4 年内更易贫困。老农民工各 m 值的比例在 2.64%～15.05%，老城镇居民各 m 值的比例在 0.13%～3.74%，说明老农民工比老城镇居民在 4 年内更易贫困；从性别特征来看，男性农民工各 m 值的比例在 1.5%～23.68%，男性城镇居民各 m 值的比例在 0.06%～2.71%，女性农民工各 m 值的比例在 1.43%～7.92%，女性城镇居民各 m 值的比例在 0.13%～2%，说明男性农民工和女性农民工都分别要比男性城镇居民和女性城镇居民在 4 年内更易贫困；从婚姻特征来看，已婚农民工各 m 值的比例在 1.78%～17.9%，已婚城镇居民各 m 值的比例在 0.19%～3.74%，未婚农民工各 m 值的比例在 0.43%～8.77%，已婚城镇居民各 m 值的比例在 0～0.97%，说明已婚农民工和未婚农民工都分别要比已婚城镇居民和未婚城镇居民在 4 年内更易贫困。

表 3-13　k=3 下不同个体特征农民工与城镇居民的贫困经历年数对比

类别	特征	地区	m=1	m=2	m=3	m=4
全国	无	农村	21.26%	10.20%	5.14%	2.92%
		城镇	4.71%	1.81%	0.58%	0.19%
代际	新	农村	6.21%	1.64%	0.50%	0.29%
		城镇	0.97%	0.13%	0.06%	0.06%
	老	农村	15.05%	8.56%	4.64%	2.64%
		城镇	3.74%	1.68%	0.52%	0.13%
性别	男	农村	13.34%	5.21%	3.07%	1.50%
		城镇	2.71%	0.90%	0.45%	0.06%
	女	农村	7.92%	4.99%	2.07%	1.43%
		城镇	2.00%	0.90%	0.13%	0.13%
婚姻	已婚	农村	17.90%	8.84%	4.71%	2.43%
		城镇	3.74%	1.74%	0.52%	0.19%
	未婚	农村	3.35%	1.36%	0.43%	0.50%
		城镇	0.97%	0.06%	0.06%	0

（二）不同就业特征农民工与城镇居民的贫困经历年数对比

表 3-14 为不同就业特征农民工与城镇居民的贫困经历年数对比，由于篇幅限制，表 3-14 只是列出了 k=3 时的对比结果。贫困经历年数主要包括经历年数和持续年数，就经历年数而言，从就业地点来看，本镇就业农民工各 m 值的比例在 0～3.28%，本镇就业城镇居民各 m 值的比例在 0.06%～1.94%，说明本镇就业农民工比本镇就业城镇居民在 4 年内更易贫困；本县就业农民工各 m 值的比例在 0～1.28%，本县就业城镇居民各 m 值的比例在 0～2.13%，说明本县就业农民工比本县就业城镇居民在 4 年内更易贫困；本省就业农民工各 m 值的比例在 0～0.64%，本省就业城镇居民各 m 值的比例在 0.06%～0.58%；外省就业农民工各 m 值的比例在 0～0.5%，外省就业城镇居民各 m 值的比例在 0～0.6%，说明在本省和外省就业农民工比在本省和外省就业城镇居民在 4 年内更易贫困。从职业类型来看，制造业农民工和制造业城镇居民各 m 值的比例分别在 1%～5.63% 和 0～1.23%；建筑业农民工和建筑业城镇居民各 m 值的比例分别

在0.43%~2.21%和0~0.19%；服务业农民工和服务业城镇居民各m值的比例分别在0.36%~5.35%和0.06%~2.26%；技术业农民工和技术业城镇居民各m值的比例分别在0~1.93%和0~0.77%；其他职业类农民工和其他职业类城镇居民各m比例分别在1.14%~6.13%和0~0.26%，说明各职业类型农民工要比对应各职业类型城镇居民在4年内更易贫困。

表3-14　k=3下不同就业特征农民工与城镇居民的贫困经历年数对比

类别	特征	地区	m=1	m=2	m=3	m=4
地区	本镇	农村	3.28%	0.93%	0.36%	0
		城镇	1.94%	0.90%	0.39%	0.06%
	本县	农村	1.28%	0.64%	0	0
		城镇	2.13%	0.77%	0.13%	0
	本省	农村	0.64%	0.14%	0	0
		城镇	0.58%	0.06%	0.06%	0.06%
	外省	农村	0.50%	0.14%	0	0
		城镇	0.06%	0.06%	0	0.06%
职业	制造	农村	5.63%	3.00%	1.28%	1.00%
		城镇	1.23%	0.39%	0.06%	0
	建筑	农村	2.21%	1.07%	0.50%	0.43%
		城镇	0.19%	0.06%	0.06%	0
	服务	农村	5.35%	2.21%	0.71%	0.36%
		城镇	2.26%	0.84%	0.32%	0.06%
	技术	农村	1.93%	0.29%	0.29%	0
		城镇	0.77%	0.39%	0.13%	0
	其他	农村	6.13%	3.64%	2.35%	1.14%
		城镇	0.26%	0.13%	0	0.13%

二、农民工与城镇居民的贫困持续年数对比

（一）不同个体特征农民工与城镇居民的贫困持续年数对比

由于篇幅限制，表3-15只列出了k=3下不同个体特征农民工与城镇居民的贫困持续年数对比。从全国而言，农民工和城镇居民各m值比例随着m值提高而降低，且农民工与城镇居民的贫困的持续年份主要集中在

m=2~3。农民工各m值的比例在2.92%~13.48%，已婚城镇居民各m值的比例在0.19%~2.06%，说明农民工比城镇居民在4年内更易持续贫困。从代际特征而言，新农民工各m值的比例在33.81%~52.07%，新城镇居民各m值的比例在0.06%~0.19%，老农民工各m值的比例在0~1.36%，老城镇居民各m值的比例在0.13%~1.87%。从性别特征来看，男性农民工各m值的比例在14.27%~23.68%，城镇居民各m值的比例在0.06%~1.29%，女性农民工各m值的比例在1.43%~6.06%，城镇居民各m值的比例在0.13%~0.77%，说明男性农民工和男性城镇居民分别要比女性农民工女性城镇居民在4年内更易持续贫困。从婚姻特征来看，已婚农民工各m值的比例在1.78%~6.13%，城镇居民各m值的比例在0.19%~2%，未婚农民工各m值的比例在0.93%~8.77%，未婚城镇居民各m值的比例在0~0.06%，说明已婚农民工和已婚城镇居民要分别比未婚农民工和未婚城镇居民在4年内更易持续贫困。

表3-15　k=3下不同个体特征农民工与城镇居民的贫困持续年数对比

类别	特征	地区	m=2	m=3	m=4
全国	无	农村	13.48%	5.78%	2.92%
		城镇	2.06%	0.45%	0.19%
代际	新	农村	52.07%	40.01%	33.81%
		城镇	0.19%	0.06%	0.06%
	老	农村	1.36%	0.14%	0
		城镇	1.87%	0.39%	0.13%
性别	男性	农村	23.68%	17.55%	14.27%
		城镇	1.29%	0.26%	0.06%
	女性	农村	6.06%	2.64%	1.43%
		城镇	0.77%	0.19%	0.13%
婚姻	已婚	农村	1.78%	6.49%	6.13%
		城镇	2.00%	0.45%	0.19%
	未婚	农村	8.77%	4.71%	0.93%
		城镇	0.06%	0	0

（二）不同就业特征农民工与城镇居民的贫困持续年数对比

由于篇幅限制，表3－16只列出了k＝3下不同就业特征农民工与城镇居民的贫困持续年数对比。从就业地点来看，本镇就业农民工各m值的比例在1.36%～7.2%，本镇就业城镇居民各m值的比例在0.06%～1.1%，可以看出两者之间的差距较大，说明本镇就业农民工在4年内更易持续贫困；本县就业农民工各m值的比例在1%～4.28%，本县就业城镇居民各m值的比例在0～0.06%，依然可以看出本县就业农民在4年内更易持续贫困；本省就业农民工各m值的比例在0.36%～1.21%，本省就业城镇居民各m值的比例在0.06%～0.19%；外省就业农民工各m值的比例在0.21%～0.78%，外省就业城镇居民各m值的比例在0～0.13%，说明在本省和外省就业农民工比在本省和外省就业城镇居民在4年内更易持续贫困。从职业类型来看，制造业农民工和制造业城镇居民各m值的比例分别在1%～3.99%和0～0.26%；建筑业农民工和建筑业城镇居民各m值的比例分别在0.43%～1.21%和0～0.13%；服务业农民工和服务业城镇居民各m值的比例分别在0.36%～2.21%和0.06%～1.03%；技术业农民工和技术业城镇居民各m值的比例分别在0～0.5%和0～0.45%；其他职业类农民工和其他职业类城镇居民各m比例分别在1.14%～5.56%和0.13%～0.19%，说明各职业类型农民工要比对应各职业类型城镇居民在4年内更易持续贫困。

表3－16　k＝3下不同就业特征农民工与城镇居民的贫困持续年数对比

类别	特征	地区	持续年份		
			m＝2	m＝3	m＝4
地区	本镇	农村	7.20%	2.85%	1.36%
		城镇	1.10%	0.26%	0.06%
	本县	农村	4.28%	2.00%	1.00%
		城镇	0.65%	0.06%	0
	本省	农村	1.21%	0.43%	0.36%
		城镇	0.19%	0.06%	0.06%
	外省	农村	0.78%	0.50%	0.21%
		城镇	0.13%	0.06%	0

续表

类别	特征	地区	持续年份		
			m = 2	m = 3	m = 4
职业	制造	农村	3.99%	1.57%	1.00%
		城镇	0.26%	0.06%	0
	建筑	农村	1.21%	0.78%	0.43%
		城镇	0.13%	0	0
	服务	农村	2.21%	0.57%	0.36%
		城镇	1.03%	0.19%	0.06%
	技术	农村	0.50%	0.21%	0
		城镇	0.45%	0.06%	0
	其他	农村	5.56%	2.64%	1.14%
		城镇	0.19%	0.13%	0.13%

三、农民工与城镇居民的贫困进入对比

（一）不同个体特征农民工与城镇居民的贫困进入对比

表3－17为不同个体特征农民工和城镇居民进入贫困对比情况，由于篇幅限制，表3－17只列出了k=3时的对比结果。进入贫困主要包括是否进入和进入次数，就是否进入而言，从全国层面来看，农民工各阶段进入贫困的比例在5.56%~9.34%，城镇居民各阶段进入贫困的比例在1.29%~2.19%，说明农民工在各阶段陷入贫困的可能性更大。从代际特征来看，新农民工各阶段进入贫困的比例在1.43%~5.63%，新城镇居民各阶段进入贫困的比例在0.26%~1.94%，说明新农民工比新城镇居民在各阶段陷入贫困的可能性更大。老农民工各阶段进入贫困的比例在0.86%~7.77%，老城镇居民各阶段进入贫困的比例在0.06%~1.23%，说明老农民比城镇居民在各阶段陷入贫困的可能性更大；从性别特征来看，男性农民工各阶段进入贫困的比例在2.57%~5.35%，男性城镇居民各阶段进入贫困的比例在0.97%~1.35%，女性农民工各阶段进入贫困的比例在2%~3.99%，女性城镇居民各阶段进入贫困的比例在0.52%~0.65%，说明男性农民工和女性农民工要分别比男性城镇居民和女性城镇居民在各阶段陷入贫困的可能性

更大；从婚姻特征来看，已婚农民工和已婚城镇居民各阶段进入贫困的比例分别在0.71%~8.35%和0.45%~1.74%，未婚农民工和未婚城镇居民各阶段进入贫困的比例在0.5%~5.06%和0~1.29%，说明已婚农民工和未婚农民工要分别比已婚城镇居民和未婚城镇居民各阶段陷入贫困的可能性更大。

表3-17　　k=3下不同个体特征农民工与城镇居民的贫困进入对比

类别	特征	地区	是否进入			进入次数		
			2010—2012年	2012—2014年	2014—2016年	0次	1次	2次
全国	无	农村	7.06%	9.34%	5.56%	78.39%	21.26%	0.36%
		城镇	2.19%	1.48%	1.29%	95.10%	4.84%	0.06%
代际	新	农村	1.43%	5.63%	1.57%	25.46%	52.92%	3.85%
		城镇	0.26%	1.94%	0.32%	22.13%	72.97%	0.65%
	老	农村	7.77%	0.86%	4.71%	17.40%	0	0.36%
		城镇	1.16%	0.06%	1.23%	4.19%	0	0.06%
性别	男性	农村	4.49%	2.57%	5.35%	52.14%	26.25%	12.70%
		城镇	1.35%	0.84%	0.97%	55.81%	39.29%	2.97%
	女性	农村	3.99%	3.57%	2.00%	8.56%	0.36%	0
		城镇	0.52%	0.65%	0.65%	1.87%	0	0.06%
婚姻	已婚	农村	6.35%	0.71%	8.35%	66.19%	12.20%	19.04%
		城镇	1.74%	0.45%	1.23%	81.42%	13.68%	4.13%
	未婚	农村	1.00%	5.06%	0.50%	2.21%	0.36%	0
		城镇	0.26%	1.29%	0	0.71%	0.06%	0

就贫困进入次数而言，从全国层面来看，大部分农民工和城镇进入贫困的次数主要集中在1次和2次，农民工贫困进入1次和2次的比例分别是21.26%和0.36%，城镇居民进入贫困1次和2次的比例分别是4.84%和0.06%，说农民工在4年内更易进入贫困。从代际特征而言，新农民工贫困进入1次和2次的比例分别是52.92%和3.85%，新城镇居民进入贫困1次和2次的比例分别是72.97%和0.65%，老农民工和老城镇居民进入贫困1次和2次的比例分别是0、0.36%和0、0.06%，总体来看，新农民工和老农民工在4年内更易进入贫困。从性别特征来看，男性农民工贫

困进入1次和2次的比例分别是26.25%和12.7%，男性城镇居民进入贫困1次和2次的比例分别是39.29%和2.97%，说男性农民工进入2次的概率更大，女性农民工和女性城镇居民进入1次和2次的比例分别是0.36%、0和0、0.06%，说明女性农民工在4年内也更易进入贫困。从婚姻特征来看，已婚农民工贫困进入1次和2次的比例分别是12.20%和19.04%，已婚城镇居民进入贫困1次和2次的比例分别是12.68%和4.13%，已婚农民工和城镇居民的差异主要体现在进入2次贫困的比例上，未婚农民工和未婚城镇居民进入贫困1次和2次的比例分别是0.36%、0和0.06%、0，依然说明未婚农民工在4年内更易进入贫困。

（二）不同就业特征农民工与城镇居民的贫困进入对比

表3－18为不同就业特征农民工和城镇居民进入贫困对比情况，由于篇幅限制，表3－18只是列出了k＝3时的对比结果。就是否进入贫困而言，从就业地点来看，本镇就业农民工各阶段进入贫困的比例在0.43%～4.28%，本镇就业城镇居民各阶段进入贫困的比例在0.32%～0.9%；本县就业农民工各阶段进入贫困的比例在0.5%～2.78%，本县就业城镇居民各阶段进入贫困的比例在0.13%～0.97%；本省就业农民工各阶段进入贫困的比例在0.36%～2.85%，本省就业城镇居民各阶段进入贫困的比例在0～0.84%；外省就业农民工各阶段进入贫困的比例在0.5%～1.36%，外省就业城镇居民各阶段进入贫困的比例在0～0.39%，可以看出，各就业地点农民工各阶段进入贫困的比例都要小于相应就业地点农民工各阶段进入贫困的比例。从职业类型来看，制造业农民工各阶段进入贫困的比例在0.93%～2.07%，制造业城镇居民各阶段进入贫困的比例在0.06%～1.1%；建筑业农民工各阶段进入贫困的比例在0.57%～2.85%，建筑业城镇居民各阶段进入贫困的比例在0.13%～0.39%；服务业农民工各阶段进入贫困的比例在0.57%～2.71%，服务业城镇居民各阶段进入贫困的比例在0.13%～0.65%；技术业农民工各阶段进入贫困的比例在0.71%～2.28%，技术业城镇居民各阶段进入贫困的比例在0.71%～2.28%；其他职业类农民工各阶段进入贫困的比例在0.36%～1.78%，其他职业类城镇居民各阶段进入贫困的比例在0～0.06%，说明各职业类型农民工各阶段更易进入贫困。

表 3-18　k=3 下不同就业特征农民工与城镇居民的贫困进入对比

类别	特征	地区	是否进入			进入次数		
			2010—2012 年	2012—2014 年	2014—2016 年	0 次	1 次	2 次
地区	本镇	农村	4.28%	1.85%	0.43%	43.51%	20.76%	8.06%
		城镇	0.90%	0.84%	0.32%	41.68%	36.26%	14.65%
	本县	农村	0.50%	5.28%	2.78%	6.06%	12.27%	5.85%
		城镇	0.13%	0.45%	0.97%	2.52%	2.06%	2.19%
地区	本省	农村	0.93%	0.36%	2.85%	2.07%	1.07%	0.07%
		城镇	0.06%	0	0.84%	0.45%	0.13%	0.06%
	外省	农村	1.36%	0.86%	0.50%	0.07%	0.07%	0.14%
		城镇	0.39%	0.06%	0	0	0	0
职业	制造	农村	2.00%	0.93%	2.07%	26.60%	7.85%	15.98%
		城镇	0.52%	0.06%	1.10%	26.26%	7.23%	26.13%
	建筑	农村	0.57%	1.50%	2.85%	10.84%	17.12%	6.13%
		城镇	0.39%	0.13%	0.26%	32.71%	2.77%	1.03%
	服务	农村	0.93%	2.71%	0.57%	2.57%	5.63%	1.50%
		城镇	0.13%	0.65%	0.39%	0.32%	2.32%	0.84%
	技术	农村	2.28%	1.85%	0.71%	5.42%	0.29%	0
		城镇	0.06%	0.39%	0.13%	0.32%	0.06%	0
	其他	农村	0.86%	0.36%	1.78%	0	0	0.07%
		城镇	0.58%	0.06%	0	0	0	0

就贫困进入次数而言，从就业地点来看，本镇就业农民工贫困进入 1 次和 2 次的比例分别是 20.76% 和 8.06%，本镇就业城镇居民进入贫困 1 次和 2 次的比例分别是 36.26% 和 14.65%；本县就业农民工贫困进入 1 次和 2 次的比例分别是 12.27% 和 5.85%，本县就业城镇居民进入贫困 1 次和 2 次的比例分别是 2.06% 和 2.19%；本省就业农民工贫困进入 1 次和 2 次的比例分别是 1.07% 和 0.07%，本省就业城镇居民进入贫困 1 次和 2 次的比例分别是 0.13% 和 0.06%；外省就业农民工贫困进入 1 次和 2 次的比例分别是 0.07% 和 0.14%，外省就业城镇居民进入贫困 1 次和 2 次的比例分别是 0 和 0，总体来看，各就业地点农民工在 4 年内进入贫困的可能性更大。从职业类型来看，制造业农民工贫困进入 1 次和 2 次的比例分别是

7.85%和15.98%，制造业城镇居民进入贫困1次和2次的比例分别是7.23%和26.13%；建筑业农民工贫困进入1次和2次的比例分别是17.12%和6.13%，建筑业城镇居民进入贫困1次和2次的比例分别是2.77%和1.03%；服务业农民工贫困进入1次和2次的比例分别是5.63%和1.5%，服务业城镇居民进入贫困1次和2次的比例分别是2.32%和0.84%；技术业农民工贫困进入1次和2次的比例分别是0.29%和0，技术业城镇居民进入贫困1次和2次的比例分别是0.06%和0；其他职业类农民工贫困进入1次和2次的比例分别是0和0.07%，其他职业类城镇居民进入贫困1次和2次的比例分别是0和0，可以看出，各职业类型农民工在4年内进入贫困的可能性更大。

四、农民工与城镇居民的贫困退出对比

（一）不同个体特征农民工与城镇居民的贫困退出对比

表3－19为不同个体特征农民工与城镇居民的贫困退出对比，由于篇幅限制，表3－19只列出了k＝3时的对比结果。就是否退出贫困而言，从全国层面来看，农民工各阶段贫困退出的比例在58.01%～64.04%，城镇居民各阶段贫困退出的比例在67.35%～71.79%，说明城镇居民各阶段退出贫困的可能性更大。从代际特征来看，新农民工各阶段贫困退出的比例在73.33%～80.95%，新城镇居民各阶段贫困退出的比例在50%～90.91%；老农民工各阶段贫困退出的比例在54.36%～62.63%，老城镇居民各阶段贫困退出的比例在63.16%～75.76%，说明新农民工和新城镇居民各阶段贫困退出的可能性更大。从性别特征来看，男性农民工各阶段贫困退出的比例在60.61%～63.49%，男性城镇居民各阶段贫困退出的比例在60.87%～72.41%；女性农民工各阶段贫困退出的比例在54.55%～66.34%，女性城镇居民各阶段贫困退出的比例在60%～87.5%，说明女性农民工和女性城镇居民各阶段贫困退出的可能性更大。从婚姻特征来看，已婚农民工各阶段贫困退出的比例在57.92%～64.36%，已婚城镇居民各阶段贫困退出的比例在61.9%～71.43%；未婚农民工各阶段贫困退出的比例在58.62%～67.8%，未婚城镇居民各阶段贫困退出的比

例在75%~100%，可以看出，未婚农民工和未婚城镇居民各阶段贫困退出的可能性更大。

表3-19 k=3下不同个体特征农民工与城镇居民的贫困退出对比

类别	特征	地区	是否退出			退出次数		
			2010—2012年	2012—2014年	2014—2016年	0次	1次	2次
全国	无	农村	61.74%	58.01%	64.04%	12.76%	80.57%	6.67%
		城镇	69.39%	67.35%	71.79%	8.82%	89.22%	1.96%
代际	新	农村	80.95%	77.78%	73.33%	5.22%	14.88%	86.96%
		城镇	90.91%	80.00%	50.00%	11.11%	83.33%	5.56%
	老	农村	55.56%	54.36%	62.63%	78.78%	7.83%	6.34%
		城镇	63.16%	65.91%	75.76%	8.33%	90.48%	1.19%
性别	男性	农村	63.49%	60.61%	62.20%	12.29%	82.72%	4.98%
		城镇	66.67%	72.41%	60.87%	12.28%	85.96%	1.75%
	女性	农村	59.62%	54.55%	66.34%	13.39%	77.68%	8.93%
		城镇	72.00%	60.00%	87.50%	4.44%	93.33%	2.22%
婚姻	已婚	农村	60.49%	57.92%	64.36%	12.89%	80.89%	6.22%
		城镇	63.41%	61.90%	71.43%	10.59%	88.24%	1.18%
	未婚	农村	67.80%	58.62%	61.54%	12.00%	78.67%	9.33%
		城镇	100.00%	100.00%	75.00%	0	94.12%	5.88%

就贫困退出次数而言，农民工与城镇居民的贫困退出次数主要集中在1次和2次。从全国层面来看，农民工贫困退出1次和2次的比例分别为80.57%和6.67%，城镇居民贫困退出1次和2次的比例分别为89.22%和1.96%；说明城镇居民比农民工在4年内更易退出贫困。从代际特征来看，新农民工贫困退出1次和2次的比例分别为14.88%和86.96%，新城镇居民贫困退出1次和2次的比例分别为83.33%和5.56%，可以看出新城镇居民贫困退出1次的比例要远高于新农民工贫困退出1次的比例；老农民工贫困退出1次和2次的比例分别为7.83%和6.34%，老城镇居民贫困退出1次和2次的比例分别为90.48%和1.19%，说明老农民工贫困退出的比例更高。从性别特征来看，男性农民工贫困退出1次和2次的比例分别为82.72%和4.98%，男性城镇居民贫困退出1次和2次的比例分别为

85.96%和1.75%；女性农民工贫困退出1次和2次的比例分别为77.68%和8.93%，女性城镇居民贫困退出1次和2次的比例分别为93.33%和2.22%，可以看出，男性城镇居民和女性城镇居民要分别比男性农民工和女性农民工更易退出贫困。从婚姻状况来看，已婚农民工贫困退出1次和2次的比例分别为80.89%和6.22%，已婚城镇居民贫困退出1次和2次的比例分别为88.24%和1.18%；未婚农民工贫困退出1次和2次的比例分别为78.67%和9.33%，未婚城镇居民贫困退出1次和2次的比例分别为94.12%和5.88%，已婚城镇居民和未婚城镇居民在贫困退出1次的比例上更高。

（二）不同就业特征农民工与城镇居民的贫困退出对比

表3-20为不同就业特征农民工与城镇居民的贫困退出对比，由于篇幅限制，表3-20只列出了k=3时的对比结果。就是否退出贫困而言，从就业地点来看，本镇就业农民工各阶段贫困退出的比例介于48.44%~56.94%，本镇就业城镇居民各阶段贫困退出的比例介于66.67%~88.89%；本县就业农民工各阶段贫困退出的比例介于48.44%~56.94%，本县就业城镇居民各阶段贫困退出的比例介于66.67%~88.89%；本省就业农民工各阶段贫困退出的比例介于56.25%~70%，本省就业城镇居民各阶段贫困退出的比例介于50%~87.5%；外省就业农民工各阶段贫困退出的比例介于42.86%~73.08%，外省就业城镇居民各阶段贫困退出的比例介于0~50%，可以看出，除了外省以外，本镇、本县和本省就业城镇居民贫困退出比例要高于本镇、本县和本省就业农民工贫困退出比例。从职业类型来看，制造业就业农民工各阶段贫困退出的比例介于55.38%~62.32%，制造业就业城镇居民各阶段贫困退出的比例介于70%~100%；建筑业就业农民工各阶段贫困退出的比例介于52%~66%，建筑业就业城镇居民各阶段贫困退出的比例介于0~100%；服务业就业农民工各阶段贫困退出的比例介于67.35%~73.44%，服务业就业城镇居民各阶段贫困退出的比例介于65.22%~75%；技术业就业农民工各阶段贫困退出的比例介于66.67%~83.33%，技术业就业城镇居民各阶段贫困退出的比例介于66.67%~77.78%；其他职业类就业农民工各阶段贫困退出的比例介于50.6%~61.64%，其他职业类就业城镇居民各阶段贫困退出的比例介于

25%~60%，可以看出，各职业类型城镇居民各阶段大部分情况下贫困退出比例更高。

表 3-20 k=3 下不同就业特征农民工与城镇居民的贫困退出对比

类别	特征	地区	是否退出			退出次数		
			2010—2012 年	2012—2014 年	2014—2016 年	0 次	1 次	2 次
地点	本镇	农村	63.86%	62.41%	70.16%	9.48%	83.33%	7.19%
		城镇	62.50%	56.52%	82.35%	4.55%	95.45%	0
	本县	农村	55.29%	48.44%	56.94%	19.42%	75.54%	5.04%
		城镇	88.89%	80.00%	66.67%	11.63%	83.72%	4.65%
	本省	农村	56.25%	70.00%	57.89%	13.33%	77.78%	8.89%
		城镇	50.00%	87.50%	50.00%	8.33%	91.67%	0
	外省	农村	73.08%	42.86%	53.85%	14.29%	80.00%	5.71%
		城镇	0	33.33%	50.00%	33.33%	66.67%	0
职业	制造	农村	57.47%	55.38%	62.32%	14.58%	81.25%	4.17%
		城镇	81.82%	70.00%	100.00%	0	100.00%	0
	建筑	农村	66.67%	52.00%	60.00%	16.07%	75.00%	8.93%
		城镇	0	100.00%	50.00%	25.00%	75.00%	0
	服务	农村	73.44%	76.09%	67.35%	10.43%	79.13%	10.43%
		城镇	75.00%	65.22%	66.67%	10.20%	87.76%	2.04%
	技术	农村	75.00%	66.67%	83.33%	6.25%	93.75%	0
		城镇	66.67%	66.67%	77.78%	5.26%	89.47%	5.26%
	其他	农村	56.34%	50.60%	61.64%	12.92%	80.34%	6.74%
		城镇	25.00%	60.00%	33.33%	28.57%	71.43%	0

就贫困退出次数而言，农民工和城镇居民在 4 年内的贫困次数主要集中在 1 次。从就业地点来看，本镇就业农民工贫困退出 1 次和 2 次的比例分别为 83.33% 和 7.19%，本镇就业城镇居民贫困退出 1 次和 2 次的比例分别为 95.45% 和 0；本县就业农民工贫困退出 1 次和 2 次的比例分别为 75.54% 和 5.04%，本县就业城镇居民贫困退出 1 次和 2 次的比例分别为 83.72% 和 4.65%；本省就业农民工贫困退出 1 次和 2 次的比例分别为 77.78% 和 8.89%，本省就业城镇居民贫困退出 1 次和 2 次的比例分别为

91.67%和0，由此可以看出，本镇、本县和本省就业城镇居民在贫困退出1次的比例上更高。外省就业农民工贫困退出1次和2次的比例分别为80%和5.71%，外省就业城镇居民贫困退出1次和2次的比例分别为66.67%和0，可以看出外省就业农民工退出贫困的比例更高。从职业类型来看，制造业农民工与城镇居民的贫困退出1次和2次的比例分别为81.25%、4.17%和100%和0；建筑业农民工与城镇居民的贫困退出1次和2次的比例分别为75%、93%和75%、0；服务业农民工与城镇居民的贫困退出1次和2次的比例分别为79.13%、10.43%和87.76%、2.04%；技术业农民工与城镇居民的贫困退出1次和2次的比例分别为93.75%、0和89.47%、5.26%；其他职业类农民工与城镇居民的贫困退出1次和2次的比例分别为80.34%、6.74%和71.43%、0，总体来看，各职业类型城镇居民贫困退出的可能性更大。

五、农民工与城镇居民的贫困动态结果对比

（一）不同个体特征农民工与城镇居民的贫困动态结果对比

表3-21为不同个体特征农民工与城镇居民的贫困动态结果对比情况，为节省篇幅，表3-21只报告了k=3时的对比结果。从全国层面来看，农民工从不贫困比例为60.49%，城镇居民从不贫困比例为92.71%，说明农民工贫困比例更大。农民工和城镇居民暂时贫困的比例分别是31.46%和6.52%，农民工和城镇居民暂时贫困的比例分别为8.06%和0.77%，说明农民工暂时贫困和慢性贫困更加严重。从代际特征来看，新农民工和城镇居民从不贫困的比例分别20.68%和21.55%，两者相差不大。新农民工和城镇居民暂时贫困的比例分别7.85%和0.78%，新农民工和城镇居民慢性贫困的比例分别为0.78%和0.13%，说明新农民工比新城镇居民更加贫困。老农民工从不贫困的比例远低于老城镇居民从不贫困的比例，老农民工和老城镇居民暂时贫困的比例分别为23.61%和5.42%，老农民工和老城镇居民慢性贫困的比例分别为7.28%和0.65%，说明老农民工的贫困程度更加严重。从性别特征来看，男性农民工各类型的比例分比为42.08%、18.54%和4.56%，男性城镇居民各类型的比例分别为54.65%、3.61%和

0.52%；女性农民工各类型的比例分比为18.40%、12.91%和3.5%，女性城镇居民各类型的比例分比为38.06%、2.9%和0.26%，说明男性城镇居民和女性城镇居民比男性农民工和女性农民工的贫困程度要低。从婚姻特征来看，已婚农民工的暂时贫困和慢性贫困比例要高于已婚城镇居民，未婚农民工暂时贫困和慢性贫困比例要高于未婚城镇居民。

表3-21　k=3下不同个体特征农民工与城镇居民的贫困动态结果对比

类别	特征	农民工			城镇居民		
		从不贫困	暂时贫困	慢性贫困	从不贫困	暂时贫困	慢性贫困
全国	无	60.49%	31.46%	8.06%	92.71%	6.52%	0.77%
代际	新	20.68%	7.85%	0.78%	21.55%	1.10%	0.13%
	老	39.80%	23.61%	7.28%	71.16%	5.42%	0.65%
性别	男性	42.08%	18.54%	4.56%	54.65%	3.61%	0.52%
	女性	18.40%	12.91%	3.50%	38.06%	2.90%	0.26%
婚姻	已婚	51.71%	26.75%	7.13%	79.42%	5.48%	0.71%
	未婚	8.77%	4.71%	0.93%	13.29%	1.03%	0.06%

（二）不同就业特征农民工与城镇居民的贫困动态结果对比

表3-22为不同就业特征农民工与城镇居民的贫困动态结果对比情况，为节约篇幅，表3-22只报告了k=3时的对比情况。从就业地点来看，各就业地点农民工从不贫困比例要远小于城镇贫困从不贫困比例，说明农民工贫困发生率更高。本镇就业农民工暂时贫困和慢性贫困的比例分别为18.54%和4.21%，本镇就业城镇居民暂时贫困和慢性贫困的比例分别为2.84%和0.45%；本县农民工暂时贫困和慢性贫困的比例分别为7.99%和2.5%，本县城镇居民暂时贫困和慢性贫困的比例分别为2.9%和0.13%；本省农民工暂时贫困和慢性贫困的比例分别为2.85%和0.78%，本省城镇居民暂时贫困和慢性贫困的比例分别为0.65%和0.13%；外省农民工暂时贫困和慢性贫困的比例分别为2.07%和0.57%，外省城镇居民暂时贫困和慢性贫困的比例分别为0.13%和0.06%，从以上可知，各就业地点农民工暂时贫困和慢性贫困的比例都要高于各就业地点城镇居民暂时贫困和慢性贫困的比例。从职业类型来看，各职业类型农民工从不贫困的比例在6.21%~

22.11%，各职业类型城镇居民从不贫困的比例在2.58%~25.68%；各职业类型农民工暂时贫困的比例在3.28%~9.77%，各职业类型城镇居民的比例在0.26%~3.1%；各职业类型农民工慢性贫困的比例在0.29%~3.5%，各职业类型城镇居民慢性贫困的比例在0.06%~0.39%，可以看出，各职业类型城镇居民暂时贫困和慢性贫困的比例要高于对应职业类型农民工，说明各职业类型农民工的贫困更加严重。

表3-22　k=3下不同就业特征农民工与城镇居民的贫困动态结果对比

类别	特征	农民工			城镇居民		
		从不贫困	暂时贫困	慢性贫困	从不贫困	暂时贫困	慢性贫困
地区	本镇	33.10%	18.54%	4.21%	40.52%	2.84%	0.45%
	本县	16.19%	7.99%	2.50%	35.42%	2.90%	0.13%
	本省	6.56%	2.85%	0.78%	14.32%	0.65%	0.13%
	外省	4.64%	2.07%	0.57%	2.45%	0.13%	0.06%
职业	制造	22.11%	8.63%	2.28%	25.68%	1.61%	0.06%
	建筑	6.21%	3.28%	0.93%	7.23%	0.26%	0.06%
	服务	12.98%	7.56%	1.07%	24.97%	3.10%	0.39%
	技术	9.84%	2.21%	0.29%	32.26%	1.16%	0.13%
	其他	9.34%	9.77%	3.50%	2.58%	0.39%	0.13%

第五节　本章小结

本书基于农民工多维贫困的测度结果，利用多维贫困动态测度方法，对农民工多维贫困动态过程和动态结果进行测度。从多维贫困动态过程的测度结果表明，从k=3下农民工贫困经历年数来看，农民工贫困经历年数大多在1~2年，不同贫困经历年数下老农民工比新农民工发生贫困的比例更高；男性农民工比女性农民工贫困发生的比例更高；已婚农民工比未婚农民工贫困发生的比例更高；就业地点越远，农民工贫困发生比例越低；建筑业和技术业农民工的贫困发生比例更低。从k=3下农民工贫困持续年数来看，农民工持续贫困主要集中在2年，不同贫困持续年数下新农民工、女性农民工、未婚农民工、外省就业农民工和技术业农民工分别要比老农民工、男性农民工、已婚农民工、其他地点就业农民工和其他职业农民工的贫困发生比例更低。k =3 下农民工各年份段进入贫困的比例都不超过10%，表现出新农民工、女性农民工、未婚农民工、外省就业农民工和技术业农民工分别要比老农民工、男性农民工、已婚农民工、其他地点就业农民工和其他职业农民工贫困进入比例更低。k =3 下农民工贫困进入的次数主要集中在1次，且新农民工、女性农民工、未婚农民工、外省就业农民工和技术业农民工分别要比老农民工、男性农民工、已婚农民工、其他地点就业农民工和其他职业农民工贫困进入比例更低。k =3 下农民工退出贫困的次数主要集中在1次，且新农民工、女性农民工、未婚农民工、外省就业农民工和技术业农民工分别要比老农民工、男性农民工、已婚农民工、其他地点就业农民工和其他职业农民工退出贫困比例要高。从多维贫困动态结果测度来看，当 k =1 ~2 时，农民工的贫困结果类型主要为慢性贫困，当 k =3 ~5 时，农民工的贫困结果类型主要为从不贫困，暂时贫困次之，慢性贫困最小。不同 k 值下新农民工、女性农民工、未婚农民工、外省就业农民工和技术业农民工的暂时贫困和慢性贫困比例都分别要比老农民工、男性农民工、已婚农民工、其他地点就业农民工和其他职业农民工的暂时贫困和慢性贫困的比例要低。从农民工与城镇居民的对比来看，农民工各方面的多维贫困要比城镇居民更严重。

第四章　农民工多维贫困动态性分解

本章主要对农民工多维贫困动态性进行分解，主要从动态过程和动态结果两个角度对多维贫困指数进行分解。多维贫困动态过程则包括贫困经历、贫困持续、贫困进入和贫困退出，动态结果则包括从不贫困、慢性贫困和暂时贫困。同时，对比不同贫困动态过程和动态结果类型多维贫困贡献率的差异。

第一节　农民工的多维贫困动态过程分解

一、不同贫困经历年数农民工多维贫困指数分解

（一）不同贫困经历年数下不同个体特征农民工多维贫困指数分解

表4－1为不同贫困经历年数农民工多维贫困指数分解结果。从整体来看，随着贫困维度数的提高，贫困贡献率由以4年为主过渡到以0年为主。当k＝1时，4年贫困农民工的多维贫困指数占主要部分，贡献率为93.88%，其他贫困年份农民工多维贫困指数的贡献率不到8%；当k＝2时，4年贫困农民工多维贫困指数的贡献率急剧下降为49.79%，其他贫困年份多维贫困指数的贡献率共占到50%，且贫困贡献率随着贫困年数在逐步上升；当k＝3时，各贫困年份的多维贫困指数贡献率与k＝2时的情况正好相反，贫困0年的贡献率为50.85%，贫困4年的贡献率为

4.67%；k=4时，贫困0年农民工多维贫困指数贡献率继续上升，其值为88.3%，而贫困4年的贡献率则为0，贫困1~3年的贡献率总共不到12%；当k=5时，贫困0年的贡献率几乎为100%，其他贫困年数的贡献率不到1%。

表4-1　　不同贫困经历年数农民工多维贫困指数分解

年数	k=1	k=2	k=3	k=4	k=5
0	0.04%	5.67%	50.85%	88.30%	99.61%
1	0.30%	11.52%	23.89%	8.02%	0.25%
2	1.52%	15.03%	13.07%	3.03%	0.14%
3	4.27%	17.99%	7.53%	0.65%	0
4	93.88%	49.79%	4.67%	0	0

表4-2为不同贫困经历年数下不同代际农民工多维贫困指数分解结果。从整体来看，老农民工贫困年数的贡献率比新农民工贫困年数的贡献率更高，说明老农民工的贫困程度更深。当k=1时，贫困贡献率主要集中在新农民工贫困4年和老农民工贫困4年，分别为23.33%和70.55%；当k=2时，各贫困年数新农民工和老农民工的贡献率相对均衡，贡献率随着贫困年数增加而提高，贫困4年新农民工和老农民工的贡献率分别为7.21%和42.58%，贫困3年新农民工和老农民工的贡献率分别为5.39%和12.60%，贫困2年新农民工和老农民工的贡献率分别为6.23%和6.57%，贫困1年新农民工和老农民工的贡献率分别为4.95%和6.57%；当k=3时，贫困0年新农民工和老农民工的贡献率急剧增加，分别为16.53%和34.31%，贫困1~4年新农民工的贡献率分别为6.5%、2%、0.71%和0.45%，贫困1~4年老农民工的贡献率分别为17.39%、11.07%、6.81%和4.22%；当k=4时，贫困0年新农民工和老农民工的贡献率分别为24.81%和63.49%，贫困3~4年新农民工和老农民工的贡献率接近0，贫困1~2年新农民工和老农民工的贡献率在0.34%~6.96%；当k=5时，贫困0年新农民工和老农民工的贡献率分别为26.2%和73.25%，其他贫困贡献率不足1%。

表 4－2　不同贫困经历年数不同代际农民工多维贫困指数分解

特征	贫困年数	k = 1	k = 2	k = 3	k = 4	k = 5
新农民工	0	0.02%	2.42%	16.53%	24.81%	26.20%
	1	0.12%	4.95%	6.50%	1.06%	0
	2	0.76%	6.23%	2.00%	0.34%	0
	3	1.97%	5.39%	0.71%	0	0
	4	23.33%	7.21%	0.45%	0	0
老农民工	0	0.02%	3.25%	34.31%	63.49%	73.41%
	1	0.18%	6.57%	17.39%	6.96%	0.25%
	2	0.76%	8.80%	11.07%	2.69%	0.14%
	3	2.29%	12.60%	6.81%	0.65%	0
	4	70.55%	42.58%	4.22%	0	0

表 4－3 为不同贫困经历年数下不同性别农民工多维贫困指数分解结果。从整体来看，男性农民工贫困年数的贡献率要整体上高于女性农民工贫困年数的贡献率，说明男性农民工的贫困更加严重。当 k = 1 时，男性农民工和女性农民工贫困 4 年的贡献率都较高，分别达到了 60.92% 和 32.96%，而其他贫困年数的贡献率不足 80%，贫困 0 ~ 2 年的贡献率多处于 1% 以下，说明低维度贫困的男性农民工和女性农民工都较少；当 k = 2 时，男性农民工和女性农民工贫困 4 年的贡献率下降较大，而贫困 0 ~ 3 年的贡献率呈现上升趋势，说明随着维度数增加，男性农民工和女性农民工的贫困年数的分布较为均匀；当 k = 3 时，男性农民工和女性农民工各贫困年数的贡献率随着贫困年数增加而呈下降趋势，其贫困 0 年的贡献率分别为 36.21% 和 14.63%。男性农民工贫困 1 ~ 4 年的贡献率介于 2.29% ~ 14.89%，女性农民工贫困 1 ~ 4 年的贡献率介于 2.38% ~ 9%，说明此时男性农民工和女性农民工正在高维度下的贫困年数整体不多；当 k = 4 时，男性农民工和女性农民工贫困 2 ~ 4 年的贡献率都处于 3% 以下，贫困 0 年的贡献率分别为 58.88% 和 29.42%；当 k = 5 时，男性农民工和女性农民工贫困 0 年的贡献率为 99%。

表 4-3 不同贫困经历年数下不同性别农民工多维贫困指数分解

特征	贫困年数	k=1	k=2	k=3	k=4	k=5
男性	0	0.02%	3.45%	36.21%	58.88%	64.35%
	1	0.09%	7.74%	14.89%	4.79%	0.12%
	2	0.90%	10.00%	6.64%	0.80%	0
	3	2.53%	12.07%	4.43%	0	0
	4	60.92%	31.20%	2.29%	0	0
女性	0	0.02%	2.22%	14.63%	29.42%	35.27%
	1	0.21%	3.79%	9.00%	3.23%	0.13%
	2	0.62%	5.02%	6.43%	2.23%	0.14%
	3	1.74%	5.92%	3.09%	0.65%	0
	4	32.96%	18.59%	2.38%	0	0

表 4-4 为不同贫困经历年数下不用婚姻状况农民工多维贫困指数分解结果。从整体来看，各维度下已婚农民工贫困年数的总体贡献率要大于未婚农民工贫困年数的总体贡献率，说明已婚农民工比未婚农民工在 4 年内的贫困程度更深。当 k=1 时，已婚农民工和未婚农民工的多维贫困主要集中在贫困 4 年中，其贫困贡献率分别为 81.80% 和 12.08%，贫困 0 年的贡献率分别为 0.04% 和 0，也就是说在低维度下已婚农民工和未婚农民工 4 年一直处于贫困状态；当 k=2 时，已婚农民工和未婚农民工贫困 4 年的贡献率下降较大，分别下降到 45.42% 和 4.37%。已婚农民工和未婚农民工贫困 0~3 年的贡献率都呈上升趋势，说明随着贫困维度数的提高，农民工在 4 年内的贫困年数在减少，已婚农民工贫困 0~3 年的贡献率分别为 4.69%、9.43%、11.81% 和 15.11%，未婚农民工贫困 0~3 年的贡献率分别为 0.98%~2.09%、3.22% 和 2.88%；当 k=3 时，已婚农民工和未婚农民工贫困 0 年和 1 年的贡献率上升较大，其贫困 0 年贡献率分别达到 43.94% 和 6.9%，贫困 1 年的贡献率分别达到 20.4% 和 3.49%。已婚农民工和未婚农民工贫困 2~4 年的贡献率都呈下降趋势；当 k=4 和 k=5 时，男性农民工和女性农民工贫困 0 年的贡献率在提高，其他贫困年数的贡献率在下降，说明随着贫困维度数的提高，农民工的多维贫困主要来自贫困年数较小的农民工。

表4-4　不同贫困经历年数下不同婚姻状况农民工多维贫困指数分解

特征	贫困年数	k=1	k=2	k=3	k=4	k=5
已婚	0	0.04%	4.69%	43.94%	76.35%	86.06%
	1	0.27%	9.43%	20.40%	6.79%	0.25%
	2	1.18%	11.81%	11.37%	2.79%	0.14%
	3	3.16%	15.11%	6.88%	0.52%	0
	4	81.80%	45.42%	3.86%	0	0
未婚	0	0	0.98%	6.90%	11.95%	13.55%
	1	0.02%	2.09%	3.49%	1.23%	0
	2	0.34%	3.22%	1.70%	0.23%	0
	3	1.11%	2.88%	0.65%	0.13%	0
	4	12.08%	4.37%	0.80%	0	0

（二）不同贫困经历年数下不同就业特征农民工多维贫困指数分解

表4-5为不同贫困经历年数下不同就业地点农民工多维贫困指数分解结果。从整体来看，本镇就业农民工贫困年数的贡献率最大，其次是本县，然后是本省，贡献率最小的是外省。当k=1时，本镇、本县、本省和外省就业农民工贫困4年的贡献率分别为52.63%、25.18%、9.36%和6.72%，贫困0年的贡献率几乎都为0，说明各就业地点农民工的多维贫困主要集中在贫困4年；当k=2时，各就业地点农民工贫困4年的贡献率下降到28.17%、13.69%、0.55%和0.34%，其他贫困年数的贡献率都呈现上升趋势，各就业地点农民工贫困0年的贡献率主要介于0.32%～3.09%，贫困1年的贡献率主要介于1.04%～6.59%，贫困2年的贡献率主要介于1.09%～8.53%，贫困3年的贡献率主要介于1.65%～9.7%，说明农民工多维贫困由贫困4年所导致；当k=3时，各就业地点农民工各贫困年数的贡献率随着贫困年数增加而降低，表现出贫困0年贡献率最高，贫困4年贡献率最低，各就业地点农民工贫困0年的贡献率分别是27.81%、13.42%、5.63%和3.98%，各就业地点农民工贫困4年的贡献率分别为2.24%、1.54%、0.55%和0.34%，说明高维度下农民工的多维贫困主要来自贫困年数较少的农民工；当k=4时，各就业地点农民工贫困0年的贡献率进一步增加，分别达到了49.31%、23.81%、8.94%和6.24%，而贫

困4年的贡献率都为0；当k=5时，各就业地点农民工多维贫困几乎全部来源于贫困0年的农民工。

表4-5 不同贫困经历年数下不同就业地点农民工多维贫困指数分解

特征	贫困年数	k=1	k=2	k=3	k=4	k=5
本镇	0	0.02%	3.09%	27.81%	49.31%	55.94%
	1	0.16%	6.59%	14.52%	4.60%	0
	2	0.88%	8.53%	7.35%	1.51%	0.14%
	3	2.39%	9.70%	4.17%	0.65%	0
	4	52.63%	28.17%	2.24%	0	0
本县	0	0.02%	1.49%	13.42%	23.81%	26.44%
	1	0.14%	2.73%	5.81%	1.82%	0.25%
	2	0.42%	3.84%	3.70%	1.05%	0
	3	0.94%	4.95%	2.21%	0	0
	4	25.18%	13.69%	1.54%	0	0
本省	0	0	0.77%	5.63%	8.94%	10.05%
	1	0	1.16%	2.11%	0.88%	0
	2	0.09%	1.57%	1.14%	0.23%	0
	3	0.61%	1.70%	0.62%	0	0
	4	9.36%	4.85%	0.55%	0	0
外省	0	0	0.32%	3.98%	6.24%	7.18%
	1	0	1.04%	1.45%	0.72%	0
	2	0.14%	1.09%	0.89%	0.23%	0
	3	0.32%	1.65%	0.52%	0	0
	4	6.72%	3.09%	0.34%	0	0

表4-6为不同贫困经历年数下不同职业类型农民工多维贫困指数分解结果。从整体来看，农民工多维贫困主要来自制造业、服务业和其他职业类农民工。当k=1时，各职业类型农民工贫困4年的贡献率较高，分别为30.6%、9.81%、20.65%、8.16%和24.6%，各职业类型农民工其他贫困年数的贡献率基本都小于1%，说明在低维度下农民工的多维贫困主要来自贫困4年的农民工；当k=2时，各职业类型农民工贫困4年的贡献率有所下降，分别下降为15.03%、6.17%、10.9%、2.9%和14.8%，各职业类型农

民工其他年数的贡献率有所上升，制造业农民工贫困 0~3 年贡献率主要介于2.09%~6.56%，建筑业农民工贫困 0~3 年贡献率主要介于 0.55%~1.44%，服务业农民工贫困 0~3 年贡献率主要介于 1.12%~3.3%，技术业农民工贫困 0~3 年贡献率主要介于 1.51%~1.8%，其他职业类农民工贫困 0~3 年贡献率主要介于 0.4%~4.88%，说明各职业农民工贫困年数在 0~4 之间分布较为均匀；当 k=3 时，各职业类型农民工贫困 4 年的贡献率进一步降低，分别为 1.62%、0.68%、0.58%、0% 和 1.79%，而各职业类型农民工贫困 0 年的贡献率提升较快，分别为 18.56%、5.31%、11.13%、7.35% 和 8.49%，各职业类型农民工各贫困年数的贡献率随着贫困年数的增加而降低，说明高维度下各职业类型农民工的贫困年数主要集中在 0~2 年；当 k=4 时，各职业类型农民工贫困 0 年的贡献率进一步增加，分别为 29.48%、9.33%、19.78%、9.64% 和 20.08%，各职业类型农民工贫困 4 年的贡献率都为 0；当 k=5 时，各职业类型农民工贫困 0 年的总贡献率几乎为 100%，说明高维度下农民工的贫困年数都较少。

表 4-6　不同贫困经历年数下不同职业类型农民工多维贫困指数分解

特征	贫困年数	k=1	k=2	k=3	k=4	k=5
制造	0	0	2.09%	18.56%	29.48%	32.14%
	1	0.02%	4.07%	6.42%	1.83%	0
	2	0.59%	4.53%	3.85%	0.57%	0.14%
	3	1.07%	6.56%	1.83%	0.40%	0
	4	30.60%	15.03%	1.62%	0	0
建筑	0	0.02%	0.55%	5.31%	9.33%	10.54%
	1	0.03%	1.20%	2.43%	0.87%	0
	2	0.14%	1.18%	1.40%	0.34%	0
	3	0.55%	1.44%	0.73%	0	0
	4	9.81%	6.17%	0.68%	0	0
服务	0	0	1.12%	11.13%	19.78%	21.62%
	1	0.06%	2.41%	6.04%	1.37%	0
	2	0.26%	3.89%	2.84%	0.23%	0
	3	0.65%	3.30%	1.04%	0.25%	0
	4	20.65%	10.90%	0.58%	0	0

续表

特征	贫困年数	k = 1	k = 2	k = 3	k = 4	k = 5
技术	0	0.02%	1.51%	7.35%	9.64%	10.28%
	1	0.19%	2.16%	2.13%	0.64%	0
	2	0.45%	1.91%	0.38%	0	0
	3	1.46%	1.80%	0.41%	0	0
	4	8.16%	2.90%	0	0	0
其他	0	0	0.40%	8.49%	20.08%	25.03%
	1	0	1.68%	6.88%	3.31%	0.25%
	2	0.07%	3.51%	4.60%	1.89%	0
	3	0.55%	4.88%	3.52%	0	0
	4	24.66%	14.80%	1.79%	0	0

二、不同贫困持续年数农民工多维贫困指数分解

（一）不同贫困持续年数下不同个体特征农民工多维贫困指数分解

表 4 - 7 为不同贫困持续年数下不同个体特征农民工多维贫困指数分解结果。从整体来看，农民工各贫困持续年数的贡献率随着维度数的增加由以贫困连续 4 年为主转变为以贫困连续 0 年为主，说明低维度下农民工贫困连续的年数较长，高维度下农民工贫困连续的年数较短。当 k = 1 时，农民工贫困不连续的贡献率为 0.5%，贫困连续 2 年的贡献率为 3.08%，贫困连续 3 年的贡献率为 2.5%，贫困连续 4 年的贡献率为 93.91%；当 k = 2 时，农民工贫困连续 4 年的贡献率下降为 52.78%，其他贫困连续年数的贡献率都明显上升，贫困连续 0 ~ 3 年的贡献率分别达到 18.52%、19.49% 和 9.21%，说明随着贫困维度数的提高，更多农民工的贫困连续年数在减少；当 k = 3 时，农民工贫困连续 4 年的贡献率进一步降低，贫困连续 0 年的贡献率上升到 61.07%，此时农民工多维贫困主要来自于贫困连续 0 ~ 2 年；当 k = 4 时，农民工贫困连续 4 年的贡献率下降为 0，贫困连续 0 年的贡献率上升为 77.74%；当 k = 5 时，农民工多维贫困仍然集中再贫困连续 0 ~ 2 年。

表 4－7　　不同贫困连续年数下农民工多维贫困指数分解

连续年数	k = 1	k = 2	k = 3	k = 4	k = 5
0	0.50%	18.52%	61.07%	77.74%	63.12%
2	3.08%	19.49%	20.92%	19.94%	36.88%
3	2.50%	9.21%	8.52%	2.32%	0
4	93.91%	52.78%	9.49%	0	0

表 4－8 为不同贫困连续年数下不同代际农民工多维贫困指数分解结果。从整体来看，农民工多维贫困主要来自老农民工。当 k = 1 时，新农民工和老农民工贫困连续 4 年的贡献率较高，分别为 23.33% 和 70%，说明在低维度下新农民工和老农民工的贫困持续较长；当 k = 2 时，新农民工和老农民工贫困连续 4 年的贡献率都有所下降，分别下降到 7.21% 和 42.58%，其他贫困连续年数的贡献率都有所上升，新农民工贫困连续 0 ~ 3 年的贡献率在 2.42% ~ 5.39%，老农民工贫困连续 0 ~ 3 年的贡献率在 3.25% ~ 12.6%，说明老农民工各贫困连续年数的贡献率都大于新农民工各贫困连续年数的贡献率；当 k = 3 时，新农民工和老农民工贫困连续 4 年的贡献率分别下降为 0.45% 和 4.22%，要比其他贫困连续年份的贡献率更低。新农民工和老农民工贫困连续 0 年的贡献率上升较快，分别达到了 16.53% 和 34.31%；当 k = 4 时，新农民工和老农民工贫困连续 0 年的贡献率分别达到 24.81% 和 63.49%，新农民工和老农民工贫困连续 4 年的贡献率都为 0；当 k = 5 时，新农民工和老农民工的多维贫困完全来自贫困连续 0 年。

表 4－8　不同贫困连续年数下不同代际农民工多维贫困指数分解

特征	连续年数	k = 1	k = 2	k = 3	k = 4	k = 5
新农民工	0	0.02%	2.42%	16.53%	24.81%	26.20%
	1	0.12%	4.95%	6.50%	1.06%	0
	2	0.76%	6.23%	2.00%	0.34%	0
	3	1.97%	5.39%	0.71%	0	0
	4	23.33%	7.21%	0.45%	0	0

续表

特征	连续年数	k = 1	k = 2	k = 3	k = 4	k = 5
老农民工	0	0.02%	3.25%	34.31%	63.49%	73.41%
	1	0.18%	6.57%	17.39%	6.96%	0.25%
	2	0.76%	8.80%	11.07%	2.69%	0.14%
	3	2.29%	12.60%	6.81%	0.65%	0
	4	70.55%	42.58%	4.22%	0	0

表4－9为不同贫困连续年数下不同性别农民工多维贫困指数分解结果。从整体来看，男性和女性在k=5下都不贫困，但男性多维贫困总体上要比女性多维贫困更加严重。当k=1时，男性农民工和女性农民工贫困连续4年的贡献率最高，分别为43.31%和28.57，男性农民工贫困连续0～3年的贡献率在4.15%～7.36%，女性农民工贫困连续0～3年的贡献率在3.25%～4.78%，说明男性农民工各贫困连续年数的贡献率都要比女性农民工各贫困连续年数的贡献率更高；当k=2时，男性农民工和女性农民工贫困连续4年的贡献率分别下降到14.33%和10.92%，其他贫困连续年数的贡献率都相应得到提升，男性农民工和女性农民工贫困连续0年的贡献率分别为36.17%和31.2%，男性农民工和女性农民工贫困连续2年的贡献率分别为15.86%和8.86%，男性农民工和女性农民工贫困连续3年的贡献率分别为3.26%和0.99%，说明k=3下男性农民工和女性农民工贫困连续年数主要为0～2年；当k=4时，男性农民工和女性农民工贫困连续0年的贡献率为27.75%和39.65%，贫困连续2年的贡献率分别为0和32.6%，男性农民工和女性农民工贫困连续3年和4年的贡献率都为0，说明男性农民工和女性农民工各贫困连续年数的贡献率随着维度的提高由以贫困连续4年为主转变为以贫困连续0年为主。

表4－9　不同贫困连续年数下不同性别农民工多维贫困指数分解

特征	连续年数	k = 1	k = 2	k = 3	k = 4	k = 5
男性	0	4.15%	24.40%	36.17%	27.75%	/
	2	7.36%	15.74%	15.86%	0	/
	3	4.77%	5.67%	3.26%	0	/
	4	43.31%	14.33%	1.10%	0	/

续表

特征	连续年数	k = 1	k = 2	k = 3	k = 4	k = 5
女性	0	3.25%	17.10%	31.20%	39.65%	/
	2	4.78%	6.86%	8.86%	32.60%	/
	3	3.82%	4.98%	0.99%	0	/
	4	28.57%	10.92%	2.56%	0	/

注："/" 表示为空值。

表 4－10 为不同贫困连续年数下不同婚姻状况农民工多维贫困指数分解结果。从整体来看，已婚农民工的多维贫困程度总体上要高于未婚农民工的多维贫困程度。当 k＝1 时，已婚农民工和未婚农民工多维贫困主要集中在贫困连续 4 年，其贫困贡献率分别为 62.82% 和 9.06%，已婚农民工贫困连续 0～3 年的贡献率在 5.88%～9.82%，未婚农民工贫困连续 2～3 年的贡献率在 0.66%～2.32%，已婚农民工各贫困连续年数的贡献率都要高于未婚农民工各贫困连续年数的贡献率；当 k＝2 时，只有已婚农民工和未婚农民工贫困连续 4 年的贡献率在下降，分别下降为 21.26% 和 3.99%，贫困连续 0 年的贡献率分别上升到 35.27% 和 6.14%，贫困连续 2 年的贡献率分别 20.54% 和 2.05%，贫困连续 3 年的贡献率分别为 9.38% 和 1.27%；当 k＝3 时，已婚农民工和未婚农民工贫困连续 0 年的贡献率分别提高到 53.75% 和 13.62%，贫困连续 2 年的贡献率分别为 23.63% 和 1.08%，已婚农民工和未婚农民工贫困连续 3 年和 4 年的贡献率都较小，说明高维度下已婚农民工和未婚农民工连续贫困的年数不长；当 k＝4 时，农民工多维贫困主要集中在已婚农民工贫困连续 0～2 年和未婚农民工贫困连续 0 年。

表 4－10　不同贫困连续年数下不同婚姻状况农民工多维贫困指数分解

特征	连续年数	k = 1	k = 2	k = 3	k = 4	k = 5
已婚	0	5.88%	35.37%	53.75%	58.77%	/
	2	9.82%	20.54%	23.63%	32.60%	/
	3	7.92%	9.38%	4.26%	0	/
	4	62.82%	21.26%	3.66%	0	/

续表

特征	连续年数	k = 1	k = 2	k = 3	k = 4	k = 5
未婚	0	1.52%	6.14%	13.62%	8.62%	/
	2	2.32%	2.05%	1.08%	0	/
	3	0.66%	1.27%	0	0	/
	4	9.06%	3.99%	0	0	/

注："/" 表示为空值。

（二）不同贫困持续年数下不同就业特征农民工多维贫困指数分解

表4－11为不同贫困连续年数下不同就业地点农民工多维贫困指数分解结果。从整体来看，各就业地点农民工各贫困连续年数的贡献率存在显著差异，就业地点越远，其贫困的贡献率也就越小。当k＝1时，本镇就业农民工贫困连续4年的贡献率为34.06%，本县就业农民工贫困连续4年的贡献率为26.29%，本省就业农民工贫困连续4年的贡献率为9.42%，外省就业农民工贫困连续4年的贡献率为2.1%，本镇就业农民工贫困连续0～3年的贡献率在2.95%～3.72%，本县就业农民工贫困连续0～3年的贡献率在3.03%～3.6%，本省就业农民工贫困连续0～3年的贡献率在1.25%～1.14%，外省就业农民工贫困连续0～3年的贡献率在0.14%～0.46%；当k＝2时，各就业地点农民工贫困连续4年的贡献率分别为12.39%、10.06%、2.04%和0.75，贫困连续0年的贡献率分别为17.82%、15.84%、5.75%和2.09%，贫困连续2年的贡献率分别为10.9%、7.89%、3.22%和0.58%，各就业地点农民工贫困3年的贡献率在0～6%；当k＝3时，各职业类型贫困连续0年的贡献率分别为28.55%、31.3%、6.79%和0.72%，贫困连续1年的贡献率分别为12.99%、8.67%、2.04%和0.58%，贫困连续3年和4年的贡献率基本在0～4%；当k＝4时，农民工多维贫困主要来自于各就业地点农民工贫困0年。

表4－11　不同贫困连续年数下不同就业地点农民工多维贫困指数分解

特征	连续年数	k = 1	k = 2	k = 3	k = 4	k = 5
本镇	0	2.95%	17.82%	28.55%	52.94%	/
	2	4.82%	10.90%	12.99%	21.13%	/
	3	3.72%	5.86%	3.15%	0	/
	4	34.06%	12.39%	1.26%	0	/
本县	0	3.03%	15.84%	31.30%	14.45%	/
	2	4.81%	7.89%	8.67%	0	/
	3	3.60%	3.67%	1.10%	0	/
	4	26.29%	10.06%	0	0	/
本省	0	1.25%	5.75%	6.79%	0	/
	2	2.05%	3.22%	2.04%	11.48%	/
	3	1.14%	1.12%	0	0	/
	4	9.42%	2.04%	1.30%	0	/
外省	0	0.17%	2.09%	0.72%	0	/
	2	0.46%	0.58%	1.01%	0	/
	3	0.14%	0	0	0	/
	4	2.10%	0.75%	1.10%	0	/

注：“/”表示为空值。

表4－12为不同贫困连续年数下不同职业类型农民工多维贫困指数分解结果。从整体来看，农民工多维贫困主要来自制造业和服务业。当k＝1时，各职业类型贫困4年的贡献率分别在20.93%、4.9%、26.48%、16.42%和3.15%，其他职业类型农民工贫困0～3年的贡献率在0～5%，说明各职业类型农民工多维贫困主要来自于贫困4年；当k＝2，各职业类型贫困4年的贡献率下降较多，分别下降到5.49%、1.77%、12.83%、3.52%和1.64%，贫困0年的贡献率分别为12.08%、3.41%、13.29%、11.17%和1.56%，制造业农民工贫困2～3年的贡献率分别为7.93%和3.01%，建筑业农民工贫困2～3年的贡献率分别为1.25%和0.78%，服务业农民工贫困2～3年的贡献率分别为8.28%和4.47%，技术业农民工贫困2～3年的贡献率分别为4.4%和1.95%，其他职业类农民工贫困2～3年的贡献率分别为0.73%和0.45%；当k＝3时，各职业类型农民工贫困0年的贡献率分别为18.39%、2.48%、12.83%、9.76%和4.37%，贫困4年的贡献

率分别为0、0、1.26%、0和2.4%，说明各职业类型农民工在4年内连续贫困年数进一步减少；当k=4时，农民工多维贫困主要集中在各职业类型贫困0~2年，贫困3~4年的贡献率都为0。

表4-12 不同贫困连续年数下不同职业类型农民工多维贫困指数分解

特征	连续年数	k=1	k=2	k=3	k=4	k=5
制造	0	1.66%	12.08%	18.39%	8.62%	/
	2	3.04%	7.93%	2.95%	10.02%	/
	3	2.12%	3.01%	1.03%	0	/
	4	20.93%	5.49%	0	0	/
建筑	0	0.45%	3.41%	2.48%	0	/
	2	1.55%	1.25%	1.98%	0	/
	3	0.50%	0.78%	0	0	/
	4	4.90%	1.77%	0	0	/
服务	0	1.52%	13.29%	32.38%	27.20%	/
	2	2.70%	8.28%	12.83%	11.11%	/
	3	1.98%	4.47%	2.23%	0	/
	4	26.48%	12.83%	1.26%	0	/
技术	0	3.60%	11.17%	9.76%	22.40%	/
	2	4.66%	4.40%	5.92%	0	/
	3	3.81%	1.95%	0.99%	0	/
	4	16.42%	3.52%	0	0	/
其他	0	0.18%	1.56%	4.37%	9.17%	/
	2	0.19%	0.73%	1.04%	11.48%	/
	3	0.18%	0.45%	0	0	/
	4	3.15%	1.64%	2.40%	0	/

注：“/”表示为空值。

三、不同贫困进入年数农民工多维贫困指数分解

（一）不同贫困进入年数下不同个体特征农民工多维贫困指数分解

表4-13为不同贫困进入年数农民工多维贫困指数分解结果。从总体

来看，不同维度下农民工多维贫困主要集中在贫困进入0年中，说明农民工绝大部分在4年内没有再次进入贫困的情况。当k=1时，农民工贫困进入0年的贡献率为97.6%，农民工贫困进入1年的贡献率为2.4%，农民工贫困进入2年的贡献率为0，说明k=1下农民工的多维贫困主要由贫困进入0~1年组成；当k=2时，农民工贫困进入0年的贡献率为74.14%，农民工贫困进入1年的贡献率为25.19%，农民工贫困进入2年的贡献率为0.67%，说明在k=2下农民工贫困进入的比例在增加；当k=3时，农民工贫困进入0年的贡献率为73.24%，农民工贫困进入1年的贡献率为26.3%，农民工贫困进入2年的贡献率为0.46%；当k=4时，农民工贫困进入0年的贡献率为92.7%，农民工贫困进入1年的贡献率为7.13%，农民工贫困进入2年的贡献率为0，说明农民工在高维度下贫困进入年数在减少；当k=5时，农民工贫困多维贫困主要由贫困进入0年组成，其贡献率达到99.88%。

表4-13　不同贫困进入年数农民工多维贫困指数分解

年数	k=1	k=2	k=3	k=4	k=5
0	97.60%	74.14%	73.24%	92.75%	99.88%
1	2.40%	25.19%	26.30%	7.13%	0.12%
2	0	0.67%	0.46%	0.12%	0

表4-14为不同贫困进入年数下不同代际农民工多维贫困指数分解结果。从总体来看，农民工的多维贫困主要来自老农民工。当k=1时，新农民工和老农民工贫困进入0年的贡献率分别为24.97%和72.63%，贫困进入1年的贡献率分别为1.23%和1.17%，贫困进入2年的贡献率都为0，说明k=1下农民工多维主要集中在贫困进入0年；当k=2时，新农民工和老农民工贫困进入0年的贡献率分别为17.19%和56.95%，贫困进入1年的贡献率分别为8.84%和16.35%，贫困进入2年的贡献率分别为0.17%和0.5%；当k=3时，新农民工和老农民工贫困进入0年的贡献率分别为21.75%和51.49%，贫困进入1年的贡献率分别为4.45%和21.85%，贫困进入2年的贡献率都为0；当k=4时，新农民工和老农民工贫困进入0年的贡献率分别为25.59%和67.17%，贫困进入1年的贡献率分别为0.61%和6.52%，说明高维度下农民工贫困进入的次数会降低；

当 k =4 时，新农民工和老农民贫困进入 0 年的贡献率分别为 26.2% 和 73.68%，其他贫困进入年数的贡献率几乎为 0。

表 4 -14 不同贫困进入年数下不同代际农民工多维贫困指数分解

特征	年数	k =1	k =2	k =3	k =4	k =5
新农民工	0	24.97%	17.19%	21.75%	25.59%	26.20%
	1	1.23%	8.84%	4.45%	0.61%	0
	2	0	0.17%	0	0	0
老农民工	0	72.63%	56.95%	51.49%	67.17%	73.68%
	1	1.17%	16.35%	21.85%	6.52%	0.12%
	2	0	0.50%	0.46%	0.12%	0

表 4 -15 为不同贫困进入年数下不同性别农民工多维贫困指数分解结果。整体来看，农民工多维贫困主要来自男性农民工。当 k =1 时，男性农民工和女性农民工贫困进入 0 年的贡献率分别为 63.01% 和 34.59%，贫困进入 1 年的贡献率分别为 1.45% 和 0.95%，贫困进入 2 年的贡献率都为 0，说明男性农民工和女性农民工的多维贫困主要来自于贫困 0 年；当 k =2 时，男性农民工和女性农民工贫困进入 0 年的贡献率都呈现下降趋势，分别下降为 46.38% 和 27.76%，贫困进入 1 年的贡献率分别为 17.67% 和 7.52%，贫困进入 2 年的贡献率分别为 0.42% 和 0.25%，说明 k =2 时农民工的多维贫困主要来自贫困 0 ~2 年；当 k =3 时，男性农民工和女性农民工贫困进入 0 年的贡献率分别为 48.38% 和 24.85%，贫困进入 1 年的贡献率分别为 15.62% 和 10.68%，贫困进入 2 年的贡献率分别为 0.46% 和 0，可以看出，随着维度数的提高，男性农民工和女性农民工贫困进入 0 年的贡献率开始上升，贫困进入 1 年的贡献率开始下降；当 k =4 时，男性农民工和女性农民工贫困进入 0 年的贡献率分别为 60.36% 和 32.39%，贫困进入 1 年的贡献率分别为 3.99% 和 3.15%，贫困进入 2 年的贡献率分别为 0.12% 和 0；当 k =5 时，男性农民工和女性农民工贫困进入 0 年的贡献率分别为 64.35% 和 35.54%，其他贫困进入年数的贡献率几乎都为 0。

表 4－15　不同贫困进入年数下不同性别农民工多维贫困指数分解

特征	年数	k = 1	k = 2	k = 3	k = 4	k = 5
男性	0	63.01%	46.38%	48.38%	60.36%	64.35%
	1	1.45%	17.67%	15.62%	3.99%	0.12%
	2	0	0.42%	0.46%	0.12%	0
女性	0	34.59%	27.76%	24.85%	32.39%	35.54%
	1	0.95%	7.52%	10.68%	3.15%	0
	2	0	0.25%	0	0	0

表 4－16 为不同贫困进入年份下不同婚姻农民工多维贫困指数分解结果。从整体来看，农民工的多维贫困主要来自已婚农民工。当 k =1 时，已婚农民工和未婚农民工贫困进入 0 年的贡献率分别为 84.68% 和 12.92%，贫困进入 1 年的贡献率分别为 1.77% 和 0.63%，贫困进入 2 年的贡献率都为 0，说明 k =1 下农民工的多维贫困主要来自于贫困进入 0 年；当 k =2 时，已婚农民工和未婚农民工贫困进入 0 年的贡献率分别为 65.54% 和 8.59%，贫困进入 1 年的贡献率分别为 20.47% 和 4.72%，贫困进入 2 年的贡献率分别为 0.44% 和 0.23%；当 k =3 时，已婚农民工和未婚农民工贫困进入 0 年的贡献率分别为 62.32% 和 10.92%，贫困进入 1 年的贡献率分别为 23.67% 和 2.63%，贫困进入 2 年的贡献率分别为 0.46% 和 0，说明在 k =2 ~3 下农民工多维贫困主要来自贫困进入 0 ~1 年；当 k =4 时，已婚农民工和未婚农民工贫困进入 0 年的贡献率分别为 80.53% 和 12.23%，贫困进入 1 年的贡献率分别为 5.81% 和 1.32%，贫困进入 2 年的贡献率分别为 0.12% 和 0，说明高维度下农民工多维贫困主要来自贫困进入 0 年；当 k =5 时，农民工多维贫困贡献率最高的仍然是贫困进入 0 年。

表 4－16　不同贫困进入年数下不同婚姻农民工多维贫困指数分解

特征	年数	k = 1	k = 2	k = 3	k = 4	k = 5
已婚	0	84.68%	65.54%	62.32%	80.53%	86.33%
	1	1.77%	20.47%	23.67%	5.81%	0.12%
	2	0	0.44%	0.46%	0.12%	0
未婚	0	12.92%	8.59%	10.92%	12.23%	13.55%
	1	0.63%	4.72%	2.63%	1.32%	0
	2	0	0.23%	0	0	0

（二）不同贫困进入年数下不同就业特征农民工多维贫困指数分解

表 4－17 为不同贫困进入年数下不同就业地点农民工多维贫困指数分解结果。从整体来看，各就业地点农民工多维贫困贡献率由高到低依次为本镇、本县、本省和外省，说明就业地点越远离家乡，农民工多维贫困程度就越小。当 k＝1 时，各就业地点农民工贫困进入 0 年的贡献率分别为 54.7%、26.12%、9.83%和 6.95%，贫困进入 1 年的贡献率分别为 1.38%、0.57%、0.22%和 0.23%，贫困进入 2 年的贡献率都为 0，说明低维度下各就业地点农民工多维贫困主要来自贫困进入 0 年；当 k＝2 时，各就业地点贫困进入 0 年的贡献率分别为 42.23%、19.67%、7.36%和 4.87%，贫困进入 1 年的贡献率分别为 13.29%、6.9%、2.69%和 2.31%，贫困进入 2 年的贡献率分别为 0.56%、0.12%、0 和 0，说明 k＝2 下各就业地点农民工多维贫困主要来自贫困进入 0～1 年；当 k＝3 时，各就业地点贫困进入 0 年的贡献率分别为 40.81%、19.29%、7.46%和 5.67%，贫困进入 1 年的贡献率分别为 15.18%、7.30%、2.49%和 1.33%，贫困进入 2 年的贡献率都在 1%以下；当 k＝3 时，各就业地点农民工贫困进入 0 年的贡献率分别为 40.81%、19.29%、7.46%和 5.67%，贫困进入 1 年的贡献率在 1%～16%，贫困进入 2 年的贡献率都在 1%以下；当 k＝4－5 时，各就业地点农民工多维贫困主要来自贫困进入 0 年，说明高维度下农民工多维贫困状态变化不大。

表 4－17　不同进入贫困年数下不同就业地点农民工多维贫困指数分解

特征	年数	k＝1	k＝2	k＝3	k＝4	k＝5
本镇	0	54.70%	42.23%	40.81%	52.23%	56.08%
	1	1.38%	13.29%	15.18%	3.74%	0
	2	0	0.56%	0.09%	0.12%	0
本县	0	26.12%	19.67%	19.29%	24.64%	26.57%
	1	0.57%	6.90%	7.30%	2.05%	0.12%
	2	0	0.12%	0.10%	0	0
本省	0	9.83%	7.36%	7.46%	9.14%	10.05%
	1	0.22%	2.69%	2.49%	0.91%	0
	2	0	0	0.09%	0	0

续表

特征	年数	k = 1	k = 2	k = 3	k = 4	k = 5
外省	0	6.95%	4.87%	5.67%	6.75%	7.18%
	1	0.23%	2.31%	1.33%	0.43%	0
	2	0	0	0.18%	0	0

表4－18为不同贫困进入年数下不同职业类型农民工多维贫困指数分解结果。从整体来看，各职业类型农民工贡献率由高到低依次为制造业、其他类职业、服务业、建筑业和技术业。当k=1时，各职业类型农民工贫困进入0年的贡献率分别为31.61%、10.26%、21.32%、9.46%和24.95%，贫困进入1年的贡献率在0~1%，贫困进入2年的贡献率都为0，说明低维度下农民工多维贫困主要来自贫困进入0年；当k=2时，各职业类型农民工贫困进入0年的贡献率分别为22.78%、8.12%、15.87%、7.65%和19.71%，贫困进入1年的贡献率在2%~10%，贫困进入2年的贡献率在0~1%；当k=3时，各职业类型农民工贫困进入0年的贡献率分别为24.37%、7.37%、14.74%、8.47%和18.28%，贫困进入1年的贡献率在1%~8%，贫困进入2年的贡献率都在10%以下，说明在k=2和k=3下农民工多维贫困主要来自贫困进入0~1年；当k=4时，各职业类型农民工贫困进入0年的贡献率分别为30.57%、9.65%、20.27%、9.99%和22.27%，贫困进入1年的贡献率在1%~3%，贫困进入2年的贡献率几乎都为0；当k=5时，各职业类型农民工多维贫困主要集中在贫困进入0年，其他贫困进入年数的贡献率几乎为0，说明在高维度下各职业类型农民工贫困加深的可能性较小。

表4－18　不同贫困进入年数下不同职业类型农民工多维贫困指数分解

特征	年数	k = 1	k = 2	k = 3	k = 4	k = 5
制造	0	31.61%	22.78%	24.37%	30.57%	32.28%
	1	0.67%	9.14%	7.54%	1.59%	0
	2	0	0.36%	0.37%	0.12%	0
建筑	0	10.26%	8.12%	7.37%	9.65%	10.54%
	1	0.29%	2.42%	3.17%	0.90%	0
	2	0	0	0	0	0

续表

特征	年数	k = 1	k = 2	k = 3	k = 4	k = 5
服务	0	21.32%	15.87%	14.74%	20.27%	21.62%
	1	0.30%	5.56%	6.89%	1.35%	0
	2	0	0.18%	0	0	0
技术	0	9.46%	7.65%	8.47%	9.99%	10.28%
	1	0.82%	2.56%	1.80%	0.28%	0
	2	0	0.07%	0	0	0
其他	0	24.95%	19.71%	18.28%	22.27%	25.16%
	1	0.33%	5.51%	6.90%	3.00%	0.12%
	2	0	0.06%	0.10%	0	0

四、不同贫困退出年数农民工多维贫困指数分解

（一）不同贫困退出年数下不同个体特征农民工多维贫困指数分解

表4－19为不同贫困退出年数下农民工多维贫困指数分解结果。从整体来看，农民工多维贫困主要来自贫困退出0年。当k＝1时，农民工贫困退出0年贡献率为99.22%，贫困退出1年贡献率为5.65%，贫困退出2年贡献率为0.13%，说明k＝1下农民工贫困退出的情况较少；当k＝2时，农民工贫困退出0年贡献率为60.22%，贫困退出1年贡献率为36.93%，贫困退出0年贡献率为60.22%，贫困退出1年贡献率为36.93%，贫困退出2年贡献率为2.85%；当k＝3时，农民工贫困退出0年贡献率为60.38%，贫困退出1年贡献率为36.46%，贫困退出2年贡献率为3.16%，说明k＝2和k＝3下农民工贫困退出的比例在升高，但是绝大部分农民工依然没有退出；当k＝4时，农民工贫困退出0年贡献率为89.26%，贫困退出1年贡献率为10.26%，贫困退出2年贡献率为0.48%，可以看出贫困退出0年的贡献率在提高；当k＝5时，农民工贫困退出0年贡献率为99.61%，贫困退出1年贡献率为0.39%，说明在高维度下农民工贫困退出状态变动可能性较小。

表 4－19　　不同贫困退出年数下农民工多维贫困指数分解

年数	k＝1	k＝2	k＝3	k＝4	k＝5
0	94.22%	60.22%	60.38%	89.26%	99.61%
1	5.65%	36.93%	36.46%	10.26%	0.39%
2	0.13%	2.85%	3.16%	0.48%	0

表 4－20 为不同贫困退出年数下不同代际农民工多维贫困指数分解结果。从整体来看，农民工的多维贫困主要来自老农民工。当 k＝1 时，新农民工和老农民工贫困退出 0 年的贡献率分别为 23.54% 和 70.68%，贫困退出 1 年的贡献率分别为 2.6% 和 3.05%，贫困退出 2 年的贡献率分别为 0.06% 和 0.07%，说明在 k＝1 时老农民工的贫困程度更深；当 k＝2 时，新农民工和老农民工贫困退出 0 年的贡献率分别为 10.76% 和 49.46%，贫困退出 1 年的贡献率分别为 14.22% 和 22.71%，贫困退出 2 年的贡献率分别为 1.23% 和 1.63%，说明农民工多维贫困主要来自贫困退出 0～1 年；当 k＝3 时，新农民工和老农民工贫困退出 0 年的贡献率分别为 17.62% 和 42.76%，贫困退出 1 年的贡献率分别为 7.83% 和 28.63%，贫困退出 2 年的贡献率分别为 0.75% 和 2.41%；当 k＝4 时，新农民工和老农民工贫困退出 0 年的贡献率分别为 26.2% 和 73.41%，其他贫困退出年数的贡献率几乎都为 0，说明高维度下农户多维贫困退出不频繁。

表 4－20　　不同贫困退出年数下不同代际农民工多维贫困指数分解

特征	年数	k＝1	k＝2	k＝3	k＝4	k＝5
新农民工	0	23.54%	10.76%	17.62%	25.25%	26.20%
	1	2.60%	14.22%	7.83%	0.95%	0
	2	0.06%	1.23%	0.75%	0	0
老农民工	0	70.68%	49.46%	42.76%	64.02%	73.41%
	1	3.05%	22.71%	28.63%	9.31%	0.39%
	2	0.07%	1.63%	2.41%	0.48%	0

表 4－21 为不同贫困退出年数下不同性别农民工多维贫困指数分解结果。从整体来看，农民工的多维贫困主要来自男性农民工。当 k＝1 时，男性农民工和女性农民工贫困退出 0 年的贡献率分别为 61.12% 和 33.09%，贫困退出 1 年的贡献率分别为 3.24% 和 2.41%，贫困退出 2 年的贡献率分

别为 0.1% 和 0.03%，说明在低维度下农民工贫困退出比例较小；当 k = 2 时，男性农民工和女性农民工贫困退出 0 年的贡献率分别为 37.87% 和 22.35%，贫困退出 1 年的贡献率分别为 24.48% 和 12.44%，贫困退出 2 年的贡献率分别为 2.11% 和 0.74%，说明在 k = 2 下农民工多维贫困主要来自贫困退出 0 ~ 1 年；当 k = 3 时，男性农民工和女性农民工贫困退出 0 年的贡献率分别为 41.95% 和 18.43%，贫困退出 1 年的贡献率分别为 21.14% 和 18.43%，贫困退出 2 年的贡献率分别为 1.37% 和 1.78%，此时的贡献分布和 k = 2 时的结果相差不多；当 k = 4 时，男性农民工和女性农民工贫困退出 0 年的贡献率分别为 59.73% 和 29.53%，贫困退出 1 年的贡献率分别为 4.74% 和 5.52%，贫困退出 2 年的贡献率分别为 0 和 0.48%，可以看出，农民工多维贫困的主要贡献又重新回到了贫困退出 0 年；当 k = 5 时，男性农民工和女性农民工贫困退出 0 年的贡献率分别为 64.35% 和 35.27%，其他贫困退出年数的贡献率几乎为 0。

表 4 – 21　不同退出贫困年数下不同性别农民工多维贫困指数分解

特征	年数	k = 1	k = 2	k = 3	k = 4	k = 5
男性	0	61.12%	37.87%	41.95%	59.73%	64.35%
	1	3.24%	24.48%	21.14%	4.74%	0.12%
	2	0.10%	2.11%	1.37%	0	0
女性	0	33.09%	22.35%	18.43%	29.53%	35.27%
	1	2.41%	12.44%	15.32%	5.52%	0.27%
	2	0.03%	0.74%	1.78%	0.48%	0

表 4 – 22 为不同贫困退出年数下不同婚姻状况农民工多维贫困指数分解结果。从整体来看，农民工贫困主要来自已婚农民工。当 k = 1 时，已婚农民工和未婚农民工贫困退出 0 年的贡献率分别为 82.06% 和 12.16%，贫困退出 1 年的贡献率分别为 4.3% 和 1.35%，贫困退出 2 年的贡献率分别为 0.09% 和 0.04%，说明 k = 1 下农民工多维贫困主要集中在贫困退出 0 年；当 k = 2 时，已婚农民工和未婚农民工贫困退出 0 年的贡献率分别为 54.34% 和 5.88%，贫困退出 1 年的贡献率分别为 30.05% 和 6.88%，贫困退出 2 年的贡献率分别为 2.06% 和 0.79%，说明此时农民工多维贫困由以贫困退出 0 年为主转变为以贫困退出 0 ~ 1 年为主；当 k = 3 时，已婚农民

工和未婚农民工贫困退出0年的贡献率分别为52.18%和8.2%，贫困退出1年的贡献率分别为31.73%和4.73%，贫困退出2年的贡献率分别为2.55%和0.61%；当k=4时，已婚农民工和未婚农民工贫困退出0年的贡献率分别为76.79%和12.47%，贫困退出1年的贡献率分别为9.18%和1.08%，贫困退出2年的贡献率分别为0.48%和0；当k=5时，已婚农民工和未婚农民工贫困退出0年的贡献率分别为86.06%和13.55%，其他贫困退出年数的贡献率基本为0。

表4－22　不同贫困退出年数下不同婚姻农民工多维贫困指数分解

特征	年数	k=1	k=2	k=3	k=4	k=5
已婚	0	82.06%	54.34%	52.18%	76.79%	86.06%
	1	4.30%	30.05%	31.73%	9.18%	0.39%
	2	0.09%	2.06%	2.55%	0.48%	0
未婚	0	12.16%	5.88%	8.20%	12.47%	13.55%
	1	1.35%	6.88%	4.73%	1.08%	0
	2	0.04%	0.79%	0.61%	0	0

（二）不同贫困退出年数下不同就业特征农民工多维贫困指数分解

表4－23为不同贫困退出年数下不同就业特征农民工多维贫困指数分解结果。从整体来看，各就业地点农民工多维贫困贡献率由高到低分别为本镇、本县、本省和外省，说明就业地点离家越远的农民工，其贫困程度就越低。当k=1时，各就业地点农民工贫困退出0年的贡献率分别为52.79%、25.36%、9.36%和6.72%，农民工贫困退出1年的贡献率分别为3.29%、1.23%、0.66%和0.46%，农民工贫困退出2年的贡献率分别为0、0.1%、0.03%和0，说明此时农民工的多维贫困主要来自贫困退出0年；当k=2时，各就业地点农民工贫困退出0年的贡献率分别为33.7%、16.78%、6.14%和0.27%，农民工贫困退出1年的贡献率分别为20.93%、9.09%、3.6%和3.3%，农民工贫困退出2年的贡献率在0～2%；当k=3时，各就业地点农民工贫困退出0年的贡献率分别为32.09%、16.86%、6.74%和4.69%，农民工贫困退出1年的贡献率分别为21.98%、9.19%、2.97%和2.32%，农民工贫困退出2年的贡献率在

0～3%；当k＝4时，各职业类型农民工贫困退出0年的贡献率分别为49.63%、24.15%、9.13%和6.36%，贫困退出1年的贡献率在0～7%，贫困退出2年的贡献率在0～1%；当k＝5时，各职业类型农民工的多维贫困主要来自贫困退出0年。

表4－23　不同贫困退出年数下不同就业地点农民工多维贫困指数分解

特征	年数	k＝1	k＝2	k＝3	k＝4	k＝5
本镇	0	52.79%	33.70%	32.09%	49.63%	55.94%
	1	3.29%	20.93%	21.98%	6.10%	0.14%
	2	0	1.45%	2.01%	0.35%	0
本县	0	25.36%	16.78%	16.86%	24.15%	26.44%
	1	1.23%	9.09%	9.19%	2.42%	0.25%
	2	0.10%	0.82%	0.64%	0.13%	0
本省	0	9.36%	6.14%	6.74%	9.13%	10.05%
	1	0.66%	3.60%	2.97%	0.92%	0
	2	0.03%	0.31%	0.34%	0	0
外省	0	6.72%	3.61%	4.69%	6.36%	7.18%
	1	0.46%	3.30%	2.32%	0.83%	0
	2	0	0.27%	0.17%	0	0

表4－24为不同贫困退出年数下不同职业类型农民工多维贫困指数分解结果。从整体来看，各职业类型农民工多维贫困贡献率由高到低为制造业、其他职业类、服务业、建筑业和技术业。当k＝1时，各职业类型农民工贫困退出0年的贡献率分别为30.8%、9.83%、20.69%、8.24%和24.66%，贫困退出1年的贡献率分别为1.42%、0.69%、0.93%、2%和0.62%，贫困退出2年的贡献率分别为0.06%、0.03%、80%、0.04%和0，说明k＝1下农民工的多维贫困主要来自于贫困退出0年；当k＝2时，各职业类型农民工贫困退出0年的贡献率分别为19.51%、6.96%、13.09%、4.82%和15.84%，贫困退出1年的贡献率分别为11.75%、3.34%、7.89%、5.1%和8.85%，贫困退出2年的贡献率分别为1.02%、0.24%、0.64%、0.36%和0.58%，可以看出，贫困退出0年的贡献率在降低，其他贫困退出年数的贡献率有较大增幅，说明随着维度数的提高，

各职业类型贫困退出的可能性在增大；当 k =3 时，各职业类型农民工贫困退出 0 年的贡献率分别为 21.53%、6.51%、12.87%、7.82 和 11.65%，贫困退出 1 年的贡献率分别为 10.21%、3.57%、7.66%、2.46% 和 12.57%，贫困退出 2 年的贡献率分别为 0.54%、0.46%、1.09%、0 和 1.06%；当 k =4 和 k =5 时，各职业类型农民工贫困主要来自贫困退出 0 年。

表 4－24　不同贫困退出年数下不同职业类型农民工多维贫困指数分解

特征	年数	k =1	k =2	k =3	k =4	k =5
制造	0	30.80%	19.51%	21.53%	29.67%	32.14%
	1	1.42%	11.75%	10.21%	2.38%	0.14%
	2	0.06%	1.02%	0.54%	0.23%	0
建筑	0	9.83%	6.96%	6.51%	9.66%	10.54%
	1	0.69%	3.34%	3.57%	0.88%	0
	2	0.03%	0.24%	0.46%	0	0
服务	0	20.69%	13.09%	12.87%	19.89%	21.62%
	1	0.93%	7.89%	7.66%	1.73%	0
	2	0	0.64%	1.09%	0	0
技术	0	8.24%	4.82%	7.82%	9.64%	10.28%
	1	2.00%	5.10%	2.46%	0.64%	0
	2	0.04%	0.36%	0	0	0
其他	0	24.66%	15.84%	11.65%	20.40%	25.03%
	1	0.62%	8.85%	12.57%	4.63%	0.25%
	2	0	0.58%	1.06%	0.25%	0

第二节　农民工的多维贫困动态结果分解

一、不同个体特征农民工多维贫困动态结果

表 4－25 为不同贫困动态结果类型农民工多维贫困指数分解结果。从

整体来看，随着维度数的提高，农民工多维贫困主要以从不贫困为主转向以慢性贫困为主。当 k = 1 时，各贫困动态结果类型的贡献率分别为 0.04%、1.82%和 98.14%，说明农民工主要处于慢性贫困阶段；当 k = 2 时，从不贫困和暂时贫困的贡献率都有所上升，其贡献率分别为 5.67%和 26.55%，慢性贫困的贡献率下降幅度较大，下降到 67.78%，说明此时农民工贫困虽然仍以慢性贫困为主，但暂时贫困的比例也不小；当 k = 3 时，从不贫困和暂时贫困的贡献率继续增加，分别达到 50.85%和 36.96%，慢性贫困贡献率下降到 12.19%，说明此时农民工的多维贫困更多来源于从不贫困和暂时贫困；当 k = 4 时，从不贫困贡献率占据主要地位，其贡献率达到了 88.30%，而暂时贫困和慢性贫困的比例分别为 11.05%和 0.65%，说明随着维度数的提高，农民工的贫困程度相对较低；当 k = 5 时，农民工多维贫困的贡献率几乎全部来自从不贫困，其贡献率达到了 99.61%，说明此时农民工的贫困发生率为 0。

表 4 - 25　不同贫困动态结果类型农民工多维贫困指数分解

类型	k = 1	k = 2	k = 3	k = 4	k = 5
从不贫困	0.04%	5.67%	50.85%	88.30%	99.61%
暂时贫困	1.82%	26.55%	36.96%	11.05%	0.39%
慢性贫困	98.14%	67.78%	12.19%	0.65%	0

表 4 - 26 为不同贫困动态结果下不同代际农民工多维贫困指数分解结果。从整体来看，农民工的多维贫困主要来自老农民工。当 k = 1 时，新农民工各贫困动态结果的贡献率分别为 0.02%、0.88%和 25.3%，老农民工各贫困动态结果的贡献率分别为 0.02%、0.94%和 72.84%，说明农民工的多维贫困主要来自新农民工和老农民工的慢性贫困，其他贫困动态结果的贡献率较小；当 k = 2 时，新农民工和老农民工的从不贫困和暂时贫困贡献率都有所上升，新农民工上升到 2.42%和 11.18%，老农民工上升到 3.25%和 15.37%，而两者的慢性贫困分别下降为 12.6%和 55.18%；当 k = 3 时，农民工的从不贫困贡献率最高，慢性贫困贡献率最低，新农民工和老农民工从不贫困上升到 16.53%和 34.31%，暂时贫困分别为 8.5%和 28.46%，慢性贫困分别为 1.16%和 11.03%，说明随着维度数提高，新农

民工和老农民工更多的是处于从不贫困状态；当 k =4 时，新农民工和老农民工从不贫困贡献率继续上升，分别达到 24. 81% 和 63. 49% ，两者的暂时贫困和慢性贫困都有所下降，新农民工暂时贫困和慢性贫困的贡献率分别为 1. 39% 和 0，老农民工暂时贫困和慢性贫困的贡献率分别为 9. 66% 和 0. 65% ；当 k =5 时，新农民工和老农民工多维贫困主要来自从不贫困，其贡献率分别达到 26. 2% 和 73. 41% 。

表 4 –26　不同贫困动态结果下不同代际农民工多维贫困指数分解

特征	类型	k =1	k =2	k =3	k =4	k =5
新农民工	从不贫困	0. 02%	2. 42%	16. 53%	24. 81%	26. 20%
	暂时贫困	0. 88%	11. 18%	8. 50%	1. 39%	0
	慢性贫困	25. 30%	12. 60%	1. 16%	0	0
老农民工	从不贫困	0. 02%	3. 25%	34. 31%	63. 49%	73. 41%
	暂时贫困	0. 94%	15. 37%	28. 46%	9. 66%	0. 39%
	慢性贫困	72. 84%	55. 18%	11. 03%	0. 65%	0

表 4 –27 为不同贫困动态结果下不同性别农民工多维贫困指数分解结果。从整体来看，男性农民工的多维贫困程度比女性农民工多维贫困程度更高。当 k =1 时，男性农民工各贫困动态结果的贡献率分别为 0. 02% 、0. 99% 和 63. 45% ，女性农民工各贫困动态结果的贡献率分别为 0. 02% 、0. 82% 和 34. 7% ，说明 k =1 下农民工多维贫困主要来自慢性贫困；当 k =2 时，男性农民工各贫困动态结果的贡献率分别为 3. 45% 、17. 74% 和 43. 27% ，女性农民工各贫困动态结果的贡献率分别为 2. 22% 、8. 81% 和 24. 51% ，可以看出农民工从不贫困和暂时贫困的贡献率提升较快，慢性贫困贡献率下降幅度较大；当 k =3 时，男性农民工各贫困动态结果的贡献率分别为 36. 21% 、21. 53% 和 6. 72% ，女性农民工各贫困动态结果的贡献率分别为 14. 63% 、15. 43% 和 5. 47% ，可以看出在 k =3 下农民工的多维贫困主要来自从不贫困；当 k =4 时，男性农民工和女性农民工从不贫困的贡献率进一步提升，分别上升到 58. 88% 和 29. 42% ，而暂时贫困基本都在 5% 左右，慢性贫困都在 1% 以下，说明高维度下农民工的多维贫困程度不高；当 k =5 时，农民工的多维贫困几乎完全来自从不贫困，男性农民工和女性农民工从不贫困的贡献率分别达到 64. 35% 和 35. 27% 。

表4－27　不同贫困动态结果下不同性别农民工多维贫困指数分解

特征	类型	k＝1	k＝2	k＝3	k＝4	k＝5
男性	从不贫困	0.02%	3.45%	36.21%	58.88%	64.35%
	暂时贫困	0.99%	17.74%	21.53%	5.59%	0.12%
	慢性贫困	63.45%	43.27%	6.72%	0	0
女性	从不贫困	0.02%	2.22%	14.63%	29.42%	35.27%
	暂时贫困	0.82%	8.81%	15.43%	5.46%	0.27%
	慢性贫困	34.70%	24.51%	5.47%	0.65%	0

表4－28为不同贫困动态结果下不同婚姻状况农民工多维贫困指数分解结果。从整体来看，已婚农民工多维贫困程度要高于未婚农民工多维贫困程度。当k＝1时，已婚农民工各贫困动态结果的贡献率分别为0.04%、1.45%和84.96%，未婚农民工各贫困动态结果的贡献率分别为0、0.36%和13.19%，说明此时农民工更多的是处于慢性贫困状态；当k＝2时，已婚农民工各贫困动态结果的贡献率分别为4.69%、21.23%和60.53%，未婚农民工各贫困动态结果的贡献率分别为0.98%、5.32%和7.25%，可以看出，从不贫困和暂时贫困的贡献率随着维度数提高而增加；当k＝3时，已婚农民工从不贫困和暂时贫困的贡献率继续上升，分别上升到43.94%和31.77%，已婚农民工慢性贫困贡献率则下降到10.74%，未婚农民工的从不贫困贡献率上升到11.95%，未婚农民工的暂时贫困和慢性贫困贡献率则分别下降到5.2%和1.45%，说明高维度下农民工更多处于从不贫困状态；当k＝4时，已婚农民工多维贫困主要来自从不贫困和暂时贫困，其贡献率分别为76.35%和9.58%，未婚农民工多维贫困主要来自从不贫困，其贡献率为11.95%；当k＝5时，已婚农民工和未婚农民工多维贫困主要来自从不贫困，分别为86.06%和13.55%。

表4－28　不同贫困动态结果下不同婚姻状况农民工多维贫困指数分解

特征	类型	k＝1	k＝2	k＝3	k＝4	k＝5
已婚	从不贫困	0.04%	4.69%	43.94%	76.35%	86.06%
	暂时贫困	1.45%	21.23%	31.77%	9.58%	0.39%
	慢性贫困	84.96%	60.53%	10.74%	0.52%	0

续表

特征	类型	k = 1	k = 2	k = 3	k = 4	k = 5
未婚	从不贫困	0	0.98%	6.90%	11.95%	13.55%
	暂时贫困	0.36%	5.32%	5.20%	1.47%	0
	慢性贫困	13.19%	7.25%	1.45%	0.13%	0

二、不同就业特征农民工多维贫困动态结果

表 4-29 为不同贫困动态结果下不同就业地点农民工多维贫困指数分解结果。从整体来看，就业地点离家越远的农民工，其贫困程度越低。当 k = 1 时，各就业地点农民工从不贫困贡献率分别为 0.02%、0.02%、0 和 0，暂时贫困贡献率分别为 1.04%、0.55%、0.09% 和 0.14%，慢性贫困贡献率分别为 55.02%、26.12%、9.96% 和 7.04%，说明低维度下各就业地点农民工更多处于慢性贫困；当 k = 2 时，各就业地点农民工从不贫困的贡献率在 0.32% ~ 3.09%，暂时贫困贡献率在 2.12% ~ 15.12%，慢性贫困贡献率在 4.73% ~ 37.87%，可以发现随着维度数提高，各就业地点农民工的贫困程度在降低，最为直接的表现为慢性贫困的贡献率在下降；当 k = 3 时，各就业地点农民工从不贫困贡献率在 3.98% ~ 27.81%，暂时贫困贡献率在 2.34% ~ 21.87%，慢性贫困贡献率在 0.86% ~ 6.41%，说明此时农民工多维贫困主要由从不贫困构成；当 k = 4 时，各就业地点农民工从不贫困贡献率在 6.24% ~ 49.31%，暂时贫困贡献率在 0.94% ~ 6.12%，慢性贫困贡献率在 0 ~ 0.65%；当 k = 5 时，各就业地点农民工从不贫困贡献率在 7.18% ~ 55.94%，暂时贫困和慢性贫困贡献率基本在 1% 以下。

表 4-29　不同贫困动态结果下不同就业地点农民工多维贫困指数分解

特征	类型	k = 1	k = 2	k = 3	k = 4	k = 5
本镇	从不贫困	0.02%	3.09%	27.81%	49.31%	55.94%
	暂时贫困	1.04%	15.12%	21.87%	6.12%	0.14%
	慢性贫困	55.02%	37.87%	6.41%	0.65%	0

续表

特征	类型	k = 1	k = 2	k = 3	k = 4	k = 5
本县	从不贫困	0.02%	1.49%	13.42%	23.81%	26.44%
	暂时贫困	0.55%	6.57%	9.51%	2.88%	0.25%
	慢性贫困	26.12%	18.63%	3.75%	0	0
本省	从不贫困	0	0.77%	5.63%	8.94%	10.05%
	暂时贫困	0.09%	2.73%	3.24%	1.11%	0
	慢性贫困	9.96%	6.55%	1.17%	0	0
外省	从不贫困	0	0.32%	3.98%	6.24%	7.18%
	暂时贫困	0.14%	2.12%	2.34%	0.94%	0
	慢性贫困	7.04%	4.73%	0.86%	0	0

表4-30为不同贫困动态结果下不同职业类型农民工多维贫困指数分解结果。从整体来看，制造业、服务业和其他职业类农民工多维贫困程度更高，建筑业和技术业农民工多维贫困程度更低。当k=1时，各职业类型农民工从不贫困的贡献率基本在0，暂时贫困贡献率在0.07%~0.64%，慢性贫困贡献率在9.61%~31.67%，说明低维度下农民工的贫困程度整体较高；当k=2时，各职业类型农民工从不贫困贡献率在0~3%，暂时贫困贡献率在2.39%~8.6%，慢性贫困农民工贡献率在4.7%~21.59%，可以看出各职业类型农民工慢性贫困程度随着维度数的提高而减少；当k=3时，各职业类型农民工从不贫困和暂时贫困贡献率继续上升，慢性贫困贡献率继续下降，各职业类型农民工多维贫困贡献率在5.31%~18.56%，暂时贫困贡献率在0.41%~5.31%，可以看出各职业类型农民工多维贫困主要集中在从不贫困类型；当k=4各职业类型农民工从不贫困贡献率在9.33%~29.48%，暂时贫困贡献率在0.64%~5.2%，慢性贫困贡献率在0~0.4%，说明维度数越高，各职业类型农民工从不贫困的比例也就越大；当k=5时，农民工多维贫困主要集中在从不贫困类型，其他贫困类型贡献率几乎都为0，各职业类型从不贫困贡献率分别为32.14%、10.54%、21.62%、10.28%和25.03%。

表 4－30　不同贫困动态结果下不同职业类型农民工多维贫困指数分解

特征	类型	k = 1	k = 2	k = 3	k = 4	k = 5
制造	从不贫困	0	2.09%	18.56%	29.48%	32.14%
	暂时贫困	0.61%	8.60%	10.27%	2.41%	0.14%
	慢性贫困	31.67%	21.59%	3.45%	0.40%	0
建筑	从不贫困	0.02%	0.55%	5.31%	9.33%	10.54%
	暂时贫困	0.17%	2.39%	3.82%	1.21%	0
	慢性贫困	10.36%	7.61%	1.41%	0	0
服务	从不贫困	0	1.12%	11.13%	19.78%	21.62%
	暂时贫困	0.32%	6.30%	8.87%	1.60%	0
	慢性贫困	21.30%	14.21%	1.62%	0.25%	0
技术	从不贫困	0.02%	1.51%	7.35%	9.64%	10.28%
	暂时贫困	0.64%	4.07%	2.51%	0.64%	0
	慢性贫困	9.61%	4.70%	0.41%	0	0
其他	从不贫困	0	0.40%	8.49%	20.08%	25.03%
	暂时贫困	0.07%	5.19%	11.48%	5.20%	0.25%
	慢性贫困	25.20%	19.68%	5.31%	0	0

第三节　本章小结

本章基于农民工多维贫困及其动态性的测度结果，从多维贫困动态过程和动态结果两个角度分解农民工多维贫困指数。从农民工多维贫困动态过程分解结果可知，各贫困经历年数的贡献率随着 k 值的增加，由以 4 年为主转变为以 0 年为主，不同个体特征和就业特征农民工的分解结果也表现为此规律，而且新农民工、女性农民工、未婚农民工、外省就业农民工和技术业农民工各贫困经历年数的贡献率分别要比老农民工、男性农民工、已婚农民工、其他地点就业农民工和其他职业农民工各贫困经历年数的贡献率要低。各贫困持续年数的贡献率随着 k 值的增加，由以 4 年为主转变为以 0 年为主，不同个体特征和就业特征农民工的分解结果也表现为此规律，而且新农民工、女性农民工、未婚农民工、外省就业农民工和技术业农民工各贫困持续年数的贡献率分别要比老农民工、男性农民工、已婚农民工、其他地点就业农民工和其他职业农民工各贫困持续年数的贡献率要低。不同 k 值下各贫困进入年数的贡献率主要以 0 年为最大，1 ~2 年的贡献率与 k 值呈现倒“U”形关系，不同个体特征和就业特征农民工的分解结果也表现出此规律，且新农民工、女性农民工、未婚农民工、外省就业农民工和技术业农民工各贫困进入年数的贡献率要更低。不同 k 值下各贫困退出年数的贡献率主要以 0 年为最大，1 ~2 年的贡献率与 k 值呈现倒“U”形关系，不同个体特征和就业特征农民工的分解结果也表现出此规律，且新农民工、女性农民工、未婚农民工、外省就业农民工和技术业农民工各贫困退出年数的贡献率要更低。从农民工多维贫困动态结果分解来看，随着 k 值增加，贫困结果类型贡献率由以慢性贫困为主转变为以从不贫困为主，不同个体特征和就业特征农民工的分解结果也表现出此规律，且新农民工、女性农民工、未婚农民工、外省就业农民工和技术业农民工各贫困退出年数的贡献率更低。

第五章　农民工多维贫困动态过程的影响因素

本章主要探究农民工多维贫困动态过程的影响因素，在多维贫困动态性测度基础上，构建计量模型分析影响贫困经历、贫困持续、贫困进入和贫困退出的决定因素，并比较分析不同农民工多维贫困动态过程决定因素的差异。

第一节　模型构建与变量选取

一、模型构建

本章的因变量选取有贫困经历年数、贫困持续年数、贫困进入年数、贫困退出年数、贫困是否经历、贫困是否持续、贫困是否进入、贫困是否退出。对于贫困经历年数、贫困持续年数、贫困进入年数、贫困退出年数，这些变量为连续变量，可以采用 OLS 进行模型估计，为了保证模型估计的稳健性和防止模型出现选择性偏误问题，采用 Tobit 模型进行稳健性检验。对于贫困是否经历、贫困是否持续、贫困是否进入、贫困是否退出，这些变量为虚拟变量，本书选用 Logit 模型进行估计，为了保证模型的稳健性，继续采用 Probit 模型进行稳健性检验。OLS 模型的具体表达式如下：

$$Y_i = \alpha_0 + \sum \gamma_i x_i + \mu_i \tag{5-1}$$

式中：下标 i 表示单个农民工，Y_i 为连续变量的因变量，x_i 为一系列自变量，主要包括个体特征、就业特征和能力特征，μ_i 是随机扰动项，α_0、γ_i 为待估参数。当使用贫困经历年数、贫困持续年数、贫困进入年数和贫困退出年数作为因变量时，被解释变量在零点很容易出现集聚及“左截取”（left censored）的现象，模型此时往往会存在样本选择偏误（sample selection bias）问题，如果继续采用 OLS 估计，会降低模型估计的可信度和有效性，可以使用 Tobit 模型来解决以上问题。在归并数据的情况下，$y_i>0$ 时的概率密度函数依旧不变，$y_i\leqslant 0$ 的概率密度函数变化了，该混合分布的概率密度函数为：

$$f(y_i \mid x) = [1-\varphi(x_i'\beta/\sigma)]^{1(y_i=0)}\left[\frac{1}{\sigma}\varphi((y_i - x_i'\beta)/\sigma)\right]^{1(y_i>0)} \tag{5-2}$$

则 Tobit 模型可以表示为：

$$Y_i^* = \alpha_0 + \sum \gamma_i x_i + \mu_i \tag{5-3}$$

$$\begin{cases} Y_i = Y_i^*, \text{if} \quad Y_I^* > 0 \\ Y_i = 0, \quad \text{if} \quad Y_i^* \leqslant 0 \end{cases} \tag{5-4}$$

对于贫困是否经历、贫困是否持续、贫困是否进入、贫困是否退出，这些变量的取值在［0，1］范围内。本书采用二元 Logit 模型进行估计，具体的模型表达式如下：

$$P_n = F(C_N) = \frac{1}{1+e^{-C_n}} = \frac{e^{C_n}}{1+e^{C_n}} \tag{5-5}$$

P_n 为发生事件的概率，即为农民工存在贫困经历、存在贫困持续、存在贫困进入和存在贫困退出，$1-P_n$ 为不发生事件的概率，即为农民工不存在贫困经历、不存在贫困持续、不存在贫困进入和不存在贫困退出，则 $\frac{P_n}{1-P_n} = e^{C_n}$ 对式两边取自然对数，得到一个线性函数：

$$\ln\left(\frac{P_n}{1-p_n}\right) = C_n = \alpha_0 + \beta_1 x_1 + \beta_2 x_2 + \beta_3 x_3 + \cdots + \beta_n x_n + \mu \tag{5-6}$$

其中，p_n 表示发生事件的概率，则 $1-p_n$ 表示不发生事件的概率。表示回归的常数项，x_n 表示影响事件发生的第 n 个因素，β_n 表示第 n 个影响因素的回归系数，μ 表示误差项。

二、变量选取

（一）因变量

本章主要是为了考察农民工多维贫困动态过程的影响因素，贫困动态过程分为两部分，即第一节的多维贫困经历和第二节的多维贫困进入和退出，从前文中可知，农民工多维贫困主要集中在 k = 2 ~ 4，本书只分析 k = 2 ~ 4 下农民工多维贫困动态过程的影响因素。本章第一节的多维贫困经历主要包括贫困经历年数和贫困持续年数，即考察 k = 2 ~ 4 下农民工在 4 年内贫困总年数以及在 4 内年持续贫困年数的影响因素，另外分别考察 k = 2 ~ 3 下农民工在 4 年内是否贫困以及在 4 年内是否持续贫困的影响因素。本章的第二节的多维贫困进入和退出，即考察 k = 2 ~ 3 下农民工在 4 年内进入贫困总年数以及在 4 年内退出贫困总年数的影响因素，另外分别考察 k = 2 ~ 3 下农民工在 4 年内是否进入贫困以及在 4 年内是否退出贫困的影响因素。

（二）自变量

由于本书研究对象为个体层面的农民工，所以选取的自变量以个体层面的变量为主，在前人研究基础上，结合 CFPS 数据，本书选取个体特征、就业特征和能力特征维度的自变量，详情请见表 5 - 1。

表 5 - 1　农民工多维贫困动态性影响因素变量选取及定义

变量类型	Variable	变量名称	变量定义	单位
个体特征	sex	性别	1 = 女；男 = 0	无
	marry	婚姻	1 = 未婚；0 = 已婚	无
	party	党员	1 = 是；0 = 否	无
	generation	代际	1 = 新农民工；0 = 老农民工	无
	fath_edu	父亲教育	教育年限的实际值	年
	moth_edu	母亲教育	教育年限的实际值	年

续表

变量类型	Variable	变量名称	变量定义	单位
就业特征	job	工作类型	1 = 非建筑；0 = 建筑	无
	time	工作时间	每天平均工作时间	小时
	place	工作地点	1 = 县外；0 = 县内	无
能力特征	social	社会关系	人缘关系程度	无
	status	社会地位	个人在本地的社会地位	无
	news	新闻关注	1 = 关注；0 = 不关注	无
	mandarin	普通话水平	受访者普通话标准程度	无
	appearance	外貌水平	受访者外貌程度	无
	medical	医疗支出	年度医疗支出取对数	无

第一，个体特征变量，主要包括性别、婚姻、党员、代际、父亲教育水平、母亲教育水平。在前文中已经分析得出农民工多维贫困在性别、婚姻和代际层面有较大差异，就性别变量而言，男性农民工相比女性农民工，来自家庭责任和社会压力更大，陷入贫困的可能性更高，贫困的经历年数和持续时间可能更长；就婚姻变量而言，已婚农民工可能需要承担更多抚养孩子和照顾老人的责任，所以陷入贫困风险更高，贫困程度也就更深；就党员变量而言，党员代表着一种身份，也是一种个人资本，能有利于农民工就业和生活；就代际特征而言，新生代农民工相比老生代农民工而言，有更高的知识水平，更易接受新事物，代际也是一种年龄的替代虚拟变量；就父亲教育水平和母亲教育水平而言，父母教育水平能够对孩子教育和工作产生影响，而且父母教育水平在一定程度也能衡量家庭社会地位，这一特征在高等教育水平父母的家庭更加明显。

第二，就业特征变量，主要包括工作类型、工作时间和工作地点三个变量，前文已经分析出农民工多维贫困在工作类型和工作地点之间有明显差异，由于工作类型和工作地点的分类较多，把两者直接作为虚拟变量放入模型回归，可能结果并不理想，因此，本书简化这两个变量的类型，把工作类型设置为建筑类和非建筑类，把工作地点设置为县外和县内。从前文分析可知，建筑业农民工较其他职业类型农民工的多维贫困程度更深；工作地点离家越远，贫困程度可能越低，因此，县外就业农民工可能要比县内就业农民工的贫困程度更高。就工作时间而言，工作时间越长，工资也就越高，收入贫困程度可能越低。

第三，能力特征变量，主要包括社会关系、社会地位、新闻关注、普通话水平、外貌水平和医疗支出。就社会关系而言，社会关系越好的农民工，其人脉资源相对比较丰富，有利于就业且能够抵御更多风险冲击；就社会地位而言，个人在本地区社会地位越高，所拥有的社会资源也就越多，遭遇贫困的风险也就越小；就新闻关注而言，农民工能通过新闻了解相关政策信息以及就业渠道，更有利于农民工把握社会发展趋势，规避一些可能的贫困风险冲击；就普通话水平而言，有相关研究表明，普通话水平能够影响工资收入，农民工从农村来到城市，普通话成为融入城市的重要条件，城市就业和生活都需要运用普通话，因此，普通话水平较高的农民工，其贫困程度可能越低；就外貌水平而言，有研究表明外貌长相会影响就业，一般外貌水平较高的农民工更易获得就业机会，陷入贫困的可能性更小；就医疗支出而言，较大的医疗支出会让农民工更易陷入贫困。

三、变量描述统计

表 5 - 2 为本书自变量的描述性统计，主要报告了均值、方差、最小值和最大值。就性别变量来看，性别均值为 0. 3481，说明样本中女性农民工的比例更大。就婚姻变量来看，婚姻的均值为 0. 1441，说明样本中已婚农民工的比例较大，未婚农民工只占样本的 14. 4%。就党员变量而言，党员的均值为 0. 1034，说明农民工中党员的比例不高。就代际特征而言，代际的均值为 0. 2932，说明样本中新农民工的比例更高。就父亲和母亲教育水平而言，农民工父亲教育年限平均为 3. 5 年，母亲教育年限平均为 2. 4 年，说明父亲教育水平总体要高于母亲教育水平。就工作类型而言，其均值为 0. 33，说明样本中大概有三成农民工从事建筑业工作。就工作时间而言，其均值大约为 9 小时，说明农民工平均工作时间为 9 小时。就工作地点而言，其均值为 0. 56，说明农民工更多选择县外工作。就社会关系而言，其均值大约为 4，说明农民工社会关系普遍较好。就社会地位而言，其均值为 2. 8，且方差较大，说明农民工社会地位差异较大。就新闻关注而言，其均值为 0. 33，说明只有大约三成农民工在关注新闻。就普通话水平而言，其均值为 4. 5，方差为 1. 7，说明农民工普通话水平整体不高，且水平

差异较大。就外貌水平而言，其均值为5.3，方差为1，说明农民工外貌整体还可以，但仍有一定差异。就医疗支出而言，其均值为3.4，方差为3，说明农民工医疗支出不高，但是差异较大。

表5-2　　变量的描述性统计

Variable	变量名称	Mean	Std. Dev.	Min	Max
sex	性别	0.3481	0.4765	0	1
marry	婚姻	0.1441	0.3513	0	1
party	党员	0.1034	0.3046	0	1
generation	代际	0.2932	0.4554	0	1
fath_edu	父亲教育	3.4579	4.2270	0	15
moth_edu	母亲教育	2.3859	3.6221	0	12
job	工作类型	0.3302	0.4705	0	1
time	工作时间	9.1463	2.1231	1	16
place	工作地点	0.5585	0.4967	0	1
social	社会关系	3.9979	0.8055	1	5
status	社会地位	2.7639	1.0056	1	5
news	新闻关注	0.3267	0.4692	0	1
mandarin	普通话水平	4.4879	1.7203	0	7
appearance	外貌水平	5.3146	1.0991	0	7
medical	医疗支出	3.3905	3.0048	0	10.6

第二节　农民工多维贫困经历和持续的影响因素

一、农民工多维贫困经历年数的影响因素

（一）不同维度下农民工多维贫困经历年数的影响因素

表5-3为不同维度下农民工多维贫困经历年数影响因素的回归结果。

模型1~3分别为k=2~4下农民工多维贫困经历年数影响因素的OLS估计结果，为了检验回归模型的稳健性，本书使用Tobit模型继续估计，其估计结果为模型4~6。从OLS的回归结果可知，在k=2~4时，各自变量对农民工多维贫困经历年数的影响方向和显著性基本一致，说明不管k值如何变化，农民工多维贫困经历年数的影响因素具有一致性。Tobit的回归结果也显示在k=2~4下各自变量对农民工多维贫困经历年数的影响方向和显著性也基本一致，以上说明模型具有较强稳健性。

表5-3　不同维度下农民工多维贫困经历年数的影响因素

variable	OLS			Tobit		
	模型1	模型2	模型3	模型4	模型5	模型6
sex	-0.587*** (0.1180)	-0.266*** (0.0550)	-0.115*** (0.0248)	-0.606*** (0.1280)	-1.024*** (0.2110)	-1.112*** (0.2560)
marry	-0.619*** (0.2030)	-0.268*** (0.0855)	-0.0659* (0.0349)	-0.654*** (0.1990)	-0.803** (0.3820)	-0.918** (0.3920)
party	-0.954*** (0.2450)	-0.267*** (0.0758)	-0.0316 (0.0203)	-0.929*** (0.2340)	-0.353 (0.4350)	-0.32 (0.4630)
generation	-0.705*** (0.1600)	-0.337*** (0.0615)	-0.0912*** (0.0250)	-0.722*** (0.1720)	-1.166*** (0.3960)	-1.237*** (0.3780)
fath_edu	-0.0624*** (0.0157)	-0.0219*** (0.0064)	-0.00382 (0.0029)	-0.0666*** (0.0172)	-0.0538 (0.0360)	-0.0552 (0.0338)
moth_edu	-0.0258 (0.0181)	-0.0148** (0.0071)	-0.0025 (0.0032)	-0.0273 (0.0205)	-0.0375 (0.0441)	-0.0399 (0.0421)
job	-0.254* (0.1320)	-0.0747 (0.0555)	-0.0132 (0.0206)	-0.252* (0.1380)	-0.204 (0.2520)	-0.202 (0.2810)
time	-0.0551*** (0.0094)	-0.0265*** (0.0047)	-0.00884*** (0.0020)	-0.0581*** (0.0105)	-0.0804*** (0.0169)	-0.0835*** (0.0203)
place	-0.114 (0.1160)	-0.0847 (0.0520)	-0.00537 (0.0193)	-0.109 (0.1230)	-0.0763 (0.2120)	-0.0563 (0.2390)
social	-0.115 (0.0703)	-0.0641* (0.0341)	-0.0388** (0.0151)	-0.132* (0.0744)	-0.440*** (0.1320)	-0.444*** (0.1400)

续表

variable	OLS			Tobit		
	模型 1	模型 2	模型 3	模型 4	模型 5	模型 6
status	-0.237*** (0.0583)	-0.108*** (0.0277)	-0.0282** (0.0116)	-0.257*** (0.0603)	-0.237** (0.1050)	-0.273** (0.1160)
news	-0.310** (0.1290)	-0.107** (0.0525)	-0.0126 (0.0199)	-0.321** (0.1350)	-0.12 (0.2460)	-0.133 (0.2670)
mandarin	-0.0939** (0.0379)	-0.0457** (0.0184)	-0.0162* (0.0083)	-0.100** (0.0409)	-0.164** (0.0762)	-0.186** (0.0745)
appearance	-0.215*** (0.0589)	-0.106*** (0.0287)	-0.00666 (0.0114)	-0.237*** (0.0628)	-0.0454 (0.1070)	-0.0653 (0.1150)
medical	0.106*** (0.0196)	0.0477*** (0.0088)	0.0112*** (0.0035)	0.114*** (0.0201)	0.121*** (0.0371)	0.123*** (0.0397)
Constant	-0.667 (0.5140)	2.867*** (0.2400)	0.690*** (0.1040)	4.496*** (0.4990)	0.433 (0.9250)	2.886*** (0.9230)
Obs	1402	1402	1402	1402	1402	1402
R-squared	0.0912	0.179	0.089	0.0822	0.1363	0.1198

注：***、**和*分别表示在1%、5%和10%的统计水平上显著；括号内数字为稳健标准误。

从个体特征来看，性别对农民工多维贫困经历年数有显著负向影响，说明女性农民工相比男性农民工经历贫困的可能性更小。婚姻对农民工多维贫困经历年数有显著负向影响，说明已婚农民工与未婚农民工相比，其多维贫困经历年数就可能越少。党员对农民工多维贫困经历年数有显著负向影响，说明党员农民工比非党员农民工多维贫困历经年数更少。代际对农民工多维贫困经历年数有显著负向影响，说明新农民工相比老农民工，其多维贫困历经年数可能越少。父亲教育水平和母亲教育水平都对农民工多维贫困经历年数有显著负向影响，且父亲教育水平的影响程度更大，说明父亲教育对下一代子女的多维贫困更重要。

从就业特征来看，就业类型对农民工多维贫困经历年数有显著负向影响，非建筑业农民工与建筑业农民工相比，遭受多维贫困历经年数可能更少，这也进一步回应了前文分析，建筑业的多维贫困发生率和多维贫困程度较其他职业会更高。就业时间对农民工多维贫困经历年数有显著负向影响，说明工作时间越多的农民工，其多维贫困经历年数可能越少，可能原因是工作时间较长的农民工，工资收入可能越高，贫困程度可能越低。就业地点对农民工多维贫困经历年数有负向影响，从影响方向可以得出在县外就业农民工经历贫困的年数可能更少。

就能力特征变量而言，社会关系对农民工多维贫困经历年数有显著负向影响，说明社会关系越好的农民工，多维贫困经历的年数可能越少，这可能是因为社会关系越好的农民工，在遭受贫困风险冲击时能够获得更多帮助，从而来降低贫困程度。社会地位对农民工多维贫困经历年数有显著负向影响，说明社会地位越好的农民工，多维贫困经历的年数可能越少，这可能是因为社会地位越高的农民工，自身低于贫困风险冲击的能力本身较强。新闻关注对农民工多维贫困经历年数有显著负向影响，说明越关注新闻的农民工，多维贫困经历的年数可能越少，这可能是因为农民工能从新闻中获得一些社会经济政策信息，农民工能够基于自身实际情况来预测未来可能的风险，从而提前有效规避预见的风险。普通话水平对农民工多维贫困经历年数有显著负向影响，说明普通话水平越高的农户，多维贫困经历的年数可能越少，这能较好证实普通话水平能够帮助农民工在城市获得更多的就业机会和生活资本。外貌水平对农民工多维贫困经历年数有显著负向影响，说明外貌越好的农民工，多维贫困经历的年数可能越少，这说明外貌还是能对人的发展起到一定作用。医疗支出对农民工多维贫困经历年数有显著正向影响，说明医疗支出越大的农民工，多维贫困经历年数可能越多，这可能是因为较大的医疗支出将直接导致农民工贫困。

（二）不同维度下农民工是否经历多维贫困的影响因素

表5-4为不同维度下农民工是否经历多维贫困影响因素的回归结果。模型1~3分别为$k=2\sim4$下农民工是否经历多维贫困影响因素的Logit估计结果，为了检验回归模型的稳健性，本书使用Probit模型继续估计，其估计结果为模型4~6。从Logit的回归结果可知，在$k=2\sim4$时，各自变量对农民工是否经历多维贫困的影响方向和显著性基本一致，说明不管k值如何变化，农民工是否经历多维贫困的影响因素具有一致性。Probit模型的回归结果也显示在$k=2\sim4$下各自变量对农民工是否经历多维贫困的影响方向和显著性也基本一致，以上说明模型具有较强的稳健性。

表5-4 不同维度下农民工是否经历多维贫困的影响因素

variable	Logit			Probit		
	模型1	模型2	模型3	模型4	模型5	模型6
sex	-0.058 (0.1280)	-0.493** (0.2390)	-0.699*** (0.1840)	-0.0333 (0.0771)	-0.252** (0.1140)	-0.373*** (0.0973)
marry	0.267 (0.2140)	-0.843** (0.4170)	-0.600* (0.3240)	0.159 (0.1250)	-0.425** (0.2000)	-0.350** (0.1650)
party	-0.941*** (0.2220)	-0.181 (0.4270)	-1.042** (0.4800)	-0.570*** (0.1300)	-0.0902 (0.1990)	-0.483** (0.2130)
generation	-0.978*** (0.1710)	-0.889** (0.4310)	-0.818*** (0.2800)	-0.584*** (0.1000)	-0.441** (0.1900)	-0.420*** (0.1400)
fath_edu	-0.0316* (0.0166)	-0.0551 (0.0381)	-0.0365 (0.0270)	-0.0197** (0.0099)	-0.0246 (0.0177)	-0.0195 (0.0136)
moth_edu	-0.0411** (0.0208)	-0.064 (0.0491)	-0.0732** (0.0330)	-0.0247** (0.0123)	-0.0265 (0.0220)	-0.0368** (0.0166)
job	-0.183 (0.1320)	-0.285 (0.2820)	-0.172 (0.2060)	-0.116 (0.0801)	-0.145 (0.1310)	-0.102 (0.1060)
time	-0.0138 (0.0105)	-0.0512*** (0.0197)	-0.0214 (0.0160)	-0.00746 (0.0063)	-0.0244** (0.0096)	-0.0108 (0.0083)
place	-0.104 (0.1210)	-0.0731 (0.2460)	-0.142 (0.1890)	-0.0669 (0.0733)	-0.0233 (0.1170)	-0.0827 (0.0973)
social	-0.0606 (0.0753)	-0.439*** (0.1520)	0.0254 (0.1140)	-0.0388 (0.0454)	-0.212*** (0.0737)	0.00907 (0.0590)
status	-0.236*** (0.0614)	-0.0611 (0.1150)	-0.198** (0.0963)	-0.144*** (0.0369)	-0.0357 (0.0564)	-0.102** (0.0489)
news	-0.216 (0.1340)	0.0624 (0.2690)	-0.24 (0.2170)	-0.126 (0.0798)	0.0236 (0.1270)	-0.121 (0.1090)
mandarin	-0.0680* (0.0397)	-0.129 (0.0849)	-0.0662 (0.0610)	-0.0414* (0.0242)	-0.0655 (0.0399)	-0.0332 (0.0318)
appearance	-0.172*** (0.0613)	-0.0833 (0.1270)	-0.0448 (0.0918)	-0.106*** (0.0373)	-0.0316 (0.0611)	-0.0279 (0.0479)

续表

variable	Logit			Probit		
	模型 1	模型 2	模型 3	模型 4	模型 5	模型 6
medical	0.0863 *** (0.0201)	0.061 (0.0408)	0.0311 (0.0309)	0.0509 *** (0.0121)	0.0322 * (0.0194)	0.0192 (0.0159)
Constant	2.052 *** (0.5030)	1.854 ** (0.9450)	0.505 (0.7650)	1.267 *** (0.3030)	0.681 (0.4660)	0.201 (0.3980)
Obs	1402	1402	1402	1402	1402	1402
R - squared	0.1112	0.1014	0.0752	0.1109	0.1001	0.0756

注：***、** 和 * 分别表示在 1%、5% 和 10% 的统计水平上显著；括号内数字为稳健标准误。

从个体特征来看，性别对农民工是否经历多维贫困有显著负向影响，说明女性农民工相比男性农民工，经历多维贫困的可能性更小。婚姻对农民工是否经历多维贫困有显著负向影响，说明未婚农民工与已婚农民工相比，经历多维贫困的可能性更小。党员农民工是否经历多维贫困有显著负向影响，说明党员农民工要比非党员农民工经历多维贫困的可能性更小。代际农民工是否经历多维贫困有显著负向影响，说明新生代农民工比老生代农民工经历贫困的可能性要更低。从父亲和母亲教育水平来看，两者都对农民工是否经历多维贫困有显著负向影响，说明父母教育会对下一代子女的贫困状态有影响。

从就业特征来看，工作类型对农民工是否经历多维贫困有负向影响，但是结果并不显著。工作时间对农民工是否经历多维贫困有显著负向影响，说明农民工工作时间越长，农民工经历贫困的可能性越小。可能原因是工作时间越长的农民工，工资收入相对更高，遭遇贫困的概率可能更小。工作地点对农民工是否经历多维贫困没有显著影响。

从能力特征来看，社会关系对农民工是否经历多维贫困有显著负向影响，说明社会关系越好的农民工，经历贫困的可能性更小。社会地位对农民工是否经历多维贫困有显著负向影响，说明社会地位越高的农民工，经历贫困的可能性越小。新闻关注对农民工是否经历多维贫困有显著负向影响，说明新闻关注能够在一定程度降低农民工经历贫困的可能性。普通话水平对农民工是否经历多维贫困有显著负向影响，说明普通话能够降低贫困的概率。外貌水平对农民工是否经历多维贫困有显著负向影响，说明外貌较好的农民工，经历贫困的概率会更低。医疗支出对农民工是否经历多维贫困有显著正向影响，说明医疗支出越大的农民工，经历贫困的概率越高。

二、农民工多维贫困持续年数的影响因素

（一）不同维度下农民工多维贫困持续年数的影响因素

表5-5为不同维度下农民工多维贫困持续年数影响因素的回归结果。模型1~3分别为k=2~4下农民工多维贫困持续年数影响因素的OLS估计结果，为了检验回归模型的稳健性，本书使用Tobit模型继续估计，估计结果为模型4~6。从LOS的回归结果可知，在k=2~4时，各自变量对农民工多维贫困持续年数的影响方向和显著性基本一致，说明不管k值如何变化，农民工多维贫困持续年数的影响因素具有一致性。Tobit模型的回归结果也显示在k=2~4下各自变量对农民工多维贫困持续年数的影响方向和显著性也基本一致，以上说明模型具有较强稳健性。

表5-5 不同维度下农民工多维贫困持续年数的影响因素

variable	OLS			Tobit		
	模型1	模型2	模型3	模型4	模型5	模型6
sex	-0.563*** (0.1190)	-0.228*** (0.0510)	-0.0973*** (0.0218)	-0.538*** (0.1180)	-0.993*** (0.2350)	-1.003*** (0.2100)
marry	-0.639*** (0.2020)	-0.257*** (0.0812)	-0.0528* (0.0290)	-0.617*** (0.1830)	-0.807** (0.3590)	-0.780** (0.3710)
party	-0.962*** (0.2440)	-0.240*** (0.0697)	-0.0275 (0.0196)	-0.845*** (0.2150)	-0.287 (0.4230)	-0.347 (0.4350)
generation	-0.697*** (0.1610)	-0.302*** (0.0571)	-0.0797*** (0.0231)	-0.657*** (0.1590)	-1.108*** (0.3450)	-1.153*** (0.3960)
fath_edu	-0.0643*** (0.0161)	-0.0199*** (0.0059)	-0.00244 (0.0028)	-0.0612*** (0.0158)	-0.0462 (0.0309)	-0.0504 (0.0363)

续表

variable	OLS			Tobit		
	模型 1	模型 2	模型 3	模型 4	模型 5	模型 6
moth_edu	-0.0228 (0.0185)	-0.0128* (0.0066)	-0.00271 (0.0030)	-0.0239 (0.0189)	-0.0381 (0.0385)	-0.0375 (0.0444)
job	-0.256* (0.1330)	-0.0612 (0.0508)	-0.0168 (0.0181)	-0.222* (0.1270)	-0.202 (0.2580)	-0.21 (0.2500)
time	-0.0563*** (0.0095)	-0.0250*** (0.0044)	-0.00841*** (0.0018)	-0.0544*** (0.0096)	-0.0771*** (0.0187)	-0.0798*** (0.0170)
place	-0.108 (0.1160)	-0.0817* (0.0483)	-0.0112 (0.0180)	-0.105 (0.1130)	-0.0722 (0.2190)	-0.0931 (0.2120)
social	-0.105 (0.0704)	-0.0498 (0.0321)	-0.0408*** (0.0144)	-0.109 (0.0686)	-0.423*** (0.1280)	-0.461*** (0.1370)
status	-0.208*** (0.0583)	-0.0772*** (0.0257)	-0.0239** (0.0109)	-0.208*** (0.0555)	-0.244** (0.1070)	-0.229** (0.1070)
news	-0.315** (0.1280)	-0.109** (0.0478)	-0.0124 (0.0182)	-0.312** (0.1240)	-0.125 (0.2440)	-0.126 (0.2460)
mandarin	-0.0982** (0.0387)	-0.0431** (0.0172)	-0.0147* (0.0080)	-0.0943** (0.0376)	-0.170** (0.0683)	-0.162** (0.0771)
appearance	-0.201*** (0.0595)	-0.0888*** (0.0269)	-0.0029 (0.0103)	-0.207*** (0.0579)	-0.0493 (0.1050)	-0.0391 (0.1080)
medical	0.108*** (0.0197)	0.0449*** (0.0082)	0.00985*** (0.0032)	0.106*** (0.0186)	0.111*** (0.0364)	0.119*** (0.0376)
Constant	-0.503 (0.5130)	2.478*** (0.2270)	0.625*** (0.0946)	3.943*** (0.4600)	2.603*** (0.8460)	1.356 (1.0780)
Obs	1402	1402	1402	1402	1402	1402
R - squared	0.0944	0.169	0.088	0.0828	0.1208	0.1398

注：***、**和*分别表示在1%、5%和10%的统计水平上显著；括号内数字为稳健标准误。

从个体特征来看，性别对农民工多维贫困持续年数有显著负向影响，说明女性农民工与男性农民工相比，贫困持续年数可能更少。婚姻对农民工多维贫困持续年数有显著负向影响，说明未婚农民工比已婚农民工持续贫困的年数会更少。党员对农民工多维贫困持续年数有显著负向影响，说明党员农民工比非党员农民工持续贫困的年数可能会更少。代际对农民工多维贫困持续年数有显著负向影响，说明新生代农民工与老生代农民工相比，贫困持续年数可能会更小。父亲和母教育水平对农民工多维贫困持续年数有显著负向影响，说明父母教育水平越高，下一代子女的贫困持续年数可能会更少。从就业特征来看，工作类型对农民工多维贫困持续年数有显著负向影响，说明从事建筑业农民工与从事非建筑业农民工相比，贫困持续年数可能更少。工作时间对农民工多维贫困持续年数有显著负向影响，说明工作时间越长的农民工，贫困持续年数可能就越少。工作地点对农民工多维贫困持续年数有显著负向影响，说明县外就业与县内就业相比，农民工贫困持续年数可能会更少。

从能力特征来看，社会关系对农民工多维贫困持续年数有显著负向影响，说明社会关系越好的农民工，贫困持续的年数可能就越少。社会地位对农民工多维贫困持续年数有显著负向影响，说明社会地位越高的农民工，其贫困持续的年数可能越少。新闻关注对农民工多维贫困持续年数有显著负向影响，说明越关注新闻的农民工，贫困持续年数会越少。普通话水平对农民工多维贫困持续年数有显著负向影响，说明普通话越好的农民工，贫困持续的年数可能越少。外貌水平对农民工多维贫困持续年数有显著负向影响，说明外貌越好的农民工，贫困持续年数会越少。医疗支出对农民工多维贫困持续年数有显著负向影响，说明医疗支出越高的农民工，贫困持续年数就会越少。

（二）不同维度下农民工是否持续贫困的影响因素

表5-6为不同维度下农民工是否存在持续贫困影响因素的回归结果。模型1~3分别为 $k=2\sim4$ 下农民工是否存在持续贫困影响因素的Logit估计结果，为了检验回归模型的稳健性，本书使用Probit模型继续估计，估计结果为模型4~6。从Logit的回归结果可知，在 $k=2\sim4$ 时，各自变量对农民工是否存在持续贫困的影响方向和显著性基本一致，说明不管k值如何变化，农民工是否存在持续贫困的影响因素具有一致性。Probit模型的回归结果也显示在 $k=2\sim4$ 下各自变量对农民工是否存在持续贫困的影响方向和显著性也基本一致，以上说明模型具有较强稳健性。

表 5－6　　不同维度下农民工是否持续贫困的影响因素

variable	Logit			Probit		
	模型 1	模型 2	模型 3	模型 4	模型 5	模型 6
sex	－0.058 (0.1280)	－0.440** (0.2130)	－0.622** (0.3140)	－0.0333 (0.0771)	－0.227** (0.1060)	－0.288** (0.1390)
marry	0.267 (0.2140)	－0.134 (0.3830)	－1.097* (0.5840)	0.159 (0.1250)	－0.0795 (0.1840)	－0.481* (0.2610)
party	－0.941*** (0.2220)	－0.787 (0.4920)	－0.783 (1.0380)	－0.570*** (0.1300)	－0.338 (0.2200)	－0.361 (0.3570)
generation	－0.978*** (0.1710)	－0.791** (0.3300)	－1.288* (0.7300)	－0.584*** (0.1000)	－0.391** (0.1530)	－0.454* (0.2620)
fath_edu	－0.0316* (0.0166)	－0.0513 (0.0359)	－0.0286 (0.0507)	－0.0197** (0.0099)	－0.0232 (0.0162)	－0.0113 (0.0213)
moth_edu	－0.0411** (0.0208)	－0.0575 (0.0402)	－0.133* (0.0800)	－0.0247** (0.0123)	－0.0251 (0.0188)	－0.0635** (0.0313)
job	－0.183 (0.1320)	－0.00662 (0.2350)	0.557 (0.3870)	－0.116 (0.0801)	－0.0134 (0.1150)	0.215 (0.1700)
time	－0.0138 (0.0105)	－0.0198 (0.0185)	－0.0757** (0.0298)	－0.00746 (0.0063)	－0.0103 (0.0092)	－0.0325** (0.0131)
place	－0.104 (0.1210)	－0.112 (0.2140)	－0.750** (0.3370)	－0.0669 (0.0733)	－0.0613 (0.1050)	－0.347** (0.1530)
social	－0.0606 (0.0753)	－0.045 (0.1190)	0.0781 (0.2210)	－0.0388 (0.0454)	－0.0277 (0.0608)	0.025 (0.0988)
status	－0.236*** (0.0614)	－0.143 (0.1030)	－0.298* (0.1590)	－0.144*** (0.0369)	－0.0782 (0.0517)	－0.116 (0.0740)
news	－0.216 (0.1340)	－0.228 (0.2400)	－0.585 (0.4440)	－0.126 (0.0798)	－0.104 (0.1160)	－0.261 (0.1920)
mandarin	－0.0680* (0.0397)	－0.127* (0.0677)	－0.228* (0.1180)	－0.0414* (0.0242)	－0.0664** (0.0335)	－0.0948* (0.0507)
appearance	－0.172*** (0.0613)	－0.0111 (0.1060)	－0.410*** (0.1530)	－0.106*** (0.0373)	－0.00891 (0.0524)	－0.188*** (0.0707)

续表

variable	Logit			Probit		
	模型 1	模型 2	模型 3	模型 4	模型 5	模型 6
medical	0. 0863 *** (0. 0201)	0. 0785 ** (0. 0336)	0. 142 ** (0. 0603)	0. 0509 *** (0. 0121)	0. 0414 ** (0. 0167)	0. 0642 ** (0. 0266)
Constant	2. 052 *** (0. 5030)	-0. 438 (0. 8490)	2. 129 (1. 4650)	1. 267 *** (0. 3030)	-0. 319 (0. 4220)	0. 651 (0. 6500)
Obs	1402	1402	1402	1402	1402	1402
R - squared	0. 1112	0. 0717	0. 1947	0. 1109	0. 0715	0. 1891

注：***、** 和 * 分别表示在 1%、5% 和 10% 的统计水平上显著；括号内数字为稳健标准误。

从个体特征来看，性别对农民工是否存在持续贫困有显著负向影响，说明女性农民工存在持续贫困的概率更小。婚姻对农民工是否存在持续贫困有显著负向影响，说明未婚农民工与已婚农民工相比，存在持续贫困的概率更小。党员对农民工是否存在持续贫困有显著负向影响，说明党员农民工存在持续贫困的概率更小。代际对农民工是否存在持续贫困有显著负向影响，说明老农民工存在持续贫困的概率更小。父母教育水平对农民工是否存在持续贫困有显著负向影响，说明父母教育水平越高，子女存在持续贫困的概率越小。从就业特征来看，工作类型对农民工是否存在持续贫困有负向影响，但是并不显著。工作时间对农民工是否存在持续贫困有显著负向影响，说明工作时间越长的农民工，存在持续贫困的概率越低。工作地点对农民工是否存在持续贫困有显著负向影响，说明县外就业农民工比县内就业农民工存在持续贫困的概率会更小。

就能力特征而言，社会关系对农民工是否存在持续贫困有负向影响，但不显著。社会地位对农民工是否存在持续贫困有显著负向影响，说明社会地位越高的农民工，存在持续贫困的概率越低。新闻关注对农民工是否存在持续贫困有显著负向影响，说明越关注新闻的农民工，存在持续贫困的概率就越低。普通话水平对农民工是否存在持续贫困有显著负向影响，说明普通话能够在一定程度上降低农民工存在持续贫困的概率。外貌水平对农民工是否存在持续贫困有显著负向影响，说明外貌越好的农民工，持续贫困的概率就越低。医疗支出对农民工是否存在持续贫困有显著正向影响，说明医疗支出能增加农民工存在持续贫困的概率。

第三节 农民工进入或退出贫困的影响因素

一、农民工贫困进入的影响因素

（一）不同维度下农民工贫困进入年数的影响因素

表5－7为不同维度下农民工贫困进入年数影响因素的回归结果。由于篇幅限制，本书只估计了在 k＝2～4 下农民工贫困进入年数的影响因素。模型1～3为在 k＝2～4 下农民工贫困进入年数影响因素的 OLS 估计结果，本书也运用 Tobit 模型检验基准模型的稳健性，估计结果见模型4～6。回归结果显示 k＝2～4 下影响农民工贫困进入年数的因素基本一致，OLS 和 Tobit 的估计结果相差不大，说明模型具有较强的稳健性。

从个体特征来看，性别对农民工贫困进入年数有显著负向影响，说明女性农民工相比男性农民工，农民工贫困进入的年数可能更少。婚姻对农民工贫困进入年数有显著负向影响，说明未婚农民工贫困进入的年数可能更少。党员对农民工贫困进入年数有显著负向影响，说明党员农民工比非党员农民工贫困进入的年数可能更少。代际对农民工贫困进入年数有显著负向影响，也就是说新生代农民工和老生代农民工相比，进入贫困年数可能会更少。父母教育水平对农民工贫困进入年数有显著负向影响，说明父母亲教育能够影响下一代子女的贫困程度。从就业特征来看，就业类型对农民工贫困进入年数有显著的负向影响，说明从事非建筑业农民工比从事建筑业农民工贫困进入的年数更少。工作时间对农民工贫困进入年数有显著负向影响，说明工作时间越多的农民工，进入贫困的年数可能越少。工作地点对农民工贫困进入年数有负向影响，但不显著。

从能力特征来看，社会关系对农民工贫困进入年数有显著负向影响，说明社会关系越好的农民工，进入贫困的年数越少。社会地位对农民工贫困进入年数有显著负向影响，说明社会地位越高的农民工贫困进入的年数就越少。新闻关注对农民工贫困进入年数有显著负向影响，说明越关注新闻的农民工，进入贫困的年数可能越少。普通话水平对农民工贫困进入年数有显著负向影响，说明普通话越好的农民工，进入贫困的年数可能越少。外貌水平对农民工贫困进入年数有显著负向影响，说明外貌较好的农民工，进入贫困的年数会越少。医疗支出对农民工贫困进入有显著正向影响，说明医疗支出会增加农民工贫困进入的年数。

表 5-7　　不同维度下农民工贫困进入年数的影响因素

variable	OLS			Tobit		
	模型 1	模型 2	模型 3	模型 4	模型 5	模型 6
sex	-1.063*** (0.2200)	-0.133*** (0.0300)	-0.0757*** (0.0166)	-0.366*** (0.0855)	-0.534*** (0.1250)	-0.892*** (0.2080)
marry	-0.407 (0.4440)	-0.103** (0.0459)	-0.0257 (0.0219)	-0.303** (0.1320)	-0.391* (0.2030)	-0.349 (0.3340)
party	-0.437 (0.4860)	-0.166*** (0.0375)	-0.023 (0.0173)	-0.598*** (0.1570)	-0.869*** (0.2410)	-0.252 (0.3770)
generation	-1.329*** (0.4260)	-0.0790** (0.0336)	-0.0655*** (0.0159)	-0.233** (0.1140)	-0.329** (0.1600)	-1.070*** (0.3200)
fath_edu	-0.0453 (0.0358)	-0.0120*** (0.0034)	-0.00274 (0.0019)	-0.0388*** (0.0114)	-0.0557*** (0.0162)	-0.0372 (0.0271)
moth_edu	-0.0374 (0.0457)	-0.00262 (0.0040)	-0.00175 (0.0021)	-0.00815 (0.0136)	-0.0126 (0.0191)	-0.0313 (0.0342)
job	-0.229 (0.2610)	-0.0893*** (0.0294)	-0.0126 (0.0137)	-0.251*** (0.0927)	-0.371*** (0.1370)	-0.205 (0.2290)
time	-0.0760*** (0.0180)	-0.0114*** (0.0026)	-0.00576*** (0.0014)	-0.0319*** (0.0070)	-0.0489*** (0.0105)	-0.0613*** (0.0165)
place	-0.174 (0.2540)	-0.0426 (0.0298)	-0.00836 (0.0156)	0.1223 (0.0926)	-0.166 (0.1360)	0.0658 (0.1940)
social	-0.433*** (0.1330)	-0.0334* (0.0179)	-0.0291*** (0.0099)	-0.0883* (0.0501)	-0.131* (0.0758)	-0.372*** (0.1150)
status	-0.291*** (0.1060)	-0.0410*** (0.0148)	-0.0186** (0.0076)	-0.117*** (0.0403)	-0.169*** (0.0627)	-0.263*** (0.0955)
news	-0.24 (0.2580)	-0.0239 (0.0291)	-0.0147 (0.0133)	-0.0993 (0.0898)	-0.155 (0.1340)	-0.208 (0.2190)

续表

variable	OLS			Tobit		
	模型 1	模型 2	模型 3	模型 4	模型 5	模型 6
mandarin	-0.167** (0.0772)	-0.0101 (0.0095)	-0.0113** (0.0057)	-0.0274 (0.0276)	-0.0434 (0.0404)	-0.154** (0.0598)
appearance	0.021 (0.1160)	-0.0255* (0.0147)	-0.00108 (0.0082)	-0.0823* (0.0422)	-0.115* (0.0630)	0.0152 (0.0938)
medical	0.118*** (0.0383)	0.0125*** (0.0046)	0.00756*** (0.0024)	0.0452*** (0.0135)	0.0636*** (0.0206)	0.0969*** (0.0322)
Constant	-2.311*** (1.0000)	1.164*** (0.1240)	0.450*** (0.0694)	1.836*** (0.3280)	-2.571*** (0.5210)	1.719** (0.7550)
Obs	1402	1402	1402	1402	1402	1402
R - squared	0.1613	0.101	0.085	0.0597	0.0757	0.1326

注：***、** 和 * 分别表示在 1%、5% 和 10% 的统计水平上显著；括号内数字为稳健标准误。

（二）不同维度下农民工是否进入贫困的因素

表 5-8 为不同维度下农民工是否进入贫困影响因素的回归结果。由于篇幅限制，本书只估计在 k=2~4 下农民工是否进入贫困的影响因素。模型 1~3 为在 k=2~4 下农民工是否进入贫困影响因素的 Logit 估计结果，本书也运用 Probit 模型来检验基准模型的稳健性，估计结果见模型 4~6。回归结果显示 k=2~4 下影响农民工是否进入贫困的因素基本一致，Logit 和 Probit 的估计结果相差不大，说明模型具有较强的稳健性。

表 5-8　不同维度下农民工是否进入贫困的影响因素

variable	Logit			Probit		
	模型 1	模型 2	模型 3	模型 4	模型 5	模型 6
sex	-0.974*** (0.2250)	-0.0754*** (0.0256)	-0.0604*** (0.0152)	-0.226*** (0.0766)	-0.382*** (0.1280)	-0.892*** (0.2080)
marry	-0.448 (0.4510)	-0.0543 (0.0386)	-0.0275 (0.0218)	-0.169 (0.1210)	-0.264 (0.2050)	-0.349 (0.3340)
party	-0.439 (0.4830)	-0.132*** (0.0342)	-0.0229 (0.0169)	-0.462*** (0.1370)	-0.801*** (0.2460)	-0.252 (0.3770)

续表

variable	Logit			Probit		
	模型 1	模型 2	模型 3	模型 4	模型 5	模型 6
generation	-1.304*** (0.4340)	-0.0598** (0.0297)	-0.0605*** (0.0157)	-0.176* (0.0980)	-0.297* (0.1640)	-1.070*** (0.3200)
fath_edu	-0.0336 (0.0355)	-0.0100*** (0.0032)	-0.00179 (0.0018)	-0.0320*** (0.0102)	-0.0540*** (0.0175)	-0.0372 (0.0271)
moth_edu	-0.0448 (0.0460)	-0.00143 (0.0037)	-0.00221 (0.0020)	-0.00509 (0.0121)	-0.00825 (0.0205)	-0.0313 (0.0342)
job	-0.311 (0.2680)	-0.0506* (0.0259)	-0.0182 (0.0127)	-0.152* (0.0828)	-0.256* (0.1400)	-0.205 (0.2290)
time	-0.0724*** (0.0182)	-0.0110*** (0.0022)	-0.00515*** (0.0013)	-0.0311*** (0.0064)	-0.0522*** (0.0107)	-0.0613*** (0.0165)
place	-0.199 (0.2570)	-0.0236 (0.0263)	-0.00872 (0.0144)	-0.0716 (0.0827)	-0.115 (0.1390)	0.0658 (0.1940)
social	-0.460*** (0.1400)	-0.0131 (0.0151)	-0.0297*** (0.0099)	-0.0425 (0.0458)	-0.0691 (0.0765)	-0.372*** (0.1150)
status	-0.283*** (0.1080)	-0.0269** (0.0130)	-0.0166** (0.0072)	-0.0808** (0.0381)	-0.133** (0.0646)	-0.263*** (0.0955)
news	-0.194 (0.2610)	-0.0446* (0.0250)	-0.0102 (0.0131)	-0.144* (0.0806)	-0.243* (0.1360)	-0.208 (0.2190)
mandarin	-0.172** (0.0791)	-0.00278 (0.0083)	-0.0112** (0.0056)	-0.0102 (0.0250)	-0.0157 (0.0418)	-0.154** (0.0598)
appearance	0.0608 (0.1190)	-0.0267** (0.0130)	0.003 (0.0078)	-0.0801** (0.0387)	-0.132** (0.0650)	0.0152 (0.0938)
medical	0.115*** (0.0395)	0.0157*** (0.0041)	0.00669*** (0.0023)	0.0487*** (0.0124)	0.0805*** (0.0210)	0.0969*** (0.0322)
Constant	2.136** (0.8560)	0.843*** (0.1000)	0.404*** (0.0652)	1.080*** (0.3020)	1.788*** (0.5060)	1.719** (0.7550)
Obs	1402	1402	1402	1402	1402	1402
R-squared	0.1588	0.089	0.078	0.0753	0.0753	0.1582

注：***、**和*分别表示在1%、5%和10%的统计水平上显著；括号内数字为稳健标准误。

从个体特征来看，性别对农民工贫困进入有显著负向影响，说明女性农民工贫困进入的概率较小。婚姻对农民工贫困进入有显著负向影响，说明未婚农民工和已婚农民工相比，进入贫困的概率会更低。党员对农民工贫困进入有显著负向影响，说明党员农民工与非党员农民工相比，进入贫困的概率更小。代际对农民工贫困进入有显著负向影响，说明新生代农民工贫困进入的概率更小。父母教育水平对农民工贫困进入有显著负向影响，说明父母亲的教育程度越高，子女进入贫困的概率越低。从就业特征来看，工作类型对农民工贫困进入有显著负向影响，说明从事非建筑业农民工与从事建筑业农民工相比，进入贫困的概率更低。工作时间对农民工贫困进入有显著负向影响，说明工作时间越长的农民工，进入贫困的概率越低。工作地点对农民工贫困进入有负向影响，但并不显著。

从能力特征来看，社会关系对农民工贫困进入有显著负向影响，说明社会关系越好的农民工，进入贫困的概率就越低。社会地位对农民工贫困进入有显著负向影响，说明社会地位越高的农民工，进入贫困的概率就越低。新闻关注对农民工贫困进入有显著负向影响，说明越关注新闻的农民工，进入贫困的概率就越低。普通话水平对农民工贫困进入有显著负向影响，说明农民工的普通话水平能够降低进入贫困的概率。外貌水平对农民工贫困进入有显著负向影响，说明外貌越好的农民工，进入贫困的概率就越低。医疗支出对农民工贫困进入有显著负向影响，说明过多的医疗支出会增加农民工贫困进入的风险。

二、农民工退出贫困的影响因素

（一）不同维度下农民工退出贫困年数的影响因素

表5－9为不同维度下农民工退出贫困年数影响因素的回归结果。由于篇幅限制，本书只估计在 $k=2\sim4$ 下农民工退出贫困年数的影响因素。模型1～3为在 $k=2\sim4$ 下农民工退出贫困年数影响因素的OLS估计结果，并运用Tobit模型来检验基准模型的稳健性，估计结果见模型4～6。回归结果显示 $k=2\sim4$ 下影响农民工退出贫困年数的因素基本一致，OLS和Tobit的估计结果相差不大，说明模型具有较强的稳健性。

表 5-9　不同维度下农民工退出贫困年数的影响因素

variable	OLS			Tobit		
	模型 1	模型 2	模型 3	模型 4	模型 5	模型 6
sex	0.109*** (0.0261)	0.0634*** (0.0157)	0.0396* (0.0230)	0.181*** (0.0429)	0.319*** (0.0768)	0.529*** (0.1270)
marry	0.114*** (0.0397)	0.0510** (0.0243)	0.00179 (0.0350)	0.186*** (0.0650)	0.348*** (0.1230)	0.561*** (0.2080)
party	0.176*** (0.0374)	0.0224 (0.0185)	0.102*** (0.0364)	0.273*** (0.0648)	0.568*** (0.1380)	0.984*** (0.2400)
generation	0.116*** (0.0308)	0.0600*** (0.0171)	0.0855*** (0.0290)	0.192*** (0.0527)	0.333*** (0.0986)	0.565*** (0.1650)
fath_edu	0.0130*** (0.0032)	0.00301 (0.0018)	0.00812*** (0.0029)	0.0206*** (0.0054)	0.0400*** (0.0098)	0.0661*** (0.0164)
moth_edu	0.00301 (0.0038)	0.00241 (0.0020)	0.00236 (0.0035)	0.00515 (0.0064)	0.00924 (0.0119)	0.0162 (0.0199)
job	0.0695** (0.0271)	0.0158 (0.0134)	0.0407* (0.0240)	0.114*** (0.0438)	0.199** (0.0818)	0.341** (0.1360)
time	0.0126*** (0.0022)	0.00612*** (0.0014)	-0.00065 (0.0019)	0.0222*** (0.0037)	0.0355*** (0.0064)	0.0590*** (0.0105)
place	0.0186 (0.0405)	0.0056 (0.0153)	0.0048 (0.0219)	0.0344 (0.0650)	0.0561 (0.1220)	0.0895 (0.2070)
social	0.0174 (0.0153)	0.0324*** (0.0105)	0.00436 (0.0135)	0.0289 (0.0253)	0.0542 (0.0456)	0.0865 (0.0762)
status	0.0498*** (0.0129)	0.0132* (0.0075)	0.0514*** (0.0110)	0.0827*** (0.0207)	0.143*** (0.0376)	0.238*** (0.0634)
news	0.0630** (0.0260)	0.00771 (0.0139)	0.0440* (0.0233)	0.101** (0.0426)	0.197** (0.0797)	0.327** (0.1330)
mandarin	0.0171** (0.0084)	0.0111* (0.0058)	0.00519 (0.0074)	0.0289** (0.0138)	0.0513** (0.0243)	0.0846** (0.0402)
appearance	0.0448*** (0.0129)	0.00483 (0.0084)	0.0295*** (0.0114)	0.0757*** (0.0214)	0.129*** (0.0381)	0.219*** (0.0638)

续表

variable	OLS			Tobit		
	模型 1	模型 2	模型 3	模型 4	模型 5	模型 6
medical	-0.0204*** (0.0041)	-0.00741*** (0.0024)	-0.00964*** (0.0036)	-0.0334*** (0.0067)	-0.0598*** (0.0122)	-0.0996*** (0.0204)
Constant	-0.294*** (0.0970)	0.512*** (0.0717)	0.356*** (0.0901)	-1.094*** (0.1710)	-2.340*** (0.3060)	-3.887*** (0.5190)
Obs	1402	1402	1402	1402	1402	1402
R-squared	0.164	0.086	0.073	0.0853	0.1315	0.1324

注：***、** 和 * 分别表示在 1%、5% 和 10% 的统计水平上显著；括号内数字为稳健标准误。

从个体特征来看，性别对农民工退出贫困年数有显著负向影响，说明女性农民工贫困退出年数更多。婚姻对农民工退出贫困年数有显著负向影响，说明未婚农民工与已婚农民工相比，退出贫困的年数可能更多。党员对农民工退出贫困年数有显著的负向影响，说明党员农民工比非党员农民工退出贫困的年数可能更多。代际对农民工退出贫困年数有显著负向影响，说明新生代农民工比老生代农民工退出贫困的年数可能更多。父母教育水平对农民工退出贫困年数有显著负向影响，说明父母教育水平越高的农民工，退出贫困的年数越多。从就业特征来看，工作类型对农民工退出贫困年数有显著负向影响，说明非建筑业农民工比建筑业农民工退出贫困的年数可能更多。工作时间对农民工退出贫困年数有显著负向影响，说明工作时间越长的农民工，其退出贫困的年数可能更多。工作地点对农民工退出贫困年数有负向影响，但并不显著。

从能力特征来看，社会关系对农民工退出贫困年数有显著负向影响，说明社会关系越好的农民工，退出贫困的年数可能越多。社会地位对农民工退出贫困年数有显著负向影响，说明县外就业农民工比县内就业农民工退出贫困的年数更多。新闻关注对农民工退出贫困年数有显著负向影响，说明越关注新闻的农民工，退出贫困的年数可能越多。普通话水平对农民工退出贫困年数有显著负向影响，说明普通话水平越高的农民工，退出贫困的年数越多。外貌水平对农民工退出贫困年数有显著负向影响，说明外貌较好农民工退出贫困的年数可能越多。医疗支出对农民工退出贫困年数有显著正向影响，说明医疗支出可能减少退出贫困的年数。

（二）不同维度下农民工是否退出贫困的影响因素

表 5-10 为不同维度下农民工是否退出贫困影响因素的回归结果。由于本书篇幅限制，本书只考虑了在 k=2~4 下农民工是否退出贫困的影响因素。模型 1~模型 3 为在 k=2~4 下农民工是否退出贫困影响因素的 OLS 估计结果，本书也运用 Tobit 模型来检验基准模型的稳健性，估计结果见模型 4~6。回归结果显示 k=2~4 下影响农民工是否退出贫困的因素基本一致，OLS 和 Tobit 的估计结果相差不大，说明模型具有较强的稳健性。

表 5-10　不同维度下农民工是否退出贫困的影响因素

variable	Logit			Probit		
	模型 1	模型 2	模型 3	模型 4	模型 5	模型 6
sex	0.515*** (0.1260)	0.308*** (0.0762)	0.104*** (0.0260)	0.0689*** (0.0161)	0.181*** (0.0429)	0.474*** (0.1060)
marry	0.381* (0.2050)	0.240** (0.1210)	0.0786** (0.0398)	0.0553** (0.0246)	0.186*** (0.0650)	0.429** (0.1900)
party	0.869*** (0.2420)	0.505*** (0.1360)	0.149*** (0.0349)	0.0243 (0.0255)	0.273*** (0.0648)	0.156 (0.2090)
generation	0.339** (0.1620)	0.204** (0.0973)	0.0694** (0.0301)	0.0650*** (0.0204)	0.192*** (0.0527)	0.554*** (0.1800)
fath_edu	0.0571*** (0.0169)	0.0343*** (0.0100)	0.0110*** (0.0032)	0.00327 (0.0021)	0.0206*** (0.0054)	0.0252 (0.0166)
moth_edu	0.0113 (0.0199)	0.00666 (0.0119)	0.00203 (0.0037)	0.00261 (0.0025)	0.00515 (0.0064)	0.0204 (0.0203)
job	0.349** (0.1380)	0.206** (0.0823)	0.0700*** (0.0264)	0.0172 (0.0168)	0.114*** (0.0438)	0.115 (0.1230)
time	0.0520*** (0.0105)	0.0311*** (0.0064)	0.0112*** (0.0023)	0.00667*** (0.0014)	0.0222*** (0.0037)	0.0385*** (0.0088)
place	0.161 (0.1370)	0.0998 (0.0820)	0.0331 (0.0266)	0.006 (0.0170)	0.0344 (0.0650)	0.0733 (0.1190)
social	0.117 (0.0762)	0.0708 (0.0457)	0.0233 (0.0154)	0.0354*** (0.0095)	0.0289 (0.0253)	0.224*** (0.0681)

续表

variable	Logit			Probit		
	模型 1	模型 2	模型 3	模型 4	模型 5	模型 6
status	0.163** (0.0634)	0.0995*** (0.0377)	0.0340*** (0.0130)	0.0142* (0.0077)	0.0827*** (0.0207)	0.107** (0.0534)
news	0.181 (0.1340)	0.108 (0.0797)	0.0342 (0.0255)	0.00837 (0.0164)	0.101** (0.0426)	0.0628 (0.1210)
mandarin	0.0336 (0.0408)	0.0205 (0.0246)	0.00642 (0.0084)	0.0121** (0.0052)	0.0289** (0.0138)	0.0836** (0.0370)
appearance	0.126** (0.0642)	0.0762** (0.0384)	0.0261** (0.0131)	0.00529 (0.0080)	0.0757*** (0.0214)	0.0301 (0.0555)
medical	-0.0702*** (0.0207)	-0.0429*** (0.0123)	-0.0141*** (0.0041)	-0.00804*** (0.0025)	-0.0334*** (0.0067)	-0.0560*** (0.0184)
Constant	-2.507*** (1.0000)	-1.513*** 0.0000	-0.00372 (0.1030)	0.470*** 0.0000	-1.094*** 0.0000	-1.357*** (0.4170)
Obs	1402	1402	1402	1402	1402	1402
R - squared	0.0862	0.0861	0.104	0.1443	0.0853	0.1547

注：***、**和*分别表示在1%、5%和10%的统计水平上显著；括号内数字为稳健标准误。

从个体特征来看，性别对农民工是否退出贫困有显著负向影响，说明女性农民工退出贫困的概率更高。婚姻对农民工是否退出贫困有显著负向影响，说明未婚农民工比已婚农民工退出贫困的概率更高。党员对农民工是否退出贫困有显著负向影响，说明党员农民工比非党员农民工退出贫困的概率更高。代际对农民工是否退出贫困有显著负向影响，说明新生代农民工比老生代农民工退出贫困的概率更高。父母教育水平对农民工是否退出贫困有显著负向影响，说明父母教育水平越高的农民工，退出贫困的概率更高。从就业特征来看，工作类型对农民工是否退出贫困有显著负向影响，说明非建筑业农民工比建筑业农民工退出贫困的概率更高。工作时间对农民工是否退出贫困有显著负向影响，说明工作时间越多的农民工，贫困退出的概率更高。工作地点对农民工是否退出贫困有显著负向影响，说明县外就业农民工比县内就业农民工退出贫困的概率可能更大。

从能力特征来看，社会关系对农民工是否退出贫困有显著负向影响，说明社会关系较好的农民工退出贫困的概率可能更高。社会地位对农民工是否退出贫困有显著负向影响，说明社会地位较高的农民工退出贫困的概率可能更高。新闻关注对农民工是否退出贫困有显著负向影响，说明越关注新闻的农民工，退出贫困的概率可能更高。普通话水平对农民工是否退出贫困有负向影响，但并不显著。外貌水平对农民工退出贫困有显著负向影响，说明外貌较好的农民工，退出贫困的年数可能越多。医疗支出对农民工是否退出贫困有显著负向影响，说明医疗支出过大会减少农民工退出贫困的年数。

第四节 本章小结

本章运用 OLS 和 Tobit 模型考察贫困经历年数、贫困持续年数、贫困进入年数和贫困退出年数的影响因素，运用 Logit 和 Probit 模型考察贫困是否经历、贫困是否持续、贫困是否进入和贫困是否退出的影响因素。以此来识别出究竟是何种因素导致农民工经历贫困？农民工持续贫困的原因在哪？是什么因素让农民工陷入贫困，又是什么让农民工退出贫困？本书想通过模型估计回答以上问题。

从农民工多维贫困经历的回归模型来看，性别、婚姻、党员、代际、父亲教育、母亲教育、工作类型、工作地点、社会关系、社会地位、新闻关注、普通话水平和外貌水平都对农民工多维贫困经历年数有显著负向影响，医疗支出对农民工多维贫困有显著正向影响。女性、未婚、党员、新生代农民工、父亲教育水平较高、母亲教育水平较高、非建筑职业、工作时间、县外就业、社会关系较好、社会地位较高、关注新闻、普通话水平较高和外貌水平较高的农民工经历贫困的概率更低，医疗支出水平较高的农民工经历贫困的概率更高。农民工贫困持续年数和是否持续贫困模型的回归结果显示，自变量的系数与贫困经历年数、是否经历贫困模型的回归系数方向基本一致，只有显著性水平和作用大小有所差异。

从农民工进入或退出贫困的回归模型来看，性别、婚姻、党员、代际、父亲教育、母亲教育、工作类型、工作地点、社会关系、社会地位、新闻关注、普通话水平和外貌水平都对农民工贫困进入年数有显著负向影响，医疗支出对农民工贫困进入年数有显著正向影响。女性、未婚、党员、新生代农民工、父亲教育水平较高、母亲教育水平较高、非建筑职业、工作时间、县外就业、社会关系较好、社会地位较高、关注新闻、普通话水平较高和外貌水平较高的农民工贫困进入的概率更低，医疗支出水平较高的农民工贫困进入的概率更高。农民工退出贫困年数和是否退出贫困模型的回归结果显示，自变量的系数与贫困进入贫困年数、是否进入贫困模型的回归系数方向都相反，且显著性水平和作用大小有所差异。

第六章　农民工多维贫困动态结果的影响因素

本章主要探究农民工多维贫困动态结果的影响因素，在多维贫困动态性测度基础上，构建计量模型分析影响农民工从不贫困、慢性贫困和暂时贫困的决定因素，并比较不同农民工多维贫困动态结果决定因素的差异。

第一节　计量模型构建

本章致力于通过计量模型分析出农民工多维贫困动态结果的影响因素以及分析不同贫困动态结果是否存在的影响因素。因农民工多维贫困动态结果的类型有从不贫困、暂时贫困和慢性贫困，这三种类型为没有严格的次序关系，当因变量的多个分类为无序时，可以用 Mlogit 模型（Multinomial Logit Model）进行估计，不同贫困动态结果是否存在可以用 Logit 模型进行估计。

Mlogit 模型（Multinomial Logit Model）与普通 Logit 模型不同，普通 Logit 模型的选择集为 2 种，而 Mlogit 模型的选择集为 3 种及以上，且各选项之间没有层级关系，是并列存在的。假设研究样本的大小为 N，每个个体有 J 种选择结果，其中 i = 1，2，3，…，N，j = 1，2，3，…，J，则个体 i 选择何种方案主要取决于效用水平，假设个体 i 选择方案 j 所能带来的效用水平 U_9 为：

$$U_{ij} = x_{ij}' \beta_j + \varepsilon_{ij} \qquad (6-1)$$

其中，解释变量 x_{ij} 只随个体 i 变化，不与方案 j 相关。比如，个体的性别、年龄、工资等特征，这些解释变量被称为“只随个体而变（case - specific）”或“不随方案而变（alternative - invariant）”，系数 β_j 表明，x_i 对效用水平 U_{ij} 的作用取决于 j。进而得出个体 i 选择方案 j 的概率为：

$$P(y_i=j\mid x_i)=P(U_{ij}\geqslant U_{ik},\forall k\neq j)=P(U_{ik}-U_{ij}\leqslant 0,\forall k\neq j)$$
$$=P(\varepsilon_{ik}-\varepsilon_{ij}\leqslant x_i'\beta_k,\forall k\neq j) \tag{6-2}$$

式（6－2）的求解需要经过非常复种的积分计算，但是此法并不符合实际，为了简化运算过程，一般假设式（6－1）中的 $\{\varepsilon_{ij}\}$ 为 iid，即误差项相互独立；且式（6－1）中的 $\{\varepsilon_{ij}\}$ 服从 I 型极值分布（type I extreme value distribution），则可证明：

$$P(y_i=j\mid x_i)=\frac{\exp(x'_i\beta_j)}{\sum_{k=1}^{J}\exp(x'_j\beta_k)} \tag{6-3}$$

由此可知，选择各项方案的概率之和为 1，即 $\sum_{k=1}^{J}P(y_i=j\mid x_i)=1$。式（6－3）是二值选择 Logit 模型向多值选择模型的自然扩展。这个模型的问题是无法识别所有系数 β_k，$k=1$，2，3，…，J。这主要是因为，如果将 β_k 变成 $\beta_k^*=\beta_k+\alpha$（α 为某常数向量），不会影响模型的拟合效果。因此，在计量回归中通常将某个方案（例如，方案 1）作为“参照方案（base category）”，然后令系数 $\beta_i=0$。因此，个体 i 的选择方案 j 的概率为：

$$P(y_i=j\mid x_i)=\begin{cases}\dfrac{1}{1+\sum_{k=2}^{J}\exp(x_j'\beta_k)} & (j=1)\\[2ex] \dfrac{\exp(x'_i\beta_j)}{1+\sum_{k=2}^{J}\exp(x'_j\beta_k)} & (j=2,\cdots,J)\end{cases} \tag{6-4}$$

其中，“j = 1”所对应的方案为模型的参照组，此模型也就是“多项 Logit（Multinomial Logit）”，可用 MLE 进行估计，个体 i 的似然函数为：

$$L_i(\beta_1,\cdots,\beta_J)=\prod_{j=1}^{1}[P(y_i=j\mid x_i]^{1(y_i=j)} \tag{6-5}$$

其对数似然函数为：

$$\ln L_i(\beta_1,\cdots,\beta_J)=\sum_{j=1}^{J}1(y_i=j)\cdot\ln P(y_i=j\mid x_i) \tag{6-6}$$

其中，L（·）为示性函数（indicator function），也就是说如果括号中的表达式成立，则取值为 1；反之，取值为 0。将所有个体的对数似然函数加总，就可以得到整个样本的对数似然函数，将其最大化则得到系数估计值 $\hat{\beta}_i$，…，$\hat{\beta}_j$。

第二节　不同维度下农民工多维贫困动态结果的影响因素

表6-1为k=2下农民工多维贫困动态结果影响因素的Mlogit回归结果，并进一步求出各影响因素的边际效应。从Mlogit回归结果来看，就个体特征而言，对不同性别来说，女性农民工慢性贫困显著降低0.489个对数发生比，且长期贫困也显著下降0.746个对数发生比，表明与男性农民工相比，女性农民工多维贫困动态结果更多偏向于从不贫困状态。对于婚姻来说，未婚农民工慢性贫困就显著下降0.509个对数发生比，长期贫困显著下降0.874个对数发生比，说明未婚农民工的多维贫困动态结果更多可能是从不贫困状态。对党员来说，党员农民工慢性贫困和长期贫困都显著降低1.077个和0.569个对数发生比，说明党员农民工的多维贫困动态结果更多可能是从不贫困状态。就代际来说，新生代农民工慢性贫困和长期贫困分别显著降低0.42个和1.535个对数发生比，说明新生代农民工的多维贫困动态结果更多的可能是从不贫困状态。就父亲教育水平而言，与从不贫困相比，父亲教育水平每增加1个单位，农民工慢性贫困和长期贫困的概率就分别显著降低0.0629个和0.0875个对数发生比，说明父亲教育水平越高的农民工，多维贫困动态结果更多是从不贫困。母亲教育水平每增加1个单位，农民工慢性贫困和长期贫困的概率就分别降低0.0125个和0.0387个对数发生比，说明母亲教育水平越高的农民工，多维贫困动态结果更多可能是从不贫困。

表6-1　k=2下农民工多维贫困动态结果的影响因素

variable	Mlogit		Margins		
	慢性贫困	长期贫困	从不贫困	慢性贫困	长期贫困
sex	-0.489*** (0.1340)	-0.746*** (0.2260)	0.1081*** (0.0259)	-0.0728*** (0.0260)	-0.0353** (0.0157)
marry	-0.509** (0.2140)	-0.874** (0.3970)	0.1162*** -0.0421	-0.0684 (0.0439)	-0.0478 -0.0345

续表

variable	Mlogit		Margins		
	慢性贫困	长期贫困	从不贫困	慢性贫困	长期贫困
party	-1.077*** (0.2600)	-0.569 (0.4370)	0.1769*** -0.0383	-0.1679*** (0.0347)	-0.0091 -0.0254
generation	-0.420** (0.1690)	-1.535*** (0.4080)	0.1131*** -0.0317	-0.0449 (0.0312)	-0.0682*** -0.0153
fath_edu	-0.0629*** (0.0171)	-0.0875*** (0.0339)	0.0134*** (0.0032)	-0.0096*** (0.0033)	-0.0038* (0.0022)
moth_edu	-0.0125 (0.0207)	-0.0387 (0.0378)	0.0034 (0.0039)	-0.0012 (0.0040)	-0.0022 (0.0025)
job	-0.386*** (0.1430)	-0.089 (0.2530)	0.066** (0.0266)	-0.0723*** (0.0262)	0.0063 (0.0166)
time	-0.0524*** (0.0111)	-0.0895*** (0.0185)	0.0117*** (0.0020)	-0.0075*** (0.0020)	-0.0042*** (0.0012)
place	0.0837 (0.1290)	-0.371* (0.2200)	-0.0009 (0.0243)	0.0288 (0.0244)	-0.0279* (0.0145)
social	-0.0296 (0.0803)	-0.353*** (0.1280)	0.0168 (0.0152)	0.0056 (0.0150)	-0.0224*** (0.0081)
status	-0.215*** (0.0657)	-0.359*** (0.1120)	0.0476*** (0.0123)	-0.0308** (0.0122)	-0.0168** (0.0071)
news	-0.339** (0.1400)	-0.262 (0.2520)	0.0648** (0.0263)	-0.0583** (0.0267)	-0.0064 (0.0162)
mandarin	-0.0703* (0.0422)	-0.148** (0.0719)	0.0166** (0.0080)	-0.0091 (0.0080)	-0.0076* (0.0046)
appearance	-0.184*** (0.0673)	-0.391*** (0.1030)	0.0436*** (0.0125)	-0.0236* (0.0124)	-0.02*** (0.0065)
medical	0.0807*** (0.0214)	0.189*** (0.0396)	-0.0197*** (0.0039)	0.0098** (0.0040)	0.0099*** (0.0025)
Constant	2.992*** (0.5620)	5.320*** (0.8750)			
Obs	1402	1402	1402	1402	1402

注：***、**和*分别表示在1%、5%和10%的统计水平上显著；括号内数字为稳健标准误。

从就业特征来看，就工作类型而言，非建筑农民工慢性贫困概率显著降低 0.386 个对数发生比，长期贫困概率降低 0.089 个对数发生比，说明非建筑农民工与建筑农民工相比，多维贫困动态结果更多可能为从不贫困状态。就工作时间而言，工作时间每增加 1 个单位，农民工慢性贫困和长期贫困的概率就分别降低 0.0524 个和 0.0895 个对数发生比，说明工作时间越长的农民工，多维贫困动态结果更多可能是从不贫困状态。就工作地点而言，县外就业农民工慢性贫困的概率降低 0.0837 个对数发生比，长期贫困的概率则显著降低 0.371 对数发生比，说明县外就业农民工与县内就业农民工相比，多维贫困动态结果更多可能为从不贫困状态。

从能力特征来看，就社会关系而言，农民工社会关系每增加 1 个单位，农民工暂时贫困的概率降低 0.0296 个对数发生比，长期贫困的概率就显著降低 0.089 个对数发生比，说明社会关系越好的农民工，多维贫困动态结果更多处于从不贫困状态。就社会地位而言，农民工社会地位每增加 1 个单位，农民工暂时贫困的概率就显著降低 0.215 个对数发生比，长期贫困的概率就显著降低 0.353 个对数发生比，说明社会地位越高的农民工，多维贫困动态结果更多处于从不贫困状态。就新闻关注而言，关注新闻的农民工慢性贫困的概率就显著降低 0.339 个对数发生比，长期贫困的概率则显著降低 0.262 个对数发生比，说明越关注新闻的农民工，多维贫困动态结果更多可能为从不贫困状态。就普通话水平而言，农民工普通话水平每增加 1 个单位，农民工暂时贫困的概率就显著降低 0.0703 个对数发生比，长期贫困的概率就显著降低 0.148 个对数发生比，说明普通话水平越高的农民工，多维贫困动态结果更多处于从不贫困状态。就外貌水平而言，农民工外貌水平每增加 1 个单位，农民工暂时贫困的概率就显著降低 0.184 个对数发生比，长期贫困的概率就显著降低 0.391 个对数发生比，说明外貌水平越高的农民工，多维贫困动态结果更多处于从不贫困状态。就医疗支出而言，农民工医疗支出每增加 1 个单位，农民工暂时贫困的概率就显著增加 0.0807 个对数发生比，长期贫困的概率就显著降低 0.0197 个对数发生比，说明医疗支出越高的农民工，多维贫困动态结果更多处于暂时贫困状态。

就边际效应而言，从个人特征来看，性别对从不贫困有显著正向影响，对慢性贫困和长期贫困有显著负向影响，女性农民工相比男性农民工而言，从不贫困的概率会增加 0.11%，慢性贫困和长期贫困的概率会分别下降 0.07% 和 0.04%。婚姻对从不贫困有显著正向影响，对慢性贫困和长期贫困有显著负向影响，未婚农民工相比已婚农民工而言，从不贫困的概率会增加 0.12%，慢性贫困和长期贫困的概率会分别下降 0.07% 和 0.05%。党员对从不贫困有显著正向影响，对慢性贫困和长期贫困有显著负向影响，党员农民工相比非党员农民工而言，从不贫困的概率会增加 0.18%，为慢性贫困和长期贫困的概率会分别下降 0.17% 和 0.01%。代际对从不贫困有显著正向影响，对慢性贫困和长期贫困有负向影响，新生代农民工与老生代农民工相比，慢性贫困的概率下降 0.05% 和 0.07%。父亲教育水平对从不贫困有显著正向影响，对慢性贫困和长期贫困有显著负向影响。父亲教育水平每增加 1 单位，从不贫困概率就增加 0.13%，慢性贫困和长期贫困概率就分别下降 0.01% 和 0.004%。母亲教育水平对从不贫困有正向影响，对慢性贫困和长期贫困有负向影响。母亲教育水平每增加 1 单位，从不贫困概率就增加 0.003%，慢性贫困和长期贫困概率就分别下降 0.001% 和 0.002%。

从就业特征来看，工作类型对从不贫困有显著正向影响，对慢性贫困有显著负向影响，非建筑农民工相比建筑农民工而言，从不贫困的概率会增加 0.066%，慢性贫困的概率会下降 0.07%。工作时间对从不贫困有正向影响，对慢性贫困和长期贫困有负向影响。母亲教育水平每增加 1 单位，从不贫困概率就增加 0.012%，慢性贫困和长期贫困概率就分别下降 0.008% 和 0.004%。工作地点对长期贫困有显著负向影响，县外就业农民工相比县内就业农民工而言，长期贫困的概率会下降 0.03%。社会关系对长期贫困有显著负向影响，社会关系每增加 1 单位，农民工长期贫困的概率就下降 0.02%。社会地位对从不贫困有显著正向影响，对慢性贫困和长期贫困有显著负向影响，社会地位每增加 1 单位，从不贫困的概率会增加 0.05%，为慢性贫困和长期贫困的概率会分别下降 0.03% 和 0.02%。新闻关注对从不贫困有显著正向影响，对慢性贫困有显著负向影响，关注新闻农民工与不关注新闻农民工相比，从不贫困概率增加 0.65%，慢性贫困概率下降 0.06%。普通话水平对从不贫困有显著正向影响，对长期贫困有显著负向影响，普通话水平每增加 1 单位，从不贫困概率增加 0.02%，慢性贫困概率下降 0.008%。外貌水平对从不贫困有显著正向影响，对慢性贫困和长期贫困有显著负向影响，外貌水平每增加 1 单位，从不贫困概率增加 0.02%，慢性贫困和长期贫困的概率分别下降 0.023% 和 0.02%。医疗支出对从不贫困有显著正向影响，对慢性贫困和长期贫困有显著负向影响，医疗支出每增加 1 单位，从不贫困概率增加 0.02%，慢性贫困和长期贫困的概率分别下降 0.01% 和 0.01%。

表 6－2 为 k＝3 下农民工多维贫困动态结果影响因素的 Mlogit 估计结果以及其边际效应。从 Mlogit 的估计结果来看，就性别来说，女性农民工的慢性贫困和长期贫困分别显著降低 0.498 个和 0.702 个对数发生比，说明女性农民工更易处于从不贫困状态。就婚姻来看，未婚农民工的慢性贫困和长期贫困分别显著降低 0.511 个和 0.862 个对数发生比，说明未婚农民工更易处于从不贫困状态。就党员而言，党员农民工的慢性贫困和长期贫困分别降低 1.067 个和 0.604 个对数发生比，说明党员农民工更易处于从不贫困状态。就代际而言，新生代农民工的慢性贫困和长期贫困分别显著降低 1.512 个和 0.12 个对数发生比，说明新生代农民工更易处于从不贫困状态。就父亲教育水平而言，父亲教育水平每增加 1 个单位，农民工慢性贫困和长期贫困的概率就分别显著降低 0.0632 个和 0.087 个对数发生比，说明父亲教育水平越高，农民工更易处于从不贫困状态。就母亲教育水平而言，母亲教育水平每增加 1 个单位，农民工慢性贫困和长期贫困的概率就分别降低 0.013 个和 0.037 个对数发生比，说明父母教育水平越高，农民工更易处于从不贫困状态。

表 6－2　k＝3 下农民工多维贫困动态结果的影响因素

variable	Mlogit		Margins		
	慢性贫困	长期贫困	从不贫困	慢性贫困	长期贫困
sex	－0.498*** (0.1330)	－0.702*** (0.2290)	0.108*** (0.0258)	－0.0763*** (0.0259)	0.0317** (0.0158)
marry	－0.511** (0.2140)	－0.862** (0.4000)	0.1161*** (0.0422)	－0.0694 (0.0439)	－0.0466 (0.0347)
party	－1.067*** (0.2590)	－0.604 (0.4420)	0.1772*** (0.0383)	－0.166*** (0.0348)	－0.0112 (0.0252)
generation	－0.427** (0.1690)	－1.512*** (0.4050)	0.1138*** (0.0316)	－0.0467 (0.0310)	－0.0671*** (0.0154)

续表

variable	Mlogit		Margins		
	慢性贫困	长期贫困	从不贫困	慢性贫困	长期贫困
fath_edu	-0.0632*** (0.0171)	-0.0868*** (0.0334)	0.0134*** (0.0032)	-0.0097*** (0.0033)	-0.0037* (0.0021)
moth_edu	-0.0126 (0.0207)	-0.0374 (0.0379)	0.0034 (0.0039)	-0.0013 (0.0040)	-0.0021 (0.0025)
job	-0.383*** (0.1430)	-0.0975 (0.2530)	0.0658** (0.0266)	-0.0714*** (0.0262)	0.0057 (0.0165)
time	-0.0524*** (0.0111)	-0.0907*** (0.0185)	0.0117*** (0.0020)	-0.0074*** (0.0020)	-0.0043*** (0.0012)
place	-0.0271 (0.1420)	0.342 (0.2340)	-0.0079 (0.0266)	-0.017 (0.0268)	0.0249 (0.0165)
social	-0.0294 (0.0805)	-0.349*** (0.1280)	0.0167 (0.0152)	0.0055 (0.0150)	-0.0222*** (0.0081)
status	-0.214*** (0.0659)	-0.356*** (0.1110)	0.0474*** (0.0123)	-0.0307** (0.0122)	-0.0167** (0.0070)
news	-0.335** (0.1400)	-0.279 (0.2520)	0.0647** (0.0263)	-0.0571** (0.0267)	-0.0076 (0.0162)
mandarin	-0.0702* (0.0422)	-0.150** (0.0716)	0.0167** (0.0080)	-0.009 (0.0080)	-0.0077* (0.0046)
appearance	-0.187*** (0.0672)	-0.381*** (0.1030)	0.0438*** (0.0100)	-0.0246** (0.0124)	-0.0192** (0.0064)
medical	0.0808*** (0.0214)	0.189*** (0.0397)	-0.0197*** (0.0039)	0.0098** (0.0040)	0.0099*** (0.0025)
Constant	3.069*** (0.5520)	4.927*** (0.8380)			
Obs	1402	1402	1402	1402	1402

注：***、**和*分别表示在1%、5%和10%的统计水平上显著；括号内数字为稳健标准误。

就工作类型而言，非建筑农民工的慢性贫困和长期贫困分别降低0.383个和0.1个对数发生比，说明非建筑农民工更易处于从不贫困状态。就工作时间而言，工作时间每增加1单位，农民工的慢性贫困和长期贫困分别显著降低0.052个和0.1个对数发生比，说明工作时间越长农民工更易处于从不贫困状态。就工作地点而言，县外就业农民工的慢性贫困和长期贫困分别降低0.027个和0.34个对数发生比，说明县外就业农民工更易处于从不贫困状态。就社会关系而言，社会关系每增加1单位，农民工的慢性贫困和长期贫困分别降低0.029个和0.35个对数发生比，说明社会关系越好的农民工更易处于从不贫困状态。就社会地位而言，社会地位每增加1单位，农民工的慢性贫困和长期贫困分别显著降低0.21个和0.36个对数发生比，说明社会地位越高的农民工更易处于从不贫困状态。就新闻关注而言，关注新闻农民工的慢性贫困和长期贫困分别显著降低0.335个和0.28个对数发生比，说明越关注新闻的农民工更易处于从不贫困状态。就普通话水平而言，普通话水平每增加1单位，农民工的慢性贫困和长期贫困分别显著降低0.07个和0.15个对数发生比，说明普通话水平越高的农民工更易处于从不贫困状态。就外貌水平而言，外貌越好的农民工，从不贫困的概率最大。就医疗支出而言，医疗支出越多的农民工，越有可能陷入长期贫困。

从边际效应来看，就个体特征而言，性别对从不贫困和长期贫困有显著正向影响，对慢性贫困有显著负向影响，说明女性农民工更易处于从不贫困状态。婚姻对从不贫困有显著正向影响，对慢性贫困和长期贫困有负向影响，说明未婚农民工更易处于从不贫困状态。党员对从不贫困有显著正向影响，对慢性贫困和长期贫困有负向影响，说明党员农民工更易处于从不贫困状态。代际对从不贫困有显著正向影响，对慢性贫困和长期贫困有负向影响，说明新生代农民工更易处于从不贫困状态。父亲教育水平对从不贫困有显著正向影响，对慢性贫困和长期贫困有负向影响，说明父亲教育水平越高的农民工更易处于从不贫困状态。母亲教育水平对从不贫困有正向影响，对慢性贫困和长期贫困有负向影响，但结果都不显著。就工作特征而言，工作类型对从不贫困有显著正向影响，对慢性贫困和长期贫困有负向影响，说明非建筑农民工更易处于从不贫困状态。工作时间对农民工从不贫困有显著正向影响，对慢性贫困和长期贫困有显著负向影响，说明工作时间越长农民工更易处于从不贫困状态。工作地点对农民工从不贫困有正向影响，对慢性贫困和长期贫困有负向影响，说明县外农民工更易处于从不贫困状态。

就能力特征而言，社会关系对农民工对从不贫困有正向影响，对长期贫困有显著负向影响，说明社会关系越好的农民工更易处于从不贫困状态。新闻关注对农民工对从不贫困有显著正向影响，对慢性贫困和长期贫困有负向影响，说明越关注新闻的农民工更易处于从不贫困状态。普通话水平对农民工对从不贫困有显著正向影响，对慢性贫困和长期贫困有负向影响，说明普通话水平越高的农民工更易处于从不贫困状态。外貌水平对农民工对从不贫困有显著正向影响，对慢性贫困和长期贫困有显著负向影响，说明外貌水平越好农民工更易处于从不贫困状态。医疗支出对农民工对从不贫困有显著负向影响，对慢性贫困和长期贫困有正向影响，说明医疗支出越大的农民工更易处于长期贫困状态。

表 6－3 为 k =4 下农民工多维贫困动态结果影响因素的 Mlogit 估计结果及其边际效应。就个体特征而言，从性别来看，女性农民工的慢性贫困和长期贫困的概率都要下降 0. 495 个和 0. 689 个对数发生比。从婚姻来看，未婚农民工的慢性贫困和长期贫困的概率都要下降 0. 495 个和 0. 689 个对数发生比。从党员来看，党员农民工的慢性贫困和长期贫困的概率都要下降 1. 069 个和 0. 607 个对数发生比。从代际来看，新生代农民工的慢性贫困和长期贫困的概率都要下降 0. 426 个和 1. 595 个对数发生比。从父亲教育水平而言，父亲教育水平每增加 1 个单位，农民工的慢性贫困和长期贫困的概率都要下降 0. 062 个和 0. 0869 个对数发生比。从母亲教育水平而言，母亲教育水平每增加 1 单位，农民工的慢性贫困和长期贫困的概率都要下降 0. 012 个和 0. 037 个对数发生比。就工作特征而言，从工作类型来看，非建筑业农民工的慢性贫困和长期贫困的概率都要下降 0. 384 个和 0. 0884 个对数发生比。从工作时间来看，工作时间每增加 1 个单位，农民工的慢性贫困和长期贫困的概率都要下降 0. 0524 个和 0. 09 个对数发生比。从工作地点来看，县外就业农民工的慢性贫困和长期贫困的概率都要下降 0. 024 个和 0. 359 个对数发生比。就能力特征来看，从社会关系来看，社会关系每增加 1 个单位，农民工的慢性贫困和长期贫困的概率都要下降 0. 001 个和 0. 407 个对数发生比。

表 6 - 3　　k = 4 下农民工多维贫困动态结果的影响因素

variable	Mlogit		Margins		
	慢性贫困	长期贫困	从不贫困	慢性贫困	长期贫困
sex	- 0.495*** (0.1330)	- 0.689*** (0.2290)	0.1072*** 0.0258	- 0.0761*** 0.0260	- 0.0311** 0.0159
marry	- 0.510** (0.2140)	- 0.842** (0.3970)	0.1153*** 0.0422	- 0.0701 0.0440	- 0.0452 0.0344
party	- 1.069*** (0.2590)	- 0.607 (0.4440)	0.1777*** 0.0383	- 0.1662*** 0.0348	- 0.0115 0.0254
generation	- 0.426** (0.1690)	- 1.495*** (0.4060)	0.1134*** 0.0316	- 0.0467 0.0311	- 0.0667*** 0.0155
fath_edu	- 0.0632*** (0.0172)	- 0.0869*** (0.0335)	0.0134*** 0.0032	- 0.0097*** 0.0033	- 0.0037* 0.0022
moth_edu	- 0.0124 (0.0207)	- 0.0371 (0.0383)	0.0033 0.0039	- 0.0012 0.0040	- 0.0021 0.0025
job	- 0.384*** (0.1430)	- 0.0884 (0.2520)	0.0655** 0.0266	- 0.0719*** 0.0262	0.0063 0.0166
time	- 0.0524*** (0.0111)	- 0.0922*** (0.0185)	0.0118*** 0.0020	- 0.0074*** 0.0020	- 0.0044*** 0.0012
place	- 0.0241 (0.1420)	0.359 (0.2350)	- 0.0091 0.0266	- 0.0172 0.0268	0.0263 0.0168
social	- 0.00093 (0.1450)	- 0.407* (0.2320)	0.014 0.0277	0.0131 0.0271	- 0.0271* 0.0148
status	- 0.219*** (0.0656)	- 0.369*** (0.1100)	0.0486*** 0.0123	- 0.0312** 0.0121	- 0.0175** 0.0070
news	- 0.333** (0.1400)	- 0.268 (0.2510)	0.0641** 0.0263	- 0.0571** 0.0267	- 0.007 0.0162
mandarin	- 0.0713* (0.0422)	- 0.152** (0.0713)	0.0169** 0.0080	- 0.0091 0.0080	- 0.0078* 0.0046
appearance	- 0.188*** (0.0671)	- 0.388*** (0.1030)	0.0442*** 0.0125	- 0.0245** 0.0123	- 0.0197*** 0.0065
medical	0.0809*** (0.0214)	0.189*** (0.0396)	- 0.0198*** 0.0039	0.0098** 0.0040	0.0099*** 0.0025
Constant	2.969*** (0.4800)	3.899*** (0.7480)			
Obs	1402	1402	1402	1402	1402

注：*** 、** 和 * 分别表示在 1% 、5% 和 10% 的统计水平上显著；括号内数字为稳健标准误。

从社会地位来看，社会地位每增加 1 个单位，农民工的慢性贫困和长期贫困的概率都要下降 0. 219 个和 0. 369 个对数发生比。从新闻关注来看，新闻关注程度每增加 1 个单位，农民工的慢性贫困和长期贫困的概率都要下降 0. 333 个和 0. 268 个对数发生比。从普通话水平来看，普通话水平每增加 1 个单位，农民工的慢性贫困和长期贫困的概率都要下降 0. 07 个和 0. 152 个对数发生比。从外貌水平来看，外貌水平每增加 1 个单位，农民工的慢性贫困和长期贫困的概率都要下降 0. 188 个和 0. 388 个对数发生比。从医疗支出来看，医疗支出每增加 1 个单位，农民工的慢性贫困和长期贫困的概率都要下降 0. 08 个和 0. 189 个对数发生比。

从边际效应来看，就个体特征而言，从性别特征来看，性别对从不贫困有显著正向影响，对慢性贫困和长期贫困有显著负向影响，说明女性农民工处于从不贫困的概率更大。就婚姻特征来看，婚姻对从不贫困有显著正向影响，对慢性贫困和长期贫困有负向影响，说明未婚农民工处于从不贫困的概率更大。就党员特征而言，党员对从不贫困有显著正向影响，对慢性贫困和长期贫困有负向影响，说明党员农民工处于从不贫困的概率更大。就代际特征来看，代际对从不贫困有显著正向影响，对慢性贫困和长期贫困有负向影响，说明新生代农民工处于从不贫困的概率更大。就父亲教育水平而言，父亲教育水平对从不贫困有显著正向影响，对慢性贫困和长期贫困有显著负向影响，说明父亲教育水平越高的农民工，处于从不贫困的概率更大。就母亲教育水平而言，母亲教育水平对从不贫困有正向影响，对慢性贫困和长期贫困有负向影响，但都不显著。从工作特征来看，就工作类型而言，工作类型对从不贫困有显著正向影响，对慢性贫困和长期贫困有负向影响，说明非建筑业农民工与建筑业农民工相比，处于从不贫困的概率更大。就工作时间而言，工作时间对从不贫困有显著正向影响，对慢性贫困和长期贫困有负向影响，说明工作时间越多的农民工处于从不贫困的概率更大。就工作地点而言，工作地点对从不贫困有正向影响，对慢性贫困和长期贫困有负向影响，但都不显著。

从能力特征来看，就社会关系而言，社会关系对从不贫困有显著正向影响，对慢性贫困和长期贫困有负向影响，说明社会关系越好的农民工处于从不贫困的概率更大。就社会地位而言，社会地位对从不贫困有显著正向影响，对慢性贫困和长期贫困有显著负向影响，说明社会地位越高的农民工处于从不贫困的概率更大。就新闻关注而言，新闻关注对从不贫困有显著正向影响，对慢性贫困和长期贫困有负向影响，说明新闻关注越多的农民工处于从不贫困的概率更大。就普通话水平而言，普通话水平对从不贫困有显著正向影响，对慢性贫困和长期贫困有负向影响，说明普通话越好的农民工处于从不贫困的概率更大。就外貌水平而言，外貌水平对从不贫困有显著正向影响，对慢性贫困和长期贫困有显著负向影响，说明外貌越好的农民工处于从不贫困的概率更大。就医疗支出来看，医疗支出对从不贫困有显著负向影响，对慢性贫困和长期贫困有显著正向影响，说明医疗支出越多的农民工处于长期贫困的概率更大。

第三节　农民工不同多维贫困动态结果的影响因素

表 6 - 4 为 k = 1 ~ 2 下不同多维贫困动态结果下农民工是否存在贫困的影响因素的 Logit 估计结果。模型 1 为 k = 1 下农民工是否存在从不贫困状况的估计结果，模型 2 为 k = 1 下农民工是否存在慢性贫困状况的估计结果，模型 3 为 k = 1 下农民工是否存在长期贫困状况的估计结果。依此类推，模型 4 ~ 6 为 k = 2 下农民是否存在从不贫困、慢性贫困和长期贫困状况的估计结果。从模型 1 ~ 3 的回归结果可知，就个体特征而言，性别对农民工是否存在从不贫困有显著正向作用，对是否存在慢性贫困和长期贫困有显著负向作用。男性农民工相比女性农民工，从不贫困概率会增加 0. 319 个对数发生比，慢性贫困概率会降低 0. 0364 个对数发生比，长期贫困概率会降低 0. 0533 个对数发生比。婚姻对是否存在从不贫困有显著正向影响，对慢性贫困和长期贫困有负向影响。未婚农民工是否存在从不贫困概率会增加 0. 348 个，慢性贫困和长期贫困概率分别会下降 0. 0371 个和 0. 0435 个。党员对是否存在从不贫困有显著正向影响，对慢性贫困和长期贫困有负向影响，党员农民工是否存在从不贫困概率会增加 0. 568 个，慢性贫困和长期贫困概率会降低 0. 0121 个和 0. 0203 个。代际对是否存在从不贫困有显著正向影响，对慢性贫困和长期贫困有显著负向影响，新生代农民工从不贫困概率会增加 0. 333 个，慢性贫困和长期贫困概率会降低 0. 066 个

和0.054个。父亲教育水平对农民工是否存在从不贫困有显著正向影响，对慢性贫困有显著负向影响。父亲教育水平每增加1个单位，农民工从不贫困概率就增加0.04个对数发生比，慢性贫困就下降0.003个对数发生比。母亲教育水平对农民工是否存在从不贫困有正向影响，对慢性贫困和长期贫困有负向影响，但都不显著。

表6-4　k=1~2下不同多维贫困动态结果下农民工是否贫困的影响因素

variable	k=1			k=2		
	模型1	模型2	模型3	模型4	模型5	模型6
sex	0.319*** (0.0768)	-0.0364** (0.0154)	-0.0533*** (0.0150)	0.529*** (0.1270)	-0.504** (0.2160)	-0.801*** (0.2130)
marry	0.348*** (0.1230)	-0.0371 (0.0226)	-0.0435* (0.0238)	0.561*** (0.2080)	-0.596 (0.3790)	-0.672* (0.3950)
party	0.568*** (0.1380)	-0.0121 (0.0198)	-0.0203 (0.0182)	0.984*** (0.2400)	-0.203 (0.4190)	-0.361 (0.4410)
generation	0.333*** (0.0986)	-0.0665*** (0.0158)	-0.0542*** (0.0171)	0.565*** (0.1650)	-1.330*** (0.3970)	-0.971** (0.3870)
fath_edu	0.0400*** (0.0098)	-0.00292* (0.0017)	-0.00282 (0.0018)	0.0661*** (0.0164)	-0.0596* (0.0328)	-0.0521 (0.0348)
moth_edu	0.00924 (0.0119)	-0.00203 (0.0017)	-0.00225 (0.0020)	0.0162 (0.0199)	-0.0328 (0.0367)	-0.0413 (0.0431)
job	0.199** (0.0818)	-0.0001 (0.0146)	-0.0185 (0.0128)	0.341** (0.1360)	0.0935 (0.2440)	-0.279 (0.2570)
time	0.0355*** (0.0064)	-0.00480*** (0.0014)	-0.00638*** (0.0014)	0.0590*** (0.0105)	-0.0630*** (0.0178)	-0.0822*** (0.0173)
place	0.0561 (0.1220)	-0.0277* (0.0144)	-0.0121 (0.0138)	0.0895 (0.2070)	-0.419** (0.2120)	-0.0331 (0.2410)
social	0.0542 (0.0456)	-0.0251*** (0.0097)	-0.0317*** (0.0102)	0.0865 (0.0762)	-0.340*** (0.1220)	-0.448*** (0.1330)
status	0.143*** (0.0376)	-0.0163** (0.0079)	-0.00846 (0.0073)	0.238*** (0.0634)	-0.253** (0.1070)	-0.15 (0.1050)
news	0.197** (0.0797)	-0.00683 (0.0143)	-0.0117 (0.0136)	0.327** (0.1330)	-0.11 (0.2450)	-0.207 (0.2510)

续表

variable	k = 1			k = 2		
	模型 1	模型 2	模型 3	模型 4	模型 5	模型 6
mandarin	0.0513 ** (0.0243)	-0.00819 (0.0051)	-0.00983 * (0.0057)	0.0846 ** (0.0402)	-0.115 * (0.0691)	-0.141 * (0.0772)
appearance	0.129 *** (0.0381)	-0.0221 *** (0.0083)	-0.00443 (0.0083)	0.219 *** (0.0638)	-0.299 *** (0.0975)	-0.0528 (0.1120)
medical	-0.0598 *** (0.0122)	0.0102 *** (0.0025)	0.00770 *** (0.0024)	-0.0996 *** (0.0204)	0.151 *** (0.0381)	0.121 *** (0.0374)
Constant	-2.340 *** (0.3060)	0.503 *** (0.0710)	0.454 *** (0.0714)	-3.887 *** (0.5190)	3.066 *** (0.8140)	2.387 *** (0.8170)
Obs	1402	1402	1402	1402	1402	1402
R - squared	0.1315	0.083	0.082	0.1324	0.1563	0.1522

注：***、** 和 * 分别表示在 1%、5% 和 10% 的统计水平上显著；括号内数字为稳健标准误。

从工作特征来看，工作类型对农民工是否存在从不贫困有显著正向影响，对慢性贫困和长期贫困有负向影响，但不显著。非建筑业农民工相比建筑业农民工，从不贫困的概率会增加 0.199 个对数发生比。工作时间对农民工是否存在从不贫困有显著正向影响，对慢性贫困和长期贫困有显著负向影响。工作时间每增加 1 个单位，农民工从不贫困概率就增加 0.0355 个对数发生比，慢性贫困和长期贫困概率就分别降低 0.0048 个和 0.0064 个对数发生比。工作地点对农民工是否存在从不贫困有正向影响，对慢性贫困有显著负向影响，对长期贫困有负向影响。县外就业农民工与县内就业农民工相比，农民工慢性贫困的概率会降低 0.0277 个对数发生比。

从能力特征来看，社会关系对农民工是否存在从不贫困有正向影响，对慢性贫困和暂时贫困有显著负向影响。社会关系每增加 1 个单位，农民工慢性贫困和长期贫困的概率就降低 0.0251 个和 0.0317 个对数发生比。社会地位对农民工是否存在从不贫困有显著正向影响，对慢性贫困有显著负向影响，对长期贫困有负向影响。社会地位每增加 1 个单位，农民工从不贫困的概率就增加 0.143 个对数发生比，慢性贫困概率就降低 0.0163 个对数发生比。新闻关注对农民工是否存在从不贫困有显著正向影响，对慢性贫困和长期贫困有负向影响。新闻关注每增加 1 个单位，农民工从不贫困的概率就增加0.197个对数发生比。普通话水平对农民工是否存在从不贫困有显著正向影响，对慢性贫困有负向影响，对长期贫困有显著负向影响。普通话水平每增加1个单位，农民工从不贫困的概率就增加0.0513个对数发生比，长期贫困的概率就降低0.01个对数发生比。外貌水平对农民工是否存在从不贫困有显著正向影响，对慢性贫困有显著负向影响，对长期贫困有负向影响。医疗支出对农民工是否存在从不贫困有显著负向影响，对慢性贫困和长期贫困有显著正向影响。医疗支出每增加1个单位，农民工从不贫困的概率就降低0.0598个对数发生比，慢性贫困和长期贫困概率就增加0.0102个和0.008个对数发生比。

从k=2的估计结果可知，就个体特征而言，性别对农民工是否存在从不贫困有显著正向关系，对慢性贫困和长期贫困有显著负向影响。婚姻对农民工是否存在从不贫困有显著正向关系，对慢性贫困有负向影响，对长期贫困有显著负向影响。党员对农民工是否存在从不贫困有显著正向关系，对慢性贫困和长期贫困有负向影响，但并不显著。代际对农民工是否存在从不贫困有显著正向关系，对慢性贫困和长期贫困有显著负向影响。父亲教育水平对农民工是否存在从不贫困有显著正向关系，对慢性贫困有显著负向影响，对长期贫困有负向影响。母亲教育水平对农民工是否存在从不贫困有显著正向关系，对慢性贫困和长期贫困有负向影响，但不显著。就工作特征而言，工作类型对农民工是否存在从不贫困有显著正向关系，对慢性贫困和长期贫困有负向影响，但并不显著。工作时间对农民工是否存在从不贫困有显著正向关系，对慢性贫困和长期贫困有显著负向影响。工作地点对农民工是否存在从不贫困有正向关系，对慢性贫困有显著负向影响，对长期贫困有负向影响。

就能力特征而言，社会关系对农民工是否存在从不贫困有正向关系，对慢性贫困和长期贫困有显著负向影响。社会地位对农民工是否存在从不贫困有显著正向关系，对慢性贫困有显著负向影响，对长期贫困有负向影响。新闻关注对农民工是否存在从不贫困有显著正向关系，对慢性贫困和长期贫困有负向影响，但并不显著。普通话水平对农民工是否存在从不贫困有显著正向关系，对慢性贫困和长期贫困有显著负向影响。外貌水平对农民工是否存在从不贫困有显著正向关系，对慢性贫困有显著负向影响，对长期贫困有负向影响。医疗支出对农民工是否存在从不贫困有显著正向关系，对慢性贫困和长期贫困有显著负向影响。

表 6－5 为 k＝3～4 下不同多维贫困动态结果下农民工是否存在贫困的影响因素的 Logit 估计结果。模型 1～3 为 k＝3 下农民工是否存在从不贫困、慢性贫困和长期贫困状况的估计结果。模型 4～6 为 k＝4 下农民是否存在从不贫困、慢性贫困和长期贫困状况的估计结果。从模型 1～3 的回归结果可知，就个体特征而言，性别对农民工是否存在从不贫困有显著正向作用，对是否存在慢性贫困和长期贫困有显著负向作用。男性农民从不贫困概率会增加 0.525 个对数发生比，慢性贫困和长期贫困的概率会降低 0.259 个和 0.416 个对数发生比。婚姻对农民工是否存在从不贫困有显著正向影响，对慢性贫困有负向影响，对长期贫困有显著负向影响。未婚农民工从不贫困概率会增加 0.56 个对数发生比，长期贫困的概率会减少 0.38 个对数发生比。党员对农民工是否存在从不贫困有显著正向影响，对慢性贫困和长期贫困有负向影响，但不显著。党员农民工相比非党员农民工，从不贫困概率会增加 0.987 个对数发生比。代际对农民工是否存在从不贫困有显著正向影响，对慢性贫困和长期贫困有显著负向影响。新生代农民工与老生代农民工相比，从不贫困的概率会增加 0.564 个对数发生比，慢性贫困和长期贫困概率会分别降低 0.611 个和 0.5 个对数发生比。父亲教育水平对农民工是否存在从不贫困有显著正向影响，对慢性贫困有显著负向影响，对长期贫困有负向影响。父亲教育水平每增加 1 个单位，农民工从不贫困概率就增加 0.0661 个对数发生比，暂时贫困概率就降低 0.028 个对数发生比。母亲教育水平对农民工是否存在从不贫困有正向影响，对慢性贫困和长期贫困都不显著。

表 6－5　k＝3～4 下不同多维贫困动态类型农民工是否贫困的影响因素

variable	k＝3			k＝4		
	模型 1	模型 2	模型 3	模型 4	模型 5	模型 6
sex	0.525*** (0.1270)	−0.259** (0.1090)	−0.416*** (0.1050)	1.056*** (0.2220)	−0.145*** (0.0338)	−0.0749*** (0.0174)
marry	0.560*** (0.2090)	−0.287 (0.1930)	−0.380** (0.1920)	0.417 (0.4500)	−0.150*** (0.0506)	−0.0587** (0.0270)
party	0.987*** (0.2400)	−0.0775 (0.2010)	−0.139 (0.2070)	0.439 (0.4870)	−0.188*** (0.0496)	−0.0218 (0.0185)

续表

variable	k = 3			k = 4		
	模型 1	模型 2	模型 3	模型 4	模型 5	模型 6
generation	0.564 *** (0.1650)	-0.611 *** (0.1800)	-0.500 *** (0.1790)	1.333 *** (0.4300)	-0.182 *** (0.0385)	-0.0680 *** (0.0185)
fath_edu	0.0661 *** (0.0164)	-0.0280 * (0.0156)	-0.0261 (0.0168)	0.0435 (0.0358)	-0.0159 *** (0.0040)	-0.00325 (0.0020)
moth_edu	0.0158 (0.0199)	-0.0195 (0.0177)	-0.0187 (0.0203)	0.0384 (0.0455)	-0.00513 (0.0046)	-0.00259 (0.0022)
job	0.340 ** (0.1360)	4.84E-02 (0.1220)	-0.141 (0.1260)	0.24 (0.2600)	-0.0699 ** (0.0347)	-0.0125 (0.0153)
time	0.0593 *** (0.0105)	-0.0321 *** (0.0090)	-0.0403 *** (0.0088)	0.0758 *** (0.0181)	-0.0174 *** (0.0029)	-0.00591 *** (0.0014)
place	0.0951 (0.2070)	-0.200 * (0.1070)	-0.0715 (0.1090)	0.445 *** (0.1360)	-0.0258 (0.0320)	-0.00242 (0.0144)
social	0.0768 (0.1380)	-0.184 *** (0.0647)	-0.224 *** (0.0684)	0.184 (0.2530)	-0.0427 ** (0.0204)	-0.0327 *** (0.0114)
status	0.245 *** (0.0630)	-0.127 ** (0.0549)	-0.079 (0.0541)	0.292 *** (0.1070)	-0.0661 *** (0.0171)	-0.0177 ** (0.0085)
news	0.323 ** (0.1330)	-0.0475 (0.1230)	-0.0948 (0.1250)	0.232 (0.2600)	-0.0698 ** (0.0335)	-0.00286 (0.0155)
mandarin	0.0861 ** (0.0401)	-0.0611 * (0.0349)	-0.0776 ** (0.0377)	0.169 ** (0.0780)	-0.0253 ** (0.0111)	-0.0124 ** (0.0061)
appearance	0.221 *** (0.0639)	-0.156 *** (0.0507)	-0.0269 (0.0564)	-0.028 (0.1160)	-0.0670 *** (0.0173)	-0.00603 (0.0088)
medical	-0.0997 *** (0.0203)	0.0732 *** (0.0188)	0.0600 *** (0.0186)	-0.118 *** (0.0388)	0.0306 *** (0.0054)	0.00709 *** (0.0026)
Constant	-3.626 *** (0.4580)	1.486 *** (0.4250)	1.162 *** (0.4390)	-2.330 *** (0.8510)	2.795 *** (0.1370)	1.531 *** (0.0788)
Obs	1402	1402	1402	1402	1402	1402
R-squared	0.1319	0.1544	0.1502	0.1683	0.179	0.083

注：***、**和*分别表示在1%、5%和10%的统计水平上显著；括号内数字为稳健标准误。

就工作特征而言，工作类型对农民工是否存在从不贫困有显著正向影响，对慢性贫困和长期贫困并不显著。非建筑业农民工与建筑业农民工相比，从不贫困的概率会增加0.34个对数发生比。工作时间对农民工是否存在从不贫困有显著正向影响，对慢性贫困和长期贫困有显著负向影响。工作时间每增加 1 个单位，农民工从不贫困的概率就增加 0.0591 个对数发生比，慢性贫困和长期贫困概率就降低 0.0321 个和 0.0403 个对数发生比。工作地点对农民工是否存在从不贫困有正向影响，对慢性贫困显著正向影响，对长期贫困有负向影响。县外就业农民工相比县内就业农民工，慢性贫困的概率会降低 0.2 个对数发生比。

就能力特征而言，社会关系对农民工是否存在从不贫困有显著正向影响，对慢性贫困和从不贫困有显著负向影响。社会关系每增加 1 个单位，农民工从不贫困的概率就增加 0.768 个对数发生比，慢性贫困和长期贫困的概率就分别降低 0.184 个和 0.224 个对数发生比。社会地位对农民工是否存在从不贫困有显著正向影响，对慢性贫困有显著负向影响，对长期贫困有负向影响。社会地位每增加 1 个单位，农民工从不贫困的概率就增加 0.245 个对数发生比，慢性贫困概率就降低 0.127 个对数发生比。新闻关注对农民工是否存在从不贫困有显著正向影响，对慢性贫困和长期贫困有负向影响，但不显著。新闻关注每增加 1 个单位，农民工从不贫困概率就增加 0.323 个对数发生比。普通话水平对农民工是否存在从不贫困有显著正向影响，对慢性贫困和长期贫困有显著负向影响。普通话水平每增加 1 个单位，农民工从不贫困概率就增加 0.0861 个对数发生比，慢性贫困和长期贫困概率就分别降低 0.611 个和 0.0776 个对数发生比。外貌水平对农民工是否存在从不贫困有显著正向影响，对慢性贫困有显著负向影响，对长期贫困有负向影响。外貌水平每增加 1 个单位，农民工从不贫困概率就显著增加 0.221 个对数发生比，慢性贫困就显著降低 0.156 个对数发生比，长期贫困就降低 0.0269 个对数发生比。医疗支出对农民工是否存在从不贫困有显著负向影响，对慢性贫困和长期贫困有显著正向影响。医疗支出每增加 1 个单位，农民工从不贫困的概率就降低 0.1 个对数发生比，慢性贫困和长期贫困概率就增加 0.0732 个和 0.06 个对数发生比。

从 k = 4 的估计结果可知，就个体特征而言，性别对农民工是否存在从不贫困有显著正向关系，对是否存在慢性贫困和长期贫困有显著负向影响。婚姻对农民工是否存在从不贫困有正向关系，但并不显著。婚姻对农民工是否存在慢性贫困和长期贫困有显著负向影响。党员对农民工是否存在从不贫困有正向关系，对慢性贫困有显著正向关系，对长期贫困有负向影响。代际对农民工是否存在从不贫困有显著正向关系，对农民工是否存在慢性贫困和长期贫困有显著负向影响。父亲教育水平对农民工是否存在从不贫困有正向关系，对慢性贫困有显著负向影响，对长期贫困有负向影响。母亲教育水平对农民工是否存在从不贫困有正向关系，对慢性贫困和长期贫困有负向影响，但都不显著。就工作特征而言，工作类型对农民工是否存在从不贫困有正向关系，对慢性贫困有显著负向影响，对长期贫困有负向影响，但并不显著。工作时间对农民工是否存在从不贫困有显著正向关系，对慢性贫困和长期贫困有显著负向影响。工作地点对农民工是否存在从不贫困有正向关系，对慢性贫困和长期贫困有负向影响，但都不显著。

就能力特征而言，社会关系对农民工是否存在从不贫困有正向关系，对慢性贫困和长期贫困有显著负向影响。社会地位对农民工是否存在从不贫困有显著正向关系，对慢性贫困和长期贫困有显著负向影响。新闻关注对农民工是否存在从不贫困有正向关系，对慢性贫困有显著负向影响，对长期贫困有负向影响。普通话水平对农民工是否存在从不贫困有显著正向关系，对慢性贫困和长期贫困有显著负向影响。外貌水平对农民工是否存在从不贫困有正向关系，对慢性贫困有显著负向影响，对长期贫困有负向影响。医疗支出对农民工是否存在从不贫困有显著正向关系，对慢性贫困和长期贫困有显著负向影响。

表 6 - 6 为 k = 5 下不同多维贫困动态结果下农民工是否存在贫困的影响因素的 Logit 估计结果。模型 1 ~ 3 为 k = 3 下农民工是否存在从不贫困、慢性贫困和长期贫困状况的估计结果。就个体特征而言，性别对农民工是否存在从不贫困有显著正向影响，对是否存在慢性贫困和长期贫困有显著负向影响。男性农民工与女性农民工相比，存在从不贫困的概率会增加 0.536 个对数发生比，存在慢性贫困和长期贫困的概率会分别降低 0.539 个和 0.963 个对数发生比。婚姻对农民工是否存在从不贫困有正向影响，对是否存在慢性贫困和长期贫困有显著负向影响。未婚农民工与已婚农民工相比，存在从不贫困的概率会增加 0.212 个对数发生比，存在慢性贫困和长期贫困的概率会分别降低 0.574 个和 0.846 个对数发生比。代际对农民工是否存在从不贫困有显著正向影响，对是否存在慢性贫困和长期贫困有显著负向影响。新生代农民工与老生代农民工相比，存在从不贫困概率

会显著增加0.641个对数发生比，存在慢性贫困和长久贫困概率会分别降低0.641个和1.138个对数发生比。父亲教育水平对农民工是否存在从不贫困有正向影响，对是否存在慢性贫困有显著负向影响，对是否存在长期贫困有负向影响。父亲教育水平每增加1个单位，慢性贫困概率就降低0.0651个对数发生比。母亲教育水平对农民工是否存在从不贫困有正向影响，对是否存在慢性贫困和长期贫困有负向影响，但都不显著。

表6-6　k=5下不同多维贫困动态类型农民工是否贫困的影响因素

variable	k=5		
	模型1	模型2	模型3
sex	0.536*** (0.1100)	-0.539*** (0.1210)	-0.962*** (0.2090)
marry	0.212 (0.2120)	-0.574*** (0.1970)	-0.846** (0.3930)
party	0.159 (0.2250)	-0.947*** (0.2470)	-0.34 (0.4380)
generation	0.641*** (0.1900)	-0.642*** (0.1610)	-1.138*** (0.3980)
fath_edu	0.0204 (0.0172)	-0.0651*** (0.0159)	-0.0568 (0.0349)
moth_edu	0.0195 (0.0216)	-0.0173 (0.0187)	-0.0414 (0.0423)
job	0.135 (0.1290)	-0.293** (0.1340)	-0.187 (0.2510)
time	0.0370*** (0.0092)	-0.0586*** (0.0098)	-0.0764*** (0.0170)
place	0.114 (0.1250)	-0.0828 (0.1180)	-0.0672 (0.2120)
social	0.235*** (0.0693)	-0.131* (0.0715)	-0.442*** (0.1340)

续表

variable	k = 5		
	模型 1	模型 2	模型 3
status	0.154*** (0.0549)	-0.230*** (0.0596)	-0.226** (0.1060)
news	0.124 (0.1270)	-0.307** (0.1310)	-0.0837 (0.2480)
mandarin	0.0925** (0.0380)	-0.0875** (0.0387)	-0.162** (0.0752)
appearance	-0.0141 (0.0574)	-0.228*** (0.0602)	-0.0609 (0.1090)
medical	-0.0595*** (0.0192)	0.111*** (0.0200)	0.111*** (0.0370)
Constant	-1.123*** (0.4320)	-1.793*** (0.4940)	0.364 (0.9640)
Obs	1402	1402	1402
R - squared	0.1675	0.1133	0.1502

注：***、**和*分别表示在1%、5%和10%的统计水平上显著；括号内数字为稳健标准误。

就工作特征来看，工作类型对农民工是否存在从不贫困有正向影响，对是否存在慢性贫困有显著负向影响，对长期贫困有负向影响。非建筑业农民工与建筑业农民工相比，存在慢性贫困的概率会降低0.293个对数发生比。工作时间对农民工是否存在从不贫困有正向影响，对是否存在慢性贫困和长期贫困有显著负向影响。工作时间每增加1个单位，农民工存在从不贫困概率会增加0.037个对数发生比，存在慢性贫困和长期贫困的概率会分别降低0.0586个和0.0764个对数发生比。工作地点对农民工是否存在从不贫困有正向影响，对是否存在慢性贫困和长期贫困有负向影响，但是并不显著。

就能力特征而言，社会关系对农民工是否存在从不贫困有显著正向影响，对是否存在慢性贫困和长期贫困有显著负向影响。社会关系每增加1个单位，农民工存在从不贫困概率就增加0.235个对数发生比，慢性贫困和长期贫困概率就降低 0.131 个和 0.442 个对数发生比。社会地位对农民工是否存在从不贫困有正向影响，对是否存在慢性贫困和长期贫困有显著负向关系。社会地位每增加 1 个单位，农民工存在从不贫困的概率就增加 0.154 个对数发生比，存在慢性贫困和长期贫困的概率会分别降低 0.230 个和 0.226 个对数发生比。新闻关注对农民工是否存在从不贫有显著正向影响，对是否存在慢性贫困有显著负向影响，对长期贫困有负向影响。新闻关注每增加 1 个单位，农民工存在慢性贫困的概率会降低 0.307 个对数发生比。普通话水平对农民工是否存在从不贫困有显著正向影响，对是否存在慢性贫困和长期贫困有显著负向影响。普通话水平每增加 1 个单位，农民工存在从不贫困概率就增加 0.0141 个对数发生比，存在慢性贫困和长期贫困的概率就分别降低 0.0875 个和 0.162 个对数发生比。外貌水平对农民工是否存在从不贫困有正向影响，对是否存在慢性贫困有显著负向影响，对长期贫困有负向影响。外貌水平每增加 1 个单位，农民工慢性贫困就降低 0.228 个对数发生比。医疗支出对农民工是否存在从不贫困有显著负向影响，对是否存在慢性贫困和长期贫困有显著正向影响。医疗支出每增加 1 个单位，农民工从不贫困概率会减少 0.0595 个对数发生比，慢性贫困和长期贫困概率会分别增加 0.111 个和 0.111 个对数发生比。

第四节 本章小结

本章运用 Mlogit 模型估计 k =2 ~4 下农民工多维贫困动态结果的影响因素，并进一步求出各影响因素的边际效应；运用 Logit 模型估计 k =1 ~5 下农民工不同贫困动态结果是否存在的影响因素。从农民工多维贫困动态结果的估计来看，以从不贫困作为参照组，男性、已婚、非党员、老生代、父亲教育水平较低、母亲教育水平较低、建筑职业、工作时间较低、县内就业、社会关系较差、社会地位较低、不关注新闻、普通话水平较低、外貌水平不高和医疗支出较高的农民工更易陷入暂时贫困和慢性贫困；从各自变量的边际效应可知，女性、未婚、党员、新生代、父亲教育水平较高、母亲教育水平较高、非建筑职业、工作时间较长、县外就业、社会关系较好、社会地位较高、关注新闻、普通话水平较高、外貌水平较高和医疗支出较低有利于农民工成为从不贫困类型，而不利于农民工成为慢性贫困和长期贫困类型，k = 2 ~ 4 的 Mlogit 估计结果基本都保持一致。从农民工不同多维贫困动态结果发生的估计来看，不管 k 取何值，女性、未婚、党员、新生代、父亲教育水平较高、母亲教育水平较高、非建筑职业、工作时间较长、县外就业、社会关系较好、社会地位较高、关注新闻、普通话水平较高、外貌水平较高和医疗支出较低会增加农民工成为从不贫困类型的概率，会减少农民工成为暂时贫困和慢性贫困的概率。

第七章 结论与建议

第一节 主要结论

一、单一的收入指标难以精准衡量农民工贫困

在社会经济发展水平较低时，贫困主要是指人们缺少满足自身生活的必要物资条件，是一种绝对贫困的概念，衡量指标也主要采用收入或者消费等经济指标。随着社会经济发展水平的提高，人们的物质生活得到极大改善，以往食不果腹的贫困现象基本不存在，人们的追求转向了更高更丰富的层面，例如健康、教育、社保和心理等，此时的贫困更多地体现为一种相对贫困，衡量方法也变得更加复杂多样，但大多学者都是基于 Sen 的可行能力理论构建多维贫困指标体系来测度贫困状况。就农民工而言，如仅采用收入指标衡量其贫困问题可能有失偏颇，原因如下：其一，中国政府目前还没有专门制定一个有关农民工贫困的收入标准；其二，中国农民工贫困与农村贫困有联系又有区别，联系在于二者都为相对弱势的群体，区别在于农村贫困的参照标准为农村内部不贫困的群体，而农民工贫困的参照标准为城镇居民，农村贫困的主要问题在收入，而农民工的收入贫困可能并不严重；其三，农民工贫困的内涵更加丰富，以城镇居民作为贫困参照标准，在城镇就业的农民工所遭遇的一切不平等待遇都能视为贫困的方面。本书利用 2010—2016 年中国家庭追踪调查数据测度农民工的贫困状况，发现仅以收入指标测得的农民工贫困发生率要低于运用多维贫困指标

体系所测得的贫困发生率，且本书测量出来的多维贫困农民工覆盖了全部收入贫困农民工，也就是说，多维贫困更能有效地测度农民工真实贫困，而仅以收入指标测度会严重低估农民工的贫困状况。

二、农民工多维贫困总体呈现逐年下降趋势

在构建农民工多维贫困指标体系的基础上，运用2010—2016年中国家庭追踪调查数据测度农民工多维贫困状况。测度结果表明：各指标的贫困发生率在2010—2016年总体呈逐年下降的趋势，但有部分指标的贫困发生率呈逐年上升或来回波动的现象，不同特征农民工群体的各指标贫困发生率也依然呈现上述趋势；不管k取何值，全样本农民工的贫困发生率和多维贫困指数在2010—2016年呈现出逐年下降的现象，农民工的贫困发生率和多维贫困指数随着k值的增加而降低；从不同个体特征和不同就业特征农民工的贫困发生率和多维贫困测度来看，各特征农民工的贫困发生率和多维贫困指数在观察期内也依然呈现出下降趋势；运用多维贫困指标体系测度城镇居民多维贫困结果可知，城镇居民大部分指标贫困发生率呈现出逐年下降趋势，但下降幅度比农民工更小。城镇居民多维贫困发生率和多维贫困指数呈现出下降趋势，不同特征城镇居民的多维贫困发生率和多维贫困指数也依然呈现出下降趋势。但仍需关注农民工和城镇居民一些贫困发生率在不断上升或来回波动的指标。

三、农民工健康贫困问题日益突出

从农民工各指标贫困发生率的测度结果可知，健康维度下三个指标的贫困发生率在2010—2016年一直呈现不断上升的趋势，自评健康的贫困发生率从2010年的13.62%上升到2016年的21.45%，年平均上升1.31%；慢性病的贫困发生率从2010年的8.06%上升到2016年的17.19%，年平均上升1.52%；身体健康指数的贫困发生率从2010年的37.59%上升到2016年的44.78%，年平均上升1.2%。可以看出，较大一部分农民工的身体质量指数不达标，且慢性病问题的恶化趋势更为明显。从不同特征农民工群体来看，老农民工健康的贫困发生率都要比新农民工健康的贫困发生率要高，

且上升幅度更为明显；男性农民工健康的贫困发生率要高于女性农民工健康的贫困发生率，且男性农民工健康贫困发生率上升的更快；已婚农民工和未婚农民工健康的贫困发生率差别较大，说明农民工的健康问题主要集中在已婚农民工群体；各就业地区农民工健康贫困发生率由高到低依次是本镇、本县、本省和外省，说明农民工健康问题和就业地点距离呈负向关系；从事制造业和服务业农民工的健康贫困发生率较高。由此可见，尽管农民工多维贫困整体呈现下降趋势，但农民工的健康问题较为突出，严重制约着“健康中国”战略的实施。

四、不同特征农民工多维贫困存在明显差异

本书在测度全样本农民工多维贫困的基础上，从不同个体特征和不同就业特征层面继续测度农民工多维贫困状况。测度结果表明：不论是多维贫困发生率还是多维贫困指数，从不同个体特征农民工来看，老农民工多维贫困程度要高于新农民工多维贫困程度，男性农民工多维贫困程度要高于女性多维贫困程度，已婚农民工多维贫困程度要高于未婚农民工多维贫困程度；从不同就业特征农民工来看，就业地点离家越远，则农民工贫困程度会越低，农民工多维贫困程度由高到低的就业地点依次是本镇、本县、本省和外省。不同职业类型农民工多维贫困程度存在差异，农民工多维贫困程度由高到低的职业类型依次是建筑业、服务业、制造业、技术业和其他类。不管是不同个人特征农民工还是不同就业特征农民工，多维贫困指标对农民工多维贫困指数的贡献率均存在较大差异，但非学历教育、互联网使用、公积金和组织参与这些指标的多维贫困贡献率一直呈现较高态势。因此，要充分重视不同特征群体农民工多维贫困状况，以便制订更为切实可行的扶贫措施。

五、农民工多维贫困远比城镇居民多维贫困严重

从农民工和城镇居民多维贫困的测度结果来看，2010—2016 年，中国农民工和城镇居民的整体福利水平在不断提升，二者的贫困问题在不断缓解，且观察期内社会经济发展对农民工贫困降低的效果更明显，但农民工

多维贫困总体上仍要比城镇居民多维贫困更加严重，农民工多维贫困发生率要高于城镇居民多维贫困发生率，农民工多维贫困指数也要高于城镇居民多维贫困指数，不同个体特征和不同就业特征的农民工和城镇居民多维贫困测量结果也呈现以上趋势。

从不同个体特征农民工来看，新城镇居民和老城镇居民的多维贫困程度要分别低于新农民工和老农民工的多维贫困程度，男性城镇居民和女性城镇居民的多维贫困程度要分别低于男性农民工和女性农民工的多维贫困程度，已婚城镇居民和未婚城镇居民的多维贫困程度要分别低于已婚农民工和未婚农民工的多维贫困程度；从不同就业特征农民工来看，城镇居民各就业地点的多维贫困程度要分别低于农民工各就业地点的多维贫困程度。各职业类型城镇居民的多维贫困程度要分别低于各职业类型农民工多维贫困程度。总体来看，不论从哪一角度来看，农民工多维贫困都要比城镇居民多维贫困更加严重。

六、农民工贫困以暂时贫困为主，但贫困根除难度大

通过农民工多维贫困动态结果测度可知，从全样本农民工来看，当 $k=1\sim2$ 时，农民工多维贫困动态结果以慢性贫困为主；当 $k=3\sim5$ 时，农民工多维贫困动态结果主要以暂时贫困为主。从不同个体特征农民工来看，当 $k=1\sim2$ 时，各个体特征农民工多维贫困动态结果基本都以慢性贫困为主；当 $k=3\sim5$ 时，各个体特征农民工多维贫困动态结果基本都以暂时贫困为主。从不同就业特征农民工来看，当 $k=1\sim2$ 时，各就业特征农民工多维贫困动态结果基本都以慢性贫困为主；当 $k=3\sim5$ 时，各就业特征农民工多维贫困动态结果基本都以暂时贫困为主。参照学界多维贫困临界值为维度总数 1/3 以上的标准，不论从哪一角度来看农民工的多维贫困动态结果，暂时贫困的比例都要高于慢性贫困的比例。从城镇居民多维贫困动态结果测度可知，各类型城镇居民多维贫困的动态结果以暂时贫困为主。从农民工多维贫困动态过程测度可知，当 $k=2\sim3$ 时，不同特征农民工各经历贫困年数和各持续贫困年数的比例都较高，且各年度内贫困进入和退出的比例都较高，说明农民工的多维贫困具有反复性，根除难度较大。

七、能力因素对缓解农民工多维贫困不容忽视

本书在测度农民工多维贫困动态性的基础上，运用多种计量模型分析农民工多维贫困动态过程和动态结果的影响因素。女性、未婚、党员、新生代农民工、父亲教育水平较高、母亲教育水平较高、非建筑职业、工作时间、县外就业、社会关系较好、社会地位较高、关注新闻、普通话水平较高、外貌水平较高和医疗支出较低这些因素都对农民工贫困进入有负向影响，对农民工退出贫困有正向影响，且能降低农民工贫困经历和贫困持续年数。以上这些因素更有利用农民工处于从不贫困状态，而不利于农民工处于暂时贫困和慢性贫困状态。由此可知，本书的回归模型具有较强的稳健性，除了个体特征和就业特征变量以外，能力特征变量对缓解贫困有显著作用。因此，在不能改变个体特征和就业特征的情况下，发展农民工个体能力水平可能会成为消除农民工贫困的关键。

第二节　政策建议

一、强化农民工多维贫困治理的顶层设计

中国政府对农村贫困和城市低保都制定了相应标准和治理政策，但目前还缺乏有关农民工贫困治理的顶层设计，只是部分地区推出了一些有关农民工社会救助办法和试行条例。农民工贫困处在农村扶贫体系和城市社会救助体系之间的“真空地带”，长此以往，农民工贫困必然恶化，甚至会带来城市贫民窟或者社会动乱等问题，及时从国家层面制定有关农民工贫困治理政策对缓解农民工贫困问题迫在眉睫。农民工贫困的首要问题就是构建符合中国国情的农民工多维贫困评价体系，即厘清农民工贫困是什么？农民工贫困的衡量标准有哪些？采用何种方法来测度农民工贫困？农民工贫困区别于农村贫困，它有其自身的复杂性和特殊性，在制定农民工贫困标准时，需要把握以下原则：一是遵循“因地

因时”的原则确定农民工贫困标准，“因地”就是指农民工贫困标准需要考虑地域差异、行政区划和地理差异等因素，“因时”就是指农民工贫困标准需要考虑其时效性；二是遵循中国实际情况和贫困多维性，把绝对贫困和相对贫困结合起来，采用多维角度来衡量贫困。在确定农民工贫困的评价体系后，需要制定有关农民工的扶贫政策，让农民工贫困治理成为政府的常规工作。

二、规范城镇劳动力市场，保障农民工合法权益

农民工主要依靠在城镇就业获得相应收入，规范的劳动力市场是农民工在城镇生存的必要条件，但城镇居民担忧农民工可能会抢夺本地就业机会，一般会对农民工有更加苛刻的就业要求或者更高的就业门槛。2017 年中央一号文件指出，需要完善和落实促进农民工就业创业的制度建设。这一要求也在说明政府希望为农民工创造一个公平的就业环境，进一步保证农民工的合法权益，这也是创新管理和社会主义和谐社会的基本表现。政府需要改革目前不合时宜的制度，提高农民工最低工资标准，不断健全农民工就业纠纷协调机制；通过政府引导，加强企业社会责任意识使其不歧视农民工，保证农民工与城镇居民同工同酬；增强农民工自身合法权益保护意识，加强对侵犯农民工合法权益的处罚力度，积极运用企业工会力量保障农民工权益；充分发挥公共就业平台为农民工提供有效的就业政策咨询服务、就业招聘信息服务、就业指导培训服务等，通过劳动力流入地和流出地之间的协同配合，逐步形成“培训—就业—维权”三位一体的帮扶模式，真正为农民工在城镇就业提供便捷、高效、优质的“一站式”综合服务，从而保障农民工合法权益。

三、降低城镇落户门槛，促进农民工市民化

农民工贫困问题很大一部分是由身份问题所致，户籍制度对中国社会经济发展起着重要作用，但以二元户籍为中心的，附着粮食供给、住房、就业、养老、医疗、婚姻生育等众多制度在内的城乡二元结构的户籍制度壁垒对农村居民是一种变相剥夺。从目前中国社会经济发展的实际情况来

看，以往的二元化户籍制度可能已经不合时宜，进城务工的农民工因为户籍差异而不能与城镇居民同等享受公共福利，甚至沦落为二等公民，加剧了社会矛盾和分化。解决这一问题的关键在于要让进城务工的农民工能够在城镇落户，真正实现农民工市民化。要降低城镇落户门槛，对已经落户的农民工需要保证其平等市民待遇，对还达不到城镇落户门槛的城镇居民要制定相关政策，重点解决农民工在就业培训、子女教育、社会保障和住房租购等方面。同时要保证以后出台的相关政策不能与户口挂钩，在有条件地区要逐步取消以往的二元户籍制度，探讨建立城乡统一的户口登记制度，让户籍制度回归人口动态管理的基本功能。让农民工既能在城镇就业，也能在城镇扎根。

四、提升农民工人力资本，增强内生脱贫能力

人力资本是众多资本中较为重要的一个，也是经济增长的重要源泉，贫困的根源很大程度可以归为人力资本缺乏，或者说是可行能力被剥夺。农民工的人力资本主要包括知识、技能、智力和健康，这些方面可以通过教育、培训、医疗等方式获得。一般而言，贫困的农民工或多或少具备以下特点，即教育水平低下、知识能力不够、劳动技能短缺和身体健康欠佳，这些方面会降低农民工在就业市场的竞争力。因此，想要通过农民工自身脱贫，就需要不断提高农民工人力资本，增强市场竞争力。提升农民工人力资本最为可行有效的方法就是加强职业培训，健全农民工职业培训制度可以从以下三个方面着手：一是完善农民工培训资金投入机制，考虑到农民工培训既有利于企业长期效益增长，也有利于农民工自身发展，可以采用“政府—企业—农民工”投资分摊机制来保障培训资金；二是健全农民工培训市场，打破目前培训市场垄断格局，鼓励社会资本参与投资职业培训市场，将农民工培训纳入国家整体就业体系中，把培训后获得职业资格证与劳动市场就业准入相挂钩，规范培训市场环境；三是整合培训资源，提高培训效率，鼓励培训单位提升培训师资力量，增加技能培训项目，搭建培训单位与劳务公司的合作关系，保障培训后农民工的就业。通过培训不断提升农民工人力资本，增强内生脱贫能力。

五、转变政府职能，鼓励多元主体参与扶贫

随着城镇化推进，农民工数量会需继续增加，农民工贫困数量也会随之增加。贫困治理是一项浩大的工程，仅依靠中央和地方的财政资金来解决农民工贫困问题，可能不太现实。中国农村的精准扶贫充分调动了社会多元主体参与贫困治理，这一实践经验表明多元主体比单靠政府扶贫更加有效。多元主体参与扶贫不仅为扶贫带来资金，也能够减少政府扶贫过程中的官僚作风，有利于激发更多的扶贫新理念和模式。多元主体参与扶贫可以从以下三个方面着手：一是转变政府扶贫部门职能，政府可以采取对社会招标的形式把扶贫任务外包给专业的社会组织来实施，这样既有利于社会参与扶贫，还能保证扶贫工作的专业性，避免政府既当"运动员"又当"裁判员"的问题，而且政府在外包扶贫任务后还能有效监管承包方的扶贫工作，进而保证扶贫成效；二是鼓励社会多方主体进入农民工扶贫领域，充分运用社会和个人在农民工扶贫中的作用，既能充实扶贫资金，还能带动社会整体的扶贫积极性，降低农民工扶贫成本；三是鼓励民间非营利组织参与农民工扶贫，中国目前的非营利组织仍以官方为主，例如中国红十字会、中国人口福利基金等，鼓励民间非营利组织进入扶贫领域，不仅可以增加扶贫的有生力量，还能有效促进两方改善自身的扶贫水平，更好促进农民工贫困治理工作。

六、建立农民工贫困动态监测及脱贫机制

农民工贫困相比农村贫困更加复杂，由于在城镇就业中可能会遭受更多的未知风险，贫困的动态变化导致贫困预测难度增加。为更好把握农民工贫困的动态变化情况和及时制定反贫困措施，可以构建农民工贫困动态监测机制，及时了解扶贫过程中的贫困动态、问题和发现，并因贫施策。构建农民工贫困动态监测机制可以从以下四个方面着手：一是完善监测指标体系，指标体系构建应该在反贫困理论、政治经济制度理论和地方经济社会文化状况基础上构建，采用多元化的评价指标来衡量农民工的扶贫效果；二是运用科学合理的监测方法，农民工身处城镇的各个角落，所涉及

行业较多，不可能只采用一种监测方法就能覆盖全部贫困农民工，需要采用多种监测相结合的手段进行评价，例如自我监测、专家评价和前后对比法等，根据实际情况选择科学的监测方法；三是实施贫困动态监测评价，不断追踪农民工贫困的动态情况，要做到应扶尽扶，不落一人，该退则退，不错一户，确保扶贫高效使用；四是建立贫困信息共享数据库，为防止多头帮扶过程中的信息不对称、分类口径不一和各自为政等问题，运用现代技术手段，建立农民工贫困共享数据库，实现扶贫资源有效整合，保证扶贫资源高效利用。在动态监测的基础上，再适时制定农民工脱贫措施。

附录

附表 2-1　2010—2012 年不同就业地点农民工多维指标贫困发生率

维度	指标	2010 年				2012 年			
		本镇	本县	本省	外省	本镇	本县	本省	外省
收入	年收入	10.41%	4.21%	1.50%	1.28%	8.35%	2.50%	1.14%	1.14%
教育	学历教育	16.98%	6.56%	1.93%	2.43%	16.98%	6.56%	1.93%	2.43%
	非学历教育	54.71%	26.11%	10.06%	7.13%	48.64%	23.97%	8.77%	5.06%
健康	自评健康	8.56%	3.35%	1.07%	0.64%	13.98%	8.13%	2.64%	1.36%
	慢性病	4.14%	1.93%	1.07%	0.93%	7.13%	3.64%	1.64%	1.14%
	身体质量指数	21.61%	9.70%	3.42%	2.85%	25.39%	11.34%	4.64%	3.78%
生活	居住拥挤	8.92%	4.42%	2.28%	1.85%	11.84%	6.42%	1.57%	2.07%
	互联网使用	42.80%	18.90%	6.63%	4.64%	34.02%	15.19%	5.85%	2.92%
	生活满意自评	27.82%	13.20%	5.42%	3.07%	23.40%	12.41%	4.28%	2.07%
工作	工作时间	18.40%	11.06%	3.78%	3.07%	20.97%	10.98%	4.99%	4.28%
	工作合同	28.10%	13.41%	4.85%	4.42%	19.83%	8.84%	3.14%	3.35%
	工作五险	40.51%	18.33%	7.63%	6.35%	32.17%	14.41%	5.28%	4.07%
	公积金	52.78%	25.32%	9.56%	7.06%	50.64%	23.97%	9.42%	6.92%
融合	贫富歧视	12.20%	5.14%	2.00%	1.07%	5.85%	3.42%	1.00%	0.21%
	户籍歧视	6.06%	2.43%	1.57%	0.71%	2.78%	1.85%	1.14%	0.14%
	组织参与	54.35%	25.96%	10.06%	7.13%	52.78%	25.32%	9.99%	7.06%

附表 2-2　2014—2016 年不同就业地点农民工多维指标贫困发生率

维度	指标	2014 年				2016 年			
		本镇	本县	本省	外省	本镇	本县	本省	外省
收入	年收入	6.56%	3.07%	1.14%	0.50%	4.64%	2.14%	1.14%	0.78%
教育	学历教育	16.98%	6.56%	1.93%	2.43%	16.98%	6.56%	1.93%	2.43%
	非学历教育	39.23%	20.40%	7.28%	3.64%	37.45%	19.19%	6.92%	3.28%
健康	自评健康	11.41%	6.13%	2.07%	1.07%	14.48%	7.35%	2.14%	1.43%
	慢性病	11.27%	5.99%	2.07%	1.50%	14.05%	7.35%	2.78%	2.14%
	身体质量指数	25.61%	13.20%	4.92%	3.42%	27.10%	13.20%	4.92%	3.99%

续表

维度	指标	2014 年				2016 年			
		本镇	本县	本省	外省	本镇	本县	本省	外省
生活	居住拥挤	11.63%	5.63%	3.07%	1.43%	11.48%	6.06%	1.85%	1.07%
	互联网使用	32.67%	14.41%	4.07%	2.71%	27.89%	11.27%	4.07%	2.71%
	生活满意自评	20.19%	10.49%	3.00%	2.00%	13.62%	7.63%	2.57%	1.93%
工作	工作时间	31.24%	16.69%	6.70%	4.92%	34.31%	18.97%	7.49%	5.35%
	工作合同	18.19%	8.70%	4.28%	3.14%	15.62%	7.99%	3.64%	2.64%
	工作五险	28.89%	13.12%	5.63%	5.28%	24.96%	10.84%	4.64%	4.49%
	公积金	49.50%	23.68%	8.63%	5.99%	48.79%	23.54%	8.35%	5.92%
融合	贫富歧视	5.56%	3.57%	1.28%	0.93%	6.49%	3.71%	1.93%	1.50%
	户籍歧视	3.21%	2.14%	1.00%	0.14%	2.78%	1.93%	1.14%	0.86%
	组织参与	51.71%	24.68%	9.91%	6.92%	45.29%	22.25%	8.99%	6.56%

附表 2－3　2010—2012 年不同职业类型农民工多维指标贫困发生率

维度	指标	2010 年					2012 年				
		制造	建筑	服务	管理	其他	制造	建筑	服务	管理	其他
收入	年收入	3.57%	1.14%	3.57%	1.36%	7.77%	4.42%	1.78%	2.21%	2.92%	1.78%
教育	学历教育	8.77%	3.28%	5.49%	1.28%	9.06%	11.98%	5.78%	3.92%	2.71%	3.50%
	非学历教育	32.74%	9.99%	21.04%	11.77%	22.47%	39.51%	15.41%	15.98%	13.77%	1.78%
健康	自评健康	3.57%	1.36%	3.14%	1.57%	3.99%	10.63%	3.71%	4.99%	4.42%	2.35%
	慢性病	2.85%	0.93%	1.71%	0.78%	1.78%	5.99%	2.64%	2.35%	1.78%	0.78%
	身体质量指数	11.91%	3.50%	8.42%	5.49%	8.27%	16.62%	6.28%	7.28%	7.99%	6.99%
生活	居住拥挤	5.63%	1.71%	4.35%	1.50%	4.28%	9.20%	3.21%	3.92%	3.50%	2.07%
	互联网使用	22.54%	8.42%	14.27%	8.42%	19.33%	26.53%	11.34%	9.84%	8.77%	1.50%
	生活满意自评	16.19%	5.21%	11.34%	4.99%	11.77%	19.61%	6.92%	8.84%	6.06%	0.71%
工作	工作时间	13.69%	5.49%	9.84%	3.50%	3.78%	15.26%	8.92%	7.28%	3.14%	6.63%
	工作合同	14.55%	4.99%	8.84%	3.85%	18.54%	16.62%	8.13%	4.85%	3.64%	1.93%
	工作五险	20.76%	7.77%	15.55%	7.42%	21.33%	21.26%	11.84%	11.63%	7.77%	3.42%
	公积金	30.88%	10.06%	20.54%	10.77%	22.47%	37.23%	15.69%	15.62%	13.12%	9.27%
融合	贫富歧视	6.99%	2.21%	4.71%	1.85%	4.64%	4.07%	2.21%	2.50%	1.64%	0.07%
	户籍歧视	3.14%	1.36%	2.71%	1.64%	1.93%	2.21%	0.78%	2.28%	0.64%	0
	组织参与	31.74%	10.20%	21.26%	11.84%	22.47%	38.45%	15.48%	16.55%	15.05%	9.63%

附表 2－4　2014—2016 年不同职业类型农民工多维指标贫困发生率

维度	指标	2014 年					2016 年				
		制造	建筑	服务	管理	其他	制造	建筑	服务	管理	其他
收入	年收入	3.92%	1.57%	3.78%	1.28%	0.71%	3.00%	2.21%	2.07%	1.14%	0.29%
教育	学历教育	10.98%	6.49%	5.56%	2.43%	2.43%	10.56%	6.42%	7.13%	2.28%	1.50%
	非学历教育	29.74%	11.84%	17.55%	9.49%	1.93%	26.75%	10.20%	18.90%	8.84%	2.14%
健康	自评健康	8.63%	2.57%	4.49%	3.35%	1.64%	10.27%	3.28%	6.49%	4.49%	0.86%
	慢性病	8.42%	3.42%	4.64%	3.57%	0.78%	9.63%	3.78%	7.42%	4.49%	1.00%
	身体质量指数	16.83%	7.13%	11.70%	7.35%	4.14%	17.05%	7.56%	14.76%	8.35%	1.50%
生活	居住拥挤	8.42%	3.78%	4.35%	3.42%	1.78%	7.70%	3.21%	6.13%	2.78%	0.64%
	互联网使用	22.47%	10.41%	10.41%	8.63%	1.93%	16.62%	9.27%	10.98%	7.56%	1.50%
	生活满意自评	14.34%	5.28%	9.27%	5.63%	1.14%	10.13%	3.07%	8.13%	3.78%	0.64%
工作	工作时间	24.32%	11.34%	15.19%	5.35%	3.35%	26.68%	11.41%	19.61%	6.78%	1.64%
	工作合同	11.70%	7.63%	6.70%	4.78%	3.50%	10.56%	7.77%	6.78%	3.71%	1.07%
	工作五险	16.98%	11.20%	14.19%	6.28%	4.28%	13.48%	9.84%	14.98%	5.14%	1.50%
	公积金	33.95%	16.12%	21.90%	13.34%	2.50%	31.10%	15.05%	24.82%	13.41%	2.21%
融合	贫富歧视	3.71%	2.07%	3.42%	1.78%	0.36%	4.64%	2.43%	4.07%	2.00%	0.50%
	户籍歧视	2.28%	0.71%	2.35%	1.07%	0.07%	2.07%	1.36%	2.28%	0.71%	0.29%
	组织参与	34.81%	15.69%	22.68%	14.41%	5.63%	30.74%	14.05%	24.11%	11.70%	2.50%

附表 2－5　不同就业地点农民工多维贫困指标测度结果

k 值	年份	多维贫困个数				贫困剥夺总额			
		本镇	本县	本省	外省	本镇	本县	本省	外省
k＝1	2010 年	776	366	143	102	334.07	152.92	58.694	44.208
	2012 年	766	365	138	100	304.11	142.65	53.389	38.236
	2014 年	737	357	141	95	284.85	140.1	52.458	34.361
	2016 年	729	344	132	96	267.44	130.07	49.569	35.75
k＝2	2010 年	596	286	103	84	284.81	131.99	47.972	39.264
	2012 年	525	241	94	62	241.64	110.92	41.917	28.292
	2014 年	480	241	87	56	218.07	110.96	38.458	24.75
	2016 年	447	224	79	58	195.49	99.139	35.611	25.847
k＝3	2010 年	202	85	32	26	119.96	49.667	18.542	15.472
	2012 年	133	64	20	14	79.069	38.292	11.667	8.1528

续表

k 值	年份	多维贫困个数				贫困剥夺总额			
		本镇	本县	本省	外省	本镇	本县	本省	外省
k = 3	2014 年	124	72	19	13	71.944	42.625	11.097	7.375
	2016 年	77	50	20	13	44.292	28.278	11.486	7.5833
k = 4	2010 年	37	9	3	5	26.75	6.4861	2.0972	3.6667
	2012 年	26	11	3	3	18.375	8.1944	2.0694	2.0694
	2014 年	14	13	4	2	10.111	9.0833	2.7778	1.3472
	2016 年	10	3	3	1	6.9583	2.0278	2.0417	0.6667
k = 5	2010 年	1	1	0	0	0.8889	0.9028	0	0
	2012 年	1	1	0	0	0.8889	0.8333	0	0
	2014 年	0	0	0	0	0	0	0	0
	2016 年	0	0	0	0	0	0	0	0

附表 2－6　不同职业类型农民工多维贫困指数测度结果（1）

k 值	年份	多维贫困个数				
		建筑	制造	服务	技术	其他
k = 1	2010 年	458	145	301	166	317
	2012 年	560	223	240	214	132
	2014 年	510	222	323	198	77
	2016 年	485	212	374	195	35
k = 2	2010 年	324	118	232	108	287
	2012 年	394	173	174	130	51
	2014 年	342	166	210	104	42
	2016 年	303	154	235	85	31
k = 3	2010 年	87	36	64	16	142
	2012 年	105	49	43	28	6
	2014 年	90	46	53	24	15
	2016 年	59	45	34	13	9
k = 4	2010 年	14	4	8	4	24
	2012 年	19	12	7	4	1
	2014 年	17	7	6	2	1
	2016 年	4	6	4	1	2

续表

k值	年份	多维贫困个数				
		建筑	制造	服务	技术	其他
k=5	2010年	1	0	0	0	1
	2012年	1	1	0	0	0
	2014年	0	0	0	0	0
	2016年	0	0	0	0	0

附表2-7 不同职业类型农民工多维贫困指数测度结果（2）

k值	年份	贫困剥夺总额					平均剥夺份额				
		建筑	制造	服务	技术	其他	建筑	制造	服务	技术	其他
k=1	2010年	184.26	61.764	127.03	62.097	154.74	0.4023	0.426	0.422	0.3741	0.4881
	2012年	225.78	95.389	96.597	79.486	41.139	0.4032	0.4278	0.4025	0.3714	0.3117
	2014年	198.71	90.417	125.29	69.486	27.861	0.3896	0.4073	0.3879	0.3509	0.3618
	2016年	179.68	86.528	136.97	64.069	15.583	0.3705	0.4081	0.3662	0.3286	0.4452
k=2	2010年	149.15	54.486	107.79	46.75	145.85	0.2302	0.2309	0.2323	0.2164	0.2541
	2012年	181.68	81.875	79.069	58.264	21.875	0.2306	0.2366	0.2272	0.2241	0.2145
	2014年	155.99	75.639	96.014	45.639	18.958	0.228	0.2278	0.2286	0.2194	0.2257
	2016年	132.6	71.042	100.85	36.903	14.694	0.2188	0.2307	0.2146	0.2171	0.237
k=3	2010年	51.444	20.611	37.556	9.5972	84.431	0.1971	0.1908	0.1956	0.1999	0.1982
	2012年	62.569	29.583	25.139	16.208	3.6806	0.1986	0.2012	0.1949	0.193	0.2045
	2014年	53.194	27.167	30.639	13.681	8.3611	0.197	0.1969	0.1927	0.19	0.1858
	2016年	33.333	26.097	19.347	7.5	5.3611	0.1883	0.1933	0.1897	0.1923	0.1986
k=4	2010年	10.556	2.9028	5.5694	2.8611	17.111	0.1885	0.1814	0.174	0.1788	0.1782
	2012年	13.972	8.3472	4.9722	2.6806	0.7361	0.1838	0.1739	0.1776	0.1675	0.184
	2014年	12.069	4.7778	4.2917	1.5	0.6806	0.1775	0.1706	0.1788	0.1875	0.1701
	2016年	2.7222	4.0833	2.8472	0.6806	1.3611	0.1701	0.1701	0.178	0.1701	0.1701
k=5	2010年	0.8889	0	0	0	0.9028	0.1778	/	/	/	0.1806
	2012年	0.8889	0.8333	0	0	0	0.1778	0.1667	/	/	/
	2014年	0	0	0	0	0	/	/	/	/	/
	2016年	0	0	0	0	0	/	/	/	/	/

附表 2－8　　　　全国农民工多维贫困指标贡献率（1）

维度	指标	k=1					k=2				
		2010 年	2012 年	2014 年	2016 年	均值	2010 年	2012 年	2014 年	2016 年	均值
收入	年收入	6.89%	5.70%	5.15%	4.21%	5.49%	8.07%	7.21%	6.63%	5.48%	6.85%
教育	学历教育	5.52%	6.05%	6.37%	6.75%	6.17%	6.20%	6.98%	7.48%	8.33%	7.25%
	非学历教育	19.28%	18.50%	15.99%	16.03%	17.45%	17.51%	17.03%	15.79%	15.63%	16.49%
健康	自评健康	1.80%	3.77%	3.15%	4.04%	3.19%	2.02%	4.10%	3.41%	4.37%	3.47%
	慢性病	1.06%	1.96%	3.12%	4.12%	2.56%	1.15%	2.12%	3.41%	4.37%	2.76%
	身体质量指数	4.95%	6.48%	6.92%	7.55%	6.47%	4.92%	5.99%	6.18%	6.80%	5.97%
生活	居住拥挤	2.31%	3.16%	3.26%	3.20%	2.98%	2.47%	3.19%	3.37%	3.10%	3.03%
	互联网使用	9.62%	8.37%	8.12%	7.27%	8.34%	9.55%	8.66%	8.54%	7.66%	8.60%
	生活满意自评	6.52%	6.07%	5.35%	4.08%	5.51%	6.65%	6.64%	5.58%	4.24%	5.78%
工作	工作时间	3.60%	4.47%	6.63%	7.65%	5.58%	3.72%	4.22%	6.06%	6.93%	5.23%
	工作合同	5.03%	3.82%	3.87%	3.58%	4.07%	5.38%	4.05%	3.92%	3.80%	4.29%
	工作五险	7.20%	6.05%	6.01%	5.40%	6.17%	7.46%	6.38%	5.86%	5.24%	6.24%
	公积金	9.34%	9.75%	9.74%	10.02%	9.71%	8.75%	8.86%	8.82%	8.90%	8.83%
融合	户籍歧视	2.68%	1.52%	1.70%	2.19%	2.02%	2.93%	1.73%	1.97%	2.51%	2.29%
	贫富歧视	1.42%	0.85%	0.99%	1.06%	1.08%	1.57%	0.99%	1.08%	1.12%	1.19%
	组织参与	12.76%	13.51%	13.66%	12.85%	13.19%	11.67%	11.85%	11.91%	11.50%	11.73%

附表 2－9　　　　全国农民工多维贫困指标贡献率（2）

维度	指标 k 值	k=3					k=4				
		2010 年	2012 年	2014 年	2016 年	均值	2010 年	2012 年	2014 年	2016 年	均值
收入	年收入	15.71%	13.61%	11.65%	9.28%	12.56%	20.94%	21.17%	16.44%	15.68%	18.56%
教育	学历教育	8.06%	8.81%	9.40%	10.28%	9.14%	10.04%	9.23%	10.36%	10.69%	10.08%
	非学历教育	14.04%	13.85%	13.40%	12.73%	13.51%	11.32%	11.40%	11.79%	11.40%	11.48%
健康	自评健康	2.46%	4.94%	4.55%	5.58%	4.38%	2.56%	4.88%	5.00%	5.23%	4.42%
	慢性病	1.45%	2.75%	3.88%	5.03%	3.28%	1.85%	2.17%	4.05%	4.28%	3.09%
	身体质量指数	4.39%	5.02%	5.43%	5.94%	5.20%	4.42%	3.80%	4.53%	4.28%	4.25%
生活	居住拥挤	2.73%	3.04%	3.59%	3.33%	3.17%	3.13%	3.08%	3.10%	3.80%	3.28%
	互联网使用	8.48%	7.82%	8.10%	7.58%	7.99%	7.41%	7.60%	7.15%	7.13%	7.32%
	生活满意自评	6.33%	6.72%	5.39%	4.91%	5.84%	6.27%	6.15%	6.19%	4.75%	5.84%
工作	工作时间	2.93%	3.40%	4.92%	5.68%	4.23%	2.35%	3.80%	4.29%	4.99%	3.86%
	工作合同	5.46%	4.10%	3.54%	4.09%	4.30%	5.02%	3.93%	3.57%	3.21%	3.93%
	工作五险	6.77%	6.04%	5.29%	4.77%	5.72%	5.66%	5.56%	5.00%	4.28%	5.13%
	公积金	7.06%	7.02%	7.08%	7.09%	7.06%	5.77%	5.83%	5.90%	6.06%	5.89%
融合	户籍歧视	3.19%	2.27%	2.76%	3.03%	2.81%	3.99%	2.71%	3.34%	5.23%	3.82%
	贫富歧视	1.56%	1.30%	1.63%	1.45%	1.48%	1.57%	0.90%	1.43%	1.90%	1.45%
	组织参与	9.38%	9.31%	9.40%	9.21%	9.33%	7.69%	7.78%	7.86%	7.13%	7.61%

附表 2-10　　全国农民工多维贫困指标贡献率（3）

维度	指标 k 值	k=5				
		2010 年	2012 年	2014 年	2016 年	均值
收入	年收入	18.60%	19.35%	/	/	18.98%
教育	学历教育	9.30%	9.68%	/	/	9.49%
	非学历教育	9.30%	9.68%	/	/	9.49%
健康	自评健康	3.10%	6.45%	/	/	4.78%
	慢性病	6.20%	3.23%	/	/	4.71%
	身体质量指数	6.20%	6.45%	/	/	6.33%
生活	居住拥挤	6.20%	3.23%	/	/	4.71%
	互联网使用	6.20%	6.45%	/	/	6.33%
	生活满意自评	6.20%	6.20%	/	/	6.20%
工作	工作时间	2.33%	2.33%	/	/	2.33%
	工作合同	4.65%	4.65%	/	/	4.65%
	工作五险	4.65%	4.65%	/	/	4.65%
	公积金	4.65%	4.65%	/	/	4.65%
融合	户籍歧视	3.10%	3.10%	/	/	3.10%
	贫富歧视	3.10%	3.10%	/	/	3.10%
	组织参与	6.20%	6.20%	/	/	6.20%

附表 2-11　　k=1 下不同代际农民工多维贫困指标贡献率

维度	指标	2010 年		2012 年		2014 年		2016 年	
		新	老	新	老	新	老	新	老
收入	年收入	10.35%	5.58%	6.74%	5.33%	6.14%	4.82%	5.74%	3.70%
教育	学历教育	3.07%	6.46%	3.61%	6.90%	3.92%	7.18%	4.10%	7.65%
	非学历教育	20.24%	18.92%	19.09%	18.29%	15.80%	16.05%	15.43%	16.24%
健康	自评健康	1.16%	2.04%	2.69%	4.14%	2.13%	3.49%	3.28%	4.30%
	慢性病	0.61%	1.24%	1.12%	2.25%	1.83%	3.54%	2.78%	4.57%
	身体质量指数	4.44%	5.15%	7.91%	5.99%	8.27%	6.46%	8.38%	7.27%
生活	居住拥挤	2.73%	2.15%	3.25%	3.13%	3.57%	3.15%	3.64%	3.05%
	互联网使用	5.64%	11.13%	4.98%	9.54%	3.13%	9.78%	2.55%	8.87%
	生活满意自评	7.45%	6.16%	6.70%	5.85%	5.70%	5.24%	4.28%	4.02%
工作	工作时间	3.77%	3.53%	5.42%	4.14%	8.52%	6.00%	10.00%	6.85%
	工作合同	5.10%	5.00%	3.43%	3.95%	4.47%	3.67%	3.48%	3.61%
	工作五险	7.84%	6.96%	6.41%	5.93%	7.64%	5.47%	6.86%	4.91%
	公积金	9.84%	9.16%	10.93%	9.34%	10.35%	9.53%	10.28%	9.93%
融合	户籍歧视	2.84%	2.63%	1.45%	1.54%	1.87%	1.65%	2.73%	2.00%
	贫富歧视	1.47%	1.40%	0.76%	0.88%	1.04%	0.97%	1.41%	0.94%
	组织参与	13.46%	12.50%	15.50%	12.82%	15.59%	13.02%	15.07%	12.10%

附表 2－12　k＝2 下不同代际农民工多维贫困指标贡献率

维度	指标	2010 年		2012 年		2014 年		2016 年	
		新	老	新	老	新	老	新	老
收入	年收入	12.71%	6.41%	10.23%	6.39%	9.72%	5.85%	9.10%	4.60%
教育	学历教育	3.40%	7.20%	4.02%	7.79%	4.44%	8.24%	6.11%	8.87%
	非学历教育	17.93%	17.36%	16.98%	17.04%	15.54%	15.85%	13.77%	16.09%
健康	自评健康	1.26%	2.29%	3.10%	4.37%	2.47%	3.65%	3.11%	4.67%
	慢性病	0.71%	1.30%	1.22%	2.36%	2.11%	3.74%	3.27%	4.63%
	身体质量指数	4.49%	5.07%	7.36%	5.61%	7.33%	5.89%	7.02%	6.75%
生活	居住拥挤	2.85%	2.33%	3.35%	3.15%	4.09%	3.19%	3.67%	2.97%
	互联网使用	6.04%	10.79%	5.60%	9.50%	4.02%	9.68%	3.19%	8.75%
	生活满意自评	7.30%	6.41%	7.97%	6.27%	6.06%	5.46%	4.47%	4.19%
工作	工作时间	3.87%	3.67%	4.88%	4.03%	7.19%	5.77%	8.68%	6.50%
	工作合同	5.54%	5.33%	3.65%	4.16%	4.33%	3.82%	4.01%	3.75%
	工作五险	8.05%	7.25%	6.80%	6.26%	7.19%	5.53%	6.88%	4.84%
	公积金	9.03%	8.65%	9.49%	8.69%	9.25%	8.71%	8.92%	8.90%
融合	户籍歧视	3.15%	2.86%	1.83%	1.71%	2.47%	1.84%	3.59%	2.25%
	贫富歧视	1.72%	1.51%	0.85%	1.02%	1.20%	1.05%	1.76%	0.97%
	组织参与	11.95%	11.57%	12.66%	11.63%	12.61%	11.74%	12.45%	11.27%

附表 2－13　k＝3 下不同代际农民工多维贫困指标贡献率

维度	指标	2010 年		2012 年		2014 年		2016 年	
		新	老	新	老	新	老	新	老
收入	年收入	22.62%	13.55%	20.13%	12.45%	17.88%	10.75%	20.49%	7.68%
教育	学历教育	3.94%	9.35%	5.23%	9.44%	5.96%	9.89%	6.59%	10.80%
	非学历教育	14.22%	13.98%	14.09%	13.81%	11.42%	13.69%	10.24%	13.08%
健康	自评健康	1.03%	2.90%	3.22%	5.25%	3.64%	4.68%	2.93%	5.95%
	慢性病	0.57%	1.72%	1.07%	3.05%	1.99%	4.16%	3.41%	5.26%
	身体质量指数	4.57%	4.34%	6.44%	4.77%	6.95%	5.21%	6.83%	5.82%
生活	居住拥挤	3.43%	2.51%	3.22%	3.00%	4.64%	3.44%	3.41%	3.32%
	互联网使用	6.63%	9.07%	5.64%	8.20%	3.31%	8.79%	3.90%	8.10%
	生活满意自评	6.28%	6.34%	7.52%	6.58%	5.96%	5.30%	2.93%	5.19%
工作	工作时间	3.08%	2.88%	3.62%	3.36%	6.71%	4.66%	6.59%	5.56%
	工作合同	5.57%	5.43%	3.83%	4.15%	3.23%	3.58%	5.49%	3.89%
	工作五险	7.03%	6.69%	5.84%	6.08%	6.21%	5.16%	6.59%	4.52%
	公积金	7.20%	7.02%	7.25%	6.98%	7.20%	7.06%	6.95%	7.11%
融合	户籍歧视	2.63%	3.37%	2.42%	2.24%	3.31%	2.68%	3.90%	2.91%
	贫富歧视	1.60%	1.54%	1.07%	1.34%	1.66%	1.62%	0.98%	1.52%
	组织参与	9.60%	9.32%	9.40%	9.30%	9.93%	9.32%	8.78%	9.28%

附表 2-14　　k=4 下不同代际农民工多维贫困指标贡献率

维度	指标	2010 年		2012 年		2014 年		2016 年	
		新	老	新	老	新	老	新	老
收入	年收入	23.88%	20.45%	24.49%	20.84%	0	16.93%	24.49%	13.00%
教育	学历教育	5.97%	10.72%	6.12%	9.53%	12.24%	10.31%	12.24%	10.22%
	非学历教育	10.45%	11.47%	12.24%	11.32%	12.24%	11.78%	9.18%	12.07%
健康	自评健康	1.00%	2.83%	4.08%	4.96%	8.16%	4.91%	2.04%	6.19%
	慢性病	0	2.16%	0	2.38%	0	4.17%	2.04%	4.95%
	身体质量指数	6.97%	3.99%	6.12%	3.57%	8.16%	4.42%	4.08%	4.33%
生活	居住拥挤	3.98%	2.99%	4.08%	2.98%	8.16%	2.94%	4.08%	3.72%
	互联网使用	5.97%	7.65%	6.12%	7.74%	0	7.36%	6.12%	7.43%
	生活满意自评	4.98%	6.48%	6.12%	6.15%	8.16%	6.13%	0	6.19%
工作	工作时间	3.73%	2.12%	6.12%	3.57%	6.12%	4.23%	6.12%	4.64%
	工作合同	5.22%	4.99%	1.53%	4.17%	0	3.68%	4.59%	2.79%
	工作五险	5.97%	5.61%	4.59%	5.66%	6.12%	4.97%	4.59%	4.18%
	公积金	5.97%	5.74%	6.12%	5.81%	6.12%	5.89%	6.12%	6.04%
融合	户籍歧视	5.97%	3.66%	2.04%	2.78%	8.16%	3.19%	6.12%	4.95%
	贫富歧视	1.99%	1.50%	2.04%	0.79%	8.16%	1.23%	2.04%	1.86%
	组织参与	7.96%	7.65%	8.16%	7.74%	8.16%	7.85%	6.12%	7.43%

附表 2-15　　k=5 下不同代际农民工多维贫困指标贡献率

维度	指标	2010 年		2012 年		2014 年		2016 年	
		新	老	新	老	新	老	新	老
收入	年收入	/	18.60%	/	19.35%	/	/	/	/
教育	学历教育	/	9.30%	/	9.68%	/	/	/	/
	非学历教育	/	9.30%	/	9.68%	/	/	/	/
健康	自评健康	/	3.10%	/	6.45%	/	/	/	/
	慢性病	/	6.20%	/	3.23%	/	/	/	/
	身体质量指数	/	6.20%	/	6.45%	/	/	/	/
生活	居住拥挤	/	6.20%	/	3.23%	/	/	/	/
	互联网使用	/	6.20%	/	6.45%	/	/	/	/
	生活满意自评	/	6.20%	/	6.45%	/	/	/	/
工作	工作时间	/	2.33%	/	4.84%	/	/	/	/
	工作合同	/	4.65%	/	4.84%	/	/	/	/
	工作五险	/	4.65%	/	4.84%	/	/	/	/
	公积金	/	4.65%	/	4.84%	/	/	/	/
融合	户籍歧视	/	3.10%	/	3.23%	/	/	/	/
	贫富歧视	/	3.10%	/	0	/	/	/	/
	组织参与	/	6.20%	/	6.45%	/	/	/	/

附表 2-16 k=1 下不同性别农民工多维贫困指标贡献率

维度	指标	2010 年		2012 年		2014 年		2016 年	
		男	女	男	女	男	女	男	女
收入	年收入	5.02%	10.24%	4.53%	7.79%	4.82%	5.74%	4.77%	3.13%
教育	学历教育	5.35%	5.83%	5.85%	6.41%	6.16%	6.74%	6.37%	7.48%
	非学历教育	19.63%	18.67%	18.52%	18.45%	15.74%	16.44%	15.38%	17.29%
健康	自评健康	1.69%	2.00%	3.44%	4.36%	2.87%	3.64%	3.58%	4.92%
	慢性病	1.12%	0.97%	1.91%	2.05%	2.99%	3.34%	3.86%	4.62%
	身体质量指数	5.21%	4.49%	6.84%	5.83%	7.45%	5.95%	7.86%	6.94%
生活	居住拥挤	2.35%	2.23%	3.21%	3.06%	3.33%	3.13%	3.23%	3.13%
	互联网使用	9.72%	9.43%	8.22%	8.63%	8.03%	8.29%	7.53%	6.78%
	生活满意自评	6.64%	6.30%	6.13%	5.95%	5.05%	5.89%	3.95%	4.35%
工作	工作时间	3.80%	3.23%	4.76%	3.94%	7.06%	5.85%	7.84%	7.28%
	工作合同	5.14%	4.82%	3.97%	3.53%	3.74%	4.10%	3.73%	3.29%
	工作五险	7.39%	6.87%	6.23%	5.74%	6.16%	5.74%	5.38%	5.44%
	公积金	9.53%	9.02%	10.06%	9.20%	9.94%	9.38%	10.02%	10.01%
融合	户籍歧视	2.86%	2.36%	1.67%	1.24%	1.74%	1.64%	2.52%	1.55%
	贫富歧视	1.56%	1.18%	0.96%	0.64%	1.03%	0.91%	1.21%	0.78%
	组织参与	12.98%	12.37%	13.68%	13.19%	13.89%	13.24%	12.77%	13.01%

附表 2-17 k=2 下不同性别农民工多维贫困指标贡献率

维度	指标	2010 年		2012 年		2014 年		2016 年	
		男	女	男	女	男	女	男	女
收入	年收入	5.87%	12.02%	5.80%	9.65%	6.27%	7.25%	6.15%	4.15%
教育	学历教育	6.02%	6.52%	6.70%	7.45%	7.21%	7.94%	7.88%	9.21%
	非学历教育	17.99%	16.64%	17.34%	16.50%	15.70%	15.93%	15.20%	16.48%
健康	自评健康	1.89%	2.25%	3.89%	4.47%	3.05%	4.03%	3.94%	5.22%
	慢性病	1.22%	1.02%	2.12%	2.11%	3.28%	3.64%	4.05%	4.98%
	身体质量指数	5.13%	4.53%	6.26%	5.54%	6.60%	5.45%	6.95%	6.51%
生活	居住拥挤	2.54%	2.34%	3.18%	3.22%	3.66%	2.88%	3.02%	3.28%
	互联网使用	9.69%	9.28%	8.52%	8.90%	8.29%	8.97%	7.66%	7.66%
	生活满意自评	6.78%	6.41%	6.88%	6.22%	5.26%	6.14%	4.22%	4.29%
工作	工作时间	3.82%	3.54%	4.52%	3.70%	6.28%	5.67%	7.05%	6.68%
	工作合同	5.53%	5.11%	4.21%	3.78%	3.94%	3.88%	3.98%	3.46%
	工作五险	7.71%	7.03%	6.49%	6.19%	6.10%	5.46%	5.29%	5.16%
	公积金	9.01%	8.28%	9.04%	8.55%	8.98%	8.54%	8.91%	8.90%
融合	户籍歧视	3.12%	2.59%	1.93%	1.39%	2.02%	1.88%	2.83%	1.89%
	贫富歧视	1.70%	1.33%	1.10%	0.79%	1.17%	0.92%	1.32%	0.74%
	组织参与	11.98%	11.13%	12.02%	11.57%	12.20%	11.43%	11.55%	11.40%

附表 2-18　k=3 下不同性别农民工多维贫困指标贡献率

维度	指标	2010 年		2012 年		2014 年		2016 年	
		男	女	男	女	男	女	男	女
收入	年收入	13.45%	18.32%	11.73%	15.99%	12.01%	11.20%	11.59%	5.63%
教育	学历教育	8.18%	7.93%	9.02%	8.55%	9.07%	9.80%	10.10%	10.55%
	非学历教育	14.37%	13.65%	14.23%	13.37%	13.60%	13.16%	12.03%	13.83%
健康	自评健康	2.65%	2.23%	5.14%	4.69%	4.08%	5.13%	5.55%	5.63%
	慢性病	1.73%	1.12%	2.46%	3.12%	3.32%	4.57%	4.46%	5.94%
	身体质量指数	4.33%	4.46%	5.14%	4.87%	5.97%	4.76%	5.74%	6.25%
生活	居住拥挤	2.70%	2.76%	2.90%	3.22%	4.00%	3.08%	2.87%	4.06%
	互联网使用	8.66%	8.28%	7.60%	8.09%	8.08%	8.12%	7.13%	8.28%
	生活满意自评	6.27%	6.40%	7.24%	6.06%	5.29%	5.51%	4.65%	5.31%
工作	工作时间	2.98%	2.86%	3.26%	3.58%	5.04%	4.76%	5.79%	5.51%
	工作合同	5.54%	5.37%	4.29%	3.86%	3.23%	3.92%	4.01%	4.22%
	工作五险	6.92%	6.61%	6.14%	5.93%	5.33%	5.25%	4.98%	4.45%
	公积金	7.22%	6.87%	7.17%	6.82%	7.14%	7.00%	7.13%	7.03%
融合	户籍歧视	3.57%	2.76%	2.61%	1.84%	2.64%	2.89%	3.17%	2.81%
	贫富歧视	1.83%	1.23%	1.59%	0.92%	1.74%	1.49%	1.78%	0.94%
	组织参与	9.58%	9.16%	9.49%	9.10%	9.44%	9.33%	9.01%	9.53%

附表 2-19　k=4 下不同性别农民工多维贫困指标贡献率

维度	指标	2010 年		2012 年		2014 年		2016 年	
		男	女	男	女	男	女	男	女
收入	年收入	21.66%	20.64%	18.69%	23.08%	17.96%	15.05%	19.63%	10.20%
教育	学历教育	9.39%	10.32%	9.35%	9.13%	11.22%	9.58%	11.04%	10.20%
	非学历教育	10.83%	11.53%	11.84%	11.06%	11.97%	11.63%	11.04%	11.90%
健康	自评健康	2.41%	2.63%	5.82%	4.17%	3.99%	5.93%	4.09%	6.80%
	慢性病	0.96%	2.23%	2.08%	2.24%	2.49%	5.47%	2.45%	6.80%
	身体质量指数	4.33%	4.45%	2.91%	4.49%	5.49%	3.65%	4.09%	4.53%
生活	居住拥挤	4.33%	2.63%	2.91%	3.21%	2.49%	3.65%	2.45%	5.67%
	互联网使用	6.74%	7.69%	7.89%	7.37%	7.48%	6.84%	7.36%	6.80%
	生活满意自评	6.26%	6.27%	6.23%	6.09%	5.49%	6.84%	4.09%	5.67%
工作	工作时间	2.53%	2.28%	3.43%	4.09%	3.74%	4.79%	4.91%	5.10%
	工作合同	5.42%	4.86%	4.98%	3.13%	4.11%	3.08%	3.07%	3.40%
	工作五险	5.42%	5.77%	5.92%	5.29%	5.61%	4.45%	4.91%	3.40%
	公积金	5.78%	5.77%	5.92%	5.77%	5.99%	5.82%	6.13%	5.95%
融合	户籍歧视	4.33%	3.84%	3.32%	2.24%	2.49%	4.10%	5.73%	4.53%
	贫富歧视	1.93%	1.42%	0.83%	0.96%	1.50%	1.37%	2.45%	1.13%
	组织参与	7.70%	7.69%	7.89%	7.69%	7.98%	7.75%	6.54%	7.93%

附表 2－20　k＝5 下不同性别农民工多维贫困指标贡献率

维度	指标	2010 年		2012 年		2014 年		2016 年	
		男	女	男	女	男	女	男	女
收入	年收入	/	18.60%	20.00%	18.75%	/	/	/	/
教育	学历教育	/	9.30%	10.00%	9.38%	/	/	/	/
	非学历教育	/	9.30%	10.00%	9.38%	/	/	/	/
健康	自评健康	/	3.10%	6.67%	6.25%	/	/	/	/
	慢性病	/	6.20%	0	6.25%	/	/	/	/
	身体质量指数	/	6.20%	6.67%	6.25%	/	/	/	/
生活	居住拥挤	/	6.20%	0	6.25%	/	/	/	/
	互联网使用	/	6.20%	6.67%	6.25%	/	/	/	/
	生活满意自评	/	6.20%	6.67%	6.25%	/	/	/	/
工作	工作时间	/	2.33%	5.00%	4.69%	/	/	/	/
	工作合同	/	4.65%	5.00%	4.69%	/	/	/	/
	工作五险	/	4.65%	5.00%	4.69%	/	/	/	/
	公积金	/	4.65%	5.00%	4.69%	/	/	/	/
融合	户籍歧视	/	3.10%	6.67%	0	/	/	/	/
	贫富歧视	/	3.10%	0	0	/	/	/	/
	组织参与	/	6.20%	6.67%	6.25%	/	/	/	/

附表 2－21　k＝1 下不同婚姻状况农民工多维贫困指标贡献率

维度	指标	2010 年		2012 年		2014 年		2016 年	
		已婚	未婚	已婚	未婚	已婚	未婚	已婚	未婚
收入	年收入	5.83%	13.32%	5.53%	7.24%	4.90%	7.49%	3.94%	7.29%
教育	学历教育	5.75%	4.17%	6.13%	5.35%	6.37%	6.30%	6.70%	7.29%
	非学历教育	19.27%	19.38%	18.56%	17.95%	16.17%	14.30%	16.14%	14.79%
健康	自评健康	1.84%	1.52%	3.88%	2.73%	3.24%	2.27%	4.07%	3.72%
	慢性病	1.15%	0.53%	2.05%	1.15%	3.25%	1.82%	4.22%	3.00%
	身体质量指数	5.14%	3.84%	6.29%	8.19%	6.85%	7.49%	7.58%	7.15%
生活	居住拥挤	2.20%	2.98%	3.17%	3.04%	3.25%	3.29%	3.09%	4.43%
	互联网使用	10.42%	4.77%	8.77%	4.72%	8.44%	5.11%	7.41%	5.72%
	生活满意自评	6.36%	7.49%	6.03%	6.40%	5.20%	6.81%	4.09%	4.00%
工作	工作时间	3.60%	3.58%	4.38%	5.27%	6.51%	7.74%	7.60%	8.15%
	工作合同	4.99%	5.27%	3.87%	3.31%	3.81%	4.43%	3.61%	3.22%
	工作五险	7.22%	7.11%	6.00%	6.53%	5.92%	6.81%	5.40%	5.47%
	公积金	9.35%	9.34%	9.64%	10.78%	9.81%	9.02%	10.09%	9.22%
融合	户籍歧视	2.73%	2.39%	1.53%	1.36%	1.72%	1.59%	2.14%	2.72%
	贫富歧视	1.45%	1.26%	0.87%	0.63%	0.97%	1.13%	1.10%	0.57%
	组织参与	12.71%	13.05%	13.31%	15.32%	13.58%	14.41%	12.81%	13.29%

附表 2-22　k=2 下不同婚姻状况农民工多维贫困指标贡献率

维度	指标	2010 年		2012 年		2014 年		2016 年	
		已婚	未婚	已婚	未婚	已婚	未婚	已婚	未婚
收入	年收入	6.81%	15.83%	6.90%	10.57%	6.29%	10.06%	5.09%	9.83%
教育	学历教育	6.48%	4.49%	7.05%	6.20%	7.48%	7.43%	8.28%	8.96%
	非学历教育	17.55%	17.25%	17.10%	16.31%	15.97%	13.89%	15.76%	14.16%
健康	自评健康	2.10%	1.50%	4.15%	3.52%	3.45%	3.03%	4.35%	4.62%
	慢性病	1.24%	0.55%	2.18%	1.38%	3.57%	1.76%	4.48%	3.08%
	身体质量指数	5.10%	3.78%	5.88%	7.20%	6.12%	6.71%	6.82%	6.55%
生活	居住拥挤	2.36%	3.15%	3.18%	3.37%	3.37%	3.35%	3.02%	4.05%
	互联网使用	10.24%	5.28%	8.91%	5.97%	8.78%	6.07%	7.79%	6.17%
	生活满意自评	6.54%	7.32%	6.58%	7.20%	5.38%	7.66%	4.23%	4.43%
工作	工作时间	3.72%	3.72%	4.18%	4.59%	6.04%	6.23%	6.94%	6.79%
	工作合同	5.37%	5.43%	4.09%	3.68%	3.89%	4.19%	3.86%	3.18%
	工作五险	7.49%	7.32%	6.36%	6.55%	5.81%	6.47%	5.25%	5.20%
	公积金	8.77%	8.62%	8.84%	9.07%	8.88%	8.14%	8.99%	7.95%
融合	户籍歧视	2.97%	2.68%	1.75%	1.53%	1.97%	1.92%	2.44%	3.28%
	贫富歧视	1.58%	1.50%	1.02%	0.61%	1.06%	1.28%	1.17%	0.58%
	组织参与	11.69%	11.58%	11.82%	12.25%	11.92%	11.82%	11.53%	11.18%

附表 2-23　k=3 下不同婚姻状况农民工多维贫困指标贡献率

维度	指标	2010 年		2012 年		2014 年		2016 年	
		已婚	未婚	已婚	未婚	已婚	未婚	已婚	未婚
收入	年收入	14.45%	22.01%	13.25%	17.07%	11.77%	10.61%	8.29%	18.07%
教育	学历教育	8.65%	5.14%	8.90%	7.88%	9.25%	10.61%	10.21%	10.84%
	非学历教育	14.01%	14.19%	13.92%	13.13%	13.46%	12.97%	12.84%	11.75%
健康	自评健康	2.62%	1.63%	5.00%	4.38%	4.53%	4.72%	5.59%	5.42%
	慢性病	1.57%	0.82%	2.95%	0.88%	3.97%	3.14%	5.12%	4.22%
	身体质量指数	4.42%	4.24%	4.91%	6.13%	5.37%	5.89%	6.13%	4.22%
生活	居住拥挤	2.65%	3.10%	2.95%	3.94%	3.69%	2.75%	3.44%	2.41%
	互联网使用	8.98%	6.03%	8.03%	5.69%	8.22%	7.07%	7.62%	7.23%
	生活满意自评	6.36%	6.20%	6.65%	7.44%	5.14%	7.47%	4.92%	4.82%
工作	工作时间	2.83%	3.42%	3.41%	3.28%	4.77%	6.19%	5.86%	4.07%
	工作合同	5.45%	5.50%	4.12%	3.94%	3.61%	2.95%	4.30%	2.26%
	工作五险	6.73%	6.97%	6.02%	6.24%	5.26%	5.60%	4.80%	4.52%
	公积金	7.03%	7.22%	7.03%	6.89%	7.08%	7.07%	7.18%	6.33%
融合	户籍歧视	3.41%	2.12%	2.23%	2.63%	2.85%	1.96%	2.90%	4.22%
	贫富歧视	1.51%	1.79%	1.29%	1.31%	1.64%	1.57%	1.48%	1.20%
	组织参与	9.34%	9.62%	9.33%	9.19%	9.39%	9.43%	9.30%	8.43%

附表 2-24　k=4 下不同婚姻状况农民工多维贫困指标贡献率

维度	指标	2010 年		2012 年		2014 年		2016 年	
		已婚	未婚	已婚	未婚	已婚	未婚	已婚	未婚
收入	年收入	21.12%	19.12%	21.59%	18.05%	17.08%	11.76%	14.26%	18.97%
教育	学历教育	10.09%	9.56%	9.25%	9.02%	10.17%	11.76%	11.21%	9.49%
	非学历教育	11.50%	9.56%	11.41%	11.28%	11.80%	11.76%	11.21%	11.86%
健康	自评健康	2.66%	1.59%	4.73%	6.02%	5.15%	3.92%	4.75%	6.32%
	慢性病	1.88%	1.59%	2.26%	1.50%	4.34%	1.96%	4.75%	3.16%
	身体质量指数	4.22%	6.37%	3.29%	7.52%	4.34%	5.88%	4.07%	4.74%
生活	居住拥挤	2.97%	4.78%	3.29%	1.50%	2.98%	3.92%	4.75%	1.58%
	互联网使用	7.67%	4.78%	7.61%	7.52%	7.32%	5.88%	7.47%	6.32%
	生活满意自评	6.26%	6.37%	5.96%	7.52%	6.24%	5.88%	4.07%	6.32%
工作	工作时间	2.23%	3.59%	4.01%	2.26%	4.07%	5.88%	5.60%	3.56%
	工作合同	5.04%	4.78%	3.86%	4.51%	3.86%	1.47%	4.07%	1.19%
	工作五险	5.63%	5.98%	5.55%	5.64%	5.08%	4.41%	4.07%	4.74%
	公积金	5.75%	5.98%	5.86%	5.64%	5.90%	5.88%	6.11%	5.93%
融合	户籍歧视	3.91%	4.78%	2.67%	3.01%	2.71%	7.84%	4.75%	6.32%
	贫富歧视	1.41%	3.19%	0.82%	1.50%	1.08%	3.92%	1.36%	3.16%
	组织参与	7.67%	7.97%	7.81%	7.52%	7.86%	7.84%	7.47%	6.32%

附表 2-25　k=5 下不同婚姻状况农民工多维贫困指标贡献率

维度	指标	2010 年		2012 年		2014 年		2016 年	
		已婚	未婚	已婚	未婚	已婚	未婚	已婚	未婚
收入	年收入	18.60%	/	19.35%	/	/	/	/	/
教育	学历教育	9.30%	/	9.68%	/	/	/	/	/
	非学历教育	9.30%	/	9.68%	/	/	/	/	/
健康	自评健康	3.10%	/	6.45%	/	/	/	/	/
	慢性病	6.20%	/	3.23%	/	/	/	/	/
	身体质量指数	6.20%	/	6.45%	/	/	/	/	/
生活	居住拥挤	6.20%	/	3.23%	/	/	/	/	/
	互联网使用	6.20%	/	6.45%	/	/	/	/	/
	生活满意自评	6.20%	/	6.45%	/	/	/	/	/
工作	工作时间	2.33%	/	4.84%	/	/	/	/	/
	工作合同	4.65%	/	4.84%	/	/	/	/	/
	工作五险	4.65%	/	4.84%	/	/	/	/	/
	公积金	4.65%	/	4.84%	/	/	/	/	/
融合	户籍歧视	3.10%	/	3.23%	/	/	/	/	/
	贫富歧视	3.10%	/	0	/	/	/	/	/
	组织参与	6.20%	/	6.45%	/	/	/	/	/

附表 2－26　　本镇就业农民工多维指标贡献率（1）

维度	指标	k＝1					k＝2				
		2010 年	2012 年	2014 年	2016 年	均值	2010 年	2012 年	2014 年	2016 年	均值
收入	年收入	7.28%	6.43%	6.41%	4.09%	6.05%	8.54%	8.00%	6.88%	5.46%	7.22%
教育	学历教育	5.94%	5.01%	6.52%	5.37%	5.71%	6.67%	7.35%	7.95%	8.91%	7.72%
	非学历教育	19.03%	19.67%	18.39%	19.39%	19.12%	17.23%	16.90%	15.94%	16.03%	16.52%
健康	自评健康	2.00%	1.71%	3.56%	4.44%	2.93%	2.30%	3.84%	3.39%	4.40%	3.48%
	慢性病	0.96%	0.98%	1.83%	1.99%	1.44%	1.05%	1.95%	3.41%	4.26%	2.67%
	身体质量指数	5.04%	4.90%	6.45%	6.19%	5.65%	4.92%	5.89%	6.01%	6.79%	5.90%
生活	居住拥挤	2.08%	2.25%	3.03%	3.47%	2.71%	2.28%	3.10%	3.16%	3.10%	2.91%
	互联网使用	9.96%	9.59%	8.70%	8.26%	9.13%	9.81%	8.76%	9.02%	8.07%	8.92%
	生活满意自评	6.47%	6.68%	5.97%	6.70%	6.46%	6.61%	6.48%	5.60%	4.12%	5.71%
工作	工作时间	3.22%	4.22%	4.01%	4.50%	3.99%	3.41%	3.91%	5.69%	6.50%	4.88%
	工作合同	4.91%	5.12%	3.81%	3.62%	4.37%	5.16%	4.12%	3.76%	3.60%	4.16%
	工作五险	7.07%	7.00%	6.18%	5.87%	6.53%	7.27%	6.54%	5.77%	5.37%	6.24%
	公积金	9.20%	9.59%	9.65%	9.64%	9.52%	8.62%	8.81%	8.79%	8.97%	8.80%
融合	户籍歧视	2.84%	2.58%	1.50%	1.87%	2.20%	3.08%	1.70%	1.71%	2.19%	2.17%
	贫富歧视	1.41%	1.24%	0.71%	1.01%	1.09%	1.52%	0.87%	0.97%	0.77%	1.03%
	组织参与	12.57%	13.01%	13.28%	13.59%	13.11%	11.51%	11.77%	11.95%	11.45%	11.67%

附表 2－27　　本镇就业农民工多维指标贡献率（2）

维度	指标	k＝3					k＝4				
		2010 年	2012 年	2014 年	2016 年	均值	2010 年	2012 年	2014 年	2016 年	均值
收入	年收入	16.12%	14.97%	12.05%	8.28%	12.85%	19.94%	23.58%	16.48%	11.98%	18.00%
教育	学历教育	8.06%	8.75%	9.38%	10.54%	9.18%	9.35%	8.62%	9.89%	10.78%	9.66%
	非学历教育	13.89%	13.70%	13.32%	12.79%	13.43%	11.21%	11.34%	11.54%	10.78%	11.22%
健康	自评健康	2.59%	4.57%	4.02%	5.77%	4.24%	3.12%	4.54%	6.04%	5.59%	4.82%
	慢性病	1.39%	2.46%	4.02%	5.90%	3.44%	1.87%	2.12%	5.49%	6.39%	3.97%
	身体质量指数	4.03%	4.71%	5.17%	5.77%	4.92%	4.57%	3.63%	3.85%	4.79%	4.21%
生活	居住拥挤	2.92%	3.30%	3.63%	3.26%	3.28%	3.53%	3.02%	3.85%	4.79%	3.80%
	互联网使用	8.48%	7.59%	8.65%	8.53%	8.31%	7.48%	7.56%	7.14%	7.19%	7.34%
	生活满意自评	6.34%	6.53%	5.56%	5.27%	5.93%	6.44%	6.05%	6.59%	4.79%	5.97%
工作	工作时间	3.02%	3.32%	4.86%	5.08%	4.07%	2.96%	3.63%	4.53%	4.79%	3.98%
	工作合同	5.45%	4.16%	3.88%	3.48%	4.24%	4.67%	3.40%	3.30%	3.59%	3.74%
	工作五险	6.70%	6.22%	5.21%	4.33%	5.62%	5.61%	5.44%	4.53%	4.19%	4.94%
	公积金	7.02%	7.01%	7.12%	6.96%	7.03%	5.76%	5.90%	5.77%	5.99%	5.85%
融合	户籍歧视	3.33%	2.18%	2.55%	3.51%	2.89%	4.36%	2.42%	2.75%	5.59%	3.78%
	贫富歧视	1.34%	1.26%	1.24%	1.38%	1.31%	1.45%	0.91%	0.55%	2.40%	1.33%
	组织参与	9.31%	9.27%	9.34%	9.16%	9.27%	7.68%	7.86%	7.69%	6.39%	7.41%

附表 2-28　　本镇就业农民工多维指标贡献率（3）

维度	指标	k=5				
		2010年	2012年	2014年	2016年	均值
收入	年收入	18.75%	18.75%	/	/	18.75%
教育	学历教育	9.38%	9.38%	/	/	9.38%
	非学历教育	9.38%	9.38%	/	/	9.38%
健康	自评健康	6.25%	6.25%	/	/	6.25%
	慢性病	6.25%	6.25%	/	/	6.25%
	身体质量指数	6.25%	6.25%	/	/	6.25%
生活	居住拥挤	6.25%	6.25%	/	/	6.25%
	互联网使用	6.25%	6.25%	/	/	6.25%
	生活满意自评	6.25%	6.25%	/	/	6.25%
工作	工作时间	4.69%	4.69%	/	/	4.69%
	工作合同	4.69%	4.69%	/	/	4.69%
	工作五险	4.69%	4.69%	/	/	4.69%
	公积金	4.69%	4.69%	/	/	4.69%
融合	户籍歧视	0	0	/	/	0
	贫富歧视	0	0	/	/	0
	组织参与	6.25%	6.25%	/	/	6.25%

附表 2-29　　本县就业农民工多维指标贡献率（1）

维度	指标	k=1					k=2				
		2010年	2012年	2014年	2016年	均值	2010年	2012年	2014年	2016年	均值
收入	年收入	6.43%	4.09%	5.12%	3.84%	4.87%	7.45%	5.26%	6.46%	4.71%	5.97%
教育	学历教育	5.01%	5.37%	5.47%	5.89%	5.44%	5.56%	6.46%	6.76%	7.48%	6.56%
	非学历教育	19.67%	19.39%	16.83%	16.91%	18.20%	17.93%	17.66%	16.07%	16.14%	16.95%
健康	自评健康	1.71%	4.44%	3.41%	4.31%	3.47%	1.77%	4.76%	3.86%	4.76%	3.79%
	慢性病	0.98%	1.99%	3.29%	4.19%	2.61%	1.05%	2.35%	3.35%	4.37%	2.78%
	身体质量指数	4.90%	6.19%	7.14%	7.52%	6.44%	5.14%	5.91%	6.36%	6.78%	6.05%
生活	居住拥挤	2.25%	3.47%	3.09%	3.59%	3.10%	2.32%	3.46%	3.30%	3.59%	3.17%
	互联网使用	9.59%	8.26%	7.97%	6.75%	8.14%	9.64%	8.77%	8.41%	7.62%	8.61%
	生活满意自评	6.68%	6.70%	5.75%	4.44%	5.89%	6.65%	7.31%	5.91%	4.54%	6.10%
工作	工作时间	4.22%	4.50%	6.81%	8.10%	5.91%	4.26%	4.24%	6.27%	7.61%	5.60%
	工作合同	5.12%	3.62%	3.60%	3.59%	3.98%	5.62%	3.64%	3.83%	3.70%	4.20%
	工作五险	7.00%	5.87%	5.44%	4.87%	5.80%	7.45%	6.24%	5.52%	4.71%	5.98%
	公积金	9.59%	9.64%	9.70%	10.06%	9.75%	8.97%	8.87%	8.82%	9.04%	8.92%
融合	户籍歧视	2.58%	1.87%	1.98%	2.18%	2.15%	2.78%	2.15%	2.25%	2.35%	2.38%
	贫富歧视	1.24%	1.01%	1.19%	1.11%	1.14%	1.43%	1.10%	1.25%	1.23%	1.25%
	组织参与	13.01%	13.59%	13.21%	12.64%	13.11%	12.00%	11.82%	11.57%	11.38%	11.69%

附表 2-30　　本县就业农民工多维指标贡献率（2）

维度	指标	k=3					k=4				
		2010 年	2012 年	2014 年	2016 年	均值	2010 年	2012 年	2014 年	2016 年	均值
收入	年收入	14.77%	11.32%	10.56%	7.07%	10.93%	23.13%	14.24%	16.51%	24.66%	19.63%
教育	学历教育	8.39%	9.14%	9.38%	10.61%	9.38%	11.56%	10.17%	10.09%	12.33%	11.04%
	非学历教育	14.26%	13.93%	14.08%	13.85%	14.03%	11.56%	11.19%	11.93%	12.33%	11.75%
健康	自评健康	2.57%	5.66%	5.73%	5.70%	4.92%	1.71%	6.78%	4.89%	2.74%	4.03%
	慢性病	1.57%	3.48%	3.91%	5.11%	3.52%	2.57%	3.39%	3.67%	0	2.41%
	身体质量指数	5.03%	5.95%	5.47%	5.70%	5.54%	4.28%	4.75%	6.12%	0	3.79%
生活	居住拥挤	2.01%	2.61%	3.13%	3.93%	2.92%	1.71%	2.03%	2.45%	5.48%	2.92%
	互联网使用	8.50%	7.69%	7.82%	7.07%	7.77%	7.71%	7.46%	6.73%	8.22%	7.53%
	生活满意自评	6.38%	6.82%	5.34%	4.72%	5.81%	6.00%	6.78%	5.50%	2.74%	5.25%
工作	工作时间	3.19%	3.70%	4.79%	6.48%	4.54%	1.28%	4.58%	3.67%	6.16%	3.92%
	工作合同	5.45%	3.70%	3.13%	4.72%	4.25%	5.78%	4.58%	3.67%	4.11%	4.53%
	工作五险	6.88%	5.55%	5.28%	5.30%	5.75%	5.78%	5.59%	5.96%	4.11%	5.36%
	公积金	7.13%	6.96%	7.04%	7.37%	7.13%	5.78%	5.59%	5.96%	6.16%	5.88%
融合	户籍歧视	2.80%	2.76%	3.13%	1.96%	2.66%	1.71%	4.07%	3.67%	2.74%	3.05%
	贫富歧视	1.57%	1.45%	1.82%	1.18%	1.51%	1.71%	1.36%	1.22%	0	1.07%
	组织参与	9.51%	9.29%	9.38%	9.23%	9.35%	7.71%	7.46%	7.95%	8.22%	7.83%

附表 2-31　　本县就业农民工多维指标贡献率（3）

维度	指标	k=5				
		2010 年	2012 年	2014 年	2016 年	均值
收入	年收入	18.46%	20.00%	/	/	19.23%
教育	学历教育	9.23%	10.00%	/	/	9.62%
	非学历教育	9.23%	10.00%	/	/	9.62%
健康	自评健康	0	6.67%	/	/	3.33%
	慢性病	6.15%	0	/	/	3.08%
	身体质量指数	6.15%	6.67%	/	/	6.41%
生活	居住拥挤	6.15%	0	/	/	3.08%
	互联网使用	6.15%	6.67%	/	/	6.41%
	生活满意自评	6.15%	6.67%	/	/	6.41%
工作	工作时间	0	5.00%	/	/	2.50%
	工作合同	4.62%	5.00%	/	/	4.81%
	工作五险	4.62%	5.00%	/	/	4.81%
	公积金	4.62%	5.00%	/	/	4.81%
融合	户籍歧视	6.15%	6.67%	/	/	6.41%
	贫富歧视	6.15%	0	/	/	3.08%
	组织参与	6.15%	6.67%	/	/	6.41%

附表 2－32　　本省就业农民工多维指标贡献率（1）

维度	指标	k=1					k=2				
		2010年	2012年	2014年	2016年	均值	2010年	2012年	2014年	2016年	均值
收入	年收入	5.96%	4.99%	5.08%	5.38%	5.36%	7.30%	6.36%	6.93%	7.49%	7.02%
教育	学历教育	3.83%	4.21%	4.29%	4.54%	4.22%	4.52%	4.97%	5.42%	6.08%	5.25%
	非学历教育	20.02%	19.04%	16.20%	16.31%	17.89%	17.89%	17.69%	15.38%	15.21%	16.55%
健康	自评健康	1.42%	3.85%	3.07%	3.25%	2.90%	1.74%	4.37%	3.03%	3.59%	3.18%
	慢性病	1.42%	2.39%	3.07%	4.15%	2.76%	1.51%	2.12%	3.47%	4.21%	2.83%
	身体质量指数	4.54%	6.56%	7.31%	7.40%	6.45%	4.17%	6.10%	6.21%	6.71%	5.80%
生活	居住拥挤	3.03%	2.29%	4.55%	2.91%	3.20%	3.13%	2.39%	4.48%	2.65%	3.16%
	互联网使用	8.80%	8.53%	6.04%	6.39%	7.44%	8.69%	9.15%	7.22%	6.71%	7.94%
	生活满意自评	7.19%	6.24%	4.45%	4.03%	5.48%	7.76%	7.76%	4.91%	4.06%	6.12%
工作	工作时间	3.76%	5.46%	7.47%	8.32%	6.25%	3.82%	3.82%	7.15%	7.84%	5.66%
	工作合同	4.83%	3.43%	4.77%	4.29%	4.33%	5.39%	5.39%	4.44%	4.45%	4.91%
	工作五险	7.60%	5.78%	6.27%	5.46%	6.28%	7.99%	7.99%	6.18%	5.27%	6.86%
	公积金	9.51%	10.15%	9.53%	9.41%	9.65%	8.86%	8.86%	8.99%	8.42%	8.78%
融合	户籍歧视	2.65%	1.46%	1.91%	3.03%	2.26%	3.24%	3.24%	2.17%	3.59%	3.06%
	贫富歧视	2.08%	1.56%	1.48%	1.79%	1.73%	2.32%	2.32%	1.59%	2.03%	2.06%
	组织参与	13.35%	14.05%	14.51%	13.34%	13.81%	11.70%	11.70%	12.42%	11.70%	11.88%

附表 2－33　　本省就业农民工多维指标贡献率（2）

维度	指标	k=3					k=4				
		2010年	2012年	2014年	2016年	均值	2010年	2012年	2014年	2016年	均值
收入	年收入	14.38%	12.86%	12.02%	14.51%	13.44%	23.84%	24.16%	12.00%	16.33%	19.08%
教育	学历教育	6.29%	7.14%	8.26%	7.98%	7.42%	11.92%	8.05%	12.00%	8.16%	10.03%
	非学历教育	14.38%	14.29%	12.02%	11.61%	13.07%	11.92%	12.08%	12.00%	12.24%	12.06%
健康	自评健康	2.10%	5.24%	5.01%	4.84%	4.29%	0	5.37%	4.00%	8.16%	4.38%
	慢性病	1.50%	1.43%	3.00%	1.93%	1.97%	2.65%	0	2.00%	2.72%	1.84%
	身体质量指数	4.19%	5.71%	6.01%	6.29%	5.55%	0	5.37%	2.00%	5.44%	3.20%
生活	居住拥挤	2.70%	2.86%	5.01%	3.39%	3.49%	0	5.37%	4.00%	0	2.34%
	互联网使用	8.39%	9.52%	6.51%	7.74%	8.04%	7.95%	8.05%	8.00%	8.16%	8.04%
	生活满意自评	7.19%	8.10%	4.01%	3.87%	5.79%	5.30%	5.37%	6.00%	8.16%	6.21%
工作	工作时间	2.92%	3.21%	5.63%	6.17%	4.48%	0	2.01%	6.00%	4.08%	3.02%
	工作合同	4.94%	3.93%	3.00%	4.35%	4.06%	5.96%	4.03%	3.00%	0	3.25%
	工作五险	6.74%	5.71%	5.26%	5.08%	5.70%	5.96%	6.04%	3.00%	4.08%	4.77%
	公积金	7.19%	7.14%	6.76%	7.26%	7.09%	5.96%	6.04%	6.00%	6.12%	6.03%
融合	户籍歧视	4.19%	2.38%	4.01%	3.39%	3.49%	7.95%	0	6.00%	5.44%	4.85%
	贫富歧视	3.30%	0.95%	4.01%	1.93%	2.55%	2.65%	0	6.00%	2.72%	2.84%
	组织参与	9.59%	9.52%	9.51%	9.67%	9.57%	7.95%	8.05%	8.00%	8.16%	8.04%

附表 2－34　　外省就业农民工多维指标贡献率（1）

维度	指标	k＝1					k＝2				
		2010 年	2012 年	2014 年	2016 年	均值	2010 年	2012 年	2014 年	2016 年	均值
收入	年收入	6.79%	6.97%	3.40%	5.13%	5.57%	7.64%	9.43%	4.71%	5.80%	6.90%
教育	学历教育	6.41%	7.41%	8.25%	7.93%	7.50%	7.00%	8.84%	9.76%	10.32%	8.98%
	非学历教育	18.85%	15.26%	12.37%	10.72%	14.30%	17.62%	14.73%	13.80%	11.28%	14.36%
健康	自评健康	1.13%	2.76%	2.43%	3.11%	2.36%	1.13%	3.34%	2.24%	3.65%	2.59%
	慢性病	1.63%	2.32%	3.40%	4.66%	3.00%	1.70%	2.55%	3.59%	5.37%	3.30%
	身体质量指数	5.03%	7.70%	7.60%	8.24%	7.14%	5.09%	7.07%	6.73%	7.09%	6.50%
生活	居住拥挤	3.27%	4.21%	3.23%	2.33%	3.26%	3.54%	4.12%	3.82%	1.93%	3.35%
	互联网使用	8.17%	5.96%	6.14%	5.59%	6.47%	8.35%	6.68%	6.96%	6.02%	7.00%
	生活满意自评	5.40%	4.21%	4.37%	4.20%	4.54%	5.52%	4.52%	4.94%	4.30%	4.82%
工作	工作时间	4.05%	6.54%	7.88%	8.39%	6.72%	4.03%	5.45%	6.57%	6.29%	5.58%
	工作合同	5.84%	5.12%	5.09%	4.31%	5.09%	6.15%	5.30%	4.88%	4.84%	5.29%
	工作五险	8.39%	6.10%	8.85%	7.23%	7.64%	8.28%	6.04%	7.74%	6.29%	7.09%
	公积金	9.33%	10.46%	9.70%	9.21%	9.68%	8.81%	8.98%	8.75%	8.54%	8.77%
融合	户籍歧视	1.89%	0.44%	2.10%	3.26%	1.92%	1.98%	0.39%	2.69%	4.08%	2.29%
	贫富歧视	1.26%	0.29%	0.32%	1.86%	0.93%	1.41%	0.39%	0.45%	2.15%	1.10%
	组织参与	12.57%	14.24%	14.87%	13.83%	13.88%	11.74%	12.17%	12.35%	12.04%	12.08%

附表 2－35　　外省就业农民工多维指标贡献率（2）

维度	指标	k＝3					k＝4				
		2010 年	2012 年	2014 年	2016 年	均值	2010 年	2012 年	2014 年	2016 年	均值
收入	年收入	17.24%	12.27%	13.56%	15.38%	14.61%	22.73%	24.16%	24.74%	25.00%	24.16%
教育	学历教育	9.16%	10.22%	11.30%	10.99%	10.42%	11.36%	12.08%	12.37%	12.50%	12.08%
	非学历教育	14.00%	14.31%	12.43%	9.89%	12.66%	11.36%	12.08%	12.37%	12.50%	12.08%
健康	自评健康	1.44%	4.77%	2.26%	5.13%	3.40%	1.52%	0	0	0	0.38%
	慢性病	1.44%	4.09%	3.77%	4.40%	3.42%	0	0	0	0	0
	身体质量指数	5.39%	2.73%	6.78%	7.33%	5.55%	6.06%	0	4.12%	8.33%	4.63%
生活	居住拥挤	3.59%	2.73%	3.77%	1.47%	2.89%	4.55%	5.37%	0	0	2.48%
	互联网使用	8.62%	8.18%	6.78%	3.66%	6.81%	6.06%	8.05%	8.25%	0	5.59%
	生活满意自评	5.03%	6.13%	6.03%	5.13%	5.58%	6.06%	5.37%	8.25%	0	4.92%
工作	工作时间	1.35%	3.07%	5.08%	5.49%	3.75%	1.14%	4.03%	3.09%	6.25%	3.63%
	工作合同	6.19%	5.62%	3.39%	4.95%	5.04%	5.68%	6.04%	6.19%	6.25%	6.04%
	工作五险	7.00%	7.16%	6.21%	4.95%	6.33%	5.68%	6.04%	6.19%	6.25%	6.04%
	公积金	7.00%	7.16%	7.34%	6.59%	7.02%	5.68%	6.04%	6.19%	6.25%	6.04%
融合	户籍歧视	2.15%	0.68%	0.75%	3.66%	1.81%	3.03%	2.68%	0	8.33%	3.51%
	贫富歧视	1.08%	1.36%	0.75%	2.20%	1.35%	1.52%	0	0	0	0.38%
	组织参与	9.34%	9.54%	9.79%	8.79%	9.36%	7.58%	8.05%	8.25%	8.33%	8.05%

附表 2－36　　　制造业农民工多维贫困指标贡献率（1）

维度	指标	k=1					k=2				
		2010年	2012年	2014年	2016年	均值	2010年	2012年	2014年	2016年	均值
收入	年收入	4.52%	4.58%	4.61%	3.90%	4.40%	5.59%	5.69%	5.77%	5.03%	5.52%
教育	学历教育	5.56%	6.20%	6.46%	6.86%	6.27%	6.43%	7.25%	7.53%	8.55%	7.44%
	非学历教育	20.53%	20.19%	17.45%	17.16%	18.83%	17.99%	17.84%	16.83%	15.96%	17.16%
健康	自评健康	1.51%	3.67%	3.38%	4.45%	3.25%	1.71%	4.19%	3.70%	4.94%	3.64%
	慢性病	1.21%	2.07%	3.24%	4.14%	2.66%	1.30%	2.23%	3.63%	4.57%	2.93%
	身体质量指数	5.04%	5.68%	6.49%	7.11%	6.08%	5.07%	5.53%	5.77%	6.33%	5.67%
生活	居住拥挤	2.38%	3.17%	3.24%	3.28%	3.02%	2.68%	3.30%	3.42%	3.27%	3.17%
	互联网使用	9.50%	9.15%	8.78%	7.11%	8.64%	9.46%	9.14%	8.98%	7.58%	8.79%
	生活满意自评	6.84%	6.74%	5.51%	4.33%	5.86%	6.93%	7.19%	5.91%	4.48%	6.13%
工作	工作时间	4.34%	3.95%	6.98%	8.32%	5.90%	4.83%	4.11%	6.41%	7.32%	5.67%
	工作合同	4.61%	4.30%	3.42%	3.39%	3.93%	5.22%	4.47%	3.66%	3.83%	4.30%
	工作五险	6.58%	5.50%	4.99%	4.36%	5.36%	7.12%	5.99%	5.02%	4.43%	5.64%
	公积金	9.77%	9.54%	9.79%	9.79%	9.72%	8.94%	8.85%	8.87%	8.70%	8.84%
融合	户籍歧视	2.95%	1.40%	1.43%	2.01%	1.95%	3.28%	1.59%	1.67%	2.35%	2.22%
	贫富歧视	1.33%	0.76%	0.89%	0.87%	0.96%	1.56%	0.89%	1.00%	0.88%	1.08%
	组织参与	13.33%	13.09%	13.34%	12.92%	13.17%	11.88%	11.74%	11.82%	11.77%	11.81%

附表 2－37　　　制造业农民工多维贫困指标贡献率（2）

维度	指标	k=3					k=4				
		2010年	2012年	2014年	2016年	均值	2010年	2012年	2014年	2016年	均值
收入	年收入	11.66%	12.52%	10.97%	7.00%	10.54%	17.37%	22.66%	16.57%	12.24%	17.21%
教育	学历教育	9.23%	8.92%	10.65%	10.75%	9.89%	10.26%	9.54%	11.05%	12.24%	10.77%
	非学历教育	13.93%	13.85%	13.47%	13.50%	13.69%	11.05%	11.33%	11.74%	12.24%	11.59%
健康	自评健康	2.38%	5.06%	4.60%	6.00%	4.51%	3.16%	4.37%	4.60%	6.12%	4.56%
	慢性病	1.73%	3.02%	3.86%	5.83%	3.61%	2.63%	2.39%	3.68%	4.08%	3.20%
	身体质量指数	4.43%	5.24%	5.01%	6.33%	5.25%	4.21%	3.58%	4.60%	4.08%	4.12%
生活	居住拥挤	3.35%	3.11%	3.24%	3.67%	3.34%	3.68%	3.58%	2.30%	4.08%	3.41%
	互联网使用	8.75%	8.08%	8.25%	7.67%	8.19%	7.37%	7.16%	7.36%	8.16%	7.51%
	生活满意自评	6.80%	6.66%	5.85%	4.67%	5.99%	7.37%	5.57%	7.36%	4.08%	6.10%
工作	工作时间	4.45%	3.73%	4.93%	6.00%	4.78%	3.95%	4.77%	3.80%	4.59%	4.28%
	工作合同	5.10%	4.59%	3.45%	4.00%	4.29%	4.74%	3.28%	3.80%	3.06%	3.72%
	工作五险	6.56%	5.79%	5.09%	4.13%	5.39%	5.53%	5.37%	4.83%	4.59%	5.08%
	公积金	7.05%	6.99%	7.05%	7.13%	7.05%	5.53%	5.67%	5.87%	6.12%	5.80%
融合	户籍歧视	3.56%	2.04%	2.51%	3.00%	2.78%	3.68%	2.39%	3.22%	6.12%	3.85%
	贫富歧视	1.73%	1.07%	1.67%	1.17%	1.41%	2.11%	0.80%	1.38%	2.04%	1.58%
	组织参与	9.29%	9.32%	9.40%	9.17%	9.29%	7.37%	7.55%	7.83%	6.12%	7.22%

附表 2－38　　制造业农民工多维贫困指标贡献率（3）

维度	指标 k 值	k = 5				
		2010 年	2012 年	2014 年	2016 年	均值
收入	年收入	18.75%	18.75%	/	/	18.75%
教育	学历教育	9.38%	9.38%	/	/	9.38%
	非学历教育	9.38%	9.38%	/	/	9.38%
健康	自评健康	6.25%	6.25%	/	/	6.25%
	慢性病	6.25%	6.25%	/	/	6.25%
	身体质量指数	6.25%	6.25%	/	/	6.25%
生活	居住拥挤	6.25%	6.25%	/	/	6.25%
	互联网使用	6.25%	6.25%	/	/	6.25%
	生活满意自评	6.25%	6.25%	/	/	6.25%
工作	工作时间	4.69%	4.69%	/	/	4.69%
	工作合同	4.69%	4.69%	/	/	4.69%
	工作五险	4.69%	4.69%	/	/	4.69%
	公积金	4.69%	4.69%	/	/	4.69%
融合	户籍歧视	0	0	/	/	0
	贫富歧视	0	0	/	/	0
	组织参与	6.25%	6.25%	/	/	6.25%

附表 2－39　　建筑业农民工多维贫困指标贡献率（1）

维度	指标	k = 1					k = 2				
		2010 年	2012 年	2014 年	2016 年	均值	2010 年	2012 年	2014 年	2016 年	均值
收入	年收入	4.32%	4.37%	4.06%	5.97%	4.68%	4.89%	5.09%	4.85%	7.04%	5.47%
教育	学历教育	6.21%	7.08%	8.39%	8.67%	7.58%	7.04%	7.84%	9.14%	9.85%	8.47%
	非学历教育	18.89%	18.61%	15.30%	13.68%	16.62%	17.74%	17.20%	15.20%	14.08%	16.06%
健康	自评健康	1.71%	3.03%	2.21%	2.89%	2.46%	1.94%	3.39%	2.50%	2.89%	2.68%
	慢性病	1.17%	2.15%	2.95%	3.34%	2.40%	1.33%	2.37%	3.16%	3.44%	2.57%
	身体质量指数	4.41%	5.13%	5.84%	6.55%	5.48%	4.28%	5.16%	5.80%	6.18%	5.35%
生活	居住拥挤	2.16%	2.56%	3.20%	2.89%	2.70%	2.24%	2.58%	3.53%	2.58%	2.73%
	互联网使用	10.61%	9.20%	8.79%	8.22%	9.21%	10.20%	9.16%	8.74%	8.52%	9.16%
	生活满意自评	6.48%	5.65%	4.49%	2.76%	4.84%	6.73%	5.97%	4.85%	3.21%	5.19%
工作	工作时间	5.19%	5.46%	7.10%	7.46%	6.30%	5.28%	5.34%	6.56%	6.86%	6.01%
	工作合同	4.72%	4.98%	4.88%	5.25%	4.96%	5.12%	5.50%	5.12%	5.22%	5.24%
	工作五险	7.35%	7.25%	7.19%	6.60%	7.10%	7.57%	7.48%	6.94%	6.16%	7.04%
	公积金	9.51%	9.57%	10.14%	9.87%	9.77%	9.02%	8.80%	9.14%	8.80%	8.94%
融合	户籍歧视	2.79%	1.81%	1.72%	2.18%	2.12%	2.85%	1.90%	1.91%	2.50%	2.29%
	贫富歧视	1.71%	0.64%	0.61%	1.22%	1.05%	1.84%	0.68%	0.66%	1.25%	1.11%
	组织参与	12.77%	12.52%	13.15%	12.46%	12.72%	11.93%	11.54%	11.90%	11.42%	11.70%

附表 2－40　　建筑业农民工多维贫困指标贡献率（2）

维度	指标	k=3					k=4				
		2010 年	2012 年	2014 年	2016 年	均值	2010 年	2012 年	2014 年	2016 年	均值
收入	年收入	10.51%	11.83%	9.82%	14.05%	11.55%	22.97%	19.97%	13.95%	20.41%	19.32%
教育	学历教育	9.30%	10.42%	11.04%	9.90%	10.17%	11.48%	9.98%	12.21%	10.20%	10.97%
	非学历教育	14.56%	13.80%	14.11%	11.18%	13.41%	11.48%	11.98%	12.21%	10.20%	11.47%
健康	自评健康	3.23%	4.69%	4.09%	4.04%	4.02%	1.91%	4.66%	5.81%	4.08%	4.12%
	慢性病	1.89%	2.82%	3.27%	4.26%	3.06%	1.91%	2.00%	2.33%	2.72%	2.24%
	身体质量指数	2.70%	4.32%	5.11%	6.17%	4.58%	1.91%	2.00%	4.65%	4.08%	3.16%
生活	居住拥挤	2.96%	2.25%	4.50%	2.55%	3.07%	1.91%	1.33%	4.65%	2.72%	2.65%
	互联网使用	8.09%	8.08%	8.79%	7.88%	8.21%	5.74%	7.99%	6.98%	8.16%	7.22%
	生活满意自评	6.20%	7.32%	5.52%	3.62%	5.67%	3.83%	5.99%	4.65%	4.08%	4.64%
工作	工作时间	4.45%	3.80%	4.91%	5.43%	4.65%	4.31%	3.99%	5.23%	5.10%	4.66%
	工作合同	5.86%	4.65%	4.14%	5.11%	4.94%	5.74%	5.49%	3.49%	3.06%	4.45%
	工作五险	7.08%	6.34%	5.37%	5.43%	6.05%	5.74%	5.99%	6.10%	4.08%	5.48%
	公积金	7.28%	6.90%	7.06%	7.18%	7.10%	5.74%	5.99%	6.10%	6.12%	5.99%
融合	户籍歧视	3.50%	2.82%	1.84%	2.55%	2.68%	3.83%	3.99%	2.33%	5.44%	3.90%
	贫富歧视	2.70%	0.94%	1.23%	1.70%	1.64%	3.83%	0.67%	1.16%	2.72%	2.09%
	组织参与	9.70%	9.01%	9.20%	8.94%	9.22%	7.66%	7.99%	8.14%	6.80%	7.65%

附表 2－41　　建筑业农民工多维贫困指标贡献率（3）

维度	指标	k=5				
		2010 年	2012 年	2014 年	2016 年	均值
收入	年收入	/	20.00%	/	/	20.00%
教育	学历教育	/	10.00%	/	/	10.00%
	非学历教育	/	10.00%	/	/	10.00%
健康	自评健康	/	6.67%	/	/	6.67%
	慢性病	/	0	/	/	0
	身体质量指数	/	6.67%	/	/	6.67%
生活	居住拥挤	/	0	/	/	0
	互联网使用	/	6.67%	/	/	6.67%
	生活满意自评	/	6.67%	/	/	6.67%
工作	工作时间	/	5.00%	/	/	5.00%
	工作合同	/	5.00%	/	/	5.00%
	工作五险	/	5.00%	/	/	5.00%
	公积金	/	5.00%	/	/	5.00%
融合	户籍歧视	/	6.67%	/	/	6.67%
	贫富歧视	/	0	/	/	0
	组织参与	/	6.67%	/	/	6.67%

附表 2-42　服务业农民工多维贫困指标贡献率（1）

维度	指标	k=1					k=2				
		2010 年	2012 年	2014 年	2016 年	均值	2010 年	2012 年	2014 年	2016 年	均值
收入	年收入	6.56%	5.35%	7.05%	3.53%	5.62%	7.73%	6.53%	9.20%	4.63%	7.02%
教育	学历教育	5.05%	4.74%	5.19%	6.08%	5.27%	5.64%	5.48%	6.08%	7.19%	6.10%
	非学历教育	19.35%	19.24%	16.30%	16.06%	17.74%	17.78%	17.50%	15.62%	16.36%	16.82%
健康	自评健康	1.92%	4.03%	2.79%	3.65%	3.10%	2.11%	4.36%	3.07%	3.86%	3.35%
	慢性病	1.05%	1.90%	2.88%	4.22%	2.51%	1.13%	2.11%	3.07%	4.41%	2.68%
	身体质量指数	5.16%	5.87%	7.14%	8.07%	6.56%	5.15%	6.11%	6.77%	7.49%	6.38%
生活	居住拥挤	2.67%	3.16%	2.66%	3.33%	2.95%	2.68%	3.44%	2.84%	3.20%	3.04%
	互联网使用	8.70%	7.94%	6.39%	6.17%	7.30%	8.56%	7.94%	7.17%	6.83%	7.63%
	生活满意自评	6.95%	7.07%	5.72%	4.54%	6.07%	7.01%	7.38%	5.96%	4.63%	6.24%
工作	工作时间	4.53%	4.36%	6.95%	8.12%	5.99%	4.56%	4.00%	6.21%	7.40%	5.54%
	工作合同	4.07%	2.93%	3.13%	2.86%	3.25%	4.37%	3.06%	3.04%	2.89%	3.34%
	工作五险	7.15%	7.03%	6.58%	6.33%	6.77%	7.46%	6.96%	6.29%	6.03%	6.69%
	公积金	9.38%	9.36%	9.98%	10.25%	9.74%	8.85%	8.91%	8.90%	9.34%	9.00%
融合	户籍歧视	2.84%	2.01%	2.13%	2.27%	2.31%	3.35%	2.25%	2.43%	2.59%	2.65%
	贫富歧视	1.66%	1.84%	1.46%	1.26%	1.56%	1.75%	1.97%	1.50%	1.38%	1.65%
	组织参与	12.95%	13.17%	13.66%	13.26%	13.26%	11.85%	12.01%	11.86%	11.79%	11.88%

附表 2-43　服务业农民工多维贫困指标贡献率（2）

维度	指标	k=3					k=4				
		2010 年	2012 年	2014 年	2016 年	均值	2010 年	2012 年	2014 年	2016 年	均值
收入	年收入	16.42%	13.26%	14.14%	9.48%	13.32%	20.95%	16.76%	19.42%	17.56%	18.67%
教育	学历教育	6.66%	7.62%	7.07%	9.48%	7.71%	8.98%	8.38%	5.83%	8.78%	7.99%
	非学历教育	14.20%	13.92%	13.06%	13.35%	13.63%	11.97%	10.06%	11.65%	11.71%	11.35%
健康	自评健康	1.18%	4.86%	4.35%	6.03%	4.11%	2.00%	5.59%	5.18%	5.85%	4.65%
	慢性病	1.18%	2.87%	3.63%	4.59%	3.07%	2.00%	3.35%	5.18%	5.85%	4.09%
	身体质量指数	5.03%	5.30%	5.80%	4.88%	5.25%	3.99%	5.59%	3.88%	5.85%	4.83%
生活	居住拥挤	3.55%	3.09%	2.90%	3.16%	3.18%	2.00%	4.47%	2.59%	3.90%	3.24%
	互联网使用	7.84%	7.51%	6.89%	6.32%	7.14%	7.98%	7.82%	6.47%	3.90%	6.54%
	生活满意自评	6.51%	7.07%	5.08%	6.03%	6.17%	5.99%	7.82%	5.18%	3.90%	5.72%
工作	工作时间	4.11%	3.15%	5.17%	6.46%	4.72%	3.74%	1.68%	3.88%	4.39%	3.42%
	工作合同	4.33%	3.65%	2.72%	3.66%	3.59%	4.49%	3.35%	4.85%	4.39%	4.27%
	工作五险	6.66%	6.63%	5.85%	4.52%	5.91%	5.99%	5.87%	5.83%	4.39%	5.52%
	公积金	7.10%	7.13%	7.21%	7.11%	7.14%	5.99%	5.87%	5.83%	5.85%	5.88%
融合	户籍歧视	3.85%	2.43%	3.99%	3.73%	3.50%	4.99%	3.35%	5.18%	5.85%	4.84%
	贫富歧视	1.92%	1.99%	2.54%	1.44%	1.97%	1.00%	2.23%	1.29%	0	1.13%
	组织参与	9.47%	9.50%	9.61%	9.76%	9.59%	7.98%	7.82%	7.77%	7.80%	7.84%

附表 2-44　　技术业农民工多维贫困指标贡献率（1）

维度	指标	k=1					k=2				
		2010 年	2012 年	2014 年	2016 年	均值	2010 年	2012 年	2014 年	2016 年	均值
收入	年收入	5.10%	8.60%	4.32%	4.16%	5.54%	6.77%	11.44%	6.57%	6.77%	7.89%
教育	学历教育	2.42%	3.98%	4.08%	4.16%	3.66%	2.85%	5.15%	6.03%	6.32%	5.09%
	非学历教育	21.61%	19.61%	15.35%	16.00%	18.14%	18.72%	17.16%	15.52%	15.58%	16.75%
健康	自评健康	2.95%	6.40%	5.64%	7.80%	5.70%	3.92%	6.29%	6.03%	9.71%	6.49%
	慢性病	0.98%	1.75%	3.76%	4.86%	2.84%	1.07%	1.62%	4.02%	5.27%	2.99%
	身体质量指数	6.80%	7.69%	7.52%	9.28%	7.82%	6.54%	7.06%	6.45%	8.28%	7.08%
生活	居住拥挤	1.88%	3.42%	3.76%	3.12%	3.05%	2.26%	3.43%	3.29%	3.16%	3.03%
	互联网使用	10.56%	8.53%	9.59%	8.76%	9.36%	11.05%	8.87%	10.10%	8.43%	9.61%
	生活满意自评	6.17%	5.87%	6.24%	4.42%	5.68%	6.65%	6.39%	5.48%	4.82%	5.83%
工作	工作时间	3.29%	2.31%	4.26%	5.46%	3.83%	3.65%	2.43%	3.93%	4.97%	3.74%
	工作合同	3.62%	2.67%	3.90%	3.32%	3.38%	3.65%	2.79%	4.02%	3.27%	3.43%
	工作五险	6.91%	5.71%	5.22%	4.68%	5.63%	7.13%	6.22%	5.39%	4.06%	5.70%
	公积金	10.00%	9.38%	10.43%	10.80%	10.15%	9.45%	8.65%	9.13%	9.03%	9.07%
融合	户籍歧视	2.33%	1.61%	2.00%	2.43%	2.09%	2.38%	1.81%	2.43%	2.86%	2.37%
	贫富歧视	2.06%	0.56%	1.20%	0.87%	1.17%	2.50%	0.76%	1.46%	0.90%	1.41%
	组织参与	14.31%	14.05%	14.63%	12.49%	13.87%	12.72%	12.01%	12.17%	9.79%	11.67%

附表 2-45　　技术业农民工多维贫困指标贡献率（2）

维度	指标	k=3					k=4				
		2010 年	2012 年	2014 年	2016 年	均值	2010 年	2012 年	2014 年	2016 年	均值
收入	年收入	20.84%	19.54%	12.18%	6.67%	14.81%	23.30%	24.87%	11.11%	24.49%	20.94%
教育	学历教育	5.21%	6.68%	5.48%	10.00%	6.84%	5.83%	6.22%	11.11%	12.24%	8.85%
	非学历教育	13.02%	14.40%	14.01%	12.22%	13.41%	8.74%	12.44%	11.11%	12.24%	11.13%
健康	自评健康	4.05%	4.80%	6.09%	8.15%	5.77%	5.83%	6.22%	7.41%	8.16%	6.90%
	慢性病	1.16%	1.71%	5.69%	4.44%	3.25%	1.94%	0	7.41%	0	2.34%
	身体质量指数	5.21%	4.80%	6.50%	5.93%	5.61%	5.83%	6.22%	3.70%	0	3.94%
生活	居住拥挤	2.32%	4.11%	4.06%	3.70%	3.55%	5.83%	4.15%	7.41%	0	4.34%
	互联网使用	8.10%	6.86%	8.93%	8.15%	8.01%	5.83%	8.29%	7.41%	8.16%	7.42%
	生活满意自评	6.37%	5.83%	5.28%	8.15%	6.41%	7.77%	6.22%	7.41%	8.16%	7.39%
工作	工作时间	4.34%	1.80%	3.65%	3.89%	3.42%	4.37%	3.11%	5.56%	6.12%	4.79%
	工作合同	4.34%	2.31%	3.96%	2.22%	3.21%	2.91%	3.11%	0	0	1.51%
	工作五险	6.51%	5.91%	4.26%	5.00%	5.42%	4.37%	4.66%	0	6.12%	3.79%
	公积金	6.95%	7.20%	7.31%	6.67%	7.03%	5.83%	6.22%	5.56%	6.12%	5.93%
融合	户籍歧视	1.74%	2.40%	2.84%	3.70%	2.67%	1.94%	0	3.70%	0	1.41%
	贫富歧视	0.58%	2.06%	0.81%	2.22%	1.42%	1.94%	0	3.70%	0	1.41%
	组织参与	9.26%	9.60%	8.93%	8.89%	9.17%	7.77%	8.29%	7.41%	8.16%	7.91%

附表 2－46　　其他职业农民工多维贫困指标贡献率（1）

维度	指标	k=1					k=2				
		2010 年	2012 年	2014 年	2016 年	均值	2010 年	2012 年	2014 年	2016 年	均值
收入	年收入	11.74%	10.13%	5.98%	4.28%	8.03%	12.46%	19.05%	7.91%	4.54%	10.99%
教育	学历教育	6.84%	9.93%	10.17%	11.23%	9.54%	7.14%	11.81%	10.99%	11.91%	10.46%
	非学历教育	16.96%	5.06%	8.08%	16.04%	11.54%	16.34%	7.62%	10.99%	15.31%	12.57%
健康	自评健康	2.01%	4.46%	4.59%	4.28%	3.83%	2.10%	4.83%	4.98%	4.54%	4.11%
	慢性病	0.90%	1.49%	2.19%	4.28%	2.21%	0.95%	1.52%	2.93%	4.54%	2.49%
	身体质量指数	4.16%	13.10%	10.97%	6.42%	8.66%	4.30%	9.65%	7.33%	5.67%	6.74%
生活	居住拥挤	2.15%	3.92%	4.99%	3.21%	3.57%	2.25%	3.05%	5.27%	3.40%	3.49%
	互联网使用	9.73%	2.84%	5.38%	7.49%	6.36%	9.64%	4.83%	7.33%	7.94%	7.43%
	生活满意自评	5.92%	1.35%	3.19%	3.21%	3.42%	6.06%	2.54%	4.10%	3.02%	3.93%
工作	工作时间	1.43%	9.42%	7.03%	5.61%	5.87%	1.40%	6.48%	5.49%	5.39%	4.69%
	工作合同	7.00%	2.73%	7.03%	4.01%	5.19%	6.94%	2.10%	5.49%	4.25%	4.70%
	工作五险	8.05%	4.66%	8.82%	5.61%	6.79%	7.88%	3.81%	7.47%	5.67%	6.21%
	公积金	8.48%	12.96%	5.23%	8.29%	8.74%	8.14%	9.52%	5.93%	7.94%	7.88%
融合	户籍歧视	2.33%	0.14%	1.00%	2.50%	1.49%	2.48%	0.25%	1.17%	2.65%	1.64%
	贫富歧视	0.97%	0	0.20%	1.43%	0.65%	1.03%	0	0.29%	1.51%	0.71%
	组织参与	11.31%	17.83%	15.15%	12.12%	14.10%	10.89%	12.95%	12.31%	11.72%	11.97%

附表 2－47　　其他职业农民工多维贫困指标贡献率（2）

维度	指标	k=3					k=4				
		2010 年	2012 年	2014 年	2016 年	均值	2010 年	2012 年	2014 年	2016 年	均值
收入	年收入	18.56%	22.64%	11.96%	3.11%	14.07%	22.40%	22.64%	24.49%	0	17.38%
教育	学历教育	7.99%	11.32%	10.96%	12.44%	10.68%	10.71%	11.32%	12.24%	12.24%	11.63%
	非学历教育	14.02%	11.32%	10.96%	13.99%	12.57%	11.69%	11.32%	12.24%	12.24%	11.87%
健康	自评健康	2.70%	6.04%	3.99%	5.18%	4.48%	1.95%	7.55%	0	4.08%	3.39%
	慢性病	1.32%	1.51%	3.99%	6.22%	3.26%	1.30%	0	8.16%	8.16%	4.41%
	身体质量指数	4.41%	6.04%	5.98%	6.22%	5.66%	4.87%	7.55%	8.16%	4.08%	6.17%
生活	居住拥挤	1.97%	3.02%	4.65%	5.18%	3.71%	2.92%	0	0	8.16%	2.77%
	互联网使用	8.75%	7.55%	7.97%	9.33%	8.40%	7.79%	7.55%	8.16%	8.16%	7.92%
	生活满意自评	5.99%	4.53%	3.32%	4.15%	4.50%	5.84%	7.55%	0	8.16%	5.39%
工作	工作时间	0.94%	3.40%	5.98%	4.66%	3.74%	0.24%	0	6.12%	6.12%	3.12%
	工作合同	6.22%	2.26%	4.49%	3.89%	4.21%	5.60%	5.66%	0	3.06%	3.58%
	工作五险	6.91%	4.53%	5.98%	6.22%	5.91%	5.84%	5.66%	6.12%	3.06%	5.17%
	公积金	7.01%	6.79%	6.48%	6.99%	6.82%	5.84%	5.66%	6.12%	6.12%	5.94%
融合	户籍歧视	2.76%	0	2.66%	2.07%	1.87%	4.22%	0	0	4.08%	2.08%
	贫富歧视	1.12%	0	0.66%	1.04%	0.70%	0.97%	0	0	4.08%	1.26%
	组织参与	9.34%	9.06%	9.97%	9.33%	9.42%	7.79%	7.55%	8.16%	8.16%	7.92%

附表 2－48　　其他职业农民工多维贫困指标贡献率（3）

维度	指标	k＝5				
		2010 年	2012 年	2014 年	2016 年	均值
收入	年收入	18.46%	/	/	/	18.46%
教育	学历教育	9.23%	/	/	/	9.23%
	非学历教育	9.23%	/	/	/	9.23%
健康	自评健康	0	/	/	/	0
	慢性病	6.15%	/	/	/	6.15%
	身体质量指数	6.15%	/	/	/	6.15%
生活	居住拥挤	6.15%	/	/	/	6.15%
	互联网使用	6.15%	/	/	/	6.15%
	生活满意自评	6.15%	/	/	/	6.15%
工作	工作时间	0	/	/	/	0
	工作合同	4.62%	/	/	/	4.62%
	工作五险	4.62%	/	/	/	4.62%
	公积金	4.62%	/	/	/	4.62%
融合	户籍歧视	6.15%	/	/	/	6.15%
	贫富歧视	6.15%	/	/	/	6.15%
	组织参与	6.15%	/	/	/	6.15%

附表 2－49　　城镇居民多维指标贫困发生率

维度	指标	2010 年	2012 年	2014 年	2016 年	均值
收入	年收入	3.94%	4.84%	4.84%	5.74%	4.84%
教育	学历教育	7.16%	7.16%	7.16%	7.16%	7.16%
	非学历教育	94.26%	83.42%	62.71%	57.23%	74.40%
健康	自评健康	9.55%	24.65%	19.35%	24.84%	19.60%
	慢性病	11.03%	20.45%	28.45%	35.29%	23.81%
	身体质量指数	43.35%	45.23%	46.19%	46.71%	45.37%
生活	居住拥挤	19.16%	25.94%	20.65%	20.32%	21.52%
	互联网使用	47.55%	42.32%	32.06%	26.71%	37.16%
	生活满意自评	14.39%	10.13%	6.90%	6.52%	9.48%
工作	工作时间	27.10%	21.74%	33.16%	37.16%	29.79%
	工作合同	8.00%	13.03%	12.06%	10.77%	10.97%
	工作五险	15.87%	12.32%	7.35%	4.13%	9.92%
	公积金	59.29%	52.26%	42.71%	41.94%	49.05%
融合	贫富歧视	21.94%	10.19%	8.06%	9.68%	12.47%
	户籍歧视	0	0	0	0	0
	组织参与	86.71%	76.77%	73.61%	47.61%	71.18%

附表 2-50　　不同代际城镇居民多维指标贫困发生率

维度	指标	2010 年		2012 年		2014 年		2016 年	
		新	老	新	老	新	老	新	老
收入	年收入	1.81%	2.13%	1.35%	3.48%	1.48%	3.35%	1.81%	3.94%
教育	学历教育	0.77%	6.39%	0.77%	6.39%	0.77%	6.39%	0.77%	6.39%
	非学历教育	20.06%	74.19%	17.03%	66.39%	11.74%	50.97%	10.19%	47.03%
健康	自评健康	1.23%	8.32%	2.45%	22.19%	2.39%	16.97%	3.68%	21.16%
	慢性病	1.10%	9.94%	2.77%	17.68%	4.13%	24.32%	5.61%	29.68%
	身体质量指数	8.06%	35.29%	9.29%	35.94%	9.61%	36.58%	10.19%	36.52%
生活	居住拥挤	5.10%	14.06%	6.13%	19.81%	4.52%	16.13%	5.23%	15.10%
	互联网使用	4.00%	43.55%	3.61%	38.71%	1.94%	30.13%	1.42%	25.29%
	生活满意自评	2.97%	11.42%	2.26%	7.87%	1.55%	5.35%	0.77%	5.74%
工作	工作时间	6.13%	20.97%	4.52%	17.23%	8.26%	24.90%	9.68%	27.48%
	工作合同	2.39%	5.61%	3.16%	9.87%	2.26%	9.81%	2.26%	8.52%
	工作五险	5.35%	10.52%	3.94%	8.39%	2.84%	4.52%	1.61%	2.52%
	公积金	14.45%	44.84%	12.65%	39.61%	9.74%	32.97%	9.23%	32.71%
融合	贫富歧视	5.48%	16.45%	2.13%	8.06%	2.00%	6.06%	2.32%	7.35%
	户籍歧视	0	0	0	0	0	0	0	0
	组织参与	21.10%	65.61%	19.42%	57.35%	18.71%	54.90%	13.10%	34.52%

附表 2-51　　不同性别城镇居民多维指标贫困发生率

维度	指标	2010 年		2012 年		2014 年		2016 年	
		男	女	男	女	男	女	男	女
收入	年收入	1.61%	2.32%	2.71%	2.13%	2.39%	2.45%	3.48%	2.26%
教育	学历教育	4.52%	2.65%	4.52%	2.65%	4.52%	2.65%	4.52%	2.65%
	非学历教育	55.35%	38.90%	49.23%	34.19%	37.29%	25.42%	34.19%	23.03%
健康	自评健康	5.35%	4.19%	13.23%	11.42%	10.19%	9.16%	14.06%	10.77%
	慢性病	6.52%	4.52%	11.68%	8.77%	16.00%	12.45%	20.13%	15.16%
	身体质量指数	29.16%	14.19%	30.65%	14.58%	31.29%	14.90%	32.00%	14.71%
生活	居住拥挤	11.55%	7.61%	14.77%	11.16%	13.03%	7.61%	12.71%	7.61%
	互联网使用	28.45%	19.10%	25.16%	17.16%	20.71%	11.35%	17.81%	8.90%
	生活满意自评	9.16%	5.23%	6.13%	4.00%	4.13%	2.77%	4.26%	2.26%
工作	工作时间	18.06%	9.03%	13.87%	7.87%	20.90%	12.26%	23.35%	13.81%
	工作合同	4.39%	3.61%	7.87%	5.16%	7.03%	5.03%	5.68%	5.10%
	工作五险	8.97%	6.90%	7.23%	5.10%	5.10%	2.26%	2.58%	1.55%
	公积金	32.84%	26.45%	28.19%	24.06%	22.39%	20.32%	22.06%	19.87%
融合	贫富歧视	14.00%	7.94%	6.19%	4.00%	4.71%	3.35%	6.71%	2.97%
	户籍歧视	0	0	0	0	0	0	0	0
	组织参与	49.81%	36.90%	44.06%	32.71%	41.87%	31.74%	25.81%	21.81%

附表 2－52　不同婚姻状况城镇居民多维指标贫困发生率

维度	指标	2010年		2012年		2014年		2016年	
		已婚	未婚	已婚	未婚	已婚	未婚	已婚	未婚
收入	年收入	2.58%	1.35%	4.19%	0.65%	4.13%	0.71%	5.29%	0.45%
教育	学历教育	6.65%	0.52%	6.58%	0.58%	6.65%	0.52%	6.58%	0.58%
	非学历教育	81.42%	12.84%	74.90%	8.52%	56.84%	5.87%	51.55%	5.68%
健康	自评健康	8.58%	0.97%	22.97%	1.68%	17.74%	1.61%	22.71%	2.13%
	慢性病	9.68%	1.35%	18.26%	2.19%	25.48%	2.97%	31.29%	4.00%
	身体质量指数	38.06%	5.29%	40.32%	4.90%	42.06%	4.13%	42.26%	4.45%
生活	居住拥挤	15.35%	3.81%	22.26%	3.68%	18.39%	2.26%	17.68%	2.65%
	互联网使用	44.19%	3.35%	39.68%	2.65%	29.61%	2.45%	24.26%	2.45%
	生活满意自评	11.48%	2.90%	8.71%	1.42%	5.55%	1.35%	5.61%	0.90%
工作	工作时间	23.61%	3.48%	18.97%	2.77%	29.87%	3.29%	33.16%	4.00%
	工作合同	6.90%	1.10%	11.29%	1.74%	10.58%	1.48%	9.81%	0.97%
	工作五险	12.65%	3.23%	10.00%	2.32%	6.58%	0.77%	3.81%	0.32%
	公积金	50.19%	9.10%	45.23%	7.03%	37.61%	5.10%	37.10%	4.84%
融合	贫富歧视	18.26%	3.68%	8.97%	1.23%	6.97%	1.10%	8.19%	1.48%
	户籍歧视	0	0	0	0	0	0	0	0
	组织参与	73.87%	12.84%	67.55%	9.23%	66.19%	7.42%	42.58%	5.03%

附表 2－53　不同就业地点城镇居民多维指标发生率（1）

维度	指标	2010年				2012年			
		本镇	本县	本省	外省	本镇	本县	本省	外省
收入	年收入	1.68%	1.35%	0.84%	0.06%	1.68%	1.94%	1.10%	0.13%
教育	学历教育	3.81%	2.39%	0.77%	0.19%	3.81%	2.39%	0.77%	0.19%
	非学历教育	41.61%	36.39%	13.68%	2.58%	37.61%	31.48%	12.19%	2.13%
健康	自评健康	5.16%	3.42%	0.77%	0.19%	11.23%	9.35%	3.42%	0.65%
	慢性病	4.97%	4.26%	1.74%	0.06%	9.03%	8.19%	2.97%	0.26%
	身体质量指数	18.90%	16.71%	6.71%	1.03%	18.77%	17.94%	7.35%	1.16%
生活	居住拥挤	6.90%	8.65%	3.16%	0.45%	10.97%	10.00%	4.26%	0.71%
	互联网使用	23.16%	17.94%	5.10%	1.35%	19.87%	16.52%	4.77%	1.16%
	生活满意自评	6.06%	5.61%	2.26%	0.45%	4.58%	3.68%	1.68%	0.19%
工作	工作时间	12.39%	9.61%	4.13%	0.97%	9.74%	7.74%	3.10%	1.16%
	工作合同	3.94%	2.58%	0.97%	0.52%	6.52%	4.19%	1.74%	0.58%
	工作五险	7.29%	5.94%	1.74%	0.90%	5.94%	4.52%	1.35%	0.52%
	公积金	28.06%	22.00%	7.48%	1.74%	25.35%	17.87%	7.16%	1.87%
融合	贫富歧视	8.77%	9.29%	3.61%	0.26%	4.39%	4.26%	1.35%	0.19%
	户籍歧视	0	0	0	0	0	0	0	0
	组织参与	38.77%	32.97%	12.58%	2.39%	34.52%	28.97%	11.23%	2.06%

附表 2－54　不同就业地点城镇居民多维指标发生率（2）

<table>
<tr><th rowspan="2">维度</th><th rowspan="2">指标</th><th colspan="4">2014 年</th><th colspan="4">2016 年</th></tr>
<tr><th>本镇</th><th>本县</th><th>本省</th><th>外省</th><th>本镇</th><th>本县</th><th>本省</th><th>外省</th></tr>
<tr><td>收入</td><td>年收入</td><td>2.52%</td><td>1.68%</td><td>0.52%</td><td>0.13%</td><td>2.97%</td><td>2.00%</td><td>0.58%</td><td>0.19%</td></tr>
<tr><td rowspan="2">教育</td><td>学历教育</td><td>3.81%</td><td>2.39%</td><td>0.77%</td><td>0.19%</td><td>3.81%</td><td>2.39%</td><td>0.77%</td><td>0.19%</td></tr>
<tr><td>非学历教育</td><td>28.77%</td><td>22.84%</td><td>9.10%</td><td>2.00%</td><td>26.45%</td><td>20.77%</td><td>8.32%</td><td>1.68%</td></tr>
<tr><td rowspan="3">健康</td><td>自评健康</td><td>9.16%</td><td>7.61%</td><td>2.00%</td><td>0.58%</td><td>10.13%</td><td>10.58%</td><td>3.61%</td><td>0.52%</td></tr>
<tr><td>慢性病</td><td>12.52%</td><td>11.23%</td><td>4.26%</td><td>0.45%</td><td>15.55%</td><td>13.55%</td><td>5.35%</td><td>0.84%</td></tr>
<tr><td>身体质量指数</td><td>19.94%</td><td>18.65%</td><td>6.71%</td><td>0.90%</td><td>20.71%</td><td>17.94%</td><td>7.16%</td><td>0.90%</td></tr>
<tr><td rowspan="3">生活</td><td>居住拥挤</td><td>8.45%</td><td>8.00%</td><td>3.68%</td><td>0.52%</td><td>8.06%</td><td>8.97%</td><td>2.65%</td><td>0.65%</td></tr>
<tr><td>互联网使用</td><td>16.00%</td><td>12.00%</td><td>2.97%</td><td>1.10%</td><td>13.55%</td><td>10.39%</td><td>1.94%</td><td>0.84%</td></tr>
<tr><td>生活满意自评</td><td>3.23%</td><td>2.32%</td><td>1.23%</td><td>0.13%</td><td>2.71%</td><td>2.52%</td><td>1.10%</td><td>0.19%</td></tr>
<tr><td rowspan="4">工作</td><td>工作时间</td><td>15.35%</td><td>12.52%</td><td>4.26%</td><td>1.03%</td><td>16.84%</td><td>14.32%</td><td>4.58%</td><td>1.42%</td></tr>
<tr><td>工作合同</td><td>5.16%</td><td>4.58%</td><td>1.68%</td><td>0.65%</td><td>4.06%</td><td>5.68%</td><td>0.77%</td><td>0.26%</td></tr>
<tr><td>工作五险</td><td>3.74%</td><td>2.26%</td><td>0.71%</td><td>0.65%</td><td>2.39%</td><td>1.16%</td><td>0.26%</td><td>0.32%</td></tr>
<tr><td>公积金</td><td>20.97%</td><td>14.52%</td><td>5.61%</td><td>1.61%</td><td>20.71%</td><td>14.13%</td><td>5.48%</td><td>1.61%</td></tr>
<tr><td rowspan="3">融合</td><td>贫富歧视</td><td>3.68%</td><td>3.35%</td><td>0.90%</td><td>0.13%</td><td>4.06%</td><td>3.94%</td><td>1.29%</td><td>0.39%</td></tr>
<tr><td>户籍歧视</td><td>0</td><td>0</td><td>0</td><td>0</td><td>0</td><td>0</td><td>0</td><td>0</td></tr>
<tr><td>组织参与</td><td>33.35%</td><td>27.55%</td><td>10.71%</td><td>2.00%</td><td>21.16%</td><td>17.42%</td><td>7.35%</td><td>1.68%</td></tr>
</table>

附表 2－55　不同职业类型城镇居民多维指标贫困发生率（1）

<table>
<tr><th rowspan="2">维度</th><th rowspan="2">指标</th><th colspan="5">2010 年</th><th colspan="5">2012 年</th></tr>
<tr><th>制造</th><th>建筑</th><th>服务</th><th>管理</th><th>其他</th><th>制造</th><th>建筑</th><th>服务</th><th>管理</th><th>其他</th></tr>
<tr><td>收入</td><td>年收入</td><td>0.90%</td><td>0.13%</td><td>1.87%</td><td>0.84%</td><td>0.19%</td><td>1.35%</td><td>0.32%</td><td>1.94%</td><td>1.16%</td><td>0.06%</td></tr>
<tr><td rowspan="2">教育</td><td>学历教育</td><td>2.19%</td><td>0.65%</td><td>2.84%</td><td>0.97%</td><td>0.52%</td><td>2.52%</td><td>0.84%</td><td>2.26%</td><td>1.35%</td><td>0.19%</td></tr>
<tr><td>非学历教育</td><td>26.19%</td><td>6.90%</td><td>27.23%</td><td>30.90%</td><td>3.03%</td><td>26.06%</td><td>7.61%</td><td>21.94%</td><td>27.23%</td><td>0.58%</td></tr>
<tr><td rowspan="3">健康</td><td>自评健康</td><td>2.90%</td><td>0.65%</td><td>3.03%</td><td>2.71%</td><td>0.26%</td><td>7.61%</td><td>2.19%</td><td>6.45%</td><td>7.94%</td><td>0.45%</td></tr>
<tr><td>慢性病</td><td>2.32%</td><td>1.10%</td><td>3.29%</td><td>4.19%</td><td>0.13%</td><td>5.29%</td><td>1.81%</td><td>4.58%</td><td>8.45%</td><td>0.32%</td></tr>
<tr><td>身体质量指数</td><td>11.42%</td><td>3.68%</td><td>11.81%</td><td>14.97%</td><td>1.48%</td><td>12.45%</td><td>4.32%</td><td>11.03%</td><td>16.26%</td><td>1.16%</td></tr>
<tr><td rowspan="3">生活</td><td>居住拥挤</td><td>5.29%</td><td>1.81%</td><td>5.87%</td><td>5.74%</td><td>0.45%</td><td>6.13%</td><td>2.32%</td><td>8.00%</td><td>9.29%</td><td>0.19%</td></tr>
<tr><td>互联网使用</td><td>14.26%</td><td>3.61%</td><td>14.71%</td><td>13.10%</td><td>1.87%</td><td>14.00%</td><td>4.13%</td><td>10.90%</td><td>12.84%</td><td>0.45%</td></tr>
<tr><td>生活满意自评</td><td>4.26%</td><td>1.29%</td><td>5.42%</td><td>3.03%</td><td>0.39%</td><td>2.58%</td><td>0.97%</td><td>3.48%</td><td>2.90%</td><td>0.19%</td></tr>
<tr><td rowspan="4">工作</td><td>工作时间</td><td>7.03%</td><td>2.00%</td><td>10.13%</td><td>7.10%</td><td>0.84%</td><td>6.26%</td><td>2.13%</td><td>7.42%</td><td>5.29%</td><td>0.65%</td></tr>
<tr><td>工作合同</td><td>2.13%</td><td>0.58%</td><td>3.74%</td><td>1.03%</td><td>0.52%</td><td>3.81%</td><td>1.03%</td><td>5.42%</td><td>2.45%</td><td>0.32%</td></tr>
<tr><td>工作五险</td><td>3.16%</td><td>0.97%</td><td>7.48%</td><td>3.55%</td><td>0.71%</td><td>3.42%</td><td>1.03%</td><td>5.48%</td><td>2.19%</td><td>0.19%</td></tr>
<tr><td>公积金</td><td>16.13%</td><td>3.35%</td><td>20.19%</td><td>17.03%</td><td>2.58%</td><td>15.03%</td><td>4.00%</td><td>16.65%</td><td>15.35%</td><td>1.23%</td></tr>
<tr><td rowspan="3">融合</td><td>贫富歧视</td><td>6.26%</td><td>1.87%</td><td>6.90%</td><td>6.39%</td><td>0.52%</td><td>2.90%</td><td>0.58%</td><td>3.03%</td><td>3.55%</td><td>0.13%</td></tr>
<tr><td>户籍歧视</td><td>0</td><td>0</td><td>0</td><td>0</td><td>0</td><td>0</td><td>0</td><td>0</td><td>0</td><td>0</td></tr>
<tr><td>组织参与</td><td>22.71%</td><td>5.87%</td><td>25.87%</td><td>29.68%</td><td>2.58%</td><td>20.39%</td><td>5.94%</td><td>20.13%</td><td>28.84%</td><td>1.48%</td></tr>
</table>

附表 2－56　　不同职业类型城镇居民多维指标贫困发生率（2）

维度	指标	2014 年					2016 年				
		制造	建筑	服务	管理	其他	制造	建筑	服务	管理	其他
收入	年收入	1.10%	0.26%	2.19%	1.10%	0.19%	1.61%	0.77%	1.48%	1.74%	0.13%
教育	学历教育	2.52%	0.58%	2.77%	1.03%	0.26%	2.06%	0.84%	3.10%	0.97%	0.19%
	非学历教育	19.23%	4.26%	22.00%	16.00%	1.23%	16.52%	4.65%	21.42%	13.68%	0.97%
健康	自评健康	5.03%	1.61%	5.81%	6.39%	0.52%	5.94%	2.06%	8.52%	7.87%	0.45%
	慢性病	6.77%	2.45%	7.81%	10.84%	0.58%	7.61%	2.90%	10.71%	13.68%	0.39%
	身体质量指数	12.39%	3.87%	13.68%	14.90%	1.35%	10.77%	4.06%	15.16%	15.81%	0.90%
生活	居住拥挤	4.90%	1.81%	5.94%	7.48%	0.52%	5.29%	1.74%	6.13%	6.84%	0.32%
	互联网使用	9.81%	2.84%	9.94%	8.45%	1.03%	6.52%	3.29%	9.10%	6.90%	0.90%
	生活满意自评	2.13%	0.71%	2.71%	1.10%	0.26%	1.68%	0.65%	2.19%	1.87%	0.13%
工作	工作时间	11.35%	3.03%	11.61%	6.45%	0.71%	10.13%	4.00%	14.71%	7.55%	0.77%
	工作合同	3.23%	0.77%	5.23%	2.19%	0.65%	2.26%	0.90%	5.35%	2.19%	0.06%
	工作五险	1.48%	0.52%	4.06%	0.84%	0.45%	0.84%	0.26%	2.32%	0.58%	0.13%
	公积金	10.71%	2.90%	17.68%	10.26%	1.16%	8.97%	3.42%	18.45%	10.32%	0.77%
融合	贫富歧视	1.74%	0.39%	3.35%	2.52%	0.06%	2.00%	1.03%	3.42%	2.97%	0.26%
	户籍歧视	0	0	0	0	0	0	0	0	0	0
	组织参与	17.81%	5.35%	23.16%	25.48%	1.81%	9.94%	3.68%	19.94%	13.29%	0.77%

附表 2－57　　全国城镇居民多维贫困指数分析

k 值	年份	多维贫困个数	多维贫困发生率	贫困剥夺总额	平均剥夺份额	多维贫困指数
k＝1	2010 年	1378	88.90%	409.8472	0.2974	0.2644
	2012 年	1273	82.13%	381.9861	0.3001	0.2464
	2014 年	1122	72.39%	322.7083	0.2876	0.2082
	2016 年	1040	67.10%	298.4583	0.2870	0.1926
k＝2	2010 年	455	29.35%	186.1944	0.2046	0.0601
	2012 年	442	28.52%	182.3611	0.2063	0.0588
	2014 年	343	22.13%	140.9306	0.2054	0.0455
	2016 年	314	20.26%	127.9028	0.2037	0.0413
k＝3	2010 年	49	3.16%	27.8611	0.1895	0.0060
	2012 年	49	3.16%	27.7222	0.1886	0.0060
	2014 年	39	2.52%	22.5139	0.1924	0.0048
	2016 年	31	2.00%	17.6389	0.1897	0.0038
k＝4	2010 年	5	0.32%	3.3611	0.1681	0.0005
	2012 年	4	0.26%	2.7917	0.1745	0.0005
	2014 年	5	0.32%	3.5278	0.1764	0.0006
	2016 年	0	0	0.0000	/	/
k＝5	2010 年	0	0	0.0000	/	/
	2012 年	0	0	0.0000	/	/
	2014 年	0	0	0.0000	/	/
	2016 年	0	0	0.0000	/	/

附表 2－58　　不同代际城镇居民多维贫困指数分析

k 值	年份	多维贫困个数		多维贫困发生率		贫困剥夺总额		平均剥夺份额		多维贫困指数	
		新	老	新	老	新	老	新	老	新	老
k = 1	2010 年	293	1085	18.90%	70.00%	85.13	324.72	0.29	0.30	0.0549	0.2095
	2012 年	272	1001	17.55%	64.58%	74.68	307.31	0.27	0.31	0.0482	0.1983
	2014 年	224	898	14.45%	57.94%	60.31	262.40	0.27	0.29	0.0389	0.1693
	2016 年	203	837	13.10%	54.00%	56.29	242.17	0.28	0.29	0.0363	0.1562
k = 2	2010 年	84	371	5.42%	23.94%	35.29	150.90	0.21	0.20	0.0114	0.0487
	2012 年	67	375	4.32%	24.19%	26.94	155.42	0.20	0.21	0.0087	0.0501
	2014 年	52	291	3.35%	18.77%	21.51	119.42	0.21	0.21	0.0069	0.0385
	2016 年	48	266	3.10%	17.16%	20.03	107.88	0.21	0.20	0.0065	0.0348
k = 3	2010 年	11	38	0.71%	2.45%	6.18	21.68	0.19	0.19	0.0013	0.0047
	2012 年	5	44	0.32%	2.84%	2.63	25.10	0.18	0.19	0.0006	0.0054
	2014 年	6	33	0.39%	2.13%	3.54	18.97	0.20	0.19	0.0008	0.0041
	2016 年	4	27	0.26%	1.74%	2.33	15.31	0.19	0.19	0.0005	0.0033
k = 4	2010 年	2	3	0.13%	0.19%	1.33	2.03	0.17	0.17	0.0002	0.0003
	2012 年	0	4	0	0.26%	0.00	2.79	/	0.17	/	0.0005
	2014 年	1	4	0.06%	0.26%	0.67	2.86	/	0.18	/	0.0005
	2016 年	0	0	0	0	0.00	0.00	/	/	/	/
k = 5	2010 年	0	0	0	0	0.00	0.00	/	/	/	/
	2012 年	0	0	0	0	0.00	0.00	/	/	/	/
	2014 年	0	0	0	0	0.00	0.00	/	/	/	/
	2016 年	0	0	0	0	0.00	0.00	/	/	/	/

附表 2－59　　不同性别城镇居民多维贫困指数分析

k 值	年份	多维贫困个数		多维贫困发生率		贫困剥夺总额		平均剥夺份额		多维贫困指数	
		男	女	男	女	男	女	男	女	男	女
k = 1	2010 年	824	554	53.16%	35.74%	244.81	165.04	0.2971	0.2979	0.1579	0.1065
	2012 年	752	521	48.52%	33.61%	225.74	156.25	0.3002	0.2999	0.1456	0.1008
	2014 年	672	450	43.35%	29.03%	192.57	130.14	0.2866	0.2892	0.1242	0.0840
	2016 年	625	415	40.32%	26.77%	180.71	117.75	0.2891	0.2837	0.1166	0.0760
k = 2	2010 年	281	174	18.13%	11.23%	113.33	72.86	0.2017	0.2094	0.0366	0.0235
	2012 年	259	183	16.71%	11.81%	106.68	75.68	0.2059	0.2068	0.0344	0.0244
	2014 年	202	141	13.03%	9.10%	82.25	58.68	0.2036	0.2081	0.0265	0.0189
	2016 年	197	117	12.71%	7.55%	80.56	47.35	0.2045	0.2023	0.0260	0.0153

续表

k值	年份	多维贫困个数		多维贫困发生率		贫困剥夺总额		平均剥夺份额		多维贫困指数	
		男	女	男	女	男	女	男	女	男	女
k=3	2010年	24	25	1.55%	1.61%	13.44	14.42	0.1867	0.1922	0.0029	0.0031
	2012年	29	20	1.87%	1.29%	16.19	11.53	0.1861	0.1921	0.0035	0.0025
	2014年	23	16	1.48%	1.03%	12.96	9.56	0.1878	0.1991	0.0028	0.0021
	2016年	19	12	1.23%	0.77%	10.96	6.68	0.1923	0.1856	0.0024	0.0014
k=4	2010年	1	4	0.06%	0.26%	0.67	2.69	0.1667	0.1684	0.0001	0.0004
	2012年	1	3	0.06%	0.19%	0.68	2.11	0.1701	0.1759	0.0001	0.0003
	2014年	1	4	0.06%	0.26%	0.69	2.83	0.1736	0.1771	0.0001	0.0005
	2016年	0	0	0	0	0.00	0.00	/	/	/	/
k=5	2010年	0	0	0	0	0.00	0.00	/	/	/	/
	2012年	0	0	0	0	0.00	0.00	/	/	/	/
	2014年	0	0	0	0	0.00	0.00	/	/	/	/
	2016年	0	0	0	0	0.00	0.00	/	/	/	/

附表 2-60　　不同婚姻状况城镇居民多维指数分析

k值	年份	多维贫困个数		多维贫困发生率		贫困剥夺总额		平均剥夺份额		多维贫困指数	
		已婚	未婚	已婚	未婚	已婚	未婚	已婚	未婚	已婚	未婚
k=1	2010年	1191	187	77.00%	12.00%	352.99	56.86	0.30	0.30	0.2277	0.0367
	2012年	1138	135	73.00%	9.00%	341.25	40.74	0.30	0.30	0.2202	0.0263
	2014年	1014	108	65.00%	7.00%	289.85	32.86	0.29	0.30	0.1870	0.0212
	2016年	936	104	60.00%	7.00%	266.96	31.50	0.29	0.30	0.1722	0.0203
k=2	2010年	396	59	26.00%	4.00%	160.15	26.04	0.20	0.22	0.0517	0.0084
	2012年	394	48	25.00%	3.00%	161.46	20.90	0.20	0.22	0.0521	0.0067
	2014年	298	45	19.00%	3.00%	122.71	18.22	0.21	0.20	0.0396	0.0059
	2016年	279	35	18.00%	2.00%	113.39	14.51	0.20	0.21	0.0366	0.0047
k=3	2010年	41	8	3.00%	1.00%	23.42	4.44	0.19	0.19	0.0050	0.0010
	2012年	41	8	3.00%	1.00%	23.17	4.56	0.19	0.19	0.0050	0.0010
	2014年	36	3	2.00%	0	20.78	1.74	0.19	0.19	0.0045	0.0004
	2016年	28	3	2.00%	0	15.92	1.72	0.19	0.19	0.0034	0.0004
k=4	2010年	4	1	0	0	2.69	0.67	0.17	0.17	0.0004	0.0001
	2012年	4	0	0	0	2.79	0.00	0.17	/	0.0005	/
	2014年	5	0	0	0	3.53	0.00	0.18	/	0.0006	/
	2016年	0	0	0	0	0.00	0.00	/	/	/	/
k=5	2010年	0	0	0	0	0.00	0.00	/	/	/	/
	2012年	0	0	0	0	0.00	0.00	/	/	/	/
	2014年	0	0	0	0	0.00	0.00	/	/	/	/
	2016年	0	0	0	0	0.00	0.00	/	/	/	/

附表 2-61　不同就业地点城镇居民多维贫困指数分析（1）

k值	年份	多维贫困个数				多维贫困发生率				贫困剥夺总额			
		本镇	本县	本省	外省	本镇	本县	本省	外省	本镇	本县	本省	外省
k=1	2010年	619	521	202	36	39.94%	33.61%	13.03%	2.32%	186.24	155.54	56.94	11.13
	2012年	567	480	190	36	36.58%	30.97%	12.26%	2.32%	172.97	143.42	54.75	10.85
	2014年	519	418	153	32	33.48%	26.97%	9.87%	2.06%	153.22	118.04	41.81	9.64
	2016年	475	387	146	32	30.65%	24.97%	9.42%	2.06%	138.38	112.21	38.56	9.32
k=2	2010年	219	171	50	15	14.13%	11.03%	3.23%	0.97%	88.82	70.71	20.86	5.81
	2012年	211	166	53	12	13.61%	10.71%	3.42%	0.77%	86.40	68.33	22.58	5.04
	2014年	171	123	38	11	11.03%	7.94%	2.45%	0.71%	70.68	50.49	15.18	4.58
	2016年	145	127	31	11	9.35%	8.19%	2.00%	0.71%	59.64	51.36	12.38	4.53
k=3	2010年	24	18	6	1	1.55%	1.16%	0.39%	0.06%	13.64	10.17	3.49	0.57
	2012年	23	15	8	3	1.48%	0.97%	0.52%	0.19%	13.19	8.47	4.50	1.56
	2014年	17	18	2	2	1.10%	1.16%	0.13%	0.13%	10.18	9.88	1.26	1.19
	2016年	16	12	2	1	1.03%	0.77%	0.13%	0.06%	9.11	6.81	1.15	0.57
k=4	2010年	3	2	0	0	0.19%	0.13%	0	0	2.01	1.35	0.00	0.00
	2012年	3	0	1	0	0.19%	0	0.06%	0	2.11	0.00	0.68	0.00
	2014年	4	0	1	0	0.26%	0	0.06%	0	2.79	0.00	0.74	0.00
	2016年	0	0	0	0	0	0	0	0	0.00	0.00	0.00	0.00
k=5	2010年	0	0	0	0	0	0	0	0	0.00	0.00	0.00	0.00
	2012年	0	0	0	0	0	0	0	0	0.00	0.00	0.00	0.00
	2014年	0	0	0	0	0	0	0	0	0.00	0.00	0.00	0.00
	2016年	0	0	0	0	0	0	0	0	0.00	0.00	0.00	0.00

附表 2-62　不同就业地点城镇居民多维贫困指数分析（2）

k值	年份	平均剥夺份额				多维贫困指数			
		本镇	本县	本省	外省	本镇	本县	本省	外省
k=1	2010年	0.3009	0.2985	0.2819	0.3090	0.1202	0.1003	0.0367	0.0072
	2012年	0.3051	0.2988	0.2882	0.3013	0.1116	0.0925	0.0353	0.0070
	2014年	0.2952	0.2824	0.2732	0.3012	0.0989	0.0762	0.0270	0.0062
	2016年	0.2913	0.2899	0.2641	0.2912	0.0893	0.0724	0.0249	0.0060
k=2	2010年	0.2028	0.2067	0.2086	0.1935	0.0287	0.0228	0.0067	0.0019
	2012年	0.2047	0.2058	0.2131	0.2101	0.0279	0.0220	0.0073	0.0016
	2014年	0.2067	0.2052	0.1997	0.2083	0.0228	0.0163	0.0049	0.0015
	2016年	0.2057	0.2022	0.1996	0.2058	0.0192	0.0166	0.0040	0.0015

续表

k值	年份	平均剥夺份额				多维贫困指数			
		本镇	本县	本省	外省	本镇	本县	本省	外省
k=3	2010年	0.1894	0.1883	0.1937	0.1898	0.0029	0.0022	0.0007	0.0001
	2012年	0.1912	0.1883	0.1875	0.1728	0.0028	0.0018	0.0010	0.0003
	2014年	0.1996	0.1829	0.2106	0.1991	0.0022	0.0021	0.0003	0.0003
	2016年	0.1898	0.1890	0.1921	0.1898	0.0020	0.0015	0.0002	0.0001
k=4	2010年	0.1678	0.1684	/	/	0.0003	0.0002	/	/
	2012年	0.1759	/	/	/	0.0003	/	/	/
	2014年	0.1745	/	0.1840	/	0.0005	/	0.0001	/
	2016年	/	/	/	/	/	/	/	/
k=5	2010年	/	/	/	/	/	/	/	/
	2012年	/	/	/	/	/	/	/	/
	2014年	/	/	/	/	/	/	/	/
	2016年	/	/	/	/	/	/	/	/

附表2-63　不同职业类型城镇居民多维贫困指数分析（1）

k值	年份	多维贫困个数					多维贫困发生率				
		建筑	制造	服务	技术	其他	建筑	制造	服务	技术	其他
k=1	2010年	368	101	411	451	47	23.74%	6.52%	26.52%	29.10%	3.03%
	2012年	372	112	343	426	20	24.00%	7.23%	22.13%	27.48%	1.29%
	2014年	312	86	371	325	28	20.13%	5.55%	23.94%	20.97%	1.81%
	2016年	255	86	390	291	18	16.45%	5.55%	25.16%	18.77%	1.16%
k=2	2010年	136	36	175	92	16	8.77%	2.32%	11.29%	5.94%	1.03%
	2012年	131	40	157	110	4	8.45%	2.58%	10.13%	7.10%	0.26%
	2014年	96	21	148	65	13	6.19%	1.35%	9.55%	4.19%	0.84%
	2016年	76	34	143	53	8	4.90%	2.19%	9.23%	3.42%	0.52%
k=3	2010年	11	1	24	9	4	0.71%	0.06%	1.55%	0.58%	0.26%
	2012年	10	4	24	8	3	0.65%	0.26%	1.55%	0.52%	0.19%
	2014年	12	1	18	7	1	0.77%	0.06%	1.16%	0.45%	0.06%
	2016年	8	3	13	5	2	0.52%	0.19%	0.84%	0.32%	0.13%
k=4	2010年	1	0	3	1	0	0.06%	0	0.19%	0.06%	0
	2012年	1	0	1	0	2	0.06%	0	0.06%	0	0.13%
	2014年	1	0	3	1	0	0.06%	0	0.19%	0.06%	0
	2016年	0	0	0	0	0	0	0	0	0	0
k=5	2010年	0	0	0	0	0	0	0	0	0	0
	2012年	0	0	0	0	0	0	0	0	0	0
	2014年	0	0	0	0	0	0	0	0	0	0
	2016年	0	0	0	0	0	0	0	0	0	0

附表 2-64　不同职业类型城镇居民多维贫困指数分析（2）

k 值	年份	贫困剥夺总额					平均剥夺份额				
		建筑	制造	服务	技术	其他	建筑	制造	服务	技术	其他
k=1	2010 年	110.64	29.74	132.90	121.99	14.58	0.30	0.29	0.32	0.27	0.31
	2012 年	111.86	33.75	112.25	118.36	5.76	0.30	0.30	0.33	0.28	0.29
	2014 年	90.13	23.29	116.18	84.31	8.81	0.29	0.27	0.31	0.26	0.31
	2016 年	73.82	26.43	117.01	75.38	5.82	0.29	0.31	0.30	0.26	0.32
k=2	2010 年	53.76	14.21	74.24	36.85	7.14	0.20	0.20	0.21	0.20	0.22
	2012 年	52.65	16.65	66.31	44.46	2.29	0.20	0.21	0.21	0.20	0.29
	2014 年	38.83	8.44	62.33	26.06	5.26	0.20	0.20	0.21	0.20	0.20
	2016 年	30.75	14.15	58.65	20.99	3.36	0.20	0.21	0.21	0.20	0.21
k=3	2010 年	6.10	0.51	13.96	5.01	2.28	0.18	0.17	0.19	0.19	0.19
	2012 年	5.71	2.19	13.42	4.51	1.89	0.19	0.18	0.19	0.19	0.21
	2014 年	6.57	0.63	10.81	3.99	0.53	0.18	0.21	0.20	0.19	0.18
	2016 年	4.53	1.68	7.42	2.79	1.22	0.19	0.19	0.19	0.19	0.20
k=4	2010 年	0.67	0.00	2.03	0.67	0.00	0.17	/	0.17	0.17	/
	2012 年	0.76	0.00	0.68	0.00	1.35	0.19	/	0.17	/	0.17
	2014 年	0.71	0.00	2.15	0.67	0.00	0.18	/	0.18	0.17	/
	2016 年	0.00	0.00	0.00	0.00	0.00	/	/	/	/	/
k=5	2010 年	0.00	0.00	0.00	0.00	0.00	/	/	/	/	/
	2012 年	0.00	0.00	0.00	0.00	0.00	/	/	/	/	/
	2014 年	0.00	0.00	0.00	0.00	0.00	/	/	/	/	/
	2016 年	0.00	0.00	0.00	0.00	0.00	/	/	/	/	/

附表 2-65　不同职业类型城镇居民多维贫困指数分析（3）

k 值	年份	多维贫困指数				
		制造	建筑	服务	技术	其他
k=1	2010 年	0.0714	0.0192	0.0857	0.0787	0.0094
	2012 年	0.0722	0.0218	0.0724	0.0764	0.0037
	2014 年	0.0581	0.0150	0.0750	0.0544	0.0057
	2016 年	0.0476	0.0171	0.0755	0.0486	0.0038
k=2	2010 年	0.0173	0.0046	0.0239	0.0119	0.0023
	2012 年	0.0170	0.0054	0.0214	0.0143	0.0007
	2014 年	0.0125	0.0027	0.0201	0.0084	0.0017
	2016 年	0.0099	0.0046	0.0189	0.0068	0.0011

续表

k值	年份	多维贫困指数				
		制造	建筑	服务	技术	其他
k=3	2010年	0.0013	0.0001	0.0030	0.0011	0.0005
	2012年	0.0012	0.0005	0.0029	0.0010	0.0004
	2014年	0.0014	0.0001	0.0023	0.0009	0.0001
	2016年	0.0010	0.0004	0.0016	0.0006	0.0003
k=4	2010年	0.0001	/	0.0003	0.0001	/
	2012年	0.0001	/	0.0001	/	0.0002
	2014年	0.0001	/	0.0003	0.0001	/
	2016年	/	/	/	/	/
k=5	2010年	/	/	/	/	/
	2012年	/	/	/	/	/
	2014年	/	/	/	/	/
	2016年	/	/	/	/	/

附表2-66　　全国城镇居民多维贫困指数分解（1）

维度	指标	k=1					k=2				
		2010年	2012年	2014年	2016年	均值	2010年	2012年	2014年	2016年	均值
收入	年收入	2.48%	3.27%	3.87%	4.97%	3.65%	5.37%	6.49%	7.21%	7.30%	6.59%
教育	学历教育	2.26%	2.42%	2.87%	3.07%	2.65%	4.43%	4.39%	5.56%	5.41%	4.95%
	非学历教育	27.25%	25.13%	22.44%	21.67%	24.12%	20.10%	19.42%	18.39%	18.05%	18.99%
健康	自评健康	1.98%	5.35%	4.72%	6.35%	4.60%	2.95%	6.03%	5.05%	6.86%	5.22%
	慢性病	2.25%	4.30%	6.44%	8.19%	5.30%	2.54%	4.11%	5.52%	7.12%	4.82%
	身体质量指数	8.78%	9.40%	10.35%	10.48%	9.75%	8.18%	8.04%	8.36%	8.73%	8.33%
生活	居住拥挤	3.92%	5.44%	4.80%	4.71%	4.72%	4.48%	5.30%	4.49%	4.08%	4.59%
	互联网使用	9.83%	8.99%	7.92%	7.11%	8.46%	10.09%	9.75%	9.50%	8.43%	9.44%
	生活满意自评	2.96%	2.24%	1.79%	1.71%	2.17%	4.09%	3.20%	2.17%	2.04%	2.87%
工作	工作时间	4.22%	3.35%	5.67%	6.52%	4.94%	5.17%	4.00%	5.20%	6.09%	5.12%
	工作合同	1.25%	2.19%	2.26%	2.23%	1.98%	1.95%	2.99%	3.10%	2.77%	2.70%
	工作五险	2.50%	2.08%	1.46%	0.88%	1.73%	3.67%	2.99%	2.07%	1.34%	2.52%
	公积金	9.08%	8.33%	7.77%	8.00%	8.30%	8.86%	8.29%	8.28%	8.14%	8.39%
融合	户籍歧视	4.50%	2.21%	2.01%	2.40%	2.78%	5.31%	2.68%	2.76%	2.82%	3.39%
	贫富歧视	0	0	0	0	0	0	0	0	0	0
	组织参与	16.75%	15.29%	15.63%	11.71%	14.84%	12.83%	12.31%	12.34%	10.82%	12.07%

附表 2-67　　全国城镇居民多维贫困指数分解（2）

维度	k 值指标	k=3					k=4				
		2010 年	2012 年	2014 年	2016 年	均值	2010 年	2012 年	2014 年	2016 年	均值
收入	年收入	14.36%	15.63%	14.81%	12.28%	14.27%	24.79%	17.91%	23.62%	/	22.11%
教育	学历教育	8.08%	7.52%	8.14%	10.87%	8.65%	7.44%	8.96%	2.36%	/	6.25%
	非学历教育	14.66%	14.73%	13.70%	13.23%	14.08%	12.40%	11.94%	11.81%	/	12.05%
健康	自评健康	3.99%	6.21%	4.69%	6.61%	5.38%	4.96%	7.96%	4.72%	/	5.88%
	慢性病	2.39%	4.21%	5.43%	5.98%	4.50%	1.65%	3.98%	6.30%	/	3.98%
	身体质量指数	7.18%	6.81%	7.90%	6.93%	7.20%	3.31%	5.97%	7.87%	/	5.72%
生活	居住拥挤	3.59%	4.41%	4.94%	3.15%	4.02%	4.96%	1.99%	3.15%	/	3.37%
	互联网使用	8.18%	8.62%	8.64%	8.82%	8.56%	6.61%	5.97%	7.87%	/	6.82%
	生活满意自评	4.59%	3.21%	3.21%	3.46%	3.62%	3.31%	3.98%	4.72%	/	4.00%
工作	工作时间	3.89%	3.91%	3.52%	4.72%	4.01%	4.96%	4.48%	3.54%	/	4.33%
	工作合同	2.54%	2.56%	2.78%	3.54%	2.85%	1.24%	2.99%	3.54%	/	2.59%
	工作五险	4.04%	3.16%	3.15%	1.65%	3.00%	4.96%	5.97%	3.54%	/	4.82%
	公积金	7.18%	6.61%	7.03%	7.09%	6.98%	6.20%	5.97%	5.91%	/	6.02%
融合	户籍歧视	5.78%	2.61%	2.47%	2.83%	3.42%	4.96%	3.98%	3.15%	/	4.03%
	贫富歧视	0	0	0	0	0	0	0	0	/	0
	组织参与	9.57%	9.82%	9.62%	8.82%	9.46%	8.26%	7.96%	7.87%	/	8.03%

附表 2-68　　k=1 下不同代际城镇居民多维贫困指数分解

维度	指标	2010 年		2012 年		2014 年		2016 年	
		新	老	新	老	新	老	新	老
收入	年收入	5.48%	1.69%	4.69%	2.93%	6.36%	3.30%	8.29%	4.20%
教育	学历教育	1.17%	2.54%	1.34%	2.68%	1.66%	3.14%	1.78%	3.37%
	非学历教育	27.51%	27.18%	26.00%	24.92%	21.70%	22.61%	19.99%	22.06%
健康	自评健康	1.24%	2.17%	2.53%	6.04%	2.86%	5.14%	4.44%	6.79%
	慢性病	1.11%	2.55%	2.75%	4.68%	4.51%	6.88%	6.22%	8.65%
	身体质量指数	7.51%	9.12%	9.67%	9.33%	10.32%	10.35%	10.76%	10.42%
生活	居住拥挤	4.89%	3.66%	6.25%	5.24%	5.25%	4.70%	6.02%	4.40%
	互联网使用	3.98%	11.36%	4.02%	10.20%	2.49%	9.17%	2.07%	8.28%
	生活满意自评	2.81%	2.99%	2.60%	2.15%	1.93%	1.76%	1.09%	1.86%
工作	工作时间	4.45%	4.16%	3.24%	3.38%	6.98%	5.37%	8.36%	6.09%
	工作合同	1.81%	1.10%	2.68%	2.07%	2.35%	2.24%	2.59%	2.15%
	工作五险	4.06%	2.09%	3.40%	1.76%	2.97%	1.11%	1.85%	0.65%
	公积金	10.28%	8.76%	9.93%	7.95%	9.26%	7.43%	8.88%	7.79%
融合	户籍歧视	5.16%	4.33%	2.38%	2.17%	2.58%	1.88%	2.57%	2.36%
	贫富歧视	0	0	0	0	0	0	0	0
	组织参与	18.53%	16.29%	18.52%	14.50%	18.79%	14.90%	15.10%	10.92%

附表 2－69　k＝2 下不同代际城镇居民多维贫困指数分解

维度	指标	2010 年		2012 年		2014 年		2016 年	
		新	老	新	老	新	老	新	老
收入	年收入	13.22%	3.53%	11.75%	5.58%	14.72%	5.86%	12.48%	6.33%
教育	学历教育	2.60%	4.86%	3.09%	4.61%	3.87%	5.86%	3.33%	5.79%
	非学历教育	19.13%	20.32%	20.10%	19.30%	17.43%	18.56%	15.81%	18.46%
健康	自评健康	2.36%	3.09%	2.68%	6.61%	3.36%	5.35%	5.27%	7.16%
	慢性病	1.89%	2.69%	2.89%	4.33%	3.62%	5.86%	5.27%	7.47%
	身体质量指数	6.61%	8.54%	6.39%	8.33%	6.97%	8.61%	8.32%	8.81%
生活	居住拥挤	4.72%	4.42%	5.57%	5.25%	3.10%	4.75%	5.83%	3.76%
	互联网使用	4.88%	11.30%	5.36%	10.51%	3.36%	10.61%	3.05%	9.42%
	生活满意自评	3.15%	4.31%	3.92%	3.07%	2.32%	2.14%	1.39%	2.16%
工作	工作时间	5.08%	5.19%	3.56%	4.08%	6.78%	4.92%	8.32%	5.68%
	工作合同	2.60%	1.79%	3.71%	2.87%	3.68%	3.00%	3.54%	2.63%
	工作五险	5.43%	3.26%	5.26%	2.60%	4.84%	1.57%	3.12%	1.00%
	公积金	8.97%	8.84%	9.43%	8.10%	8.91%	8.16%	8.74%	8.03%
融合	户籍歧视	6.30%	5.08%	2.89%	2.65%	3.87%	2.56%	4.16%	2.58%
	贫富歧视	0	0	0	0	0	0	0	0
	组织参与	13.07%	12.77%	13.40%	12.12%	13.17%	12.19%	11.37%	10.71%

附表 2－70　k＝3 下不同代际城镇居民多维贫困指数分解

维度	指标	2010 年		2012 年		2014 年		2016 年	
		新	老	新	老	新	老	新	老
收入	年收入	16.18%	13.84%	12.70%	15.94%	23.53%	13.18%	21.43%	10.89%
教育	学历教育	5.39%	8.84%	12.70%	6.97%	7.06%	8.35%	10.71%	10.89%
	非学历教育	14.83%	14.61%	15.87%	14.61%	11.76%	14.06%	7.14%	14.16%
健康	自评健康	3.60%	4.10%	2.12%	6.64%	4.71%	4.69%	7.14%	6.53%
	慢性病	3.60%	2.05%	0	4.65%	3.14%	5.86%	7.14%	5.81%
	身体质量指数	7.19%	7.17%	4.23%	7.08%	9.41%	7.61%	7.14%	6.90%
生活	居住拥挤	3.60%	3.59%	6.35%	4.21%	0	5.86%	4.76%	2.90%
	互联网使用	6.29%	8.71%	8.47%	8.63%	4.71%	9.37%	2.38%	9.80%
	生活满意自评	3.60%	4.87%	2.12%	3.32%	1.57%	3.51%	2.38%	3.63%
工作	工作时间	3.37%	4.04%	4.76%	3.82%	7.06%	2.86%	7.14%	4.36%
	工作合同	4.04%	2.11%	3.17%	2.49%	0	3.29%	1.79%	3.81%
	工作五险	5.39%	3.65%	4.76%	2.99%	5.88%	2.64%	3.57%	1.36%
	公积金	6.74%	7.30%	7.94%	6.47%	7.06%	7.03%	5.36%	7.35%
融合	户籍歧视	6.29%	5.64%	4.23%	2.43%	4.71%	2.05%	2.38%	2.90%
	贫富歧视	0	0	0	0	0	0	0	0
	组织参与	9.89%	9.48%	10.58%	9.74%	9.41%	9.66%	9.52%	8.71%

附表 2－71　k＝4 下不同代际城镇居民多维贫困指数分解

维度	指标	2010 年		2012 年		2014 年		2016 年	
		新	老	新	老	新	老	新	老
收入	年收入	25.00%	24.66%	/	17.91%	25.00%	23.30%	/	/
教育	学历教育	6.25%	8.22%	/	8.96%	0	2.91%	/	/
	非学历教育	12.50%	12.33%	/	11.94%	12.50%	11.65%	/	/
健康	自评健康	8.33%	2.74%	/	7.96%	8.33%	3.88%	/	/
	慢性病	4.17%	0	/	3.98%	0	7.77%	/	/
	身体质量指数	4.17%	2.74%	/	5.97%	8.33%	7.77%	/	/
生活	居住拥挤	4.17%	5.48%	/	1.99%	0	3.88%	/	/
	互联网使用	4.17%	8.22%	/	5.97%	8.33%	7.77%	/	/
	生活满意自评	4.17%	2.74%	/	3.98%	8.33%	3.88%	/	/
工作	工作时间	3.13%	6.16%	/	4.48%	6.25%	2.91%	/	/
	工作合同	3.13%	0	/	2.99%	0	4.37%	/	/
	工作五险	6.25%	4.11%	/	5.97%	0	4.37%	/	/
	公积金	6.25%	6.16%	/	5.97%	6.25%	5.83%	/	/
融合	户籍歧视	0	8.22%	/	3.98%	8.33%	1.94%	/	/
	贫富歧视	0	0	/	0	0	0	/	/
	组织参与	8.33%	8.22%	/	7.96%	8.33%	7.77%	/	/

附表 2－72　k＝1 下不同性别城镇居民多维贫困指数分解

维度	指标	2010 年		2012 年		2014 年		2016 年	
		男	女	男	女	男	女	男	女
收入	年收入	1.70%	3.64%	3.10%	3.52%	3.20%	4.87%	4.98%	4.95%
教育	学历教育	2.38%	2.07%	2.58%	2.19%	3.03%	2.63%	3.18%	2.90%
	非学历教育	27.06%	27.52%	25.03%	25.28%	22.16%	22.86%	21.54%	21.87%
健康	自评健康	1.84%	2.19%	4.95%	5.94%	4.18%	5.51%	6.06%	6.79%
	慢性病	2.22%	2.29%	4.28%	4.34%	6.35%	6.57%	7.99%	8.49%
	身体质量指数	9.92%	7.10%	10.66%	7.57%	11.51%	8.62%	11.50%	8.92%
生活	居住拥挤	3.99%	3.80%	5.27%	5.69%	5.16%	4.27%	4.92%	4.39%
	互联网使用	9.83%	9.83%	9.06%	8.89%	8.54%	7.00%	7.78%	6.09%
	生活满意自评	3.15%	2.66%	2.29%	2.17%	1.79%	1.79%	1.94%	1.37%
工作	工作时间	4.70%	3.51%	3.65%	2.91%	5.97%	5.22%	6.78%	6.12%
	工作合同	1.16%	1.39%	2.25%	2.11%	2.27%	2.24%	1.91%	2.72%
	工作五险	2.37%	2.70%	2.07%	2.11%	1.69%	1.12%	0.90%	0.85%
	公积金	8.46%	10.00%	7.66%	9.31%	7.01%	8.90%	7.12%	9.34%
融合	户籍歧视	4.86%	3.97%	2.36%	1.99%	2.02%	2.01%	2.83%	1.75%
	贫富歧视	0	0	0	0	0	0	0	0
	组织参与	16.36%	17.34%	14.79%	16.00%	15.12%	16.39%	10.58%	13.45%

附表 2－73　　k＝2 下不同性别城镇居民多维贫困指数分解

维度	指标	2010 年		2012 年		2014 年		2016 年	
		男	女	男	女	男	女	男	女
收入	年收入	3.68%	8.01%	6.56%	6.39%	6.08%	8.80%	8.28%	5.63%
教育	学历教育	4.49%	4.35%	4.69%	3.96%	5.88%	5.11%	5.48%	5.28%
	非学历教育	20.29%	19.79%	19.22%	19.71%	18.44%	18.32%	17.38%	19.18%
健康	自评健康	2.89%	3.05%	5.99%	6.09%	4.80%	5.40%	6.62%	7.27%
	慢性病	2.70%	2.29%	4.22%	3.96%	5.61%	5.40%	6.97%	7.39%
	身体质量指数	8.82%	7.17%	8.49%	7.41%	8.98%	7.48%	9.10%	8.10%
生活	居住拥挤	4.75%	4.04%	5.21%	5.43%	5.13%	3.60%	4.21%	3.87%
	互联网使用	10.15%	9.99%	9.74%	9.76%	9.79%	9.09%	8.48%	8.33%
	生活满意自评	4.07%	4.12%	3.23%	3.16%	1.82%	2.65%	2.28%	1.64%
工作	工作时间	5.74%	4.29%	4.06%	3.91%	5.42%	4.90%	6.21%	5.90%
	工作合同	1.73%	2.29%	3.12%	2.81%	3.19%	2.98%	2.69%	2.90%
	工作五险	3.49%	3.95%	2.81%	3.25%	2.38%	1.63%	1.29%	1.41%
	公积金	8.68%	9.15%	7.62%	9.25%	7.95%	8.73%	7.71%	8.89%
融合	户籍歧视	5.83%	4.50%	3.07%	2.13%	2.57%	3.03%	3.24%	2.11%
	贫富歧视	0	0	0	0	0	0	0	0
	组织参与	12.70%	13.04%	11.98%	12.77%	11.96%	12.88%	10.07%	12.09%

附表 2－74　　k＝3 下不同性别城镇居民多维贫困指数分解

维度	指标	2010 年		2012 年		2014 年		2016 年	
		男	女	男	女	男	女	男	女
收入	年收入	11.16%	17.34%	15.44%	15.90%	15.43%	13.95%	15.21%	7.48%
教育	学历教育	8.68%	7.51%	8.23%	6.51%	8.36%	7.85%	9.89%	12.47%
	非学历教育	14.88%	14.45%	14.92%	14.46%	13.50%	13.95%	12.17%	14.97%
健康	自评健康	3.31%	4.62%	5.83%	6.75%	3.43%	6.40%	6.08%	7.48%
	慢性病	2.89%	1.93%	3.77%	4.82%	4.29%	6.98%	6.08%	5.82%
	身体质量指数	7.85%	6.55%	7.20%	6.27%	8.57%	6.98%	6.59%	7.48%
生活	居住拥挤	4.55%	2.70%	5.15%	3.37%	4.72%	5.23%	3.55%	2.49%
	互联网使用	7.85%	8.48%	9.26%	7.71%	8.57%	8.72%	8.11%	9.98%
	生活满意自评	4.96%	4.24%	2.74%	3.86%	2.14%	4.65%	4.06%	2.49%
工作	工作时间	4.34%	3.47%	3.86%	3.98%	4.18%	2.62%	4.56%	4.99%
	工作合同	2.17%	2.89%	2.57%	2.53%	3.22%	2.18%	3.42%	3.74%
	工作五险	4.65%	3.47%	2.83%	3.61%	4.50%	1.31%	2.28%	0.62%
	公积金	7.44%	6.94%	6.17%	7.23%	7.07%	6.98%	6.84%	7.48%
融合	户籍歧视	5.79%	5.78%	2.06%	3.37%	2.14%	2.91%	3.04%	2.49%
	贫富歧视	0	0	0	0	0	0	0	0
	组织参与	9.50%	9.63%	9.95%	9.64%	9.86%	9.30%	8.11%	9.98%

附表 2－75　k＝4 下不同性别城镇居民多维贫困指数分解

维度	指标	2010 年		2012 年		2014 年		2016 年	
		男	女	男	女	男	女	男	女
收入	年收入	25.00%	24.74%	24.49%	15.79%	24.00%	23.53%	/	/
教育	学历教育	12.50%	6.19%	12.24%	7.89%	0	2.94%	/	/
	非学历教育	12.50%	12.37%	12.24%	11.84%	12.00%	11.76%	/	/
健康	自评健康	8.33%	4.12%	8.16%	7.89%	0	5.88%	/	/
	慢性病	0	2.06%	0	5.26%	8.00%	5.88%	/	/
	身体质量指数	8.33%	2.06%	8.16%	5.26%	8.00%	7.84%	/	/
生活	居住拥挤	0	6.19%	0	2.63%	0	3.92%	/	/
	互联网使用	0	8.25%	8.16%	5.26%	8.00%	7.84%	/	/
	生活满意自评	0	4.12%	0	5.26%	8.00%	3.92%	/	/
工作	工作时间	6.25%	4.64%	0	5.92%	6.00%	2.94%	/	/
	工作合同	6.25%	0	6.12%	1.97%	6.00%	2.94%	/	/
	工作五险	6.25%	4.64%	6.12%	5.92%	6.00%	2.94%	/	/
	公积金	6.25%	6.19%	6.12%	5.92%	6.00%	5.88%	/	/
融合	户籍歧视	0	6.19%	0	5.26%	0	3.92%	/	/
	贫富歧视	0	0	0	0	0	0	/	/
	组织参与	8.33%	8.25%	8.16%	7.89%	8.00%	7.84%	/	/

附表 2－76　k＝1 下不同婚姻状况城镇居民多维贫困指数分解

维度	指标	2010 年		2012 年		2014 年		2016 年	
		已婚	未婚	已婚	未婚	已婚	未婚	已婚	未婚
收入	年收入	1.89%	6.16%	3.17%	4.09%	3.68%	5.58%	5.12%	3.70%
教育	学历教育	2.43%	1.17%	2.49%	1.84%	2.96%	2.03%	3.15%	2.38%
	非学历教育	27.39%	26.38%	25.40%	22.91%	22.54%	21.56%	21.73%	21.16%
健康	自评健康	2.08%	1.37%	5.57%	3.55%	4.83%	3.72%	6.43%	5.64%
	慢性病	2.30%	1.95%	4.35%	3.96%	6.42%	6.59%	8.12%	8.82%
	身体质量指数	9.02%	7.33%	9.36%	9.68%	10.48%	9.13%	10.47%	10.58%
生活	居住拥挤	3.67%	5.47%	5.29%	6.68%	4.79%	4.90%	4.60%	5.64%
	互联网使用	10.61%	4.98%	9.39%	5.59%	8.13%	6.09%	7.20%	6.35%
	生活满意自评	2.74%	4.30%	2.15%	3.00%	1.59%	3.55%	1.66%	2.12%
工作	工作时间	4.30%	3.74%	3.30%	3.78%	5.66%	5.71%	6.54%	6.35%
	工作合同	1.25%	1.25%	2.12%	2.76%	2.21%	2.66%	2.28%	1.85%
	工作五险	2.31%	3.66%	1.89%	3.68%	1.45%	1.52%	0.91%	0.66%
	公积金	8.98%	9.67%	8.14%	9.92%	7.59%	9.38%	7.90%	8.86%
融合	户籍歧视	4.38%	5.28%	2.18%	2.45%	1.92%	2.87%	2.25%	3.70%
	贫富歧视	0	0	0	0	0	0	0	0
	组织参与	16.67%	17.29%	15.19%	16.09%	15.74%	14.71%	11.65%	12.17%

附表 2－77　k＝2 下不同婚姻状况城镇居民多维贫困指数分解

维度	指标	2010 年		2012 年		2014 年		2016 年	
		已婚	未婚	已婚	未婚	已婚	未婚	已婚	未婚
收入	年收入	4.06%	13.44%	6.30%	7.97%	7.06%	8.23%	7.79%	3.44%
教育	学历教育	4.79%	2.24%	4.49%	3.59%	5.91%	3.20%	5.44%	5.17%
	非学历教育	20.35%	18.56%	19.51%	18.74%	18.40%	18.29%	18.15%	17.22%
健康	自评健康	3.05%	2.35%	6.26%	4.25%	5.07%	4.88%	6.86%	6.89%
	慢性病	2.43%	3.20%	3.96%	5.32%	5.43%	6.10%	7.01%	8.04%
	身体质量指数	8.33%	7.25%	8.12%	7.44%	8.24%	9.15%	8.77%	8.42%
生活	居住拥挤	4.30%	5.55%	5.20%	6.11%	4.62%	3.66%	3.87%	5.74%
	互联网使用	10.89%	5.12%	10.25%	5.85%	9.82%	7.32%	8.48%	8.04%
	生活满意自评	3.95%	4.91%	3.03%	4.52%	2.04%	3.05%	1.96%	2.68%
工作	工作时间	5.31%	4.32%	4.03%	3.79%	5.09%	5.95%	5.95%	7.18%
	工作合同	1.98%	1.76%	2.94%	3.39%	3.09%	3.20%	2.79%	2.58%
	工作五险	3.51%	4.64%	2.68%	5.38%	2.14%	1.60%	1.40%	0.86%
	公积金	8.95%	8.32%	8.23%	8.77%	8.18%	8.92%	8.01%	9.19%
融合	户籍歧视	5.20%	5.97%	2.62%	3.19%	2.63%	3.66%	2.69%	3.83%
	贫富歧视	0	0	0	0	0	0	0	0
	组织参与	12.90%	12.37%	12.39%	11.69%	12.27%	12.80%	10.83%	10.72%

附表 2－78　k＝3 下不同婚姻状况城镇居民多维贫困指数分解

维度	指标	2010 年		2012 年		2014 年		2016 年	
		已婚	未婚	已婚	未婚	已婚	未婚	已婚	未婚
收入	年收入	13.52%	18.75%	15.83%	14.63%	13.64%	28.80%	11.52%	19.35%
教育	学历教育	8.90%	3.75%	7.91%	5.49%	8.02%	9.60%	10.47%	14.52%
	非学历教育	14.59%	15.00%	14.75%	14.63%	14.04%	9.60%	14.14%	4.84%
健康	自评健康	4.03%	3.75%	5.76%	8.54%	4.55%	6.40%	6.28%	9.68%
	慢性病	1.90%	5.00%	3.84%	6.10%	5.61%	3.20%	5.93%	6.45%
	身体质量指数	6.64%	10.00%	6.95%	6.10%	7.75%	9.60%	7.68%	0
生活	居住拥挤	3.80%	2.50%	4.80%	2.44%	5.35%	0	2.79%	6.45%
	互联网使用	9.02%	3.75%	8.87%	7.32%	9.09%	3.20%	9.08%	6.45%
	生活满意自评	4.74%	3.75%	2.64%	6.10%	3.48%	0	3.49%	3.23%
工作	工作时间	3.91%	3.75%	3.96%	3.66%	3.41%	4.80%	4.97%	2.42%
	工作合同	2.31%	3.75%	2.70%	1.83%	3.01%	0	3.40%	4.84%
	工作五险	3.91%	4.69%	2.88%	4.57%	3.01%	4.80%	1.31%	4.84%
	公积金	7.30%	6.56%	6.65%	6.40%	7.02%	7.20%	7.07%	7.26%
融合	户籍歧视	5.93%	5.00%	2.64%	2.44%	2.41%	3.20%	3.14%	0
	贫富歧视	0	0	0	0	0	0	0	0
	组织参与	9.49%	10.00%	9.83%	9.76%	9.63%	9.60%	8.73%	9.68%

附表 2-79　k=4 下不同婚姻状况城镇居民多维贫困指数分解

维度	指标	2010 年		2012 年		2014 年		2016 年	
		已婚	未婚	已婚	未婚	已婚	未婚	已婚	未婚
收入	年收入	24.74%	25.00%	17.91%	/	23.62%	/	/	/
教育	学历教育	6.19%	12.50%	8.96%	/	2.36%	/	/	/
	非学历教育	12.37%	12.50%	11.94%	/	11.81%	/	/	/
健康	自评健康	4.12%	8.33%	7.96%	/	4.72%	/	/	/
	慢性病	2.06%	0	3.98%	/	6.30%	/	/	/
	身体质量指数	2.06%	8.33%	5.97%	/	7.87%	/	/	/
生活	居住拥挤	6.19%	0	1.99%	/	3.15%	/	/	/
	互联网使用	8.25%	0	5.97%	/	7.87%	/	/	/
	生活满意自评	4.12%	0	3.98%	/	4.72%	/	/	/
工作	工作时间	4.64%	6.25%	4.48%	/	3.54%	/	/	/
	工作合同	0	6.25%	2.99%	/	3.54%	/	/	/
	工作五险	4.64%	6.25%	5.97%	/	3.54%	/	/	/
	公积金	6.19%	6.25%	5.97%	/	5.91%	/	/	/
融合	户籍歧视	6.19%	0	3.98%	/	3.15%	/	/	/
	贫富歧视	0	0	0	/	0	/	/	/
	组织参与	8.25%	8.33%	7.96%	/	7.87%	/	/	/

附表 2-80　k=5 下不同婚姻状况城镇居民多维贫困指数分解

维度	指标	2010 年		2012 年		2014 年		2016 年	
		已婚	未婚	已婚	未婚	已婚	未婚	已婚	未婚
收入	年收入	18.60%	/	19.35%	/	/	/	/	/
教育	学历教育	9.30%	/	9.68%	/	/	/	/	/
	非学历教育	9.30%	/	9.68%	/	/	/	/	/
健康	自评健康	4.65%	/	9.68%	/	/	/	/	/
	慢性病	6.20%	/	3.23%	/	/	/	/	/
	身体质量指数	6.20%	/	6.45%	/	/	/	/	/
生活	居住拥挤	6.20%	/	3.23%	/	/	/	/	/
	互联网使用	6.20%	/	6.45%	/	/	/	/	/
	生活满意自评	6.20%	/	6.45%	/	/	/	/	/
工作	工作时间	2.33%	/	4.84%	/	/	/	/	/
	工作合同	4.65%	/	4.84%	/	/	/	/	/
	工作五险	4.65%	/	4.84%	/	/	/	/	/
	公积金	4.65%	/	4.84%	/	/	/	/	/
融合	户籍歧视	3.10%	/	3.23%	/	/	/	/	/
	贫富歧视	3.10%	/	0	/	/	/	/	/
	组织参与	6.20%	/	6.45%	/	/	/	/	/

附表 2-81　　本镇就业城镇居民多维贫困指数分解（1）

维度	指标	k=1					k=2				
		2010 年	2012 年	2014 年	2016 年	均值	2010 年	2012 年	2014 年	2016 年	均值
收入	年收入	2.33%	2.51%	4.24%	5.54%	3.65%	4.88%	4.82%	7.55%	8.38%	6.41%
教育	学历教育	2.64%	2.84%	3.21%	3.55%	3.06%	4.69%	4.44%	5.90%	6.01%	5.26%
	非学历教育	26.98%	25.44%	22.63%	21.98%	24.26%	20.27%	19.87%	18.86%	18.30%	19.33%
健康	自评健康	2.36%	5.46%	4.75%	5.74%	4.58%	3.13%	6.17%	5.03%	6.05%	5.10%
	慢性病	2.27%	4.21%	6.31%	8.19%	5.24%	2.75%	4.44%	5.27%	6.89%	4.84%
	身体质量指数	8.50%	8.54%	9.68%	10.36%	9.27%	8.32%	7.59%	7.78%	8.76%	8.11%
生活	居住拥挤	3.13%	5.11%	4.13%	3.85%	4.06%	3.63%	5.53%	4.09%	3.17%	4.10%
	互联网使用	10.59%	9.31%	8.48%	7.83%	9.05%	10.70%	9.84%	10.14%	8.29%	9.74%
	生活满意自评	2.80%	2.25%	1.78%	1.49%	2.08%	3.75%	3.21%	2.28%	1.86%	2.78%
工作	工作时间	4.30%	3.30%	5.49%	6.29%	4.85%	5.30%	3.81%	4.78%	5.80%	4.92%
	工作合同	1.36%	2.43%	2.12%	1.87%	1.95%	2.06%	3.18%	2.95%	2.03%	2.56%
	工作五险	2.53%	2.22%	1.55%	1.11%	1.85%	3.85%	3.18%	2.06%	1.75%	2.71%
	公积金	9.60%	9.01%	8.29%	8.58%	8.87%	9.10%	8.68%	8.55%	8.73%	8.77%
融合	户籍歧视	3.97%	2.12%	1.89%	2.13%	2.53%	4.57%	2.70%	2.20%	2.42%	2.97%
	贫富歧视	0	0	0	0	0	0	0	0	0	0
	组织参与	16.65%	15.26%	15.45%	11.48%	14.71%	13.01%	12.54%	12.58%	11.55%	12.42%

附表 2-82　　本镇就业城镇居民多维贫困指数分解（2）

维度	指标	k=3					k=4				
		2010 年	2012 年	2014 年	2016 年	均值	2010 年	2012 年	2014 年	2016 年	均值
收入	年收入	12.22%	15.16%	16.37%	16.46%	15.05%	24.83%	15.79%	23.88%	/	21.50%
教育	学历教育	8.55%	8.84%	6.55%	10.98%	8.73%	8.28%	7.89%	0	/	5.39%
	非学历教育	14.66%	14.53%	13.92%	12.80%	13.98%	12.41%	11.84%	11.94%	/	12.07%
健康	自评健康	4.89%	6.74%	4.91%	5.49%	5.51%	5.52%	7.89%	5.97%	/	6.46%
	慢性病	2.44%	4.63%	6.00%	6.10%	4.79%	0	5.26%	5.97%	/	3.74%
	身体质量指数	7.74%	6.74%	7.09%	7.32%	7.22%	5.52%	5.26%	7.96%	/	6.25%
生活	居住拥挤	3.26%	4.63%	4.37%	1.83%	3.52%	2.76%	2.63%	1.99%	/	2.46%
	互联网使用	8.15%	8.42%	9.28%	9.76%	8.90%	5.52%	5.26%	7.96%	/	6.25%
	生活满意自评	5.30%	2.53%	3.82%	3.05%	3.67%	2.76%	5.26%	5.97%	/	4.66%
工作	工作时间	3.97%	3.16%	2.46%	4.12%	3.43%	6.21%	3.95%	2.99%	/	4.38%
	工作合同	2.14%	2.21%	3.27%	1.83%	2.36%	2.07%	3.95%	4.48%	/	3.50%
	工作五险	3.36%	3.16%	2.46%	1.83%	2.70%	4.14%	5.92%	2.99%	/	4.35%
	公积金	7.03%	6.63%	6.96%	6.86%	6.87%	6.21%	5.92%	5.97%	/	6.03%
融合	户籍歧视	6.52%	2.95%	3.27%	3.05%	3.95%	5.52%	5.26%	3.98%	/	4.92%
	贫富歧视	0	0	0	0	0	0	0	0	/	0
	组织参与	9.78%	9.68%	9.28%	8.54%	9.32%	8.28%	7.89%	7.96%	/	8.04%

附表 2 - 83　　本县就业城镇居民多维贫困指数分解（1）

维度	指标	k = 1					k = 2				
		2010 年	2012 年	2014 年	2016 年	均值	2010 年	2012 年	2014 年	2016 年	均值
收入	年收入	2.25%	3.49%	3.67%	4.60%	3.50%	4.95%	6.59%	6.93%	5.84%	6.08%
教育	学历教育	1.98%	2.15%	2.61%	2.67%	2.35%	4.12%	4.27%	5.28%	4.71%	4.60%
	非学历教育	27.22%	24.87%	21.53%	20.57%	23.55%	19.80%	19.15%	17.83%	17.36%	18.53%
健康	自评健康	1.86%	5.35%	5.13%	6.98%	4.83%	2.91%	6.18%	5.28%	7.57%	5.48%
	慢性病	2.32%	4.61%	6.40%	7.97%	5.33%	2.51%	3.74%	5.72%	7.14%	4.78%
	身体质量指数	8.93%	9.99%	11.25%	10.69%	10.22%	8.17%	8.78%	8.91%	9.09%	8.74%
生活	居住拥挤	4.71%	5.54%	4.99%	5.79%	5.26%	5.42%	4.96%	4.51%	5.08%	4.99%
	互联网使用	9.68%	9.34%	8.00%	7.28%	8.57%	9.74%	10.16%	9.24%	9.09%	9.56%
	生活满意自评	2.93%	2.13%	1.65%	1.83%	2.13%	4.40%	3.01%	1.87%	1.95%	2.81%
工作	工作时间	3.91%	3.20%	5.86%	6.72%	4.92%	4.95%	3.84%	5.45%	6.33%	5.14%
	工作合同	1.04%	1.86%	2.29%	3.08%	2.07%	1.71%	2.87%	3.38%	3.89%	2.96%
	工作五险	2.46%	2.03%	1.24%	0.67%	1.60%	3.42%	3.17%	2.06%	0.81%	2.37%
	公积金	8.84%	7.67%	7.17%	7.32%	7.75%	8.72%	8.41%	8.01%	7.63%	8.19%
融合	户籍歧视	5.11%	2.48%	2.35%	2.57%	3.13%	6.44%	2.76%	3.52%	3.14%	3.97%
	贫富歧视	0	0	0	0	0	0	0	0	0	0
	组织参与	16.75%	15.30%	15.86%	11.24%	14.79%	12.73%	12.11%	11.99%	10.38%	11.81%

附表 2 - 84　　本县就业城镇居民多维贫困指数分解（2）

维度	指标	k = 3					k = 4				
		2010 年	2012 年	2014 年	2016 年	均值	2010 年	2012 年	2014 年	2016 年	均值
收入	年收入	14.75%	15.74%	13.50%	7.35%	12.84%	24.74%	/	/	/	24.74%
教育	学历教育	6.56%	3.93%	8.44%	9.80%	7.18%	6.19%	/	/	/	6.19%
	非学历教育	14.75%	14.75%	13.50%	13.47%	14.12%	12.37%	/	/	/	12.37%
健康	自评健康	3.28%	7.21%	5.63%	8.16%	6.07%	4.12%	/	/	/	4.12%
	慢性病	1.64%	5.25%	4.50%	5.71%	4.28%	4.12%	/	/	/	4.12%
	身体质量指数	7.10%	7.21%	8.44%	6.53%	7.32%	0	/	/	/	0
生活	居住拥挤	4.37%	5.25%	5.06%	4.90%	4.89%	8.25%	/	/	/	8.25%
	互联网使用	9.29%	8.52%	8.44%	8.16%	8.60%	8.25%	/	/	/	8.25%
	生活满意自评	3.28%	3.93%	2.81%	4.08%	3.53%	4.12%	/	/	/	4.12%
工作	工作时间	4.51%	3.44%	4.22%	5.51%	4.42%	3.09%	/	/	/	3.09%
	工作合同	2.87%	1.97%	2.53%	6.12%	3.37%	0	/	/	/	0
	工作五险	4.92%	3.44%	3.38%	0.61%	3.09%	6.19%	/	/	/	6.19%
	公积金	7.38%	6.89%	7.17%	7.35%	7.20%	6.19%	/	/	/	6.19%
融合	户籍歧视	5.46%	2.62%	2.25%	3.27%	3.40%	4.12%	/	/	/	4.12%
	贫富歧视	0	0	0	0	0	0	/	/	/	0
	组织参与	9.84%	9.84%	10.13%	8.98%	9.69%	8.25%	/	/	/	8.25%

附表 2-85　　本省就业城镇居民多维贫困指数分解（1）

维度	指标	k=1					k=2				
		2010 年	2012 年	2014 年	2016 年	均值	2010 年	2012 年	2014 年	2016 年	均值
收入	年收入	3.80%	5.18%	3.19%	3.89%	4.01%	9.59%	12.55%	6.59%	6.73%	8.86%
教育	学历教育	1.76%	1.83%	2.39%	2.59%	2.14%	4.39%	4.43%	4.94%	5.39%	4.79%
	非学历教育	28.39%	24.96%	24.52%	24.21%	25.52%	19.97%	18.82%	19.21%	19.53%	19.38%
健康	自评健康	1.17%	5.07%	3.59%	7.06%	4.22%	2.40%	5.66%	4.03%	9.43%	5.38%
	慢性病	2.34%	4.36%	7.71%	9.37%	5.94%	2.40%	4.43%	6.22%	8.53%	5.39%
	身体质量指数	9.46%	10.76%	10.90%	11.10%	10.55%	8.26%	7.87%	8.78%	8.08%	8.25%
生活	居住拥挤	4.39%	6.19%	6.78%	4.47%	5.46%	4.79%	5.66%	6.59%	4.49%	5.38%
	互联网使用	7.61%	7.10%	5.32%	4.03%	6.02%	8.26%	7.63%	7.32%	6.29%	7.37%
	生活满意自评	3.41%	2.64%	2.39%	2.31%	2.69%	4.79%	3.69%	2.93%	3.59%	3.75%
工作	工作时间	4.54%	3.35%	5.48%	6.05%	4.85%	5.19%	4.43%	6.31%	5.72%	5.41%
	工作合同	1.10%	2.05%	2.29%	1.19%	1.66%	1.60%	2.21%	3.29%	1.68%	2.20%
	工作五险	1.98%	1.60%	1.10%	0.43%	1.28%	3.00%	1.66%	1.37%	1.01%	1.76%
	公积金	7.90%	7.46%	7.08%	7.46%	7.47%	7.79%	6.46%	7.41%	7.41%	7.27%
融合	户籍歧视	5.07%	1.93%	1.73%	2.59%	2.83%	5.33%	2.46%	2.93%	2.69%	3.35%
	贫富歧视	0	0	0	0	0	0	0	0	0	0
	组织参与	17.07%	15.53%	15.55%	13.26%	15.35%	12.25%	12.05%	12.08%	9.43%	11.45%

附表 2-86　　本省就业城镇居民多维贫困指数分解（2）

维度	指标	k=3					k=4				
		2010 年	2012 年	2014 年	2016 年	均值	2010 年	2012 年	2014 年	2016 年	均值
收入	年收入	23.90%	18.52%	13.19%	0	13.90%	/	24.49%	22.64%	/	23.57%
教育	学历教育	9.56%	9.26%	13.19%	14.46%	11.62%	/	12.24%	11.32%	/	11.78%
	非学历教育	14.34%	14.81%	13.19%	14.46%	14.20%	/	12.24%	11.32%	/	11.78%
健康	自评健康	3.19%	4.94%	0	9.64%	4.44%	/	8.16%	0	/	4.08%
	慢性病	4.78%	1.23%	8.79%	9.64%	6.11%	/	0	7.55%	/	3.77%
	身体质量指数	4.78%	6.17%	8.79%	4.82%	6.14%	/	8.16%	7.55%	/	7.86%
生活	居住拥挤	1.59%	3.70%	8.79%	4.82%	4.73%	/	0	7.55%	/	3.77%
	互联网使用	4.78%	8.64%	8.79%	9.64%	7.96%	/	8.16%	7.55%	/	7.86%
	生活满意自评	4.78%	4.94%	0	4.82%	3.63%	/	0	0	/	0
工作	工作时间	2.39%	5.56%	3.30%	3.61%	3.71%	/	6.12%	5.66%	/	5.89%
	工作合同	2.39%	2.78%	3.30%	3.61%	3.02%	/	0	0	/	0
	工作五险	3.59%	2.78%	3.30%	3.61%	3.32%	/	6.12%	5.66%	/	5.89%
	公积金	7.17%	5.56%	6.59%	7.23%	6.64%	/	6.12%	5.66%	/	5.89%
融合	户籍歧视	4.78%	1.23%	0	0	1.50%	/	0	0	/	0
	贫富歧视	0	0	0	0	0	/	0	0	/	0
	组织参与	7.97%	9.88%	8.79%	9.64%	9.07%	/	8.16%	7.55%	/	7.86%

附表 2-87　　外省就业城镇居民多维贫困指数分解（1）

维度	指标	k = 1					k = 2				
		2010 年	2012 年	2014 年	2016 年	均值	2010 年	2012 年	2014 年	2016 年	均值
收入	年收入	1.50%	3.07%	3.46%	5.37%	3.35%	2.87%	6.61%	7.27%	11.04%	6.95%
教育	学历教育	2.25%	2.30%	2.59%	2.68%	2.46%	4.31%	4.96%	5.45%	5.52%	5.06%
	非学历教育	26.22%	24.58%	21.61%	19.67%	23.02%	21.53%	18.18%	14.55%	18.40%	18.17%
健康	自评健康	1.50%	5.12%	4.03%	4.77%	3.86%	2.87%	3.31%	6.06%	2.45%	3.67%
	慢性病	0.50%	1.54%	3.46%	5.96%	2.86%	0	2.20%	4.85%	6.13%	3.30%
	身体质量指数	7.99%	8.19%	7.49%	7.15%	7.71%	5.74%	6.61%	9.70%	6.13%	7.05%
生活	居住拥挤	3.50%	5.63%	4.61%	5.37%	4.78%	4.78%	4.41%	3.64%	3.68%	4.13%
	互联网使用	10.49%	8.71%	9.22%	7.15%	8.89%	11.48%	12.12%	9.70%	8.59%	10.47%
	生活满意自评	3.50%	1.54%	1.15%	1.19%	1.84%	2.87%	3.31%	1.21%	1.23%	2.15%
工作	工作时间	5.62%	6.15%	6.92%	9.39%	7.02%	5.74%	7.44%	5.45%	8.28%	6.73%
	工作合同	3.00%	3.46%	3.89%	1.79%	3.03%	4.31%	4.96%	1.82%	2.76%	3.46%
	工作五险	5.24%	3.07%	4.32%	1.79%	3.61%	6.46%	3.31%	4.55%	2.76%	4.27%
	公积金	9.74%	10.76%	9.94%	9.84%	10.07%	10.77%	8.26%	10.00%	8.28%	9.33%
融合	户籍歧视	2.00%	1.54%	1.15%	3.58%	2.07%	2.87%	2.20%	2.42%	4.91%	3.10%
	贫富歧视	0	0	0	0	0	0	0	0	0	0
	组织参与	16.98%	14.34%	16.14%	14.31%	15.44%	13.40%	12.12%	13.33%	9.82%	12.17%

附表 2-88　　外省就业城镇居民多维贫困指数分解（2）

维度	指标	k = 3				
		2010 年	2012 年	2014 年	2016 年	均值
收入	年收入	0	10.71%	13.95%	29.27%	13.48%
教育	学历教育	14.63%	10.71%	13.95%	14.63%	13.48%
	非学历教育	14.63%	16.07%	13.95%	14.63%	14.82%
健康	自评健康	0	0	0	0	0
	慢性病	0	3.57%	4.65%	0	2.06%
	身体质量指数	9.76%	7.14%	9.30%	9.76%	8.99%
生活	居住拥挤	9.76%	0	4.65%	0	3.60%
	互联网使用	9.76%	10.71%	4.65%	0	6.28%
	生活满意自评	9.76%	0	4.65%	0	3.60%
工作	工作时间	0	8.04%	6.98%	7.32%	5.58%
	工作合同	7.32%	8.04%	0	0	3.84%
	工作五险	7.32%	2.68%	6.98%	7.32%	6.07%
	公积金	7.32%	8.04%	6.98%	7.32%	7.41%
融合	户籍歧视	0	3.57%	0	0	0.89%
	贫富歧视	0	0	0	0	0
	组织参与	9.76%	10.71%	9.30%	9.76%	9.88%

附表 2－89　　制造业城镇居民多维贫困指数分解（1）

维度	指标	k = 1					k = 2				
		2010 年	2012 年	2014 年	2016 年	均值	2010 年	2012 年	2014 年	2016 年	均值
收入	年收入	2.11%	3.13%	3.14%	5.64%	3.51%	4.34%	5.70%	5.58%	8.13%	5.94%
教育	学历教育	2.56%	2.91%	3.61%	3.61%	3.17%	4.65%	5.22%	7.30%	5.96%	5.78%
	非学历教育	27.42%	26.45%	24.41%	24.50%	25.69%	20.77%	19.94%	19.53%	19.51%	19.94%
健康	自评健康	2.21%	5.66%	4.31%	6.02%	4.55%	2.79%	6.33%	4.58%	6.14%	4.96%
	慢性病	1.76%	3.92%	5.92%	7.07%	4.67%	2.27%	4.33%	5.58%	5.78%	4.49%
	身体质量指数	8.44%	8.89%	10.60%	10.24%	9.54%	7.85%	8.12%	8.58%	8.85%	8.35%
生活	居住拥挤	4.02%	4.42%	4.01%	5.34%	4.45%	4.96%	5.06%	3.86%	4.34%	4.56%
	互联网使用	10.85%	10.33%	8.81%	7.22%	9.30%	10.64%	10.23%	10.16%	8.31%	9.84%
	生活满意自评	3.31%	1.99%	1.85%	1.81%	2.24%	3.93%	2.85%	1.86%	2.17%	2.70%
工作	工作时间	4.07%	3.35%	7.03%	6.89%	5.33%	4.96%	3.72%	6.22%	6.50%	5.35%
	工作合同	1.24%	2.20%	2.27%	1.98%	1.92%	1.86%	2.61%	3.11%	3.25%	2.71%
	工作五险	1.85%	1.97%	1.06%	0.73%	1.40%	2.87%	2.61%	1.82%	1.36%	2.16%
	公积金	9.19%	8.19%	7.07%	6.83%	7.82%	9.30%	8.07%	7.51%	7.59%	8.12%
融合	户籍歧视	4.82%	2.23%	1.48%	2.03%	2.64%	5.79%	2.74%	2.00%	2.35%	3.22%
	贫富歧视	0	0	0	0	0	0	0	0	0	0
	组织参与	16.17%	14.35%	14.42%	10.08%	13.76%	13.02%	12.45%	12.30%	9.76%	11.88%

附表 2－90　　制造业城镇居民多维贫困指数分解（2）

维度	指标	k = 3					k = 4				
		2010 年	2012 年	2014 年	2016 年	均值	2010 年	2012 年	2014 年	2016 年	均值
收入	年收入	13.67%	17.52%	10.15%	11.04%	13.09%	25.00%	21.82%	23.53%	/	23.45%
教育	学历教育	6.83%	5.84%	7.61%	11.04%	7.83%	12.50%	0	0	/	4.17%
	非学历教育	15.03%	14.60%	13.95%	14.72%	14.58%	12.50%	10.91%	11.76%	/	11.72%
健康	自评健康	2.73%	4.87%	5.92%	4.91%	4.61%	8.33%	7.27%	7.84%	/	7.82%
	慢性病	1.82%	4.87%	6.77%	4.91%	4.59%	0	7.27%	7.84%	/	5.04%
	身体质量指数	7.29%	4.87%	9.30%	9.82%	7.82%	8.33%	7.27%	7.84%	/	7.82%
生活	居住拥挤	2.73%	5.84%	5.92%	3.68%	4.54%	0	7.27%	7.84%	/	5.04%
	互联网使用	9.11%	8.76%	10.15%	9.82%	9.46%	0	0	7.84%	/	2.61%
	生活满意自评	3.64%	3.89%	2.54%	2.45%	3.13%	0	7.27%	0	/	2.42%
工作	工作时间	4.10%	4.38%	3.17%	3.68%	3.83%	6.25%	5.45%	0	/	3.90%
	工作合同	3.42%	1.46%	2.54%	4.60%	3.00%	6.25%	0	5.88%	/	4.04%
	工作五险	4.78%	3.65%	2.54%	0.92%	2.97%	6.25%	5.45%	5.88%	/	5.86%
	公积金	7.52%	5.84%	7.61%	7.36%	7.08%	6.25%	5.45%	5.88%	/	5.86%
融合	户籍歧视	7.29%	3.89%	1.69%	3.68%	4.14%	0	7.27%	0	/	2.42%
	贫富歧视	0	0	0	0	0	0	0	0	/	0
	组织参与	10.02%	9.73%	10.15%	7.36%	9.32%	8.33%	7.27%	7.84%	/	7.82%

附表 2－91　　建筑业城镇居民多维贫困指数分解（1）

维度	指标	k＝1					k＝2				
		2010 年	2012 年	2014 年	2016 年	均值	2010 年	2012 年	2014 年	2016 年	均值
收入	年收入	1.12%	2.47%	2.86%	7.57%	3.50%	2.35%	5.00%	3.95%	10.60%	5.47%
教育	学历教育	2.80%	3.21%	3.22%	3.78%	3.25%	4.11%	6.01%	6.91%	5.30%	5.58%
	非学历教育	26.90%	25.68%	18.60%	18.60%	22.45%	20.53%	19.52%	15.79%	13.54%	17.34%
健康	自评健康	1.87%	5.43%	5.49%	5.25%	4.51%	3.13%	6.67%	5.92%	5.50%	5.30%
	慢性病	2.99%	4.28%	7.63%	7.99%	5.72%	3.91%	4.34%	8.55%	8.64%	6.36%
	身体质量指数	10.65%	10.37%	10.73%	9.67%	10.36%	8.60%	8.34%	9.21%	9.42%	8.89%
生活	居住拥挤	5.04%	5.27%	5.96%	4.20%	5.12%	5.87%	4.34%	4.61%	3.53%	4.59%
	互联网使用	10.46%	10.53%	9.78%	9.67%	10.11%	12.12%	11.34%	12.50%	8.24%	11.05%
	生活满意自评	3.36%	2.47%	2.62%	2.10%	2.64%	4.30%	3.00%	3.29%	1.96%	3.14%
工作	工作时间	4.34%	4.07%	6.62%	8.04%	5.77%	5.28%	5.25%	5.43%	7.36%	5.83%
	工作合同	1.12%	1.98%	2.15%	2.05%	1.82%	1.76%	2.75%	1.97%	2.36%	2.21%
	工作五险	2.10%	1.98%	1.43%	0.63%	1.53%	2.64%	2.00%	1.97%	0.88%	1.87%
	公积金	6.87%	7.28%	7.16%	7.41%	7.18%	8.21%	7.76%	7.40%	7.36%	7.68%
融合	户籍歧视	5.23%	1.48%	1.43%	2.94%	2.77%	5.47%	2.34%	1.32%	4.71%	3.46%
	贫富歧视	0	0	0	0	0	0	0	0	0	0
	组织参与	15.13%	13.50%	14.31%	10.09%	13.26%	11.73%	11.34%	11.18%	10.60%	11.21%

附表 2－92　　建筑业城镇居民多维贫困指数分解（2）

维度	指标	k＝3				
		2010 年	2012 年	2014 年	2016 年	均值
收入	年收入	0	0	0	19.83%	4.96%
教育	学历教育	16.22%	15.19%	13.33%	4.96%	12.42%
	非学历教育	16.22%	15.19%	13.33%	4.96%	12.42%
健康	自评健康	0	2.53%	0	9.92%	3.11%
	慢性病	0	7.59%	8.89%	9.92%	6.60%
	身体质量指数	0	7.59%	8.89%	3.31%	4.95%
生活	居住拥挤	0	7.59%	8.89%	3.31%	4.95%
	互联网使用	10.81%	10.13%	8.89%	6.61%	9.11%
	生活满意自评	10.81%	2.53%	8.89%	6.61%	7.21%
工作	工作时间	8.11%	7.59%	6.67%	7.44%	7.45%
	工作合同	0	1.90%	0	2.48%	1.09%
	工作五险	8.11%	1.90%	6.67%	2.48%	4.79%
	公积金	8.11%	7.59%	6.67%	4.96%	6.83%
融合	户籍歧视	10.81%	2.53%	0	3.31%	4.16%
	贫富歧视	0	0	0	0	0
	组织参与	10.81%	10.13%	8.89%	9.92%	9.94%

附表 2 - 93　　服务业城镇居民多维贫困指数分解（1）

维度	指标	k = 1					k = 2				
		2010 年	2012 年	2014 年	2016 年	均值	2010 年	2012 年	2014 年	2016 年	均值
收入	年收入	3.64%	4.45%	4.88%	3.28%	4.06%	6.29%	7.29%	8.02%	5.97%	6.89%
教育	学历教育	2.76%	2.60%	3.08%	3.42%	2.96%	4.60%	3.90%	4.95%	5.26%	4.68%
	非学历教育	25.21%	23.76%	22.74%	22.22%	23.48%	19.64%	19.10%	18.58%	18.47%	18.95%
健康	自评健康	1.96%	4.85%	4.16%	6.08%	4.26%	2.92%	5.11%	4.63%	7.10%	4.94%
	慢性病	2.09%	3.37%	5.26%	7.12%	4.46%	2.54%	3.27%	4.72%	7.01%	4.39%
	身体质量指数	7.48%	7.97%	8.85%	9.59%	8.47%	7.26%	7.54%	7.31%	8.62%	7.68%
生活	居住拥挤	3.76%	5.99%	4.21%	3.80%	4.44%	3.97%	5.78%	4.55%	3.60%	4.47%
	互联网使用	9.45%	8.07%	7.17%	6.41%	7.77%	9.65%	9.13%	8.56%	8.24%	8.90%
	生活满意自评	3.39%	2.67%	2.01%	1.57%	2.41%	4.27%	3.35%	2.58%	1.61%	2.95%
工作	工作时间	4.86%	4.12%	6.03%	7.26%	5.57%	5.33%	4.65%	5.88%	6.39%	5.56%
	工作合同	1.82%	3.12%	2.73%	2.88%	2.64%	2.36%	3.71%	3.14%	2.91%	3.03%
	工作五险	3.64%	3.16%	2.26%	1.28%	2.58%	4.49%	4.08%	2.54%	1.63%	3.19%
	公积金	9.59%	9.06%	9.32%	9.47%	9.36%	8.87%	8.67%	8.76%	8.88%	8.79%
融合	户籍歧视	4.31%	2.23%	2.39%	2.23%	2.79%	5.09%	2.26%	3.39%	2.94%	3.42%
	贫富歧视	0	0	0	0	0	0	0	0	0	0
	组织参与	16.05%	14.60%	14.92%	13.39%	14.74%	12.72%	12.15%	12.39%	11.37%	12.16%

附表 2 - 94　　服务业城镇居民多维贫困指数分解（2）

维度	指标	k = 3					k = 4				
		2010 年	2012 年	2014 年	2016 年	均值	2010 年	2012 年	2014 年	2016 年	均值
收入	年收入	15.52%	14.91%	16.97%	11.24%	14.66%	24.66%	24.49%	23.23%	/	24.12%
教育	学历教育	7.76%	7.45%	7.71%	10.11%	8.26%	8.22%	12.24%	3.87%	/	8.11%
	非学历教育	14.33%	14.91%	13.11%	13.48%	13.96%	12.33%	12.24%	11.61%	/	12.06%
健康	自评健康	3.98%	7.45%	4.11%	7.49%	5.76%	2.74%	8.16%	2.58%	/	4.49%
	慢性病	2.39%	2.90%	5.14%	5.99%	4.11%	0	0	7.74%	/	2.58%
	身体质量指数	6.77%	7.04%	7.20%	8.24%	7.31%	2.74%	8.16%	7.74%	/	6.21%
生活	居住拥挤	4.78%	4.14%	4.63%	3.00%	4.14%	5.48%	0	2.58%	/	2.69%
	互联网使用	7.96%	8.70%	7.20%	8.24%	8.02%	8.22%	8.16%	7.74%	/	8.04%
	生活满意自评	4.78%	2.90%	3.60%	2.25%	3.38%	2.74%	0	5.16%	/	2.63%
工作	工作时间	4.48%	4.35%	4.63%	5.62%	4.77%	6.16%	6.12%	3.87%	/	5.39%
	工作合同	2.39%	3.11%	3.08%	2.81%	2.85%	0	0	3.87%	/	1.29%
	工作五险	4.18%	3.73%	4.24%	2.25%	3.60%	4.11%	6.12%	3.87%	/	4.70%
	公积金	7.16%	6.83%	6.56%	7.30%	6.96%	6.16%	6.12%	5.81%	/	6.03%
融合	户籍歧视	4.38%	1.66%	2.57%	3.00%	2.90%	8.22%	0	2.58%	/	3.60%
	贫富歧视	0	0	0	0	0	0	0	0	/	0
	组织参与	9.15%	9.94%	9.25%	8.99%	9.33%	8.22%	8.16%	7.74%	/	8.04%

附表 2－95　　技术业城镇居民多维贫困指数分解（1）

维度	指标	k＝1					k＝2				
		2010 年	2012 年	2014 年	2016 年	均值	2010 年	2012 年	2014 年	2016 年	均值
收入	年收入	1.78%	2.53%	3.36%	5.97%	3.41%	5.88%	6.75%	8.32%	7.15%	7.02%
教育	学历教育	1.02%	1.48%	1.58%	1.66%	1.44%	3.17%	3.19%	4.16%	5.16%	3.92%
	非学历教育	29.44%	25.63%	21.55%	19.13%	23.94%	20.13%	19.49%	17.27%	17.47%	18.59%
健康	自评健康	1.87%	5.54%	5.73%	7.44%	5.15%	3.47%	6.75%	7.04%	8.21%	6.36%
	慢性病	2.87%	5.59%	8.37%	11.20%	7.01%	2.86%	5.00%	6.82%	9.00%	5.92%
	身体质量指数	10.06%	10.65%	11.93%	12.53%	11.29%	10.10%	8.62%	10.23%	8.74%	9.42%
生活	居住拥挤	3.87%	6.05%	6.19%	5.75%	5.47%	4.37%	5.50%	5.12%	5.29%	5.07%
	互联网使用	9.02%	8.31%	7.38%	6.71%	7.85%	9.35%	9.50%	9.59%	9.00%	9.36%
	生活满意自评	2.14%	1.97%	1.12%	1.70%	1.73%	3.92%	3.25%	1.28%	2.91%	2.84%
工作	工作时间	3.69%	2.25%	3.61%	4.53%	3.52%	5.20%	3.00%	2.40%	3.77%	3.59%
	工作合同	0.55%	1.34%	1.43%	1.66%	1.24%	1.13%	2.44%	2.72%	2.18%	2.12%
	工作五险	1.88%	1.20%	0.59%	0.44%	1.03%	3.39%	2.16%	0.96%	0.60%	1.78%
	公积金	8.68%	7.89%	6.52%	7.13%	7.55%	8.48%	8.25%	8.32%	7.54%	8.15%
融合	户籍歧视	4.46%	2.39%	2.37%	2.80%	3.01%	5.13%	3.25%	3.41%	2.12%	3.48%
	贫富歧视	0	0	0	0	0	0	0	0	0	0
	组织参与	18.67%	17.18%	18.25%	11.35%	16.36%	13.42%	12.87%	12.37%	10.85%	12.38%

附表 2－96　　技术业城镇居民多维贫困指数分解（2）

维度	指标	k＝3					k＝4				
		2010 年	2012 年	2014 年	2016 年	均值	2010 年	2012 年	2014 年	2016 年	均值
收入	年收入	16.62%	25.85%	16.72%	11.94%	17.78%	25.00%	/	25.00%	/	25.00%
教育	学历教育	6.65%	3.69%	8.36%	14.93%	8.41%	0	/	0	/	0
	非学历教育	14.96%	14.77%	14.63%	14.93%	14.82%	12.50%	/	12.50%	/	12.50%
健康	自评健康	6.65%	4.92%	5.57%	5.97%	5.78%	8.33%	/	8.33%	/	8.33%
	慢性病	4.43%	4.92%	4.18%	5.97%	4.88%	8.33%	/	0	/	4.17%
	身体质量指数	7.76%	8.62%	8.36%	1.99%	6.68%	0	/	8.33%	/	4.17%
生活	居住拥挤	1.11%	3.69%	4.18%	3.98%	3.24%	8.33%	/	0	/	4.17%
	互联网使用	6.65%	7.38%	9.76%	9.95%	8.43%	8.33%	/	8.33%	/	8.33%
	生活满意自评	4.43%	2.46%	2.79%	3.98%	3.42%	8.33%	/	8.33%	/	8.33%
工作	工作时间	2.49%	0.92%	1.05%	2.99%	1.86%	0	/	6.25%	/	3.13%
	工作合同	1.66%	1.85%	3.14%	5.97%	3.15%	0	/	0	/	0
	工作五险	3.32%	0.92%	0	0	1.06%	6.25%	/	0	/	3.13%
	公积金	6.65%	6.46%	7.32%	7.46%	6.97%	6.25%	/	6.25%	/	6.25%
融合	户籍歧视	6.65%	3.69%	4.18%	0	3.63%	0	/	8.33%	/	4.17%
	贫富歧视	0	0	0	0	0	0	/	0	/	0
	组织参与	9.97%	9.85%	9.76%	9.95%	9.88%	8.33%	/	8.33%	/	8.33%

附表 2-97　　其他职业城镇居民多维贫困指数分解（1）

维度	指标	k=1					k=2				
		2010 年	2012 年	2014 年	2016 年	均值	2010 年	2012 年	2014 年	2016 年	均值
收入	年收入	3.43%	2.89%	5.68%	5.73%	4.43%	7.00%	7.27%	9.50%	9.92%	8.42%
教育	学历教育	4.57%	4.34%	3.79%	4.30%	4.25%	8.17%	10.91%	4.75%	4.96%	7.20%
	非学历教育	26.86%	13.01%	17.03%	21.48%	19.60%	18.68%	14.55%	17.41%	19.83%	17.62%
健康	自评健康	1.52%	4.82%	4.42%	6.68%	4.36%	1.56%	7.27%	2.11%	6.61%	4.39%
	慢性病	0.76%	3.86%	5.68%	5.73%	4.01%	0	4.85%	3.17%	3.31%	2.83%
	身体质量指数	8.76%	15.42%	11.36%	8.59%	11.03%	9.34%	7.27%	8.44%	6.61%	7.92%
生活	居住拥挤	2.67%	2.89%	4.42%	3.82%	3.45%	3.89%	0	5.28%	4.96%	3.53%
	互联网使用	11.05%	5.78%	8.83%	13.37%	9.76%	10.12%	9.70%	10.55%	9.92%	10.07%
	生活满意自评	2.29%	2.89%	2.52%	1.91%	2.40%	3.89%	7.27%	2.11%	3.31%	4.15%
工作	工作时间	3.71%	6.51%	4.26%	5.73%	5.05%	4.67%	1.82%	3.17%	6.20%	3.96%
	工作合同	2.29%	2.89%	4.26%	0.72%	2.54%	2.92%	3.64%	6.33%	1.24%	3.53%
	工作五险	3.14%	2.17%	3.31%	1.43%	2.51%	4.67%	3.64%	3.96%	2.48%	3.69%
	公积金	11.43%	12.29%	8.04%	7.16%	9.73%	8.75%	7.27%	9.50%	7.44%	8.24%
融合	户籍歧视	2.67%	1.93%	0.63%	2.86%	2.02%	4.67%	4.85%	0	1.65%	2.79%
	贫富歧视	0	0	0	0	0	0	0	0	0	0
	组织参与	14.86%	18.31%	15.77%	10.50%	14.86%	11.67%	9.70%	13.72%	11.57%	11.67%

附表 2-98　　其他职业城镇居民多维贫困指数分解（2）

维度	指标	k=3					k=4				
		2010 年	2012 年	2014 年	2016 年	均值	2010 年	2012 年	2014 年	2016 年	均值
收入	年收入	7.32%	8.82%	31.58%	13.64%	15.34%	/	12.37%	/	/	12.37%
教育	学历教育	14.63%	13.24%	15.79%	13.64%	14.32%	/	12.37%	/	/	12.37%
	非学历教育	14.63%	13.24%	15.79%	13.64%	14.32%	/	12.37%	/	/	12.37%
健康	自评健康	2.44%	8.82%	0	4.55%	3.95%	/	8.25%	/	/	8.25%
	慢性病	0	5.88%	0	4.55%	2.61%	/	4.12%	/	/	4.12%
	身体质量指数	9.76%	5.88%	0	4.55%	5.05%	/	4.12%	/	/	4.12%
生活	居住拥挤	4.88%	0	0	0	1.22%	/	0	/	/	0
	互联网使用	9.76%	8.82%	10.53%	9.09%	9.55%	/	8.25%	/	/	8.25%
	生活满意自评	4.88%	5.88%	0	9.09%	4.96%	/	4.12%	/	/	4.12%
工作	工作时间	1.83%	2.21%	0	3.41%	1.86%	/	3.09%	/	/	3.09%
	工作合同	3.66%	4.41%	0	0	2.02%	/	6.19%	/	/	6.19%
	工作五险	1.83%	4.41%	7.89%	3.41%	4.39%	/	6.19%	/	/	6.19%
	公积金	7.32%	6.62%	7.89%	6.82%	7.16%	/	6.19%	/	/	6.19%
融合	户籍歧视	7.32%	2.94%	0	4.55%	3.70%	/	4.12%	/	/	4.12%
	贫富歧视	0	0	0	0	0	/	0	/	/	0
	组织参与	9.76%	8.82%	10.53%	9.09%	9.55%	/	8.25%	/	/	8.25%

附表 3-1　　不同维度下农民工多维贫困年数

年数	k=1		k=2		k=3		k=4		k=5	
	人数	发生率	人数	发生率	人数	发生率	人数	发生率	人数	发生率
m=1	11	0.78%	221	15.76%	298	21.26%	80	5.71%	2	0.14%
m=2	44	3.14%	237	16.90%	143	10.20%	26	1.85%	1	0.07%
m=3	92	6.56%	244	17.40%	72	5.14%	5	0.36%	0	0
m=4	1253	89.37%	559	39.87%	41	2.92%	0	0	0	0

附表 3-2　　不同维度下新老农民工多维贫困年数

特征	年数	k=1		k=2		k=3		k=4		k=5	
		人数	发生率	人数	发生率	人数	发生率	人数	发生率	人数	发生率
新农民工	m=1	4	0.29%	94	6.70%	87	6.21%	11	0.78%	0	0
	m=2	23	1.64%	98	6.99%	23	1.64%	3	0.21%	0	0
	m=3	40	2.85%	73	5.21%	7	0.50%	0	0	0	0
	m=4	343	24.47%	85	6.06%	4	0.29%	0	0	0	0
老农民工	m=1	7	0.50%	127	9.06%	211	15.05%	69	4.92%	2	0.14%
	m=2	21	1.50%	139	9.91%	120	8.56%	23	1.64%	1	0.07%
	m=3	52	3.71%	171	12.20%	65	4.64%	5	0.36%	0	0
	m=4	910	64.91%	474	33.81%	37	2.64%	0	0	0	0

附表 3-3　　不同维度下不同性别农民工多维贫困年数

特征	年数	k=1		k=2		k=3		k=4		k=5	
		人数	发生率	人数	发生率	人数	发生率	人数	发生率	人数	发生率
男性	m=1	3	0.21%	147	10.49%	187	13.34%	47	3.35%	1	0.07%
	m=2	26	1.85%	158	11.27%	73	5.21%	7	0.50%	0	0
	m=3	55	3.92%	166	11.84%	43	3.07%	0	0	0	0
	m=4	829	59.13%	359	25.61%	21	1.50%	0	0	0	0
女性	m=1	8	0.57%	74	5.28%	111	7.92%	33	2.35%	1	0.07%
	m=2	18	1.28%	79	5.63%	70	4.99%	19	1.36%	1	0.07%
	m=3	37	2.64%	78	5.56%	29	2.07%	5	0.36%	0	0
	m=4	424	30.24%	200	14.27%	20	1.43%	0	0	0	0

附表 3－4　不同维度下不同婚姻状况农民工多维贫困年数

特征	年数	k＝1		k＝2		k＝3		k＝4		k＝5	
		人数	发生率	人数	发生率	人数	发生率	人数	发生率	人数	发生率
已婚	m＝1	10	0.71%	180	12.84%	251	17.90%	68	4.85%	2	0.14%
	m＝2	34	2.43%	187	13.34%	124	8.84%	24	1.71%	1	0.07%
	m＝3	69	4.92%	205	14.62%	66	4.71%	4	0.29%	0	0
	m＝4	1085	77.39%	512	36.52%	34	2.43%	0	0	0	0
未婚	m＝1	1	0.07%	41	2.92%	47	3.35%	12	0.86%	0	0
	m＝2	10	0.71%	50	3.57%	19	1.36%	2	0.14%	0	0
	m＝3	23	1.64%	39	2.78%	6	0.43%	1	0.07%	0	0
	m＝4	168	11.98%	47	3.35%	7	0.50%	0	0	0	0

附表 3－5　不同维度下不同就业地点农民工多维贫困年数

特征	年数	k＝1		k＝2		k＝3		k＝4		k＝5	
		人数	发生率	人数	发生率	人数	发生率	人数	发生率	人数	发生率
本镇	m＝1	6	0.43%	125	8.92%	180	12.84%	46	3.28%	0	0
	m＝2	25	1.78%	135	9.63%	80	5.71%	13	0.93%	1	0.07%
	m＝3	52	3.71%	131	9.34%	40	2.85%	5	0.36%	0	0
	m＝4	699	49.86%	315	22.47%	19	1.36%	0	0	0	0
本县	m＝1	5	0.36%	54	3.85%	72	5.14%	18	1.28%	2	0.14%
	m＝2	12	0.86%	61	4.35%	40	2.85%	9	0.64%	0	0
	m＝3	21	1.50%	68	4.85%	21	1.50%	0	0	0	0
	m＝4	335	23.89%	153	10.91%	14	1.00%	0	0	0	0
本省	m＝1	0	0	22	1.57%	27	1.93%	9	0.64%	0	0
	m＝2	3	0.21%	24	1.71%	13	0.93%	2	0.14%	0	0
	m＝3	12	0.86%	23	1.64%	6	0.43%	0	0	0	0
	m＝4	128	9.13%	56	3.99%	5	0.36%	0	0	0	0
外省	m＝1	0	0	20	1.43%	19	1.36%	7	0.50%	0	0
	m＝2	4	0.29%	17	1.21%	10	0.71%	2	0.14%	0	0
	m＝3	7	0.50%	22	1.57%	5	0.36%	0	0	0	0
	m＝4	91	6.49%	35	2.50%	3	0.21%	0	0	0	0

附表 3-6　　不同维度下不同职业类型农民工多维贫困年数

特征	年数	k=1		k=2		k=3		k=4		k=5	
		人数	发生率	人数	发生率	人数	发生率	人数	发生率	人数	发生率
制造	m=1	1	0.07%	78	5.56%	79	5.63%	18	1.28%	0	0
	m=2	18	1.28%	73	5.21%	42	3.00%	5	0.36%	1	0.07%
	m=3	24	1.71%	90	6.42%	18	1.28%	3	0.21%	0	0
	m=4	420	29.96%	170	12.13%	14	1.00%	0	0	0	0
建筑	m=1	1	0.07%	23	1.64%	31	2.21%	8	0.57%	0	0
	m=2	4	0.29%	19	1.36%	15	1.07%	3	0.21%	0	0
	m=3	12	0.86%	20	1.43%	7	0.50%	0	0	0	0
	m=4	128	9.13%	70	4.99%	6	0.43%	0	0	0	0
服务	m=1	2	0.14%	46	3.28%	75	5.35%	14	1.00%	0	0
	m=2	7	0.50%	61	4.35%	31	2.21%	2	0.14%	0	0
	m=3	14	1.00%	45	3.21%	10	0.71%	2	0.14%	0	0
	m=4	280	19.97%	125	8.92%	5	0.36%	0	0	0	0
技术	m=1	7	0.50%	43	3.07%	27	1.93%	7	0.50%	0	0
	m=2	13	0.93%	31	2.21%	4	0.29%	0	0	0	0
	m=3	31	2.21%	25	1.78%	4	0.29%	0	0	0	0
	m=4	121	8.63%	34	2.43%	0	0	0	0	0	0
其他	m=1	0	0	31	2.21%	86	6.13%	33	2.35%	0	0.14%
	m=2	2	0.14%	53	3.78%	51	3.64%	16	1.14%	2	0
	m=3	11	0.78%	64	4.56%	33	2.35%	0	0	0	0
	m=4	304	21.68%	160	11.41%	16	1.14%	0	0	0	0

附表 3-7　　不同维度下农民工多维贫困持续年数

年数	k=1		k=2		k=3		k=4		k=5	
	人数	发生率	人数	发生率	人数	发生率	人数	发生率	人数	发生率
m=2	1383	98.64%	946	67.48%	189	13.48%	22	1.57%	1	0.07%
m=3	1307	93.22%	677	48.29%	81	5.78%	2	0.14%	0	0
m=4	1253	89.37%	559	39.87%	41	2.92%	0	0	0	0

附表 3－8　不同维度下不同代际农民工多维贫困持续年数

特征	年数	k＝1		k＝2		k＝3		k＝4		k＝5	
		人数	发生率	人数	发生率	人数	发生率	人数	发生率	人数	发生率
新农民工	m＝2	403	28.74%	216	15.41%	21	1.50%	3	0.21%	0	0
	m＝3	366	26.11%	116	8.27%	7	0.50%	0	0	0	0
	m＝4	343	24.47%	85	6.06%	4	0.29%	0	0	0	0
老农民工	m＝2	980	69.90%	730	52.07%	168	11.98%	19	1.36%	1	0.07%
	m＝3	941	67.12%	561	40.01%	74	5.28%	2	0.14%	0	0
	m＝4	91	64.91%	474	33.81%	37	2.64%	0	0	0	0

附表 3－9　不同维度下不同性别农民工多维贫困持续年数

特征	年数	k＝1		k＝2		k＝3		k＝4		k＝5	
		人数	发生率	人数	发生率	人数	发生率	人数	发生率	人数	发生率
男性	m＝2	906	64.62%	614	43.79%	104	7.42%	5	0.36%	0	0
	m＝3	859	61.27%	431	30.74%	44	3.14%	0	0	0	0
	m＝4	829	59.13%	359	25.61%	21	1.50%	0	0	0	0
女性	m＝2	477	34.02%	332	23.68%	85	6.06%	17	1.21%	1	0.07%
	m＝3	448	31.95%	246	17.55%	37	2.64%	2	0.14%	0	0
	m＝4	424	30.24%	200	14.27%	20	1.43%	0	0	0	0

附表 3－10　不同维度下不同婚姻状况农民工多维贫困持续年数

特征	年数	k＝1		k＝2		k＝3		k＝4		k＝5	
		人数	发生率	人数	发生率	人数	发生率	人数	发生率	人数	发生率
已婚	m＝2	1184	84.45%	838	59.77%	167	11.91%	20	1.43%	1	0.07%
	m＝3	1125	80.24%	614	43.79%	69	4.92%	2	0.14%	0	0
	m＝4	1085	77.39%	512	36.52%	34	2.43%	0	0	0	0
未婚	m＝2	199	14.19%	108	7.70%	22	1.57%	2	0.14%	0	0
	m＝3	182	12.98%	63	4.49%	12	0.86%	0	0	0	0
	m＝4	168	11.98%	47	3.35%	7	0.50%	0	0	0	0

附表 3 - 11　不同维度下不同就业地点农民工多维贫困持续年数

特征	年数	k = 1		k = 2		k = 3		k = 4		k = 5	
		人数	发生率	人数	发生率	人数	发生率	人数	发生率	人数	发生率
本镇	m = 2	775	55.28%	529	37.73%	101	7.20%	11	0.78%	1	0.07%
	m = 3	726	51.78%	382	27.25%	40	2.85%	2	0.14%	0	0
	m = 4	699	49.86%	315	22.47%	19	1.36%	0	0	0	0
本县	m = 2	365	26.03%	257	18.33%	60	4.28%	8	0.57%	0	0
	m = 3	351	25.04%	186	13.27%	28	2.00%	0	0	0	0
	m = 4	335	23.89%	153	10.91%	14	1.00%	0	0	0	0
本省	m = 2	142	10.13%	94	6.70%	17	1.21%	1	0.07%	0	0
	m = 3	136	9.70%	68	4.85%	6	0.43%	0	0	0	0
	m = 4	128	9.13%	56	3.99%	5	0.36%	0	0	0	0
外省	m = 2	101	7.20%	66	4.71%	11	0.78%	2	0.14%	0	0
	m = 3	94	6.70%	41	2.92%	7	0.50%	0	0	0	0
	m = 4	91	6.49%	35	2.50%	3	0.21%	0	0	0	0

附表 3 - 12　不同维度下不同职业类型农民工多维贫困持续年数

特征	年数	k = 1		k = 2		k = 3		k = 4		k = 5	
		人数	发生率	人数	发生率	人数	发生率	人数	发生率	人数	发生率
制造	m = 2	459	32.74%	306	21.83%	56	3.99%	4	0.29%	1	0.07%
	m = 3	435	31.03%	219	15.62%	22	1.57%	2	0.14%	0	0
	m = 4	420	29.96%	170	12.13%	14	1.00%	0	0	0	0
建筑	m = 2	142	10.13%	99	7.06%	17	1.21%	2	0.14%	0	0
	m = 3	135	9.63%	76	5.42%	11	0.78%	0	0	0	0
	m = 4	128	9.13%	70	4.99%	6	0.43%	0	0	0	0
服务	m = 2	301	21.47%	210	14.98%	31	2.21%	3	0.21%	0	0
	m = 3	289	20.61%	143	10.20%	8	0.57%	0	0	0	0
	m = 4	280	19.97%	125	8.92%	5	0.36%	0	0	0	0
技术	m = 2	164	11.70%	78	5.56%	7	0.50%	0	0	0	0
	m = 3	139	9.91%	51	3.64%	3	0.21%	0	0	0	0
	m = 4	121	8.63%	34	2.43%	0	0	0	0	0	0
其他	m = 2	317	22.61%	253	18.05%	78	5.56%	13	0.93%	0	0
	m = 3	309	22.04%	188	13.41%	37	2.64%	0	0	0	0
	m = 4	304	21.68%	160	11.41%	1	1.14%	0	0	0	0

附表 3-13　　　　不同维度下农民工贫困进入状况

阶段	k=1		k=2		k=3		k=4		k=5	
	人数	发生率	人数	发生率	人数	发生率	人数	发生率	人数	发生率
2010—2012 年	8	0.57%	117	8.35%	99	7.06%	30	2.14%	1	0.07%
2012—2014 年	22	1.57%	167	11.91%	131	9.34%	25	1.78%	0	0
2014—2016 年	27	1.93%	128	9.13%	78	5.56%	14	1.00%	0	0

附表 3-14　　　不同维度下不同代际农民工贫困进入状况

阶段	特征	k=1		k=2		k=3		k=4		k=5	
		人数	发生率	人数	发生率	人数	发生率	人数	发生率	人数	发生率
2010—2012 年	新农民工	4	0.29%	35	2.50%	20	1.43%	2	0.14%	0	0
	老农民工	4	0.29%	82	5.85%	79	5.63%	28	2.00%	1	0.07%
2012—2014 年	新农民工	10	0.71%	61	4.35%	22	1.57%	1	0.07%	0	0
	老农民工	12	0.86%	106	7.56%	109	7.77%	24	1.71%	0	0
2014—2016 年	新农民工	14	1.00%	48	3.42%	12	0.86%	3	0.21%	0	0
	老农民工	13	0.93%	80	5.71%	66	4.71%	11	0.78%	0	0

附表 3-15　　　不同维度下不同性别农民工贫困进入状况

阶段	特征	k=1		k=2		k=3		k=4		k=5	
		人数	发生率	人数	发生率	人数	发生率	人数	发生率	人数	发生率
2010—2012 年	男性	1	0.07%	72	5.14%	63	4.49%	18	1.28%	1	0.07%
	女性	7	0.50%	45	3.21%	36	2.57%	12	0.86%	0	0
2012—2014 年	男性	15	1.07%	116	8.27%	75	5.35%	13	0.93%	0	0
	女性	7	0.50%	51	3.64%	56	3.99%	12	0.86%	0	0
2014—2016 年	男性	18	1.28%	98	6.99%	50	3.57%	9	0.64%	0	0
	女性	9	0.64%	30	2.14%	28	2.00%	5	0.36%	0	0

附表 3-16　　　不同维度下不同婚姻状况农民工贫困进入状况

阶段	特征	k=1		k=2		k=3		k=4		k=5	
		人数	发生率	人数	发生率	人数	发生率	人数	发生率	人数	发生率
2010—2012 年	已婚	6	0.43%	97	6.92%	89	6.35%	26	1.85%	1	0.07%
	未婚	2	0.14%	20	1.43%	10	0.71%	4	0.29%	0	0
2012—2014 年	已婚	17	1.21%	139	9.91%	117	8.35%	23	1.64%	0	0
	未婚	5	0.36%	28	2.00%	14	1.00%	2	0.14%	0	0
2014—2016 年	已婚	20	1.43%	95	6.78%	71	5.06%	8	0.57%	0	0
	未婚	7	0.50%	33	2.35%	7	0.50%	6	0.43%	0	0

附表 3-17　　不同维度下不同就业地点农民工贫困进入状况

阶段	类别	k=1		k=2		k=3		k=4		k=5	
		人数	发生率	人数	发生率	人数	发生率	人数	发生率	人数	发生率
2010—2012年	本镇	3	0.21%	66	4.71%	60	4.28%	18	1.28%	0	0
	本县	5	0.36%	29	2.07%	26	1.85%	7	0.50%	1	0.07%
	本省	0	0	15	1.07%	6	0.43%	2	0.14%	0	0
	外省	0	0	7	0.50%	7	0.50%	3	0.21%	0	0
2012—2014年	本镇	10	0.71%	88	6.28%	74	5.28%	11	0.78%	0	0
	本县	6	0.43%	49	3.50%	39	2.78%	10	0.71%	0	0
	本省	5	0.36%	16	1.14%	13	0.93%	4	0.29%	0	0
	外省	1	0.07%	14	1.00%	5	0.36%	0	0	0	0
2014—2016年	本镇	19	1.36%	72	5.14%	40	2.85%	8	0.57%	0	0
	本县	4	0.29%	32	2.28%	19	1.36%	2	0.14%	0	0
	本省	0	0	11	0.78%	12	0.86%	3	0.21%	0	0
	外省	4	0.29%	13	0.93%	7	0.50%	1	0.07%	0	0

附表 3-18　　不同维度下不同职业类型农民工贫困进入状况

阶段	类别	k=1		k=2		k=3		k=4		k=5	
		人数	发生率	人数	发生率	人数	发生率	人数	发生率	人数	发生率
2010—2012年	制造	3	0.21%	47	3.35%	28	2.00%	3	0.21%	0	0
	建筑	0	0	6	0.43%	13	0.93%	4	0.29%	0	0
	服务	1	0.07%	31	2.21%	29	2.07%	4	0.29%	0	0
	技术	4	0.29%	16	1.14%	8	0.57%	2	0.14%	0	0
	其他	0	0	17	1.21%	21	1.50%	17	1.21%	1	0.07%
2012—2014年	制造	10	0.71%	72	5.14%	40	2.85%	10	0.71%	0	0
	建筑	2	0.14%	16	1.14%	13	0.93%	0	0	0	0
	服务	2	0.14%	37	2.64%	38	2.71%	6	0.43%	0	0
	技术	6	0.43%	12	0.86%	8	0.57%	1	0.07%	0	0
	其他	2	0.14%	30	2.14%	32	2.28%	8	0.57%	0	0
2014—2016年	制造	4	0.29%	36	2.57%	26	1.85%	4	0.29%	0	0
	建筑	5	0.36%	16	1.14%	10	0.71%	4	0.29%	0	0
	服务	4	0.29%	25	1.78%	12	0.86%	3	0.21%	0	0
	技术	10	0.71%	17	1.21%	5	0.36%	0	0	0	0
	其他	4	0.29%	34	2.43%	25	1.78%	3	0.21%	0	0

附表 3-19 不同维度下农民工贫困进入年数状况

年数	k=1		k=2		k=3		k=4		k=5	
	人数	发生率	人数	发生率	人数	发生率	人数	发生率	人数	发生率
0	1345	95.93%	1001	71.40%	1099	78.39%	1334	95.15%	1401	99.93%
1	57	4.07%	390	27.82%	298	21.26%	67	4.78%	1	0.07%
2	0	0	11	0.78%	5	0.36%	1	0.07%	0	0

附表 3-20 不同维度下不同代际农民工贫困进入年数状况

年数	特征	k=1		k=2		k=3		k=4		k=5	
		人数	发生率	人数	发生率	人数	发生率	人数	发生率	人数	发生率
0	新农民工	383	27.32%	270	19.26%	357	25.46%	405	28.89%	411	29.32%
	老农民工	962	68.62%	731	52.14%	742	52.92%	929	66.26%	990	70.61%
1	新农民工	28	2.00%	138	9.84%	54	3.85%	6	0.43%	0	0
	老农民工	29	2.07%	252	17.97%	244	17.40%	61	4.35%	1	0.07%
2	新农民工	0	0	3	0.21%	0	0	0	0	0	0
	老农民工	0	0	8	0.57%	5	0.36%	1	0.07%	0	0

附表 3-21 不同维度下不同性别农民工贫困进入年数状况

年数	特征	k=1		k=2		k=3		k=4		k=5	
		人数	发生率	人数	发生率	人数	发生率	人数	发生率	人数	发生率
0	新农民工	880	62.77%	635	45.29%	731	52.14%	875	62.41%	913	65.12%
	老农民工	465	33.17%	366	26.11%	368	26.25%	459	32.74%	488	34.81%
1	新农民工	34	2.43%	272	19.40%	178	12.70%	38	2.71%	1	0.07%
	老农民工	23	1.64%	118	8.42%	120	8.56%	29	2.07%	0	0
2	新农民工	0	0	7	0.50%	5	0.36%	1	0.07%	0	0
	老农民工	0	0	4	0.29%	0	0	0	0	0	0

附表 3-22 不同维度下不同婚姻状况农民工贫困进入年数状况

年数	特征	k=1		k=2		k=3		k=4		k=5	
		人数	发生率	人数	发生率	人数	发生率	人数	发生率	人数	发生率
0	已婚	1157	82.52%	876	62.48%	928	66.19%	1144	81.60%	1199	85.52%
	未婚	188	13.41%	125	8.92%	171	12.20%	190	13.55%	202	14.41%
1	已婚	43	3.07%	317	22.61%	267	19.04%	55	3.92%	1	0.07%
	未婚	14	1.00%	73	5.21%	31	2.21%	12	0.86%	0	0
2	已婚	0	0	7	0.50%	5	0.36%	1	0.07%	0	0
	未婚	0	0	4	0.29%	0	0	0	0	0	0

附表 3－23　不同维度下不同就业地点农民工贫困进入年数状况

年数	特征	k＝1		k＝2		k＝3		k＝4		k＝5	
		人数	发生率	人数	发生率	人数	发生率	人数	发生率	人数	发生率
0	本镇	751	53.57%	566	40.37%	610	43.51%	747	53.28%	783	55.85%
	本县	359	25.61%	266	18.97%	291	20.76%	355	25.32%	373	26.60%
	本省	138	9.84%	101	7.20%	113	8.06%	134	9.56%	143	10.20%
	外省	97	6.92%	68	4.85%	85	6.06%	98	6.99%	102	7.28%
1	本镇	32	2.28%	208	14.84%	172	12.27%	35	2.50%	0	0
	本县	15	1.07%	106	7.56%	82	5.85%	19	1.36%	1	0.07%
	本省	5	0.36%	42	3.00%	29	2.07%	9	0.64%	0	0
	外省	5	0.36%	34	2.43%	15	1.07%	4	0.29%	0	0
2	本镇	0	0	9	0.64%	1	0.07%	1	0.07%	0	0
	本县	0	0	2	0.14%	1	0.07%	0	0	0	0
	本省	0	0	0	0	1	0.07%	0	0	0	0
	外省	0	0	0	0	2	0.14%	0	0	0	0

附表 3－24　不同维度下不同职业类型农民工贫困进入年数状况

阶段	类别	k＝1		k＝2		k＝3		k＝4		k＝5	
		人数	发生率	人数	发生率	人数	发生率	人数	发生率	人数	发生率
0	制造	446	31.81%	314	22.40%	373	26.60%	447	31.88%	463	33.02%
	建筑	139	9.91%	108	7.70%	110	7.85%	138	9.84%	146	10.41%
	服务	296	21.11%	213	15.19%	224	15.98%	290	20.68%	303	21.61%
	技术	153	10.91%	129	9.20%	152	10.84%	170	12.13%	173	12.34%
	其他	311	22.18%	237	16.90%	240	17.12%	289	20.61%	316	22.54%
1	制造	17	1.21%	143	10.20%	86	6.13%	15	1.07%	0	0
	建筑	7	0.50%	38	2.71%	36	2.57%	8	0.57%	0	0
	服务	7	0.50%	87	6.21%	79	5.63%	13	0.93%	0	0
	技术	20	1.43%	43	3.07%	21	1.50%	3	0.21%	0	0
	其他	6	0.43%	79	5.63%	76	5.42%	28	2.00%	1	0.07%
2	制造	0	0	6	0.43%	4	0.29%	1	0.07%	0	0
	建筑	0	0	0	0	0	0	0	0	0	0
	服务	0	0	3	0.21%	0	0	0	0	0	0
	技术	0	0	1	0.07%	0	0	0	0	0	0
	其他	0	0	1	0.07%	1	0.07%	0	0	0	0

附表 3－25　　不同维度下农民工贫困退出状况

阶段	k = 1		k = 2		k = 3		k = 4		k = 5	
	人数	发生率	人数	发生率	人数	发生率	人数	发生率	人数	发生率
2010—2012 年	26	1.87%	264	24.70%	213	61.74%	41	75.93%	1	50.00%
2012—2014 年	61	4.46%	225	24.40%	134	58.01%	35	81.40%	2	100.00%
2014—2016 年	56	4.21%	184	21.30%	146	64.04%	30	90.91%	0	/

附表 3－26　　不同维度下不同代际农民工贫困退出状况

阶段	特征	k = 1		k = 2		k = 3		k = 4		k = 5	
		人数	发生率	人数	发生率	人数	发生率	人数	发生率	人数	发生率
2010—2012 年	新农民工	9	2.24%	112	38.89%	68	80.95%	6	75.00%	0	/
	老农民工	17	1.73%	152	19.46%	145	55.56%	35	76.09%	1	50.00%
2012—2014 年	新农民工	30	7.56%	88	41.71%	28	77.78%	4	100.00%	0	/
	老农民工	31	3.19%	137	19.27%	106	54.36%	31	79.49%	2	100.00%
2014—2016 年	新农民工	25	6.63%	66	35.87%	22	73.33%	0	0	0	/
	老农民工	31	3.25%	118	17.35%	124	62.63%	30	93.75%	0	/

附表 3－27　　不同维度下不同性别农民工贫困退出状况

阶段	特征	k = 1		k = 2		k = 3		k = 4		k = 5	
		人数	发生率	人数	发生率	人数	发生率	人数	发生率	人数	发生率
2010—2012 年	男性	15	1.65%	186	26.31%	120	63.49%	15	93.75%	0	/
	女性	11	2.30%	78	21.55%	93	59.62%	26	68.42%	1	50.00%
2012—2014 年	男性	35	3.91%	152	25.63%	80	60.61%	16	84.21%	1	100.00%
	女性	26	5.47%	73	22.19%	54	54.55%	19	79.17%	1	100.00%
2014—2016 年	男性	32	3.66%	115	20.65%	79	62.20%	15	93.75%	0	/
	女性	24	5.26%	69	22.48%	67	66.34%	15	88.24%	0	/

附表 3－28　　不同维度下不同婚姻状况农民工贫困退出状况

阶段	特征	k = 1		k = 2		k = 3		k = 4		k = 5	
		人数	发生率	人数	发生率	人数	发生率	人数	发生率	人数	发生率
2010—2012 年	已婚	20	1.68%	205	22.23%	173	60.49%	37	75.51%	1	50.00%
	未婚	6	3.02%	59	40.14%	40	67.80%	4	80.00%	0	/
2012—2014 年	已婚	49	4.17%	185	22.73%	117	57.92%	30	78.95%	2	100.00%
	未婚	12	6.15%	40	37.04%	17	58.62%	5	100.00%	0	/
2014—2016 年	已婚	41	3.59%	150	19.53%	130	64.36%	29	93.55%	0	/
	未婚	15	7.98%	34	35.42%	16	61.54%	1	50.00%	0	/

附表 3-29　　不同维度下不同就业地点农民工贫困退出状况

阶段	类别	k=1		k=2		k=3		k=4		k=5	
		人数	发生率	人数	发生率	人数	发生率	人数	发生率	人数	发生率
2010—2012年	本镇	13	1.68%	137	22.99%	129	63.86%	29	78.38%	0	0
	本县	6	1.64%	74	25.87%	47	55.29%	5	55.56%	1	100.00%
	本省	5	3.50%	24	23.30%	18	56.25%	2	66.67%	0	/
	外省	2	1.96%	29	34.52%	19	73.08%	5	100.00%	0	/
2012—2014年	本镇	39	5.09%	133	25.33%	83	62.41%	23	88.46%	1	100.00%
	本县	14	3.84%	49	20.33%	31	48.44%	8	72.73%	1	100.00%
	本省	2	1.45%	23	24.47%	14	70.00%	3	100.00%	0	/
	外省	6	6.00%	20	32.26%	6	42.86%	1	33.33%	0	/
2014—2016年	本镇	27	3.66%	105	21.88%	87	70.16%	12	85.71%	0	/
	本县	17	4.76%	49	20.33%	41	56.94%	12	92.31%	0	/
	本省	9	6.38%	19	21.84%	11	57.89%	4	100.00%	0	/
	外省	3	3.16%	11	19.64%	7	53.85%	2	100.00%	0	/

附表 3-30　　不同维度下不同职业类型农民工贫困退出状况

阶段	类别	k=1		k=2		k=3		k=4		k=5	
		人数	发生率	人数	发生率	人数	发生率	人数	发生率	人数	发生率
2010—2012年	制造	10	2.18%	80	24.69%	50	57.47%	11	78.57%	0	/
	建筑	4	2.76%	28	23.73%	24	66.67%	3	75.00%	0	/
	服务	2	0.66%	58	25.00%	47	73.44%	6	75.00%	0	/
	技术	8	4.82%	36	33.33%	12	75.00%	4	100.00%	0	100.00%
	其他	2	0.63%	62	21.60%	80	56.34%	17	70.83%	1	100.00%
2012—2014年	制造	16	3.55%	63	21.65%	36	55.38%	4	66.67%	1	/
	建筑	6	4.26%	19	19.79%	13	52.00%	4	80.00%	0	/
	服务	11	3.67%	56	27.32%	35	76.09%	6	100.00%	0	/
	技术	22	13.58%	35	39.77%	8	66.67%	2	100.00%	0	100.00%
	其他	6	1.90%	52	21.49%	42	50.60%	19	79.17%	1	/
2014—2016年	制造	14	3.15%	77	25.67%	43	62.32%	11	91.67%	0	/
	建筑	8	5.84%	15	16.13%	15	60.00%	1	100.00%	0	/
	服务	9	3.09%	31	16.67%	33	67.35%	5	83.33%	0	/
	技术	20	13.70%	27	41.54%	10	83.33%	1	100.00%	0	/
	其他	5	1.61%	34	15.45%	45	61.64%	12	92.31%	0	/

附表 3-31　　不同维度下农民工退出贫困年数状况

年数	k=1		k=2		k=3		k=4		k=5	
	人数	发生率	人数	发生率	人数	发生率	人数	发生率	人数	发生率
0	1260	90.06%	610	49.27%	67	12.76%	1	0.97%	0	0
1	135	9.65%	583	47.09%	423	80.57%	98	95.15%	3	100.00%
2	4	0.29%	45	3.63%	35	6.67%	4	3.88%	0	0

附表 3-32　　不同维度下不同代际农民工退出贫困年数状况

年数	特征	k=1		k=2		k=3		k=4		k=5	
		人数	发生率	人数	发生率	人数	发生率	人数	发生率	人数	发生率
0	新农民工	348	84.88%	96	27.99%	6	5.22%	1	9.09%	0	/
	老农民工	912	92.21%	514	57.43%	61	14.88%	0	0	0	0
1	新农民工	60	14.63%	228	66.47%	100	86.96%	10	90.91%	0	/
	老农民工	75	7.58%	355	39.66%	323	78.78%	88	95.65%	3	100.00%
2	新农民工	2	0.49%	19	5.54%	9	7.83%	0	0	0	/
	老农民工	2	0.20%	26	2.91%	26	6.34%	4	4.35%	0	0

附表 3-33　　不同维度下不同性别农民工退出贫困年数状况

年数	特征	k=1		k=2		k=3		k=4		k=5	
		人数	发生率	人数	发生率	人数	发生率	人数	发生率	人数	发生率
0	男性	833	91.34%	392	48.28%	37	12.29%	1	2.13%	0	0
	女性	427	87.68%	218	51.17%	30	13.39%	0	0	0	0
1	男性	76	8.33%	387	47.66%	249	82.72%	46	97.87%	1	100.00%
	女性	59	12.11%	196	46.01%	174	77.68%	52	92.86%	2	100.00%
2	男性	3	0.33%	33	4.06%	15	4.98%	0	0	0	0
	女性	1	0.21%	12	2.82%	20	8.93%	4	7.14%	0	0

附表 3-34　　不同维度下不同婚姻状况农民工退出贫困年数状况

年数	特征	k=1		k=2		k=3		k=4		k=5	
		人数	发生率	人数	发生率	人数	发生率	人数	发生率	人数	发生率
0	已婚	1090	91.06%	559	52.44%	58	12.89%	0	0	0	0
	未婚	170	84.16%	51	29.65%	9	12.00%	1	9.09%	0	/
1	已婚	104	8.69%	474	44.47%	364	80.89%	88	95.65%	3	100.00%
	未婚	31	15.35%	109	63.37%	59	78.67%	10	90.91%	0	/
2	已婚	3	0.25%	33	3.10%	28	6.22%	4	4.35%	0	0
	未婚	1	0.50%	12	6.98%	7	9.33%	0	0	0	/

附表 3-35　不同维度下不同就业地点农民工退出贫困年数状况

年数	特征	k=1		k=2		k=3		k=4		k=5	
		人数	发生率	人数	发生率	人数	发生率	人数	发生率	人数	发生率
0	本镇	702	89.88%	339	49.06%	29	9.48%	0	0	0	0
	本县	339	90.88%	170	51.67%	27	19.42%	1	4.00%	0	0
	本省	128	89.51%	63	50.81%	6	13.33%	0	0	0	/
	外省	91	89.22%	38	40.43%	5	14.29%	0	0	0	/
1	本镇	79	10.12%	329	47.61%	255	83.33%	58	95.08%	1	100.00%
	本县	31	8.31%	146	44.38%	105	75.54%	23	92.00%	2	100.00%
	本省	14	9.79%	56	45.16%	35	77.78%	9	100.00%	0	/
	外省	11	10.78%	52	55.32%	28	80.00%	8	100.00%	0	/
2	本镇	0	0	23	3.33%	22	7.19%	3	4.92%	0	0
	本县	3	0.80%	13	3.95%	7	5.04%	1	4.00%	0	0
	本省	1	0.70%	5	4.03%	4	8.89%	0	0	0	/
	外省	0	0	4	4.26%	2	5.71%	0	0	0	/

附表 3-36　不同维度下不同职业类型农民工退出贫困年数状况

年数	特征	k=1		k=2		k=3		k=4		k=5	
		人数	发生率	人数	发生率	人数	发生率	人数	发生率	人数	发生率
0	制造	425	91.79%	196	49.00%	21	14.58%	0	0	0	0
	建筑	128	88.28%	72	55.38%	9	16.07%	0	0	0	/
	服务	281	92.74%	137	50.37%	12	10.43%	0	0	0	/
	技术	122	71.35%	36	28.13%	2	6.25%	0	0	0	/
	其他	304	95.90%	169	54.87%	23	12.92%	1	2.13%	0	0
1	制造	36	7.78%	188	47.00%	117	81.25%	22	91.67%	1	100.00%
	建筑	16	11.03%	54	41.54%	42	75.00%	8	100.00%	0	/
	服务	22	7.26%	125	45.96%	91	79.13%	17	100.00%	0	/
	技术	48	28.07%	86	67.19%	30	93.75%	7	100.00%	0	/
	其他	13	4.10%	130	42.21%	143	80.34%	44	93.62%	2	100.00%
2	制造	2	0.43%	16	4.00%	6	4.17%	2	8.33%	0	0
	建筑	1	0.69%	4	3.08%	5	8.93%	0	0	0	/
	服务	0	0	10	3.68%	12	10.43%	0	0	0	/
	技术	1	0.58%	6	4.69%	0	0	0	0	0	/
	其他	0	0	9	2.92%	12	6.74%	2	4.26%	0	0

附表 3-37　不同维度下城镇居民多维贫困年数

年数	k=1		k=2		k=3		k=4		k=5	
	人数	发生率	人数	发生率	人数	发生率	人数	发生率	人数	发生率
m=1	151	9.74%	313	20.19%	73	4.71%	8	0.52%	0	0
m=2	206	13.29%	172	11.10%	28	1.81%	3	0.19%	0	0
m=3	246	15.87%	115	7.42%	9	0.58%	0	0	0	0
m=4	878	56.65%	138	8.90%	3	0.19%	0	0	0	0

附表 3-38　不同维度下不同代际城镇居民多维贫困年数

特征	年数	k=1		k=2		k=3		k=4		k=5	
		人数	发生率	人数	发生率	人数	发生率	人数	发生率	人数	发生率
新农民工	m=1	50	3.23%	78	5.03%	15	0.97%	3	0.19%	0	0
	m=2	63	4.06%	32	2.06%	2	0.13%	0	0	0	0
	m=3	56	3.61%	19	1.23%	1	0.06%	0	0	0	0
	m=4	162	10.45%	13	0.84%	1	0.06%	0	0	0	0
老农民工	m=1	101	6.52%	235	15.16%	58	3.74%	5	0.32%	0	0
	m=2	143	9.23%	140	9.03%	26	1.68%	3	0.19%	0	0
	m=3	190	12.26%	96	6.19%	8	0.52%	0	0	0	0
	m=4	716	46.19%	125	8.06%	2	0.13%	0	0	0	0

附表 3-39　不同维度下不同性别城镇居民多维贫困年数

特征	年数	k=1		k=2		k=3		k=4		k=5	
		人数	发生率	人数	发生率	人数	发生率	人数	发生率	人数	发生率
男性	m=1	77	4.97%	181	11.68%	42	2.71%	3	0.19%	0	0
	m=2	127	8.19%	110	7.10%	14	0.90%	0	0	0	0
	m=3	142	9.16%	74	4.77%	7	0.45%	0	0	0	0
	m=4	529	34.13%	79	5.10%	1	0.06%	0	0	0	0
女性	m=1	74	4.77%	132	8.52%	31	2.00%	5	0.32%	0	0
	m=2	79	5.10%	62	4.00%	14	0.90%	3	0.19%	0	0
	m=3	104	6.71%	41	2.65%	2	0.13%	0	0	0	0
	m=4	349	22.52%	59	3.81%	2	0.13%	0	0	0	0

附表 3-40　不同维度下不同婚姻状况城镇居民多维贫困年数

特征	年数	k=1		k=2		k=3		k=4		k=5	
		人数	发生率	人数	发生率	人数	发生率	人数	发生率	人数	发生率
已婚	m=1	120	7.74%	263	16.97%	58	3.74%	7	0.45%	0	0
	m=2	165	10.65%	154	9.94%	27	1.74%	3	0.19%	0	0
	m=3	219	14.13%	105	6.77%	8	0.52%	0	0	0	0
	m=4	769	49.61%	116	7.48%	3	0.19%	0	0	0	0
未婚	m=1	31	2.00%	50	3.23%	15	0.97%	1	0.06%	0	0
	m=2	41	2.65%	18	1.16%	1	0.06%	0	0	0	0
	m=3	27	1.74%	10	0.65%	1	0.06%	0	0	0	0
	m=4	109	7.03%	22	1.42%	0	0	0	0	0	0

附表 3-41　不同维度下不同就业地点城镇居民多维贫困年数

特征	年数	k=1		k=2		k=3		k=4		k=5	
		人数	发生率	人数	发生率	人数	发生率	人数	发生率	人数	发生率
本镇	m=1	53	3.42%	137	8.84%	30	1.94%	6	0.39%	0	0
	m=2	87	5.61%	74	4.77%	14	0.90%	2	0.13%	0	0
	m=3	103	6.65%	63	4.06%	6	0.39%	0	0	0	0
	m=4	411	26.52%	68	4.39%	1	0.06%	0	0	0	0
本县	m=1	69	4.45%	120	7.74%	33	2.13%	2	0.13%	0	0
	m=2	75	4.84%	62	4.00%	12	0.77%	0	0	0	0
	m=3	101	6.52%	41	2.65%	2	0.13%	0	0	0	0
	m=4	321	20.71%	55	3.55%	0	0	0	0	0	0
本省	m=1	2	1.68%	43	2.77%	9	0.58%	0	0	0	0
	m=2	41	2.65%	29	1.87%	1	0.06%	1	0.06%	0	0
	m=3	33	2.13%	9	0.58%	1	0.06%	0	0	0	0
	m=4	121	7.81%	11	0.71%	1	0.06%	0	0	0	0
外省	m=1	3	0.19%	13	0.84%	1	0.06%	0	0	0	0
	m=2	3	0.19%	7	0.45%	1	0.06%	0	0	0	0
	m=3	9	0.58%	2	0.13%	0	0	0	0	0	0
	m=4	25	1.61%	4	0.26%	1	0.06%	0	0	0	0

附表 3-42　　不同维度下不同职业类型城镇居民多维贫困年数

特征	年数	k=1		k=2		k=3		k=4		k=5	
		人数	发生率	人数	发生率	人数	发生率	人数	发生率	人数	发生率
制造	m=1	31	2.00%	87	5.61%	19	1.23%	1	0.06%	0	0
	m=2	47	3.03%	57	3.68%	6	0.39%	1	0.06%	0	0
	m=3	62	4.00%	39	2.52%	1	0.06%	0	0	0	0
	m=4	260	16.77%	31	2.00%	0	0	0	0	0	0
建筑	m=1	10	0.65%	23	1.48%	3	0.19%	0	0	0	0
	m=2	23	1.48%	10	0.65%	1	0.06%	0	0	0	0
	m=3	19	1.23%	11	0.71%	1	0.06%	0	0	0	0
	m=4	61	3.94%	10	0.65%	0	0	0	0	0	0
服务	m=1	32	2.06%	101	6.52%	35	2.26%	3	0.19%	0	0
	m=2	4	2.77%	59	3.81%	13	0.84%	1	0.06%	0	0
	m=3	54	3.48%	44	2.84%	5	0.32%	0	0	0	0
	m=4	305	19.68%	70	4.52%	1	0.06%	0	0	0	0
技术	m=1	76	4.90%	90	5.81%	12	0.77%	3	0.19%	0	0
	m=2	88	5.68%	42	2.71%	6	0.39%	0	0	0	0
	m=3	106	6.84%	16	1.03%	2	0.13%	0	0	0	0
	m=4	217	14.00%	19	1.23%	0	0	0	0	0	0
其他	m=1	2	0.13%	12	0.77%	4	0.26%	1	0.06%	0	0
	m=2	5	0.32%	4	0.26%	2	0.13%	1	0.06%	0	0
	m=3	5	0.32%	5	0.32%	0	0	0	0	0	0
	m=4	35	2.26%	8	0.52%	2	0.13%	0	0	0	0

附表 3-43　　不同维度下城镇居民多维贫困持续年数

年数	k=1		k=2		k=3		k=4		k=5	
	人数	发生率	人数	发生率	人数	发生率	人数	发生率	人数	发生率
m=2	1278	82.45%	372	24.00%	32	2.06%	3	0.19%	0	0
m=3	1034	66.71%	207	13.35%	7	0.45%	0	0	0	0
m=4	878	56.65%	138	8.90%	3	0.19%	0	0	0	0

附表 3-44　不同维度下不同代际城镇居民多维贫困持续年数

特征	年数	k=1		k=2		k=3		k=4		k=5	
		人数	发生率	人数	发生率	人数	发生率	人数	发生率	人数	发生率
新居民	m=2	264	17.03%	54	3.48%	3	0.19%	0	0	0	0
	m=3	199	12.84%	25	1.61%	1	0.06%	0	0	0	0
	m=4	162	10.45%	13	0.84%	1	0.06%	0	0	0	0
老居民	m=2	1014	65.42%	318	20.52%	29	1.87%	3	0.19%	0	0
	m=3	835	53.87%	182	11.74%	6	0.39%	0	0	0	0
	m=4	716	46.19%	125	8.06%	2	0.13%	0	0	0	0

附表 3-45　不同维度下不同性别城镇居民多维贫困持续年数

特征	年数	k=1		k=2		k=3		k=4		k=5	
		人数	发生率	人数	发生率	人数	发生率	人数	发生率	人数	发生率
男性	m=2	764	49.29%	230	14.84%	20	1.29%	0	0	0	0
	m=3	616	39.74%	115	7.42%	4	0.26%	0	0	0	0
	m=4	529	34.13%	79	5.10%	1	0.06%	0	0	0	0
女性	m=2	514	33.16%	142	9.16%	12	0.77%	3	0.19%	3	0.19%
	m=3	418	26.97%	92	5.94%	3	0.19%	0	0	0	0
	m=4	349	22.52%	5	3.81%	2	0.13%	0	0	0	0

附表 3-46　不同维度下不同婚姻状况城镇居民多维贫困持续年数

特征	年数	k=1		k=2		k=3		k=4		k=5	
		人数	发生率	人数	发生率	人数	发生率	人数	发生率	人数	发生率
已婚	m=2	1111	71.68%	327	21.10%	31	2.00%	3	0.19%	0	0
	m=3	913	58.90%	177	11.42%	7	0.45%	0	0	0	0
	m=4	769	49.61%	116	7.48%	3	0.19%	0	0	0	0
未婚	m=2	167	10.77%	45	2.90%	1	0.06%	0	0	0	0
	m=3	121	7.81%	30	1.94%	0	0	0	0	0	0
	m=4	109	7.03%	2	1.42%	0	0	0	0	0	0

附表 3-47　不同维度下不同就业地点城镇居民多维贫困持续年数

特征	年数	k=1		k=2		k=3		k=4		k=5	
		人数	发生率	人数	发生率	人数	发生率	人数	发生率	人数	发生率
本镇	m=2	576	37.16%	185	11.94%	17	1.10%	2	0.13%	0	0
	m=3	478	30.84%	106	6.84%	4	0.26%	0	0	0	0
	m=4	411	26.52%	68	4.39%	1	0.06%	0	0	0	0
本县	m=2	480	30.97%	137	8.84%	10	0.65%	0	0	0	0
	m=3	386	24.90%	79	5.10%	1	0.06%	0	0	0	0
	m=4	321	20.71%	55	3.55%	0	0	0	0	0	0
本省	m=2	186	12.00%	42	2.71%	3	0.19%	1	0.06%	0	0
	m=3	142	9.16%	18	1.16%	1	0.06%	0	0	0	0
	m=4	121	7.81%	11	0.71%	1	0.06%	0	0	0	0
外省	m=2	36	2.32%	8	0.52%	2	0.13%	0	0	0	0
	m=3	28	1.81%	4	0.26%	1	0.06%	0	0	0	0
	m=4	25	1.61%	4	0.26%	0.0006	0	0	0	0	0

附表 3-48　不同维度下不同职业类型城镇居民多维贫困持续年数

特征	年数	k=1		k=2		k=3		k=4		k=5	
		人数	发生率	人数	发生率	人数	发生率	人数	发生率	人数	发生率
制造	m=2	357	23.03%	108	6.97%	4	0.26%	1	0.06%	0	0
	m=3	296	19.10%	50	3.23%	1	0.06%	0	0	0	0
	m=4	260	16.77%	31	2.00%	0	0	0	0	0	0
建筑	m=2	101	6.52%	24	1.55%	2	0.13%	0	0	0	0
	m=3	70	4.52%	15	0.97%	0	0	0	0	0	0
	m=4	61	3.94%	10	0.65%	0	0	0	0	0	0
服务	m=2	392	25.29%	159	10.26%	16	1.03%	1	0.06%	0	0
	m=3	341	22.00%	99	6.39%	3	0.19%	0	0	0	0
	m=4	305	19.68%	70	4.52%	1	0.06%	0	0	0	0
技术	m=2	386	24.90%	65	4.19%	7	0.45%	0	0	0	0
	m=3	289	18.65%	32	2.06%	1	0.06%	0	0	0	0
	m=4	217	14.00%	19	1.23%	0	0	0	0	0	0
其他	m=2	42	2.71%	16	1.03%	3	0.19%	1	0.06%	0	0
	m=3	38	2.45%	11	0.71%	2	0.13%	0	0	0	0
	m=4	35	2.26%	8	0.52%	2	0.13%	0	0	0	0

附表 3－49　　不同维度下城镇居民进入贫困状况

阶段	k = 1		k = 2		k = 3		k = 4		k = 5	
	人数	发生率	人数	发生率	人数	发生率	人数	发生率	人数	发生率
2010—2012 年	63	4.06%	165	10.65%	34	2.19%	3	0.19%	0	0
2012—2014 年	79	5.10%	113	7.29%	23	1.48%	3	0.19%	0	0
2014—2016 年	103	6.65%	104	6.71%	20	1.29%	0	0	0	0

附表 3－50　　不同维度下不同代际城镇居民进入贫困状况

阶段	特征	k = 1		k = 2		k = 3		k = 4		k = 5	
		人数	发生率	人数	发生率	人数	发生率	人数	发生率	人数	发生率
2010—2012 年	新居民	23	1.48%	32	2.06%	4	0.26%	0	0	0	0
	老居民	40	2.58%	133	8.58%	30	1.94%	3	0.19%	0	0
2012—2014 年	新居民	22	1.42%	21	1.35%	5	0.32%	1	0.06%	0	0
	老居民	57	3.68%	92	5.94%	18	1.16%	2	0.13%	0	0
2014—2016 年	新居民	29	1.87%	22	1.42%	1	0.06%	0	0	0	0
	老居民	74	4.77%	82	5.29%	19	1.23%	0	0	0	0

附表 3－51　　不同维度下不同性别城镇居民进入贫困状况

阶段	特征	k = 1		k = 2		k = 3		k = 4		k = 5	
		人数	发生率	人数	发生率	人数	发生率	人数	发生率	人数	发生率
2010—2012 年	男性	30	1.94%	86	5.55%	21	1.35%	1	0.06%	0	0
	女性	33	2.13%	79	5.10%	13	0.84%	2	0.13%	0	0
2012—2014 年	男性	52	3.35%	73	4.71%	15	0.97%	1	0.06%	0	0
	女性	27	1.74%	40	2.58%	8	0.52%	2	0.13%	0	0
2014—2016 年	男性	58	3.74%	75	4.84%	10	0.65%	0	0	0	0
	女性	45	2.90%	29	1.87%	10	0.65%	0	0	0	0

附表 3－52　　不同维度下不同婚姻状况城镇居民进入贫困状况

阶段	特征	k = 1		k = 2		k = 3		k = 4		k = 5	
		人数	发生率	人数	发生率	人数	发生率	人数	发生率	人数	发生率
2010—2012 年	已婚	53	3.42%	145	9.35%	27	1.74%	3	0.19%	0	0
	未婚	10	0.65%	20	1.29%	7	0.45%	0	0	0	0
2012—2014 年	已婚	59	3.81%	95	6.13%	19	1.23%	3	0.19%	0	0
	未婚	20	1.29%	18	1.16%	4	0.26%	0	0	0	0
2014—2016 年	已婚	87	5.61%	94	6.06%	20	1.29%	0	0	0	0
	未婚	16	1.03%	10	0.65%	0	0	0	0	0	0

附表 3-53　　不同维度下不同就业地点城镇居民进入贫困状况

特征	类别	k = 1		k = 2		k = 3		k = 4		k = 5	
		人数	发生率	人数	发生率	人数	发生率	人数	发生率	人数	发生率
2010—2012 年	本镇	22	1.42%	76	4.90%	14	0.90%	2	0.13%	0	0
	本县	27	1.74%	61	3.94%	13	0.84%	0	0	0	0
	本省	10	0.65%	23	1.48%	5	0.32%	1	0.06%	0	0
	外省	4	0.26%	5	0.32%	2	0.13%	0	0	0	0
2012—2014 年	本镇	37	2.39%	55	3.55%	7	0.45%	3	0.19%	0	0
	本县	2	1.87%	37	2.39%	15	0.97%	0	0	0	0
	本省	10	0.65%	15	0.97%	1	0.06%	0	0	0	0
	外省	3	0.19%	6	0.39%	0	0	0	0	0	0
2014—2016 年	本镇	37	2.39%	37	2.39%	13	0.84%	0	0	0	0
	本县	42	2.71%	47	3.03%	6	0.39%	0	0	0	0
	本省	20	1.29%	13	0.84%	1	0.06%	0	0	0	0
	外省	4	0.26%	7	0.45%	0	0	0	0	0	0

附表 3-54　　不同维度下不同职业类型城镇居民进入贫困状况

特征	类别	k = 1		k = 2		k = 3		k = 4		k = 5	
		人数	发生率	人数	发生率	人数	发生率	人数	发生率	人数	发生率
2010—2012 年	制造	20	1.29%	38	2.45%	8	0.52%	1	0.06%	0	0
	建筑	6	0.39%	7	0.45%	1	0.06%	0	0	0	0
	服务	13	0.84%	61	3.94%	17	1.10%	0	0	0	0
	技术	24	1.55%	49	3.16%	6	0.39%	0	0	0	0
	其他	0	0	10	0.65%	2	0.13%	2	0.13%	0	0
2012—2014 年	制造	26	1.68%	41	2.65%	4	0.26%	0	0	0	0
	建筑	9	0.58%	11	0.71%	2	0.13%	0	0	0	0
	服务	10	0.65%	37	2.39%	10	0.65%	1	0.06%	0	0
	技术	31	2.00%	22	1.42%	6	0.39%	2	0.13%	0	0
	其他	3	0.19%	2	0.13%	1	0.06%	0	0	0	0
2014—2016 年	制造	24	1.55%	38	2.45%	6	0.39%	0	0	0	0
	建筑	9	0.58%	13	0.84%	2	0.13%	0	0	0	0
	服务	28	1.81%	30	1.94%	9	0.58%	0	0	0	0
	技术	40	2.58%	19	1.23%	1	0.06%	0	0	0	0
	其他	2	0.13%	4	0.26%	0.0013	0	0	0	0	0

附表 3-55　　不同维度下城镇居民进入贫困年数状况

年数	k=1		k=2		k=3		k=4		k=5	
	人数	发生率	人数	发生率	人数	发生率	人数	发生率	人数	发生率
0	1313	84.71%	1178	76.00%	1474	95.10%	1544	99.61%	1550	100%
1	229	14.77%	362	23.35%	75	4.84%	6	0.39%	0	0
2	8	0.52%	10	0.65%	1	0.06%	0	0	0	0

附表 3-56　　不同维度下不同代际城镇居民进入贫困年数状况

年数	特征	k=1		k=2		k=3		k=4		k=5	
		人数	发生率	人数	发生率	人数	发生率	人数	发生率	人数	发生率
0	新居民	283	18.26%	280	18.06%	343	22.13%	352	22.71%	353	22.77%
	老居民	1030	66.45%	898	57.94%	1131	72.97%	1192	76.90%	1197	77.23%
1	新居民	66	4.26%	71	4.58%	10	0.65%	1	0.06%	0	0
	老居民	163	10.52%	291	18.77%	65	4.19%	5	0.32%	0	0
2	新居民	4	0.26%	2	0.13%	0	0	0	0	0	0
	老居民	4	0.26%	8	0.52%	1	0.06%	0	0	0	0

附表 3-57　　不同维度下不同性别城镇居民进入贫困年数状况

年数	特征	k=1		k=2		k=3		k=4		k=5	
		人数	发生率	人数	发生率	人数	发生率	人数	发生率	人数	发生率
0	男性	776	50.06%	684	44.13%	865	55.81%	909	58.65%	911	58.77%
	女性	537	34.65%	494	31.87%	609	39.29%	635	40.97%	639	41.23%
1	男性	130	8.39%	220	14.19%	46	2.97%	2	0.13%	0	0
	女性	99	6.39%	142	9.16%	29	1.87%	4	0.26%	0	0
2	男性	5	0.32%	7	0.45%	0	0	0	0	0	0
	女性	3	0.19%	3	0.19%	1	0.06%	0	0	0	0

附表 3-58　　不同维度下不同婚姻状况城镇居民进入贫困年数状况

年数	特征	k=1		k=2		k=3		k=4		k=5	
		人数	发生率	人数	发生率	人数	发生率	人数	发生率	人数	发生率
0	已婚	1132	73.03%	1003	64.71%	1262	81.42%	1321	85.23%	1327	85.61%
	未婚	181	11.68%	175	11.29%	212	13.68%	223	14.39%	223	14.39%
1	已婚	191	12.32%	314	20.26%	64	4.13%	6	0.39%	0	0
	未婚	38	2.45%	48	3.10%	11	0.71%	0	0	0	0
2	已婚	4	0.26%	10	0.65%	1	0.06%	0	0	0	0
	未婚	4	0.26%	0	0	0	0	0	0	0	0

附表 3－59　　不同维度下不同就业地点城镇居民进入贫困年数状况

年数	特征	k=1		k=2		k=3		k=4		k=5	
		人数	发生率	人数	发生率	人数	发生率	人数	发生率	人数	发生率
0	本镇	587	37.87%	514	33.16%	646	41.68%	674	43.48%	679	43.81%
	本县	499	32.19%	457	29.48%	562	36.26%	596	38.45%	596	38.45%
	本省	197	12.71%	184	11.87%	227	14.65%	233	15.03%	234	15.10%
	外省	30	1.94%	23	1.48%	39	2.52%	41	2.65%	41	2.65%
1	本镇	88	5.68%	162	10.45%	32	2.06%	5	0.32%	0	0
	本县	96	6.19%	133	8.58%	34	2.19%	0	0	0	0
	本省	34	2.19%	49	3.16%	7	0.45%	1	0.06%	0	0
	外省	11	0.71%	18	1.16%	2	0.13%	0	0	0	0
2	本镇	4	0.26%	3	0.19%	1	0.06%	0	0	0	0
	本县	1	0.06%	6	0.39%	0	0	0	0	0	0
	本省	3	0.19%	1	0.06%	0	0	0	0	0	0
	外省	0	0	0	0	0	0	0	0	0	0

附表 3－60　　不同维度下不同职业类型城镇居民进入贫困年数状况

年数	特征	k=1		k=2		k=3		k=4		k=5	
		人数	发生率	人数	发生率	人数	发生率	人数	发生率	人数	发生率
0	制造	356	22.97%	308	19.87%	407	26.26%	423	27.29%	424	27.35%
	建筑	93	6.00%	87	5.61%	112	7.23%	117	7.55%	117	7.55%
	服务	395	25.48%	318	20.52%	405	26.13%	440	28.39%	441	28.45%
	技术	426	27.48%	432	27.87%	507	32.71%	518	33.42%	520	33.55%
	其他	43	2.77%	33	2.13%	43	2.77%	46	2.97%	48	3.10%
1	制造	66	4.26%	115	7.42%	16	1.03%	1	0.06%	0	0
	建筑	24	1.55%	29	1.87%	5	0.32%	0	0	0	0
	服务	41	2.65%	118	7.61%	36	2.32%	1	0.06%	0	0
	技术	93	6.00%	86	5.55%	13	0.84%	2	0.13%	0	0
	其他	5	0.32%	14	0.90%	5	0.32%	2	0.13%	0	0
2	制造	2	0.13%	1	0.06%	1	0.06%	0	0	0	0
	建筑	0	0	1	0.06%	0	0	0	0	0	0
	服务	5	0.32%	5	0.32%	0	0	0	0	0	0
	技术	1	0.06%	2	0.13%	0	0	0	0	0	0
	其他	0	0	1	0.06%	0	0	0	0	0	0

附表 3－61　　不同维度下城镇居民贫困退出状况

阶段	k＝1		k＝2		k＝3		k＝4		k＝5	
	人数	发生率	人数	发生率	人数	发生率	人数	发生率	人数	发生率
2010—2012 年	168	12.19%	178	39.12%	34	69.39%	4	80.00%	0	/
2012—2014 年	230	18.07%	212	47.96%	33	67.35%	2	50.00%	0	/
2014—2016 年	185	16.49%	133	38.78%	28	71.79%	5	100.00%	0	/

附表 3－62　　不同维度下不同代际城镇居民贫困退出状况

阶段	特征	k＝1		k＝2		k＝3		k＝4		k＝5	
		人数	发生率	人数	发生率	人数	发生率	人数	发生率	人数	发生率
2010—2012 年	新农民工	44	15.02%	49	58.33%	10	90.91%	2	100.00%	0	100.00%
	老农民工	124	11.43%	129	34.77%	24	63.16%	2	66.67%	0	66.67%
2012—2014 年	新农民工	70	25.74%	36	53.73%	4	80.00%	0	/	0	/
	老农民工	160	15.98%	176	46.93%	29	65.91%	2	50.00%	0	50.00%
2014—2016 年	新农民工	50	22.32%	26	50.00%	3	50.00%	1	100.00%	0	100.00%
	老农民工	135	15.03%	107	36.77%	25	75.76%	4	100.00%	0	100.00%

附表 3－63　　不同维度下不同性别城镇居民贫困退出状况

阶段	特征	k＝1		k＝2		k＝3		k＝4		k＝5	
		人数	发生率	人数	发生率	人数	发生率	人数	发生率	人数	发生率
2010—2012 年	男性	102	12.38%	108	38.43%	16	66.67%	1	100.00%	0	/
	女性	66	11.91%	70	40.23%	18	72.00%	3	75.00%	0	/
2012—2014 年	男性	132	17.55%	130	50.19%	21	72.41%	1	100.00%	0	/
	女性	98	18.81%	82	44.81%	12	60.00%	1	33.33%	0	/
2014—2016 年	男性	105	15.63%	80	39.60%	14	60.87%	1	100.00%	0	/
	女性	80	17.78%	53	37.59%	14	87.50%	4	100.00%	0	/

附表 3－64　　不同维度下不同婚姻状况城镇居民贫困退出状况

阶段	特征	k＝1		k＝2		k＝3		k＝4		k＝5	
		人数	发生率	人数	发生率	人数	发生率	人数	发生率	人数	发生率
2010—2012 年	已婚	136	11.42%	151	38.13%	26	63.41%	3	75.00%	0	/
	未婚	32	17.11%	27	45.76%	8	100.00%	1	100.00%	0	/
2012—2014 年	已婚	187	16.88%	194	49.74%	26	61.90%	2	50.00%	0	/
	未婚	43	26.06%	18	34.62%	7	100.00%	0	/	0	/
2014—2016 年	已婚	163	16.63%	112	38.49%	25	71.43%	5	100.00%	0	/
	未婚	22	15.49%	21	40.38%	3	75.00%	0	/	0	/

附表 3－65　不同维度下不同就业地点城镇居民贫困退出状况

阶段	类别	k=1		k=2		k=3		k=4		k=5	
		人数	发生率	人数	发生率	人数	发生率	人数	发生率	人数	发生率
2010—2012 年	本镇	74	11.95%	84	38.36%	15	62.50%	2	66.67%	0	/
	本县	68	13.05%	66	38.60%	16	88.89%	2	100.00%	0	/
	本省	22	10.89%	20	40.00%	3	50.00%	0	/	0	/
	外省	4	11.11%	8	53.33%	0	0	0	/	0	/
2012—2014 年	本镇	85	14.99%	95	45.02%	13	56.52%	2	66.67%	0	/
	本县	91	18.96%	80	48.19%	12	80.00%	0	/	0	/
	本省	47	24.74%	30	56.60%	7	87.50%	0	0	0	/
	外省	7	19.44%	7	58.33%	1	33.33%	0	/	0	/
2014—2016 年	本镇	81	15.61%	63	36.84%	14	82.35%	4	100.00%	0	/
	本县	73	17.46%	43	34.96%	12	66.67%	0	/	0	/
	本省	27	17.65%	20	52.63%	1	50.00%	1	100.00%	0	/
	外省	4	12.50%	7	63.64%	1	50.00%	0	/	0	/

附表 3－66　不同维度下不同职业类型城镇居民贫困退出状况

阶段	类别	k=1		k=2		k=3		k=4		k=5	
		人数	发生率	人数	发生率	人数	发生率	人数	发生率	人数	发生率
2010—2012 年	制造	36	9.78%	54	39.71%	9	81.82%	1	100.00%	0	/
	建筑	7	6.93%	18	50.00%	0	0	0	/	0	/
	服务	26	6.33%	53	30.29%	18	75.00%	2	66.67%	0	/
	技术	92	20.40%	50	54.35%	6	66.67%	1	100.00%	0	/
	其他	7	14.89%	3	18.75%	1	25.00%	0	/	0	/
2012—2014 年	制造	54	15.34%	66	55.00%	7	70.00%	0	0	0	/
	建筑	29	29.00%	9	36.00%	2	100.00%	0	/	0	/
	服务	56	14.07%	76	41.53%	15	65.22%	1	100.00%	0	/
	技术	89	23.24%	49	53.85%	6	66.67%	0	/	0	/
	其他	2	5.00%	12	52.17%	3	60.00%	1	50.00%	0	/
2014—2016 年	制造	41	12.65%	42	44.21%	7	100.00%	1	100.00%	0	/
	建筑	13	16.25%	12	44.44%	1	50.00%	0	/	0	/
	服务	41	11.65%	45	31.25%	12	66.67%	1	100.00%	0	/
	技术	86	26.46%	32	50.00%	7	77.78%	2	100.00%	0	/
	其他	4	9.76%	2	15.38%	1	33.33%	1	100.00%	0	/

附表 3-67　　不同维度下城镇居民退出贫困年数状况

年数	k=1		k=2		k=3		k=4		k=5	
	人数	发生率	人数	发生率	人数	发生率	人数	发生率	人数	发生率
0	905	61.69%	188	27.33%	9	8.82%	0	0	0	/
1	541	36.88%	477	69.33%	91	89.22%	11	100.00%	0	/
2	21	1.43%	23	3.34%	2	1.96%	0	0	0	/

附表 3-68　　不同维度下不同代际城镇居民退出贫困年数状况

年数	特征	k=1		k=2		k=3		k=4		k=5	
		人数	发生率	人数	发生率	人数	发生率	人数	发生率	人数	发生率
0	新农民工	169	51.68%	21	16.28%	2	11.11%	0	0	0	/
	老农民工	736	64.56%	167	29.87%	7	8.33%	0	0	0	/
1	新农民工	152	46.48%	105	81.40%	15	83.33%	3	100.00%	0	/
	老农民工	389	34.12%	372	66.55%	76	90.48%	8	100.00%	0	/
2	新农民工	6	1.83%	3	2.33%	1	5.56%	0	0	0	/
	老农民工	15	1.32%	20	3.58%	1	1.19%	0	0	0	/

附表 3-69　　不同维度下不同性别城镇居民退出贫困年数状况

年数	特征	k=1		k=2		k=3		k=4		k=5	
		人数	发生率	人数	发生率	人数	发生率	人数	发生率	人数	发生率
0	男性	546	62.76%	106	25.67%	7	12.28%	0	0	0	/
	女性	359	60.13%	82	29.82%	2	4.44%	0	0	0	/
1	男性	309	35.52%	296	71.67%	49	85.96%	3	100.00%	0	/
	女性	232	38.86%	181	65.82%	42	93.33%	8	100.00%	0	/
2	男性	15	1.72%	11	2.66%	1	1.75%	0	0	0	/
	女性	6	1.01%	12	4.36%	1	2.22%	0	0	0	/

附表 3-70　　不同维度下不同婚姻状况城镇居民退出贫困年数状况

年数	特征	k=1		k=2		k=3		k=4		k=5	
		人数	发生率	人数	发生率	人数	发生率	人数	发生率	人数	发生率
0	已婚	793	62.79%	159	26.68%	9	10.59%	0	0	0	/
	未婚	112	54.90%	29	31.52%	0	0	0	0	0	/
1	已婚	454	35.95%	417	69.97%	75	88.24%	10	100.00%	0	/
	未婚	87	42.65%	60	65.22%	16	94.12%	1	100.00%	0	/
2	已婚	16	1.27%	20	3.36%	1	1.18%	0	0	0	/
	未婚	5	2.45%	3	3.26%	1	5.88%	0	0	0	/

附表 3-71　　不同维度下不同就业地点城镇居民退出贫困年数状况

年数	特征	k=1		k=2		k=3		k=4		k=5	
		人数	发生率	人数	发生率	人数	发生率	人数	发生率	人数	发生率
0	本镇	423	65.08%	95	29.05%	2	4.55%	0	0	0	/
	本县	333	59.57%	72	28.46%	5	11.63%	0	0	0	/
	本省	123	56.42%	17	20.00%	1	8.33%	0	0	0	/
	外省	26	65.00%	4	17.39%	1	33.33%	0	/	0	/
1	本镇	214	32.92%	222	67.89%	42	95.45%	8	100.00%	0	/
	本县	220	39.36%	173	68.38%	36	83.72%	2	100.00%	0	/
	本省	94	43.12%	66	77.65%	11	91.67%	1	100.00%	0	/
	外省	13	32.50%	16	69.57%	2	66.67%	0	/	0	/
2	本镇	13	2.00%	10	3.06%	0	0	0	0	0	/
	本县	6	1.07%	8	3.16%	2	4.65%	0	0	0	/
	本省	1	0.46%	2	2.35%	0	0	0	0	0	/
	外省	1	2.50%	3	13.04%	0	0	0	/	0	/

附表 3-72　　不同维度下不同职业类型城镇居民退出贫困年数状况

年数	特征	k=1		k=2		k=3		k=4		k=5	
		人数	发生率	人数	发生率	人数	发生率	人数	发生率	人数	发生率
0	制造	270	68.53%	46	23.23%	0	0	0	0	0	/
	建筑	65	58.04%	10	21.28%	1	25.00%	0	/	0	/
	服务	307	71.56%	91	35.00%	5	10.20%	0	0	0	/
	技术	228	47.01%	30	19.35%	1	5.26%	0	0	0	/
	其他	35	74.47%	11	39.29%	2	28.57%	0	0	0	/
1	制造	117	29.70%	142	71.72%	23	100.00%	2	100.00%	0	/
	建筑	45	40.18%	35	74.47%	3	75.00%	0	/	0	/
	服务	121	28.21%	164	63.08%	43	87.76%	4	100.00%	0	/
	技术	247	50.93%	119	76.77%	17	89.47%	3	100.00%	0	/
	其他	11	23.40%	17	60.71%	5	71.43%	2	100.00%	0	/
2	制造	7	1.78%	10	5.05%	0	0	0	0	0	/
	建筑	2	1.79%	2	4.26%	0	0	0	/	0	/
	服务	1	0.23%	5	1.92%	1	2.04%	0	0	0	/
	技术	10	2.06%	6	3.87%	1	5.26%	0	0	0	/
	其他	1	2.13%	0	0	0	0	0	0	0	/

附表 3-73　不同维度下城镇居民多维贫困动态结果

类别	k=1		k=2		k=3		k=4		k=5	
	人数	发生率	人数	发生率	人数	发生率	人数	发生率	人数	发生率
从不贫困	69	4.45%	812	52.39%	1437	92.71%	1539	99.29%	1550	100%
暂时贫困	357	23.03%	485	31.29%	101	6.52%	11	0.71%	0	0
慢性贫困	1124	72.52%	253	16.32%	12	0.77%	0	0	0	0

附表 3-74　不同维度下不同代际城镇居民多维贫困动态结果

特征	类别	k=1		k=2		k=3		k=4		k=5	
		人数	发生率	人数	发生率	人数	发生率	人数	发生率	人数	发生率
新农民工	从不贫困	22	1.42%	211	13.61%	334	21.55%	350	22.58%	353	22.77%
	暂时贫困	113	7.29%	110	7.10%	17	1.10%	3	0.19%	0	0
	慢性贫困	218	14.06%	32	2.06%	2	0.13%	0	0	0	0
老农民工	从不贫困	47	3.03%	601	38.77%	1103	71.16%	1189	76.71%	1197	77.23%
	暂时贫困	244	15.74%	375	24.19%	84	5.42%	8	0.52%	0	0
	慢性贫困	906	58.45%	22	14.26%	10	0.65%	0	0	0	0

附表 3-75　不同维度下不同性别城镇居民多维贫困动态结果

特征	类别	k=1		k=2		k=3		k=4		k=5	
		人数	发生率	人数	发生率	人数	发生率	人数	发生率	人数	发生率
男性	从不贫困	36	2.32%	467	30.13%	847	54.65%	908	58.58%	911	58.77%
	暂时贫困	204	13.16%	291	18.77%	56	3.61%	3	0.19%	0	0
	慢性贫困	671	43.29%	153	9.87%	8	0.52%	0	0	0	0
女性	从不贫困	33	2.13%	345	22.26%	590	38.06%	631	40.71%	639	41.23%
	暂时贫困	153	9.87%	194	12.52%	45	2.90%	8	0.52%	0	0
	慢性贫困	453	29.23%	100	6.45%	4	0.26%	0	0	0	0

附表 3-76　不同维度下不同婚姻状况城镇居民多维贫困动态结果

特征	类别	k=1		k=2		k=3		k=4		k=5	
		人数	发生率	人数	发生率	人数	发生率	人数	发生率	人数	发生率
已婚	从不贫困	54	3.48%	689	44.45%	1231	79.42%	1317	84.97%	1327	85.61%
	暂时贫困	285	18.39%	417	26.90%	85	5.48%	10	0.65%	0	0
	慢性贫困	988	63.74%	221	14.26%	11	0.71%	0	0	0	0
未婚	从不贫困	15	0.97%	123	7.94%	206	13.29%	222	14.32%	223	14.39%
	暂时贫困	72	4.65%	68	4.39%	16	1.03%	1	0.06%	0	0
	慢性贫困	136	8.77%	32	2.06%	1	0.06%	0	0	0	0

附表 3-77　　不同维度下不同就业地点城镇居民多维贫困动态结果

特征	类别	k=1		k=2		k=3		k=4		k=5	
		人数	发生率	人数	发生率	人数	发生率	人数	发生率	人数	发生率
本镇	从不贫困	25	1.61%	337	21.74%	628	40.52%	671	43.29%	679	43.81%
	暂时贫困	140	9.03%	211	13.61%	44	2.84%	8	0.52%	0	0
	慢性贫困	514	33.16%	131	8.45%	7	0.45%	0	0	0	0
本县	从不贫困	30	1.94%	318	20.52%	549	35.42%	594	38.32%	596	38.45%
	暂时贫困	144	9.29%	182	11.74%	45	2.90%	2	0.13%	0	0
	慢性贫困	422	27.23%	96	6.19%	2	0.13%	0	0	0	0
本省	从不贫困	13	0.84%	142	9.16%	222	14.32%	233	15.03%	234	15.10%
	暂时贫困	67	4.32%	72	4.65%	10	0.65%	1	0.06%	0	0
	慢性贫困	154	9.94%	20	1.29%	2	0.13%	0	0	0	0
外省	从不贫困	1	0.06%	15	0.97%	38	2.45%	41	2.65%	41	2.65%
	暂时贫困	6	0.39%	20	1.29%	2	0.13%	0	0	0	0
	慢性贫困	34	2.19%	6	0.39%	1	0.06%	0	0	0	0

附表 3-78　　不同维度下不同职业类型城镇居民多维贫困动态结果

特征	类别	k=1		k=2		k=3		k=4		k=5	
		人数	发生率	人数	发生率	人数	发生率	人数	发生率	人数	发生率
制造	从不贫困	24	1.55%	210	13.55%	398	25.68%	422	27.23%	424	27.35%
	暂时贫困	78	5.03%	144	9.29%	25	1.61%	2	0.13%	0	0
	慢性贫困	322	20.77%	70	4.52%	1	0.06%	0	0	0	0
建筑	从不贫困	4	0.26%	63	4.06%	112	7.23%	117	7.55%	117	7.55%
	暂时贫困	33	2.13%	33	2.13%	4	0.26%	0	0	0	0
	慢性贫困	80	5.16%	21	1.35%	1	0.06%	0	0	0	0
服务	从不贫困	7	0.45%	167	10.77%	387	24.97%	437	28.19%	441	28.45%
	暂时贫困	75	4.84%	160	10.32%	48	3.10%	4	0.26%	0	0
	慢性贫困	359	23.16%	114	7.35%	6	0.39%	0	0	0	0
技术	从不贫困	33	2.13%	353	22.77%	500	32.26%	517	33.35%	520	33.55%
	暂时贫困	164	10.58%	132	8.52%	18	1.16%	3	0.19%	0	0
	慢性贫困	323	20.84%	35	2.26%	2	0.13%	0	0	0	0
其他	从不贫困	1	0.06%	19	1.23%	40	2.58%	46	2.97%	48	3.10%
	暂时贫困	7	0.45%	16	1.03%	6	0.39%	2	0.13%	0	0
	慢性贫困	40	2.58%	13	0.84%	2	0.13%	0	0	0	0

参 考 文 献

[1] [印度] 阿玛蒂亚·森. 以自由看待发展 [M]. 任赜, 于真译. 北京: 中国人民大学出版社, 2002.

[2] [美] 贝克尔. 人力资本 [M]. 北京: 北京大学出版社, 1987.

[3] 边恕, 黎蔺娴, 孙雅娜. 中国农村精准扶贫的动态测度 [J]. 统计与决策, 2017 (22): 94-99.

[4] 卜庆国. 新型城镇化背景下郑州市新生代农民工城市定居意愿影响因素研究 [J]. 中国农业资源与区划, 2017, 38 (10): 138-143.

[5] 曾鹏, 向丽. 中西部地区人口就近城镇化意愿的代际-性别差异研究 [J]. 统计与信息论坛, 2017, 32 (11): 101-108.

[6] 陈灿平. 西部地区新生代农民工贫困脆弱性的评价——基于生计资本考察 [J]. 西南民族大学学报 (人文社科版), 2018, 39 (5): 127-132.

[7] 陈辉, 张全红. 基于 Alkire-Foster 模型的多维贫困测度影响因素敏感性研究——基于粤北山区农村家庭的调查数据 [J]. 数学的实践与认识, 2016, 46 (11): 91-98.

[8] 程世勇, 秦蒙. 中国城市农民工多维贫困测度与精准扶贫策略选择 [J]. 教学与研究, 2017 (4): 33-43.

[9] 褚衍章. 农户贫困状态转变及其影响因素分析 [D]. 中国农业科学院, 2017.

[10] 方迎风, 童光荣, 邹薇. 公共资本、私人投资与区域性贫困陷阱 [J]. 经济评论, 2015 (5): 70-83.

[11] [瑞典] 冈纳·缪尔达尔. 亚洲的戏剧—南亚国家贫困问题研究 [M]. 赛思·金缩写. 方前福译. 北京: 首都经济贸易大学出版社, 2001:

21－22，341－342.

［12］高帅，毕洁颖．农村人口动态多维贫困：状态持续与转变［J］．中国人口·资源与环境，2016，26（2）：76－83.

［13］高帅，郭铖，张琴．社会排斥、人情支出与农民工多维脱贫［J］．财经科学，2018（6）：110－120.

［14］高艳云．中国城乡多维贫困的测度及比较［J］．统计研究，2012，29（11）：61－66.

［15］葛岩，吴海霞，陈利斯．儿童长期多维贫困、动态性与致贫因素［J］．财贸经济，2018，39（7）：18－33.

［16］郭君平，谭清香，曲颂．进城农民工家庭贫困的测量与分析——基于"收入—消费—多维"视角［J］．中国农村经济，2018（9）：94－109.

［17］郭俊芳，李军，武拉平．农民工务工地点选择影响因素研究——基于全国3176份问卷［J］．调研世界，2015（8）：28－32.

［18］郭熙保，周强．长期多维贫困、不平等与致贫因素［J］．经济研究，2016，51（6）：143－156.

［19］郝彩虹．现实与彼岸：外来女工的生活世界与城市融入——以北京市为例［J］．北京社会科学，2018（2）：15－25.

［20］何美金，郑英隆．农民工的形态演变：基于中国工业化进程长期性的研究［J］．学术研究，2007（11）：53－59.

［21］何水．农民工城市贫困测量指标体系构建——基于多维度视角的探索［J］．中国行政管理，2018（8）：107－112.

［22］何晓琦．长期贫困的定义与特征［J］．贵州财经学院学报，2004（6）：53－57.

［23］何宗樾，宋旭光．中国农民工多维贫困及其户籍影响［J］．财经问题研究，2018（5）：82－89.

［24］贺坤，刘林．农村脱贫与农民工市民化关系研究［J］．上海经济研究，2017（2）：111－117.

［25］贺坤，周云波．精准扶贫视角下中国农民工收入贫困与多维贫困比较研究［J］．经济与管理研究，2018，39（2）：42－54.

［26］侯卉，王娜，王丹青．中国城镇多维贫困的测度［J］．城市发

展研究，2012，19（12）：123－128.

［27］侯为民．城镇化进程中农民工的多维贫困问题分析［J］．河北经贸大学学报，2015，36（3）：99－105.

［28］黄平，彭柯，马春华．农村劳动者流动中的几个问题［J］．中国人口科学，2005（2）：35－43，97.

［29］黄乾．两种就业类型农民工工资收入差距的比较研究［J］．财经问题研究，2009（6）：118－124.

［30］蒋南平，郑万军．中国农民工多维返贫测度问题［J］．中国农村经济，2017（6）：58－69.

［31］金莲．城镇农民工贫困程度的测度［J］．中共贵州省委党校学报，2007（4）：52－54.

［32］靳小怡，段朱清．多源数据视野下的农民工跨户籍婚姻——基于城镇化类型与性别视角的分析［J］．妇女研究论丛，2017（4）：17－30，60.

［33］靳小怡，任锋，任义科，悦中山．社会网络与农民工初婚：性别视角的研究［J］．人口学刊，2009（4）：23－33.

［34］蒯鹏州，张丽丽．农民工性别工资差异及其成因的解释——歧视的贡献到底有多大［J］．农业经济问题，2016，37（6）：43－50，111.

［35］李翠锦，李万明．家庭特征、村庄特征与新疆农村动态贫困［J］．新疆大学学报（哲学·人文社会科学版），2015，43（1）：8－13.

［36］李国珍．已婚农民工婚姻生活满意度研究［J］．兰州学刊，2012（11）：163－168.

［37］李桦，黄蝶君．新生代农民工离职类型及其影响因素研究［J］．经济与管理，2012，26（4）：36－41.

［38］李怀玉．新生代农民工生存困境及其市民化路径研究［J］．中国名城，2014（5）：45－48.

［39］李旻，王秋兵．已婚女性农民工的职业流动与收入效应——基于辽宁省的实证分析［J］．华中农业大学学报（社会科学版），2017（5）：79－86，147.

［40］李强．农民工非正规就业：类型差异与治理方向［J］．探求，2018（1）：99－103，115.

[41] 李强. 社会学的“剥夺”理论与我国农民工问题 [J]. 学术界, 2004 (4): 7-22.

[42] 李铁. 户籍制度改革背景下我国农民工婚姻问题研究——以中原地区为例 [J]. 理论月刊, 2016 (4): 151-155.

[43] 李卫东. 农民工婚姻稳定性研究: 基于代际、迁移和性别的视角 [J]. 中国青年研究, 2017 (7): 74-81.

[44] 李远行. 农民工贫困心理与城市融入的心理适应研究——以北京市为例 [J]. 甘肃社会科学, 2016 (4): 14-20.

[45] 李昭楠, 刘七军. 民族生态脆弱区慢性贫困问题实证研究——基于农户的视角 [J]. 北方民族大学学报 (哲学社会科学版), 2015 (4): 102-106.

[46] 李中建, 金慧娟. 农民工人力资本回报率差异: 年龄与类型——基于城市农民工调查数据的实证分析 [J]. 财经论丛, 2015 (10): 11-17.

[47] 廖娟. 残疾与贫困: 基于收入贫困和多维贫困测量的研究 [J]. 人口与发展, 2015, 21 (1): 68-77.

[48] 林竹. 资本匮乏与阶层固化的循环累积——论城市农民工的贫困 [J]. 技术经济与管理研究, 2016 (6): 103-107.

[49] 刘成斌, 童芬燕. 陪伴、爱情与家庭: 青年农民工早婚现象研究 [J]. 中国青年研究, 2016 (6): 54-60.

[50] 刘成奎, 任飞容, 王宙翔. 公共产品供给真的能减少中国农村瞬时贫困吗? [J]. 中国人口·资源与环境, 2018, 28 (1): 102-112.

[51] 刘传江, 周玲. 社会资本与农民工的城市融合 [J]. 人口研究, 2004 (5): 12-18.

[52] 刘玉侠, 陈瑞伞. 回流农民工代际差异比较分析 [J]. 浙江社会科学, 2018 (10): 87-94, 158.

[53] 柳建平, 刘咪咪. 贫困地区女性贫困现状分析——多维贫困视角的性别比较 [J]. 软科学, 2018, 32 (9): 43-46.

[54] 卢现祥. 西方新制度经济学 [M]. 北京: 中国发展出版社, 2003: 225.

[55] 陆文聪, 黄祖辉, 马述忠. 重塑农业对社会的贡献——国际农

业经济学家协会第25届大会综述［J］. 中国农村经济，2004（1）：76－80.

［56］陆文聪，李元龙. 农民工健康权益问题的理论分析：基于环境公平的视角［J］. 中国人口科学，2009（3）：13－20，111.

［57］罗丞. 安居方能乐业：居住类型对新生代农民工市民化意愿的影响研究［J］. 西北人口，2017，38（2）：105－110，119.

［58］罗丞. 新生代农民工的社会失范：类型与相互关系［J］. 中国青年政治学院学报，2014，33（5）：81－87.

［59］罗楚亮. 农村贫困的动态变化［J］. 经济研究，2010，45（5）：123－138.

［60］罗俊峰. 农民工行业分布对性别工资差异的影响［J］. 人口与经济，2017（6）：105－115.

［61］罗曼，李兴绪，程虎. 贫困动态转化及其影响因素分析［J］. 统计与决策，2012（6）：105－108.

［62］罗竖元. 流动经历与新生代农民工的政治参与——基于湖南省的实证调查［J］. 东南学术，2013（2）：49－57.

［63］罗涛. 农民工创业区位的选择［J］. 江汉学术，2016，35（4）：12－18.

［64］罗兆慈. 有关中国工业化与农民工关系研究的文献述评［J］. 南方经济，2008（7）：77－82，76.

［65］吕晓兰，姚先国. 农民工职业流动类型与收入效应的性别差异分析［J］. 经济学家，2013（6）：57－68.

［66］马克思恩格斯选集（第一卷）［M］. 北京：人民出版社，1995.

［67］马瑜，李政宵，马敏. 中国老年多维贫困的测度和致贫因素——基于社区和家庭的分层研究［J］. 经济问题，2016（10）：27－33.

［68］孟庆涛. 权利的制度供给与民生实践——基于农民工群体权利贫困的分析［J］. 学术交流，2015（7）：101－106.

［69］苗苗. 我国城市流动人口的贫困问题和对策［J］. 统计与决策，2006（17）：41－42.

［70］聂洪辉. 新生代农民工婚姻与农村家庭形态变迁［J］. 中共福建省委党校学报，2017（8）：72－79.

[71] 欧阳博强，张广胜．农民工就业分化及其影响因素［J］．华南农业大学学报（社会科学版），2018，17（3）：48－61.

[72] 彭继权，吴海涛．家庭生命周期视角下农户多维贫困影响因素研究［J］．世界经济文汇，2017（6）：72－87.

[73] 沈立人．推进农村劳动力的合理有序流动［J］．市场周刊（财经论坛），2003（7）：4－6.

[74] 世界银行．贫困与对策［M］．北京：经济管理出版社，1996.

[75]［美］舒尔茨．论人力资本投资［M］．吴柱华译．北京：北京经济学院出版社，1991.

[76] 宋林飞．城市移民的文化矛盾与社会安全［J］．江苏社会科学，2005（5）：6－8.

[77] 孙咏梅，傅成昱．中国农民工多维物质贫困测度及精准扶贫策略研究［J］．学习与探索，2016（7）：138－143.

[78] 孙咏梅，田超伟．首都城镇化进程中农民工的多维贫困——以建筑业为例［J］．政治经济学报，2016，6（1）：151－183.

[79] 谭燕芝，张子豪．社会网络、非正规金融与农户多维贫困［J］．财经研究，2017，43（3）：43－56.

[80] 田宇，许建，麻学锋．武陵山片区多维贫困度量及其空间表征［J］．经济地理，2017，37（1）：162－169.

[81] 汪润泉，赵彤．就业类型、职工养老保险与农民工城市消费［J］．农业技术经济，2018（2）：77－88.

[82] 汪三贵，杨颖．全球贫困：现状及解决方案［J］．科学决策，2003（11）：14－18.

[83] 汪三贵．“第三届贫困与扶贫政策研讨会”综述［J］．农业经济问题，2003（4）：76.

[84] 汪为，吴海涛，郑家喜．城乡家庭多维贫困测度及影响因素研究——来自内蒙古的证据［J］．干旱区资源与环境，2018，32（7）：23－29.

[85] 汪璇．已婚新生代女性农民工社会空间地图研究——基于家族三姐妹的个案分析［J］．湖北农业科学，2018，57（19）：134－138.

[86] 王朝明，姚毅．中国城乡贫困动态演化的实证研究：1990—

2005年［J］. 数量经济技术经济研究，2010，27（3）：3－15.

［87］王朝明. 城市化：农民工边缘性贫困的路径与治理分析［J］. 社会科学研究，2005（3）：119－124.

［88］王春超，叶琴. 中国农民工多维贫困的演进——基于收入与教育维度的考察［J］. 经济研究，2014，49（12）：159－174.

［89］王弘钰，王辉. 农民工与城镇职工偏差行为的代际比较研究——基于雇佣不平等的分析视角［J］. 农业技术经济，2016（6）：86－96.

［90］王美艳. 农民工的贫困状况与影响因素——兼与城市居民比较［J］. 宏观经济研究，2014（9）：3－16，26.

［91］王琼，叶静怡. 进城务工人员健康状况、收入与超时劳动［J］. 中国农村经济，2016（2）：2－12，22.

［92］王素霞，王小林. 中国多维贫困测量［J］. 中国农业大学学报（社会科学版），2013，30（2）：129－136.

［93］王晓东. 赋权增能视角下农民工社会救助模式转型——呼和浩特市个案研究［J］. 人口与发展，2013，19（6）：52－57，99.

［94］王卓. 论暂时贫困、长期贫困与代际传递［J］. 社会科学研究，2017（2）：98－105.

［95］魏峰，蒋长流. 农民工健康风险冲击因素维度构建与实证分析——基于1497份实地调查问卷数据［J］. 经济管理，2013，35（10）：165－173.

［96］魏巍，杨哲. 城市农民工居住质量与婚姻嬗变：基于CGSS2010数据［J］. 中国劳动关系学院学报，2017，31（1）：86－90.

［97］文琦，施琳娜，马彩虹，王永生. 黄土高原村域多维贫困空间异质性研究——以宁夏彭阳县为例［J］. 地理学报，2018，73（10）：1850－1864.

［98］吴炯丽，宋建华，杨俊孝. 南疆三地州农民收入结构调整对贫困的影响研究［J］. 中国农学通报，2015，31（30）：285－290.

［99］许传新，高红莉. 徘徊于传统与现代之间：新生代农民工婚姻家庭观研究［J］. 理论导刊，2014（3）：73－77.

［100］许加明，魏然. 男性新生代农民工的择偶困境及结婚策略——基于苏北C村的调查与分析［J］. 中国青年研究，2018（1）：56－63.

[101] 杨慧敏，罗庆，李小建，高更和．生态敏感区农户多维贫困测度及影响因素分析——以河南省淅川县3个村为例 [J]．经济地理，2016，36（10）：137－144.

[102] 杨慧敏，罗庆，许家伟．中国农村贫困的动态发展及影响因素分析——基于 CHNS 数据 [J]．经济经纬，2016，33（5）：42－47.

[103] 杨龙，汪三贵．贫困地区农户的多维贫困测量与分解——基于2010年中国农村贫困监测的农户数据 [J]．人口学刊，2015，37（2）：15－25.

[104] 杨婷，靳小怡．家庭压力与婚姻满意度对农民工实施婚姻暴力的影响 [J]．人口学刊，2018，40（1）：33－44.

[105] 杨肖丽，景再方．农民工职业类型与迁移距离的关系研究——基于沈阳市农民工的实证调查 [J]．农业技术经济，2010（11）：23－29.

[106] 杨洋，马骁．流动人口与城市相对贫困的实证研究 [J]．贵州社会科学，2012（10）：125－128.

[107] 杨云峰．农民工反精神贫困探析——以社会工作视角 [J]．社会科学战线，2007（5）：192－197.

[108] 姚俊．流动就业类型与农民工工资收入——来自长三角制造业的经验数据 [J]．中国农村经济，2010（11）：53－62.

[109] 姚毅．城乡贫困动态演化的实证研究——基于家庭微观面板数据的解读 [J]．财经科学，2012（5）：99－108.

[110] 叶初升，赵锐武，孙永平．动态贫困研究的前沿动态 [J]．经济学动态，2013（4）：120－128.

[111] 叶普万，周明．农民工贫困：一个基于托达罗模型的分析框架 [J]．管理世界，2008（9）：174－176.

[112] 叶普万，周明．西部地区农民工贫困问题研究——基于陕西、内蒙古和甘肃农民工生存状况的调查 [J]．人文杂志，2014（1）：125－128.

[113] 叶普万．农民工贫困的演变路径与减贫战略研究 [J]．学习与探索，2013（12）：111－116.

[114] 尹子文．第二代农民工婚姻家庭问题探析 [J]．中国农村观察，2010（3）：13－23.

[115] 于敏．贫困地区农村居民收入流动研究——以甘肃省贫困县为例 [J]．中国农村观察，2011 (2)：43－51.

[116] 袁方，史清华，卓建伟．农民工福利贫困按功能性活动的变动分解：以上海为例 [J]．中国软科学，2014 (7)：40－59.

[117] 岳希明，罗楚亮．农村劳动力外出打工与缓解贫困 [J]．世界经济，2010，33 (11)：84－98.

[118] 张蕾，王燕．新生代农民工城市融入水平及类型分析——以杭州市为例 [J]．农业经济问题，2013，34 (4)：23－28，110.

[119] 张立冬，李岳云，潘辉．收入流动性与贫困的动态发展：基于中国农村的经验分析 [J]．农业经济问题，2009，30 (6)：73－80，112.

[120] 张立冬．中国农村贫困动态性与扶贫政策调整研究 [J]．江海学刊，2013 (2)：227－233，239.

[121] 张清霞．贫困动态性研究 [J]．湖南农业大学学报（社会科学版），2008 (3)：42－45，49.

[122] 张庆红，阿迪力·努尔．新疆南疆三地州农村多维贫困程度及特征分析 [J]．干旱区资源与环境，2015，29 (11)：32－36.

[123] 张全红，李博，周强．精准扶贫贵在精准识别：收入和多维视角的对比分析 [J]．财经智库，2018，3 (5)：74－89，141－142.

[124] 张全红，周强，蒋赟．中国省份多维贫困的动态测度——以中国健康与营养调查中的 9 省为例 [J]．贵州财经大学学报，2014 (1)：98－105.

[125] 张全红，周强．中国多维贫困的测度及分解：1989—2009 年 [J]．数量经济技术经济研究，2014，31 (6)：88－101.

[126] 张全红，周强．中国农村多维贫困的动态变化：1991—2011 [J]．财贸研究，2015，26 (6)：22－29.

[127] 张全红．中国多维贫困的动态变化：1991—2011 [J]．财经研究，2015，41 (4)：31－41，133.

[128] 张志国．中国农村家庭贫困动态性及其影响因素研究 [D]．辽宁大学，2015.

[129] 张志胜，樊成．新生代女性农民工权利的阙如问题 [J]．统计与决策，2007 (5)：132－133.

[130] 章程．代际视角下农民工工资市民化及其影响因素分析 [J]．经济问题，2018 (11)：99－103.

[131] 章元，万广华，史清华．暂时性贫困与慢性贫困的度量、分解和决定因素分析 [J]．经济研究，2013，48 (4)：119－129.

[132] 章元，万广华，史清华．中国农村的暂时性贫困是否真的更严重 [J]．世界经济，2012，35 (1)：144－160.

[133] 赵浩兴．农民工创业地点选择的影响因素研究——来自沿海地区的实证调研 [J]．中国人口科学，2012 (2)：103－110，112.

[134] 赵建国，周德水．养老保险、定居期望与新生代农民工城市融入 [J]．农业技术经济，2018 (10)：36－47.

[135] 赵巧峰，申鹏．信息有偏条件下新生代农民工就业地选择分析——基于898名川黔渝地区农民工的调查 [J]．调研世界，2015 (8)：60－64.

[136] 赵维姗，曹广忠．农民工就业稳定性特征及职业类型的影响——基于全国13省25县100村调查数据的分析 [J]．人口与发展，2017，23 (4)：11－21.

[137] 郑长德，单德朋．集中连片特困地区多维贫困测度与时空演进 [J]．南开学报 (哲学社会科学版)，2016 (3)：135－146.

[138] 支俊立，姚宇驰，曹晶．精准扶贫背景下中国农村多维贫困分析 [J]．现代财经 (天津财经大学学报)，2017，37 (1)：14－26.

[139] 周蕾，李放．农民工城镇化意愿分层：代际与婚姻的视角 [J]．财贸研究，2012，23 (4)：40－48.

[140] 周强，张全红．中国家庭长期多维贫困状态转化及教育因素研究 [J]．数量经济技术经济研究，2017，34 (4)：3－19.

[141] 周旭霞．断层：新生代农民工市民化的经济架构——基于杭州新生代农民工的调研 [J]．中国青年研究，2011 (9)：67－71.

[142] 周扬，郭远智，刘彦随．中国县域贫困综合测度及2020年后减贫瞄准 [J]．地理学报，2018，73 (8)：1478－1493.

[143] 周晔馨，叶静怡．社会资本在减轻农村贫困中的作用：文献述评与研究展望 [J]．南方经济，2014 (7)：35－57.

[144] 周振，兰春玉．我国农户贫困动态演变影响因素分析——基于

CHNS 家庭微观数据的研究［J］. 经济与管理，2014，28（3）：16－21.

［145］朱启臻，马腾宇．不同类型农民工市民化诉求［J］. 农村金融研究，2011（4）：10－14.

［146］朱欣乐，丁志国．农民外出打工偏好分析——基于影响因素和地点偏好视角［J］. 农业技术经济，2013（12）：15－24.

［147］邹薇，方迎风．关于中国贫困的动态多维度研究［J］. 中国人口科学，2011（6）：49－59，111.

［148］左孝凡，王翊嘉，苏时鹏，黄森慰．社会资本对农村居民长期多维贫困影响研究——来自 2010—2014 年 CFPS 数据的证据［J］. 西北人口，2018，39（6）：59－68.

［149］Alkire S. and Foster J, Counting and Multidimensional Poverty Measurement, OPHI Working Paper Series, 2008（95）：476－487.

［150］Baldini A . Parliamentary Dynamics, Government Stability and Fiscal Policy［M］// Institutions, Politics and Fiscal Policy. Springer US, 2000.

［151］Bane M J, Ellwood D T. Slipping into and out of poverty: The dynamics of Spells［J］. Journal of Human Resources, 1986, 21（1）: 668－682.

［152］Barrientos, A. & Hulme, D. Chronic poverty and social protection: Introduction［J］. The European Journal of Development Research, 2005, 17（1）: 1－7.

［153］Berry, J. W., Immigration, acculturation, and adaptation［J］. Applied Psychology: AnInternational Review, 1997（46）: 5－34.

［154］Bigsten A, Shimeles A. Poverty Transition and Persistence in Ethiopia: 1994－2004［J］. World Development, 2008, 36（9）: 112－124.

［155］Borjas, G. J., Self－Selection and the Earnings of Immigrants［J］. Social Science Electronic Publishing, 1987, 77（4）: 531－533.

［156］Burke W J, Jayne T S. Spatial Disadvantages or Spatial Poverty Traps: Household Evidence from Rural Kenya, MSU. International Development Working Paper No. 93, 2008.

［157］Chakravarty. Measurement of Multidimensional Poverty, Journal of Economic Inequality, 2003（1）: 25－49.

［158］Duclos, J. Y., Araaryand, A. & Giles, J. Chronic and transient poverty: Measurement and estimation, with evidence from China [DB/OL]. ECINEQ Working Paper, 2006: 35.

[159] Duncan G J. Years of Poverty; Years of Plenty: The Changing Economic Fortunes of American Workers and Families [J]. Journal of Economic Issues, 1985, 19 (3): 1147 -1159.

[160] EverettS. Lee. A theory migration, Demography [J]. 1975, 3 (1): 47 -57.

[161] Gaiha R, Deolalikar A. Persistent, Expected and Innate Poverty: Estimates for Semiarid Rural South India 1975—1984. Cambridge Journal of Economics [J], 1993, 17 (4): 192 -209.

[162] Gordon, M. M., Assimilation in American Life The role of race, religion, and national origins [M]. New York : Oxford University Press, 1964.

[163] Gustafsson B, Ding S. Temporary and Persistent Poverty among Ethnic Minorities and the Majority in Rural China [J]. Review of Income and Wealth, 2009, 55 (1): 235 -259.

[164] Herrera J, François Roubaud. Urban Poverty Dynamics in Peru and Madagascar 1997—1999: A Panel Data Analysis [J]. International Planning Studies, 2005, 10 (1): 21 -48.

[165] Hill M S. Some Dynamic Aspects of Poverty In Five Thousand American Families [M]. NewYork: Pattern of Economic Progress, 1981.

[166] Hulme D, Shepherd A. Conceptualizing Chronic Poverty [J]. World Development, 2003, 31 (3): 403 -423.

[167] Hulme, D. Chronic poverty and development policy: An introduction [J]. World Development, 2003, 31 (3): 578 -596.

[168] Jalan J, Ravallion M. Household Income Dynamics in Rural China [M]. UK: Oxford University Press, 2005.

[169] Jalan J, Ravallion M. Is Transient Poverty Different? Evidence from Rural China [J]. Journal of Development Studies, 2000, 36 (6): 1542 -1578.

[170] Jalan J, Ravallion M. Transient Poverty in Post - reform Rural China [J]. Journal of Comparative Economics, 1998, 26 (2): 358 -391.

[171] Krishna A. Pathways out of and into Poverty in 36 Villages of

Andhra Pradesh, India [J]. World Development, 2006, 34 (2): 475 -501.

[172] Lewis, W. A.. Reflections on Unlimited Labour in Di Marco, L. (ed.) International Economics and Development, New York, Academic Press, 1972: 75 -96.

[173] Lugo M. A., Maasoumi E.. Multidimensional Poverty Measures from an Information Theory Perspective, OPHI Working Paper N0. 10. 2009.

[174] Mary C Daly, Robert G Valletta. Inequality and Poverty in the United States: The Effects of Rising Male Wage Dispersion and Changing Family Behavior, [Federal Reserve Bank of San Francisco Working Paper 2000 -06]. 2004.

[175] Massey, D. S.. Social structure, household strategies, and the cumulative causation of migration [J]. Population Index, 1990, 56 (1): 3 -26.

[176] Piore, M. J.. The Dual Labor Market: Theory and Implications [C]. Beer, S. H., Barringer, R. E., (eds) The State and the Poor, Cambridge MA: Winthrop Publishers, 1970.

[177] Portes A., Böröcz J.. Contemporary immigration: theoretical perspectives on its determinants and modes of incorporation [J]. International Migration Review, 1988, 23 (3): 606 -630.

[178] Portes, B. A., Zhou M.. The New Second Generation: Segmented Assimialtion and Its Variants [J]. Annals of the American Academy of Political & Social Science, 2010, 530 (1): 74 -96.

[179] Rodgers J R, Rodgers J L. Chronic Poverty in the United States [J]. The Journal of Human Resources, 1993, 28 (8): 211 -243.

[180] Rodgers J R, Rodgers J R. Chronic and Transitory Poverty Over the Poverty [J]. Australian Journal of Labour Economics, 2010, 13 (2): 115.

[181] Rowntree B S. Poverty and Progress: A Second Social Survey of York [M]. London: Longmans, Green and Co. Ltd, 1901.

[182] Sanders J., Nee V.. Immigrant Self Employment: The Family as Social Capital and the Value of Human Capital [J]. American Sociological Review, 1996 (61): 231 -249.

[183] Sen A. Poverty: An Ordinal Approach to Measurement [J]. Econ-

ometrica, 1976, 44 (2): 136 - 172.

[184] Sen B. Drivers of Escape and Descent: Changing Household Fortunes in Rural Bangladesh [J]. World Development, 2003, 31 (3): 15 - 61.

[185] Sen. 1999, "Development as Freedom," Oxford: Oxford U - niversity Press.

[186] Stark O. The Migration of Labor [M]. Oxford: Basil Blackwell, 1991.

[187] Stark O., D. Levhari. On Migration and Risk in LDCs [J]. Economic Development and Cultural Change, 1982, 31 (1).

[188] Tindara Addabbo and Massimo Baldini, Poverty dynamics and social transfers in Italy in the early 1990s, International Journal of Manpower, 3/4, 2000 (21): 291.

[189] UNDP. Human Development Report [R]. Oxford University Press, 1996.

[190] Vedder P., Virta E.. Language, ethnic identity, and the adaptation of Turkish immigrant youth in the Netherlands and Sweden [J]. International Journal of Intercultural Relations, 2005, 29 (3): 317 - 337.

[191] You J. Evaluating Poverty Duration and Persistence: A spell Approach to Rrural China [J]. Applied Economics Letters, 2011, 18 (14): 625 - 661.